新视野与新实践
知识产权

著作权法

（第三版）

李明德　许　超　著

COPYRIGHT LAW

法律出版社
LAW PRESS·CHINA
北京

图书在版编目(CIP)数据

著作权法 / 李明德，许超著．-- 3 版．-- 北京 ：
法律出版社，2023
ISBN 978 - 7 - 5197 - 8178 - 1

Ⅰ．①著… Ⅱ．①李… ②许… Ⅲ．①著作权法－中
国 Ⅳ．①D923.41

中国国家版本馆 CIP 数据核字（2023）第 144583 号

著作权法(第三版)
ZHUZUOQUAN FA（DI－SAN BAN）

李明德 许 超 著

责任编辑 赵明霞
装帧设计 汪奇峰

出版发行 法律出版社
编辑统筹 法商出版分社
责任校对 晁明慧
责任印制 胡晓雅
经 销 新华书店

开本 710 毫米×1000 毫米 1/16
印张 24.75 字数 458 千
版本 2023 年 10 月第 3 版
印次 2023 年 10 月第 1 次印刷
印刷 固安华明印业有限公司

地址：北京市丰台区莲花池西里 7 号(100073)
网址：www.lawpress.com.cn
投稿邮箱：info@lawpress.com.cn
举报盗版邮箱：jbwq@lawpress.com.cn
销售电话：010－83938349
客服电话：010－83938350
咨询电话：010－63939796

书号：ISBN 978－7－5197－8178－1
定价：98.00 元
凡购买本社图书，如有印装错误，我社负责退换。电话：010－83938349

第三版序言

本书的第一版问世于2003年，大体反映了我国当时著作权保护的立法和实践，包括我国《著作权法》的制定和2001年的第一次修改，以及一些主要国家著作权或者版权保护的概况。本书的第二版问世于2009年，主要是增加了2003年以后国内外著作权保护立法和实践的一些内容。现在的第三版，则主要增加了我国《著作权法》第二次和第三次修改的内容。

《著作权法》第二次修改，起因于世界贸易组织争端解决机构2009年1月作出的裁定，其认为我国《著作权法》中的个别规定，不符合《与贸易有关的知识产权协议》和《伯尔尼公约》关于所有的作品都应当自动获得保护的规定。于是，全国人民代表大会常务委员会于2010年2月修改了《著作权法》第4条，并且增加了一个关于著作权质押的条文。根据修改，即使是禁止出版、传播的作品也可以自动获得著作权的保护，但国家对于作品的出版、传播依法进行监督管理。显然，权利的获得和是否允许相关作品的出版、传播，是不同层面上的两个问题。不过，仅仅修改一个条文和增加一个条文，实在是一次小而又小的修改。

《著作权法》第三次修改开始于2011年7月。修改工作启动伊始，原国家版权局委托中国社会科学院知识产权中心、中南财经政法大学知识产权研究中心和中国人民大学知识产权学院分别起草《著作权法》修订的专家建议稿。在三个专家建议稿的基础上，原国家版权局起草了《著作权法》修改草案，在广泛征求社会公众意见后，提交国务院审议。一时之间，来自立法机关、行政机关、司法机关和知识产权学术界的人员，来自出版发行单位、互联网络企业、计算机软件企业的代表，以及一些著名的作家、音乐家、美术家、电影导演和演艺人员，纷纷参与相关的讨论，从各自的角度提出了修改的意见和主张。与之相应，也呈现了浓浓的民主立法的气氛。

按照当时的预期，《著作权法》的第三次修改应当在三到五年内完成。然而自2013年以后，相关的修改工作却放慢了脚步，直到2020年11月11日才由全国人民代表大会常务委员会通过了《著作权法》的修改草案，自2021年6月开始实施。这样，《著作权法》的第三次修改就进行了长达10年之久。同时，原来预期的对于《著作权法》的大幅度“修订”，经过长达十年之久的酝酿和讨论，也变成了小规模的“修正”。尽管如此,修改后的《著作权法》仍然有许多可圈可点之处。例如,第 3 条增加了作品的定义,第 47 条将广播组织权的保护延伸到互联网络,第 49 条至第 51 条单独规定了对于技术措施和权利管理信息的保护。此外,将“公民”改为自然人,明确规定创作作品的自然人是作者,也反映了关于“自然人”创作作品的理性认知。大体说来,学术界对于最后的修改结果还是比较满意的。

需要说明的是,《著作权法》的第三次修改长达 10 年之久,与我国《立法法》规定的法律制定和修改程序密切相关。就《著作权法》的修改而言,按照通常的做法,先由主管著作权工作的部门起草修改草案,上报国务院讨论。这叫作修改草案的“送审稿”。国务院收到“送审稿”以后,由负责立法工作的部门处理,取得各个部委的共识之后由国务院会议通过,提交全国人民代表大会常务委员会审议。这叫作“修改草案”。全国人民代表大会常务委员会收到“修改草案”后,又要经过三次审议,然后予以通过。这叫作“修改决定”。按照这样一个程序,从“送审稿”到“修改草案”再到最终的“修改决定”,至少需要 3 ~5 年,以至于更长的时间。显然,经过“三道工序”而最终完成的修改,也会更加理性和反映社会公众在某些问题上的共识。

事实上,我国现代的《著作权法》自 1979 年开始起草,直到 1990 年 9 月才获得通过,其间也经历了 12 个年头。出现制定和修改期间的不断拖延,与这部法律所涉及的利益群体密切相关。大体说来,《著作权法》反映了作品创作者,如作家、画家、音乐家、导演等的利益诉求,反映了作品传播者,如出版发行企业、互联网络企业和广播电视业的利益诉求,以及社会公众获得丰富多彩的精神食粮的利益诉求。与此相应,如何恰当地归纳和平衡三者的利益诉求,进而反映在最终制定或者修改的法律之中,就对《著作权法》的起草者、制定者或者修改者,提出了很高的要求。与此相应,《著作权法》的制定或者修改一再延宕,也就不足为怪了。

《著作权法》所涉及的利益诉求,还体现在“版权产业”及其所创造的价值方面。“版权产业”是国际上的一个通用术语,是指版权法或者著作权法所规范的内容产业,涉及了作品的创作、作品的传播和社会公众的消费,以及由此而产生的经济价值。在西方发达国家,版权产业在国内生产总值中所占的比重,大体是在 5% ~8% 。根据国务院印发的《“十四五”国家知识产权保护和运用规划》,我国版权产业的增加值在 2019 年占国内生产总值(GDP)的 7.39% ,预计在 2025 年达到 7.5% 。换句话说,在我国的国内生产总值中,每增加 100 元就会有 7.39 元或者 7.5 元来自版权产业。面对如此之大的产业价值和利益分配,无论是作品的创作者还是传播者,以及代表社会公共利益的团体,毫无疑问都会借助《著作权法》的修改,提出自己的利益诉求。

本书的两位作者都参与了《著作权法》的第三次修改工作,包括起草专家建议稿,参与原国家版权局“送审稿”的起草,以及参与全国人民代表大会常务委员层面上的讨论。两位作者所提出的一些意见和建议，已经反映在了最终修改的《著作权法》中。还有一些意见和建议也会为后续的《著作权法实施条例》的修改，以及《计算机软件保护条例》《著作权集体管理条例》和《信息网络传播权保护条例》的修改所采纳。毕竟，通过学术研究而影响法律的制定、修或者改，是所有法学研究者的心愿。

我们将继续努力从事著作权法学的研究，同时也期待在不远的将来再次修订本书，将相关的研究成果和我国著作权制度的新发展呈现给读者。

作　者

2023年2月于北京

第二版修订说明

《著作权法》一书的第一版问世于2003年8月。该书出版以来,获得了广大读者的积极好评,并在2006年纳入普通高等教育"十一五"国家级规划教材。

自本书出版以来,中国的著作权保护制度有了飞速的发展。一方面,国务院于2004年12月颁布、2005年3月实施了《著作权集体管理条例》,于2006年颁布并实施了《信息网络传播权保护条例》,并且正在着手制定"民间文学艺术作品著作权保护条例"。另一方面,相关的行政执法和司法实践,也就著作权保护中的一系列问题作出了一些澄清是非的裁定和判决。例如,有关版权标记的含义、版权登记的性质、MTV的性质、网络环境中的著作权保护等。所有这些都需要在修订的过程中加以反映。

自本书出版以来,国际上的版权或者著作权保护也有了很大的发展。世界知识产权组织的"版权与相关权委员会"正在讨论有关广播组织权的公约草案,世界知识产权组织"有关知识产权与遗传资源、传统知识和民间文艺表达的政府间委员会"也在讨论遗传资源、传统知识和民间文艺的保护问题。此外,欧盟法院于2005年就数据库保护作出的系列判决,美国在世界贸易组织争端解决机构就中国著作权保护中的问题提起诉讼,以及争端解决小组作出的裁定,都具有非常重要的意义。所有这些也需要在《著作权法》一书的修订中加以反映。

学无止境。在过去的几年里,随着相关研究工作的进行,尤其是研究视野的不断扩大,作者对于版权或者著作权理论中的一些问题也有了新的认识。例如,版权法体系和著作权法体系在作品原创性标准上的不同,以及由此而来的对于表演、录音制品的不同处理方式。又如,广播组织权的客体应当是广播组织发射的广播信号,而非容易让人误解的广播节目。再如,中国著作权法应当规定著作权包括作者的精神权利和经济权利,而非作者的人身权利和财产权利。因为作品是作者精神状态的外化,而"人身权利"没有准确反映这样一个事实。同时,将著作权分为人身权利和财产权利,也会让人误以为作者的精神权利不是财产权利。事实上,著作权与其他知识产权一样是一种财产权,其中包含了作者的精神权利和经济权利。此外,著作权侵权诉讼中是否一定要说清楚侵犯了哪一项具体的权利内容,也是作者针对中国司法实践中所出现的问题进行的思考。所有这些也需要在修订版中加以反映。

两位作者对《著作权法》一书的修订,仍然按照原有的分工进行,即许超修订了书中的第七章、第十章和第十一章3个章节,李明德修订了其他章节。在修订的过程中,作者还对某些章节的内容做了调整。考虑到著作权的“集体授权”也是著作权许可的一种方式,修订版将“著作权集体管理”一章放在了“著作权的转让与许可”一章之后。

《著作权法》一书的修订版即将付梓,交由读者加以评说。希望各位读者能够一如既往地关注这部著作,提出批评意见,让我们在未来的修订中加以完善。

作　者

2009年5月

第一版编写说明

人类具有无限的创造力。对人类的智力活动成果给予知识产权的保护,是人类社会发展到一定阶段的产物。反过来,知识产权的保护又激励了人类创造力的迸发,推动了文明的发展。在今天,人们很难想象,假如没有知识产权制度对人类智力活动成果的保护,我们的社会会是一个什么样子。

知识产权大体可以分为著作权、专利权、商标权和制止不正当竞争的权利。与此相应,知识产权法也就有了著作权法、专利法、商标法和反不正当竞争法。本书专门讨论著作权法,涉及著作权的概念、著作权的客体、著作权的内容、著作权的限制与保护期限、著作权的获得与归属、著作权的转让与许可、邻接权和侵权责任等。此外,本书还详细论述了著作权的集体管理、计算机软件的保护和保护著作权、邻接权的国际公约。

著作权制度与科学技术的发展密切相关。事实上,著作权制度就是随着造纸术和印刷术的发明而产生的。自著作权制度产生以来,作品传播技术的每一次重大进步都推动了著作权制度的发展。或者说,作品传播技术不断对著作权制度提出挑战,而著作权制度也总是为应对这种挑战而作出相应的调整。所以,本书对著作权制度与科学技术的这种关系给予足够的重视,并以较长的篇幅论述了计算机软件的保护和网络环境中的著作权保护。

著作权制度与人类的社会生活密切相关。正如人类在创作作品和进行发明方面具有无限的创造力一样,人类对于现有制度挑战的能力也是无限的。这种对制度的挑战往往出现在一些典型的判例中,而法官也会依据著作权法的规定和基本原则,或者对法律条文作出进一步的解释,或者像英美法系的法官那样创设新的制度,以解决有关的争端。显然,了解这类判例将有助于我们深入理解相关的制度以及著作权制度的发展。在篇幅允许的范围内,尽量引证国内外的典型判例,以阐释和说明著作权制度中的有关问题,为本书的特点之一。

中国虽然是造纸术和印刷术的故乡,但是著作权制度却不是我们的发明。我们现在的著作权制度是从欧美国家引进的,在很大程度上还不太完善。因此,为了说明著作权制度中的有关问题,我们需要了解欧美国家的有关规定,也需要追溯以欧美国家为主体而缔结的一系列国际公约。比较欧美国家的著作权制度,引证著作权和邻接权国际公约中的内容,以说明中国著作权法中的有关问题,正是本书的最大特点。

本书可以作为高等院校研究生和本科生的教材使用,也可供立法、行政和司法部门及从事实务工作的人员作为学习的教材。

本书由李明德和许超合作完成。其中,李明德撰写了8章,为第一章、第二章、第三章、第四章、第五章、第六章、第八章和第九章。许超撰写了3章,为第七章、第十章和第十一章。

学无止境。尽管在本书的撰写过程中,我们尽了最大的努力,但仍然会有一些缺点、错误和不足之处存在于其中。我们恳切希望广大读者批评指正,以便在本书的修订中加以纠正。

作　者

2003年8月

缩略语

《著作权法》	《中华人民共和国著作权法》
《著作权法实施条例》	《中华人民共和国著作权法实施条例》
《合同法》	《中华人民共和国合同法》
《民法典》	《中华人民共和国民法典》
《民事诉讼法》	《中华人民共和国民事诉讼法》
《仲裁法》	《中华人民共和国仲裁法》
《刑法》	《中华人民共和国刑法》
《伯尔尼公约》	《保护文学艺术作品伯尔尼公约》
《罗马公约》	《保护表演者、录音制品制作者和广播组织罗马公约》
《录音制品公约》	《保护录音制品制作者防止其录音制品被擅自复制公约》
《TRIPs 协定》	世界贸易组织《与贸易有关的知识产权协议》
《版权条约》	《世界知识产权组织版权条约》(WCT)
《表演和录音条约》	《世界知识产权组织表演和录音条约》(WPPT)
ASCAP	American Society of Composers, Authors, and Publishers (美国作曲家、词作者和出版商协会)
BMI	Broadcast Music, Inc.(美国广播音乐公司)
CISAC	International Confederation of Society of Authors and Composers (国际词曲作家联合会)
GEMA	Gesellschaft fuer Musikalische Auffuehrungs and Mechanische Vervielfaeltigungsrechte (德国音乐作品表演权和机械复制权协会)
IFPI	International Federation of Phonographic Industry (国际唱片业协会)
PRS	英国音乐作品著作权集体管理组织
SACD	Society of Authors and Composers of Dramatic Works

	（法国戏剧作家和作曲家协会）
SIAE	Italia Society of Authors and Publishers （意大利作家和出版家协会）
WIPO	World Intellectual Property Organization （世界知识产权组织）

目　录

附录

第一章

概　论

知识产权是人们关于某些智力活动成果所享有的权利。到目前为止,受到知识产权法律保护的智力活动成果,主要有作品、技术发明、工业品外观设计、集成电路布图设计、植物新品种、商业秘密、各种商业标记及其所代表的商誉。与此相应,知识产权也就有了著作权、专利权、工业品外观设计权、集成电路布图设计权、植物新品种培育者权、商标权和各种制止不正当竞争的权利。

本书仅讨论知识产权中的著作权,即文学、艺术和科学作品的作者对其所创作的作品享有的权利。作为概论,本章将首先讨论著作权法中的一些基本问题,如著作权的概念、著作权的特征、著作权与其他知识产权的关系、著作权与科学技术的关系,以及著作权与版权的区别。除此之外,本章还将简述著作权制度在国际上的产生和发展,以及著作权制度在中国的产生和发展。

第一节　著作权概述

一、著作权与著作权法

(一)著作权

著作权是指文学、艺术和科学作品的创作者对其所创作的作品享有的权利。其中的作品,是指具有独创性的各种表达成果,如小说、诗歌、散文、戏剧、绘画等。其中的权利,包括作者的精神权利和经济权利。

著作权有狭义与广义之分。狭义著作权,仅指作者就其创作的作品所享有的权利。广义著作权,还包括作品的传播者,如表演者、录音制作者和广播组织的权利。这叫作邻接权或相关权,是表演者、录音制作者和广播组织在传播作品的过程中,就自己的智力活动成果所享有的权利。

著作权是作者的精神权利与经济权利的合一。其中的精神权利,是指作者就作品中所体现的人格或者精神所享有的权利。精神权利与作者密不可分,在绝大多数情况下只能由作者本人享有和行使。其中的经济权利,是指作者或者其他著作权人所享有的利用作品并获得相应的经济利益的权利。经济权利可以由作者行使,也可以由其他人行使。

关于著作权中的经济权利,无论是作者许可给他人行使,还是转让给他人行使,都要依据合同法的原则来实现。对于作品的利用,在很多情况下都是由著作权人签订合同,许可或者转让给他人利用,并由此获得一定的经济权利。与此相应,著作权合同在作品的广泛利用中起着非常重要的作用。

但在某些情况下,单个的著作权人却很难与大量的作品使用者签订许可合同。这在音乐作品的使用中尤其突出。音乐作品被广泛地使用于各种演唱会,以及广播电台、电视台和舞厅、酒吧、饭店等。一方面,音乐作品的著作权人很难与广泛的使用者逐个签订许可合同;另一方面,诸如广播组织一类的使用者,由于使用着大量的音乐作品,也很难与一个又一个的著作权人签订许可合同。于是,为了解决这一双方的难题,就产生了音乐著作权的中介组织,其代表音乐著作权人与作品的使用者谈判授权和使用费的问题。这就是著作权的集体管理组织。在今天,著作权的集体管理组织在作品的利用方面发挥着积极而有效的作用。

著作权一旦受到侵犯,如未经许可而利用了他人享有著作权的作品,著作权人可以向法院提起侵权诉讼,或者要求有关的行政机构予以查处,并获得相应的法律救济。这叫作著作权的实施。显然,在著作权的保护中,著作权的实施至关重要。如果著作权人在自己的权利受到侵犯时,不能有效地实施自己的权利,他所享有的著作权也就失去了意义。

(二)著作权法

如果说著作权是作者就其所创作的作品享有的权利,那么,著作权法则是对文学、艺术和科学作品提供保护的法律,或者是对作者就作品所享有之权利的保护。大体说来,著作权法应当由以下五个部分构成:

1. 关于实体著作权的规定,如著作权保护的客体、著作权所有人、著作权的内容、著作权的保护期限和权利限制等;

2. 关于邻接权的规定,如表演者、录音制作者、广播组织等作品的传播者,就其传播作品过程中的智力活动成果享有的权利;

3. 关于著作权合同的规定,如转让和许可著作权的原则、条款等;

4. 关于著作权集体管理的规定,如著作权中介组织的地位、作用等;

5. 关于著作权实施的规定,如侵犯著作权的民事救济、行政处罚和刑事制裁。①

现行的中国著作权法,以及世界上很多国家的著作权法,基本上由这五个部分的内容构成。

二、著作权的特征

著作权的特征是指著作权作为知识产权之一种所具有的一些特点。这些特征主要有无形性、专有性、地域性、时间性和可复制性。②

(一)无形性

包括著作权在内的知识产权的无形性特征,是相对于有形财产权而言的。例如,一辆小汽车是一件有形财产,当所有人出租或转让时,标的都是小汽车,是有形物本身。而在著作权中,权利人转让或许可的是复制、发行、演绎、表演、展览自己作品的权利,其标的是无形的权利,而非有形的物,如作者的手稿等。所以,包括著作权在内的知识产权在一些大陆法系国家被称为以权利为标的的物权。

当作者第一次行使自己权利的时候,作品的原件(如手稿或画稿)就具有了双重的意义。一方面,手稿或画稿是一件有形物,作者对其享有有形财产权。著名作者或画家可以出售自己的手稿或画稿,换得高额收入。另一方面,手稿或画稿又是作品的载体,作者就其中所承载的作品享有无形的著作权。例如,著作权人可以将自己的手稿交给出版社,授权出版社复制和发行自己的作品。即使手稿不在手上,著作权人仍然享有法律所规定的其他权利,可以授权他人演绎自己的作品,也可以授权他人表演自己的作品。在这方面,《美国版权法》第 202 条有一个经典式的说明:“对版权的拥有,不同于对体现了作品的任何有形物的拥有。”中国《著作权法》第 20 条也规定:“作品原件所有权的转移,不改变作品著作权的归属,但美术、摄影作品原件的展览权由原件所有人享有。”

不仅是作品的原件具有双重的性质,作品的复制件也具有双重的性质。当我们从市场上买回一本书,这是我们的有形财产,我们可以使用这本书,可以出借或转让这本书,甚至销毁这本书。但同时,这本书还是他人作品的载体。在他人著作权有效的期间,无论我们如何处置作为有形财产的书,都不能不经权利人的许可而复制、发行、演绎、表演其中的作品。在计算机软件、电影作品和录音的情况下,我们甚至不能

---

① 参见《迪茨教授关于修改中国著作权法的报告草案》,载郑成思主编:《知识产权研究》(第 10 卷),中国方正出版社 2002 年版。

② 参见郑成思:《知识产权法》(第 2 版),法律出版社 2004 年版,第 9 ~ 19 页。

未经许可而出租从市场上买来的软件、录音带、录像带和光盘等。因为计算机软件、电影和录音的权利人还依据法律享有出租权。

包括著作权在内的知识产权的无形性特征,为知识产权的贸易和保护带来了一系列不同于有形财产权的特点。例如,在有形财产权中,一辆小汽车的主人只能把自己的汽车出售给一个人,而不能同时出售给两个或三个人。[①] 而在无形的著作权中,权利人却可以在同一天授权出版社复制、发行自己的作品,授权演出团体表演自己的作品,授权他人依据自己的作品创作演绎作品。

同时,包括著作权在内的知识产权的无形性特征,也使侵权很容易发生。例如,在有形财产权中,如果所有人将小汽车妥善保管,就可以避免他人的偷窃。但在无形的著作权中,作品一旦公之于众,他人就有可能背着著作权人行使本来应当由著作权人行使的权利,甚至在很长时间里不为权利人所知。只有在权利人主张自己的权利的时候,他才能够显示自己是权利人,才能够要求法院排除他人的侵权,并且赔偿自己的损失。所以,在一些英美法系国家,包括著作权在内的知识产权又被称为诉讼中的准物权。

在包括著作权在内的知识产权中,无形性是一个根本性特征。可以说,下面所要说的其他四个特征,以及知识产权法不同于有形财产权法的一系列规定,都是源于知识产权是一种无形财产权的特征。

(二)专有性

专有性是指包括著作权在内的知识产权属于权利人所有,只有权利人享有占有、使用和处分的权利,他人未经权利人的许可不得占有、使用和处分。知识产权的专有性,有时又被称为垄断性或排他性。例如,很多国家的著作权法都规定,著作权人享有排他性的(exclusive)复制权、演绎权和表演权等。

应该说,有形财产权也具有专有性或排他性的特征。但是,在说到著作权等知识产权的专有性时,又有其特定的意义。例如,著作权是作者就作品所享有的权利。而作品又体现为一定的信息,或者由一定的信息所构成。在作品没有公开以前,可能只有作者和其他少数人知道。但是,一旦作品公之于众,其中的信息就会为许多人所获得,作者控制作品使用的权利也很容易受到他人的挑战。作品公开以后,著作权人可以授权他人以各种方式使用自己的作品,他人也可以不经作者的许可而使用他的作品。所以,在这种情况下,更要强调著作权是一种专有权利,是一种排他性权利,他人

---

① 这里所说的同时出售给两个或三个人,不是指两个人或三个人的共有,而是两个人或三个人的单独拥有。

未经著作权人的许可，不得以任何方式使用其作品。

说到专有性，这也把著作权等知识产权与处于公有领域中的人类智力成果区别开来。在著作权制度产生以前，作品一旦创作和公开，就处于公有领域中。中国的古典文学名著如《水浒传》《三国演义》《西游记》《红楼梦》等，都是如此。只有在产生了著作权制度以后，法律才赋予作者就其所创作的作品享有排他性的权利。所以，著作权的专有性是由法律规定的，或者说是法律的一种强制。事实上，即使是受到著作权法保护的作品，在一定的期限以后也会进入公有领域，不再由某个人或某些人对其享有排他性的权利。这样，只有在著作权制度产生以后，在某一作品受保护的期间，作者就其所创作的作品享有的权利才是专有的。

（三）地域性

地域性是指包括著作权在内的知识产权是依据某一个国家或地区的法律而产生的，因而也只在这个国家或地区的范围内有效，在这个国家或地区的范围内受到保护。一旦超出这个国家或地区的范围，有关的权利就不再有效，就不能再受到这个国家或地区法律的保护。

说到专利权和商标权的地域性，比较容易理解。例如，技术发明人为了获得专利权，必须首先向有关国家或地区的专利局提出申请，由专利局依据该国或该地区的法律进行审查后授予权利，有关的专利权也仅在这个国家或地区的范围内有效。商标注册的申请、获得和保护，也是如此。

而著作权的地域性，相对来说就难以理解了。尤其是依据国际公约和各国法律，著作权是自动获得，作品完成之时作者就享有著作权。例如，按照中国著作权法和中国已经加入的《伯尔尼公约》，一位中国公民在完成作品之时，不仅在中国享有了著作权，而且在所有的伯尔尼公约成员国都享有了版权。这似乎给人一种"全世界版权"的感觉。

事实上，这种感觉是完全错误的。以著作权的获得来说，在 1992 年 10 月中国加入《伯尔尼公约》以前，中国公民虽然依据中国法律就其所创作的作品在中国享有著作权，但在世界上许多国家都不享有著作权。同样，当时许多国家的公民就其所创作的作品，在中国也不享有著作权。即使是在中国加入了《伯尔尼公约》后的今天，作者就其所创作的作品，分别是就中国的法律享有中国的著作权，就美国的法律享有美国的著作权，就德国的法律享有德国的著作权，等等。这种状况在侵权诉讼中尤其突出。假如美国迪斯尼公司的版权在一百个国家都受到了侵犯，迪斯尼公司如果想全面维护自己的权利，就必须分别向这一百个国家的司法机关提起诉讼，打上一百场官司。在这一百场官司中，无论是美国的判决，还是法国或日本的判决，都只在那个国家的范围内有效,而不可能在其他国家产生效力。

著作权等知识产权虽然具有鲜明的地域性,但对于作品的利用却是没有国界的。一些著名的文学作品、音乐和电影等,可以在许多国家被社会公众所阅读、聆听和观看。如果各个国家对于著作权的保护差异太大,势必不利于对作品的保护。正是基于著作权的地域性特征和利用作品的无国界性,一系列双边的、多边的或国际性的保护著作权的条约或公约才产生,以协调各个国家的保护标准。可以说,正是著作权等知识产权的无形性和地域性的特征,才造就了一大批知识产权的国际条约和公约。

(四)时间性

时间性是指著作权等知识产权具有一定的保护期限,有关的权利仅仅存在于作品受到法律保护的期限之内。保护期限届满,则有关的著作权不再有效,原来受到保护的作品也随之而进入公有领域,成为人人可以利用的东西。

一般说来,有形财产权的保护不受时间限制。例如一所房子,只要它持续存在,人们就可以几十年甚至几代人地占有它。然而,绝大多数的有形财产却会随着时间的流逝而磨损和灭失。例如,房子、小汽车、电视机等,都是如此。一旦有关的财产灭失,法律对于该项财产的保护自然失去意义。

著作权虽然有一定的有效期限,但所保护的作品,从理论上讲却可以长期存在下去。有些作品甚至在产生之后的几百年或更长的时间里,都具有经济性利用的价值。例如,鲁迅对其作品曾经享有著作权,现在他的作品已经进入公有领域。然而,他的作品不仅在今天,甚至在几百年之后仍然具有经济性利用的价值。《论语》《孟子》《史记》《红楼梦》等作者从来没有享有过著作权的作品,在今天仍然被出版商广泛复制和发行,也从另外一个侧面印证了这个问题。显然,受保护的客体从理论上讲可以长期存在下去,著作权法却断然规定了一个受保护的期限,或者著作权的有效期限。保护期限届满,无论有关的作品是否具有经济价值,也无论有关的作品具有多大的经济价值,都会毫无例外地进入公有领域。应该说,这与有形财产权的保护形成了鲜明的对比。

规定著作权的保护期限,主要是出于经济利益的考虑。例如,现在大多数国家的著作权法所规定的保护期限是作者的有生之年加 50 年。规定这个保护期限的前提是,作者在创作作品的过程中付出了大量的艰苦劳动,应该让他和他的后代利用作品获得相应的经济利益。当然,从另一个角度来说,任何一部作品都不是凭空产生的,都是作者利用了大量的处于公有领域和他人专有领域的作品,经过其头脑加工而产生的。一方面,法律赋予作者以专有权利,让他在保护期限内获得经济收益;另一方面,法律又规定在保护期限届满以后,有关的作品进入公有领域。如果不让作者就其创作的作品享有权利,受到一定期限的保护,对于作者就是不公平的。但如果对作者或其继承人赋予无限期的保护,对于社会公众又是不公平的。事实上,规定著作权的保护期,以及规定多长的保护期,都是平衡作者利益和社会公众利益的结果。

(五)可复制性

严格说来,可复制性不是著作权等知识产权的特性,而是受保护的客体的特性。一部作品,只有体现在有形的物质媒介上,只有通过广泛的复制和传播,才有可能为他人所感知或了解。事实上,著作权人的基本权利之一就是自己复制或者许可他人复制作品,并由此而实现自己的经济利益。这就是版权(copyright)的基本含义。

由于作品具有可复制性,再加上著作权的无形性特征,他人的非法复制或盗用活动很容易发生。例如,当作品经过合法授权复制和发行以后,作者应当继续享有复制和发行的权利。但在此时,他人获得作品的复制件之后,却可以背着著作权人非法复制和非法发行作品,获得可观的经济利益。

而且,这种非法复制和非法发行还会显示出对权利人没有直接损害的假象。例如,当某人的计算机或小汽车被盗走后,他会立刻感受到直接的显而易见的损害。但如果他的作品被人“盗版”,他在一定时间内可能感觉不到直接的损害。正是由于这样一种原因,外国和中国都曾经发生过这样的现象,即法院一方面裁定盗版者侵权,另一方面又判处了数额很少的赔偿金。当然,随着对于著作权在内的知识产权认识的深入,这种现象已经成为历史。

作品的可复制性以及他人容易从事的非法复制或盗版活动,也使法院在侵权诉讼中很难准确计算损害赔偿的数额,如权利人的经济损失、侵权人的利润所得。可以说,著作权制度中的法定赔偿金就是由此而产生的。

三、著作权与其他知识产权

按照一般的分类方法,知识产权主要分为著作权、专利权、商标权和制止不正当竞争的权利。这里简要叙述著作权与其他三类知识产权的关系。

(一)著作权与专利权

著作权的客体是作品,专利权的客体是技术发明,二者都是人类智力活动的成果。一般说来,著作权和专利权各有自己明确的保护领域。例如,当某个人就某项技术发明获得专利权以后,他可以许可或禁止他人实施专利权所覆盖的技术。但是,专利权人不得禁止他人著书立说,描述或评论相关的技术。因为他人是在创作作品,而非实施专利技术。又如,当某个人撰写文章,详细披露某种新产品的制造方法和步骤之后,他可以禁止他人复制自己的作品,但不得禁止他人按照相关的方法和步骤去制造该产品。除非著作权人还就文章所涉及的新产品申请并获得了专利。在这里,著作权人仅就自己的作品享有专有权利,他不能以著作权来垄断作品中所涉及的技术方案。

正是二者的客体不同,又造成了著作权和专利权在权利的获得、权利的保护上的一系列不同。例如,著作权是自动获得,自作品完成之日产生权利。而专利权的获得,则需要发明人或其他人向专利局提出申请,经过专利局的严格审查后才能授予权利。又如,著作权的获得标准是有关的作品必须具有独创性,而专利权的获得标准则是有关的发明创造必须符合新颖性、创造性和实用性等要求。再如,著作权的保护期限是作者的有生之年加 50 年,而发明专利权的保护期限是自申请之日起的 20 年。

一般说来,著作权与专利权的客体是比较明确的。然而,对于某些既具有作品特征又具有技术发明特征的智力成果来说,就很难确定究竟是用著作权法来保护,还是用专利权法来保护。这类客体主要有外观设计、计算机软件和集成电路布图设计。

1. 外观设计

外观设计既具有技术发明的特征,又具有作品的特征。一方面,一些优美的工业品外观设计,如电视机的外形、汽车的外形,既是工业上实用的技术方案,又是某种美学观念的表述。另一方面,一些实用艺术品,如艺术器皿、艺术装饰品,主要是美学思想观念的表述,但同时又可以被运用到产业中,批量生产后投放市场。所以,在外观设计的保护上,有的国家采纳了专利法的方案,有的国家采纳了著作权法的方案,还有些国家则直接制定了专门的外观设计保护法,既吸收了著作权法的一些原则和规定,又吸收了专利法的一些原则和规定。

2. 计算机软件

计算机软件也处于著作权和专利权保护的范围之间。一方面,计算机软件可以作为文字作品得到著作权法的保护。《TRIPs 协定》和绝大多数国家的著作权法都做了这样的规定。另一方面,计算机软件又具有解决实际问题的技术方案的特征。无论是我们日常使用的“视窗”操作系统,还是专门的财会、金融、通讯软件,都是解决具体问题的技术方案。这样,计算机软件既具有著作权法所保护的“作品”的特征,又具有专利法所保护的“技术方案”的特征。现在,国际上流行的是将计算机软件作为文字作品,由著作权法加以保护。但在近些年里,计算机软件却越来越多地作为发明,由专利法予以保护。当然,计算机软件在作为专利法保护对象时,对其保护的是存在于软件中的技术方案,而且相关的软件必须与硬件结合。单纯的没有与硬件结合的软件不能实现其中的技术方案,因而不能得到专利法的保护。

3. 集成电路布图设计

处于著作权与专利权之间的还有集成电路布图设计。集成电路布图设计又称“光罩作品”(mask work),是指由一系列相关图形构成,体现在一定的模具或半导体芯片上的三维布图设计。一方面,集成电路布图设计类似于受著作权法保护的图形作品,并且可以通过模具批量复制;另一方面,集成电路布图设计又具有受专利法保护的技术特征,体现了布图设计的半导体芯片可以产生某种相互作用的电子功能。正是基于这种特征,美国于 1984 年通过了一部专门法,即《半导体芯片产品保护法》。1989 年 5 月,在世界知识产权组织主持的华盛顿外交会议上,又缔结了《集成电路知识产权条约》。二者都是既吸收了著作权法的原则和规定,又吸收了专利法的原则和规定。

(二)著作权与商标权

著作权的客体是作品,商标权的客体是商标。商标是将不同厂商的产品或服务区别开来的商业性标志,体现在商标后面的是商品或服务的信誉。从表面上看,商标权似乎与著作权无关。然而,我们不要忘记,每一件商标都是由文字、字母、数字、图形、颜色等要素构成的。这样,任何一件商标,就其具有可识别性来说,可以作为商标受到商标法的保护;就其作为文字、字母、数字、图形、颜色等要素,或上述要素之组合来说,又有可能构成作品,受到著作权法的保护。在这种情况下,一件商标中可能存在两个权利。一个是商标权人就该商标所享有的权利,另一个则是他人对商标标识作为作品而享有的权利。作为商标所有人,其要十分注意自己的权利与他人权利之间的关系,并且处理好两者之间的关系。否则,商标所有人将由此而承担不必要的甚至是非常巨大的损失。

例如,在 1997 年由北京市第一中级人民法院判决的“景阳冈酒厂”一案中,画家刘继卣先生曾作有《武松打虎》组画,山东省阳谷县景阳冈酒厂未经许可将其中的第 11 幅修改后放入自己的商标中,并且在原国家商标局获得了注册。后来,刘继卣的法定继承人提起了该商标标识侵犯著作权的诉讼。法院经过审理认定,景阳冈酒厂未经许可而在自己的商标中使用他人作品,侵犯了他人的著作权,责令停止使用并赔偿原告损失。随后,原国家商标局依据法院的判决撤销了景阳冈酒厂的商标。

又如,1997 年由上海市高级人民法院判决的“三毛集团”案也说明了著作权与商标权的关系。根据案情,著名漫画家张乐平先生在长期的创作生涯中创造了一个大脑袋、圆鼻子、头上仅有三根头发的“三毛”形象。被告江苏三毛集团公司未经许可在其产品、广告、企业标记上广泛使用“三毛”形象。此外,被告还在 1995 年 11 月至 1996 年 2 月,就 34 类商品向原国家商标局提出了含有“三毛”漫画形象的商标申请。

至案发时,已被核准31类。法院经过审理认定,被告未经许可在商业标记中使用"三毛"漫画形象,侵犯了他人的著作权,应该停止在产品、企业标记上使用"三毛"形象。随后,原国家商标局撤销了被告在31类商品上注册的"三毛"商标。[①]

以上两个案例都说明,当商标所有人与商标标识之著作权人不同时,商标所有人应当妥善处理好其中的著作权问题,如获得使用许可、向著作权所有人支付报酬等。而当商标所有人同时还是商标标识之著作权所有人时,还有可能出现以著作权维护商标权的情况。例如,有一家爱尔兰公司未在澳大利亚注册自己的商标,结果被他人注册了相同的商标。在不能以自己的商标权对抗他人的商标权时,这家爱尔兰公司起诉被告的商标标识侵犯了自己的著作权。结果澳大利亚法院作出了有利于爱尔兰公司的判决,判决撤销了被告的商标。[②]

(三)著作权与制止不正当竞争权利

著作权法保护作者就作品所享有的权利,反不正当竞争法保护工商业活动的经营者制止他人不正当竞争的权利。著作权与制止不正当竞争的权利似乎没有关系。然而我们应该注意,当每一部作品被推向市场的时候,它本身就成了一件商品。报纸、杂志、电影、绘画、雕刻、计算机软件等,都是市场上的商品。从这个意义上说,作品的创作者和作品的利用者也是市场活动的主体。当某些作者以不正当的方式利用他人作品的声誉时,当作品的使用者以不正当的方式与他人竞争时,就会出现制止不正当竞争的问题。这种不正当竞争主要出现在书刊名称和作品中人物形象的利用方面。

1. 书刊名称

一般说来,书刊名称比较简短,不构成具有原创性的作品,因而得不到著作权法的保护。但是,书刊名称又具有向社会公众标示作品或刊物的作用,具有将这一作品与其他作品、这一刊物与其他刊物区别开来的作用。就某一作品或刊物来说,其名称在某种意义上具有商标的作用。显然,如果有人盗用了他人的书刊名称,尤其是盗用了知名书刊的名称,必然会在社会公众之中造成混淆。

例如,德国对知名书刊名称的保护,原来是以反不正当竞争法为依据。而到了1994年,又改为以商标法保护知名书刊的名称。其中的推理也很简单,即盗用他人知

---

① 关于以上两个案例,参见郑成思主编:《知识产权研究》(第6卷),中国方正出版社1998年版。

② 参见郑成思:《知识产权法》,法律出版社1997年版,第27页。这是以著作权维护自己商标权的典型事例。

名的书刊名称,会造成消费者对商品来源的混淆。[①] 在美国,知名的书刊名称也可以作为商标受到保护,如著名的《时代》杂志和《读者文摘》等。

当书刊名称没有注册为商标,或者不能依据商标法保护时,有关的权利人就可以寻求反不正当竞争法的保护。例如在 1989 年,当有人在美国以《人民日报》(海外版)的名称出版中文报纸时,有关的权利人就是依据反不正当竞争法主张了自己的权利。又如,有人未经钱钟书先生许可而出版《围城续集》时,有关的权利人也可以依据反不正当竞争法,制止这种不正当竞争行为。

2. 人物形象

作品中的人物形象可以分为两类:一类是图形人物形象,另一类是文字作品中的人物形象。一般说来,图形人物形象,如迪斯尼的米老鼠和唐老鸭,张乐平的“三毛”等,可以受到著作权法的保护。因为这种人物形象由线条、色彩、形状构成,再加上具有鲜明特色的语言和动作等,本身就构成了著作权法所保护的作品。而文字作品中的人物形象主要是由语言文字刻画而成,一般说来构不成作品,不能获得著作权法的保护。但就一些知名作品来说,如果他人盗用了作品中的人物形象,有关的著作权人仍然可以寻求反不正当竞争法的保护。因为这种盗用带有利用他人声誉和不正当竞争的特性。

四、著作权与科学技术的发展

著作权的产生与发展,与人类科学技术的发展密切相关。事实上,著作权制度本身就是科学技术发展的产物。在印刷术发明之前,人们主要以抄写、讲诵的方式来传播文学艺术作品和科技作品,不存在大量的复制,因而也不存在著作权保护的问题。随着造纸术的发明,尤其是印刷术的发明,对作品的大量而节省费用的复制成为可能,也就产生了著作权保护的必要。在中国,自宋代普遍采用雕版印刷术以后,就有了版权保护的事例。如“已申上司,不许复版”之类。而在欧洲,也是在 15 世纪普遍采用活字印刷术以后,才产生了对于版权的保护。直到今天,基于印刷术而产生的复制权,仍然是著作权制度中的一项基本的和最重要的权利。

著作权制度是科学技术的产物。自著作权制度产生后,它依然是随着科学技术的发展而不断发展变化。或者说,科学技术的发展总是对著作权制度不断提出挑战,而著作权制度也在应战之中不断发展完善。大体说来,著作权制度应对科学技术挑战的发展,主要是在两个方面。一是随着科学技术的发展,人类社会产生了一些新的受保护客体,著作权制度逐渐将它们纳入受保护的范围之中。或者说,著作权制度承

---

① 参见 1994 年《德国商标法》第 5 条和第 15 条。

认它们是著作权保护的作品种类。二是随着科学技术的发展,人类社会产生了一些新的对于作品的利用方式,著作权制度逐渐将这些新的利用方式纳入著作权的范围。或者说,著作权制度让作者有权利控制对于作品的新的利用方式。此外,著作权体系中的邻接权制度的产生和发展,也与新的利用作品的方式密切相关。下面分别予以叙述。

(一)新的作品种类

早期的著作权,主要是对文字作品予以保护。世界上第一部版权法,即英国《安娜法》的全称《为鼓励创作而授予作者及购买者就其已经印刷成册的图书在一定时期之内享有权利的法》就反映了这一点。后来,随着制图工艺的发展,人们又有了对于地图和图形的保护。例如,美国 1790 年颁布的第一部版权法,就是提供对于地图、图表和书籍的保护。到了 19 世纪后半叶,随着摄影技术的普及,摄影逐步成了受保护的作品。例如在 1865 年,《美国版权法》将摄影和底片纳入著作权保护的范围。进入 20 世纪以后,科学技术的发展更是极大地扩大了作品的范围。20 世纪初,随着电影技术的产生和发展,人们有了对于电影作品的保护;20 世纪中后期,随着计算机技术的产生和发展,人们又有了对于计算机软件的保护。

还有一些作品种类,原来就已经存在,但由于人们认识上的原因没有被纳入著作权保护的范围。后来,随着人们认识的深入,这些作品种类也被逐步纳入著作权保护的范围。例如,《美国版权法》1831 年才规定了对于音乐作品的保护,1879 年增加了对于绘画、素描和雕塑的保护,1990 年则增加了对于建筑作品的保护。中国 2001 年修正《著作权法》,增加的杂技艺术作品、建筑作品和模型作品,也属于这类情形。

正是由于科学技术还在飞速发展,人们对于作品形式的认识还在不断深化,世界上绝大多数国家的著作权法在列举受保护作品时作出了弹性规定,如"应当受到保护的其他作品""法律和行政法规规定的其他作品"等。

(二)新的权利内容

在早期,著作权的基本内容是复制权,这是基于印刷术而产生的权利。世界上第一部版权法《安娜法》也反映了这一点。《安娜法》的序言指出,颁布该法的主要目的是防止他人未经作者同意而擅自印刷、翻印或出版其作品。应该说,在著作权制度产生之后的很长时间里,对于作品的主要利用方式就是复制。如果我们还要再加上一个权利的话,那么这个权利也是与复制权密切相关的发行权。事实上,授权他人复制自己的作品,一般已经隐含了授权他人发行复制了的作品。所以直到今天,很多国家的著作权法并不单独规定发行权。

进入19世纪末期和20世纪以后,随着科学技术的发展,对于作品的利用方式发生了重大的变化。无线电广播技术、录音技术、摄影技术、电视技术和卫星传播技术,使表演权和展览权纳入著作权的范围。其中的表演权,既包括舞台表演权,又包括机械表演权。中国著作权法中的展览权、表演权、放映权和广播权都属于这类权利。进入20世纪90年代以后,随着网络技术的迅速发展和普及,作品的利用方式又发生了一个根本性的变化。为此,世界知识产权组织于1996年制定了《版权条约》《表演和录音条约》,规定了作者在网络环境中就作品所享有的权利。中国不仅在2001年修正《著作权法》时规定了作者的"信息网络传播权",而且于2006年颁布了《信息网络传播权保护条例》。

还有一些对于作品的利用方式,在一开始并没有被纳入著作权的范围,但随着人们认识的深入,也逐步被纳入权利的范围。这主要是指演绎权。中国著作权法中的摄制权、改编权和翻译权,都属于这样的权利。

随着科学技术的飞速发展,以及人们对作品利用方式的深入认识,还会有新的利用作品的方式产生。所以,各国著作权法在规定著作权内容时,大多也有一个弹性规定,即"应当受到保护的其他权利""应当由著作权人享有的其他权利"等。

(三)邻接权的产生

无线电广播技术、录音录像技术、电视技术和卫星传播技术的产生,不仅增加了作品的利用方式,而且将表演者、录音录像制作者和广播组织在作品传播过程中的作用凸显了出来。表演者以自己的表演技巧和对于作品的理解来表演作品,录音制作者以自己的录制技巧和投资制作录音,广播组织以自己独特的视角发射广播节目,并为此付出极大的投资。他们为作品的广泛传播付出了创造性的劳动和大量的投资,他们在此过程中形成的利益理应得到保护。这样,随着新的传播技术的产生和发展,与传播作品相关的表演者权、录音制作者权和广播组织权就逐步产生了,并且成为著作权法体系中的重要内容。

事实上,著作权集体管理组织的产生也与作品传播技术的发展密切相关。例如,就音乐作品的著作权人来说,在19世纪主要是依靠词曲的印刷品来获得收益。随着无线电广播技术、录音录像技术、电视技术的产生和普及,一方面,音乐作品得以更广泛地使用;另一方面,词曲印刷品销售量出现锐减。随着音乐作品的广泛使用,单个作者难以追踪自己的作品为多少人所使用,而大量使用音乐作品的广播电视组织和其他机构又难以与每一个音乐作品的所有人签订授权合同。于是,作为著作权人与作品使用者之间的中介组织,著作权集体管理组织首先在音乐作品的领域中应运而生。著名的GEMA(德国音乐作品表演权和机械复制权协会)和ASCAP(美国作曲家、词作者和出版商协会)等就是这样的音乐作品的中介组织。当然,时至今日,尤其是在欧洲大陆国家,著作权的中介组织已经不限于音乐作品,而是延伸到了文字作品、摄影作品、美术作品等许多领域。

第二节 著作权与版权

与著作权相联系的有一个“版权”的概念。许多人认为,这两个概念具有相同的含义,属于同义词。但这种说法并不准确。在英文中,著作权是 author’s right,版权是 copyright。从字面上讲,前者强调的是作者(author)的权利,后者强调的是利用作品(copy,复制)的权利。事实上,由版权和著作权这两个概念,我们已经接触到了西方两大法系即英美法系和大陆法系在关于作品保护上的不同。

一、版权概念的产生①

从版权或著作权的起源上看,最早的对于作品的保护,是授予印刷商或出版者的特许权。15 世纪末,威尼斯共和国授予印刷商冯·施贝叶以印刷出版的专有权,有效期为 5 年。这是西方世界第一个由统治政权颁发的保护翻印权的特许令。在此之后的 16 世纪初叶,罗马教皇、法国国王和英国国王等先后向出版商颁发过禁止他人擅自翻印其书籍的特许令。而在英国,早在 1556 年就成立了钦定的“出版商公司”。从 1556 年到 1637 年的 80 年间,英国前后颁布过 4 个《星法院法》,内容都是授予出版商公司以印刷出版的特权,以及限制图书的自由印制。

与此同时,对作者的权利也加以保护的要求在欧洲大陆和英国越来越强烈。保护作品创作者的权利,虽然是由保护出版商的特许权发展而来,但又全然不同于出版商的特许权。随着法律保护的重点从出版商转向作者,近代的版权制度也就产生了。1709 年,英国议会通过了世界上第一部版权法,其名称是《为鼓励创作而授予作者及购买者就其已经印刷成册的图书在一定时期之内享有权利的法》。由于这部法律的全名太长,后人便以当时在位的英国女王的名字命名该法,称为《安娜法》。

《安娜法》规定,作者是第一个应当就作品享有财产权的人。作者对已经印制的书籍在重印时享有专有权,对创作完成但尚未印制的作品,也享有同意或禁止他人印刷出版的专有权。后者所具有的正是“版权”的含义。此外,法律还规定,一般作品的保护期为 14 年,自作品出版之日起算;如果 14 年届满而作者尚未去世,则可以再续展

① 参见郑成思:《版权法》,中国人民大学出版社 1997 年版,第 7 ~ 12 页。

14 年。如果续展,一切权利重新回归作者,由作者予以保留或重新转让给出版商。

《安娜法》是由出版商特权向作者的版权过渡的产物,虽然已经把保护的重心放到了作者方面,但仍然对出版商的权利作出了充分的规定。例如,出版商对他们依法印刷出版的书籍,享有翻印、出版和出售等专有权。事实上,法律的名称也反映了出版商的利益。因为法律是授予"作者及购买者"享有权利的法律,而其中的购买者是指出版商而非图书的购买者。此外,《安娜法》虽然把保护的重心放到了作者方面,但保护的重点仍然是由书籍出版而来的复制权,仍然是作者的经济权利。在那个时候,还不可能出现作者的精神权利。这样,版权在本质上就是一种经济权利。

《安娜法》注重作者经济权利的特点,或者说注重作品利用的特点,影响了许多国家的法律,尤其是美国的版权法。可以说,美国版权法所继承和坚持的,正是《安娜法》的这一实质特征。

二、著作权概念的产生

法国也有过出版商的特许权。在法国,这种由出版者的特许权向作者权利的过渡,完成于 18 世纪末期的法国大革命。法国革命以天赋人权为旗帜,强调和突出与人有关的权利。所以,法国革命一方面废除了原有的各种特许权,包括出版者的特许权,另一方面又在新创立的著作权制度中突出了作者和作者的权利。法国于 1791 年颁布了《表演权法》,于 1793 年又颁布了全面的《复制权法》,后来演变为《作者权法》,复制权和表演权也成为作者享有的两项基本权利,并且一直延续到现在。与此相应,对于作者所创作的作品的保护,就不再是出版商的权利,也不仅仅是对于作品的利用,而是把作者和作者的权利放在了法律制度的核心。这样,著作权就成了"作者的权利",而不仅仅是一种财产权利或经济权利。事实上,从《作者权法》这样的名称,也可以看出它们与英国《安娜法》的巨大不同。

随后,受法国大革命和法国民法典的影响,很多国家所建立起来的著作权制度都沿用了"作者权"的概念。这样,"作者权"就成了与"版权"相对应的一个概念。在德国,以康德为代表的一些哲学家还提出了一种理论,认为作品不仅能为作者带来经济利益,而且反映了作者的人格(personality),是作者人格或精神的外延。这种观点与"作者权"的观念相结合,就导致了作者精神权利的产生和发展。这样,从强调作者的权利到强调作者的精神权利,就成了大陆法系著作权制度中的一个基本特点。这与仅仅强调版权为一种经济权利,强调对于作品的商业性利用的英美法系形成了鲜明的对比。

三、大陆法系与英美法系的融合

随着英国和美国版权制度的建立和发展,以及欧洲大陆一系列国家受法国的影响而建立著作权制度,在对于作者和作品的保护上,两个各具自身鲜明特点的法律体系就形成了。随后,有一系列国家(主要是英联邦国家)效法英美而建立了自己的版权制度,又有一系列国家效法欧洲大陆(主要是法国和德国)而建立了自己的著作权制度。这样,版权或著作权保护上的英美法系和大陆法系的不同,又在全世界的范围内扩展开来。

大体说来,版权与著作权的不同主要体现在两个方面。首先,版权法强调对于作品的利用,强调版权是一种经济权利,对于作者精神权利的保护相对不太重视。例如,英美法系国家的版权法律基本上不规定对于作者精神权利的保护。[①] 而著作权法则强调作者对于作品的创作,以及由此而形成的精神权利和经济权利。这样,著作权法体系不仅注重对于作品的利用和对于经济权利的保护,更加注重对于作者精神权利的保护,甚至将作者精神权利的保护放在了比经济权利更为重要的地位上。其次,版权法体系从作品利用的角度出发,认为凡是"来自"作者的表达都可以构成作品,受到版权法的保护。这样,类似于电视节目表、电话号码簿一类的东西也有可能构成作品,受到版权法的保护。而著作权法则强调作者对于作品的创作,认为作品是作者精神状态的外化,应当体现作者的人格或者精神的印迹。与此相应,电视节目表、电话号码簿虽然来自作者,但不能构成著作权法保护的作品。因为在这类表达中,很少或者没有体现作者的人格或者精神印迹。由此可见,版权法体系从强调作品的利用和经济权利出发,在作品的构成上设定了一个较低的独创性标准。而著作权法体系则从强调作者创作作品和作者精神权利的保护出发,在作品构成上设定了一个较高的独创性标准。

尽管英美法系和大陆法系有种种不同,但二者又有许多共同之处。例如,二者都主张著作权或版权由作品的创作而产生,都十分重视对于著作权人或版权人所享有的经济权利的保护,等等。再加上建立国际性版权保护制度的需要,以及共同应对技术发展带来的挑战的需要,两大法系的相互靠拢和相互融合就成了一件很自然的事情。但是很有意思的是,两大法系的相互靠拢和融合似乎更多的是英美法系向大陆法系的靠拢。

英美法系向大陆法系的靠拢,可以追溯到19世纪末期。1886年缔结的《伯尔尼

---

① 当然,这并不表明这些国家的法律不保护作者的精神权利。因为在这些国家中,对于作者署名权和维护作品完整权的保护往往被规定在其他法律中,而非版权法中。

公约》,体现的主要是大陆法系的原则和精神。当然,英国在公约的制定中也起了重大作用,并成为主要的缔约国。为了贯彻《伯尔尼公约》,英国于 1886 年颁布了一部“国际版权法”(International Copyright Act),使英美法系向大陆法系迈出了重大的一步。1911 年颁布的《英国版权法》,一方面废除了普通法对于版权的保护,以作品的完成作为版权保护的前提,而不再以作品的出版为保护的前提;另一方面又废除了注册、加注版权标记等规定,不再以形式要件作为版权保护的要件。此后的 1956 年《英国版权法》、1988 年《英国版权法》,都带有继续向大陆法系靠近的痕迹。应该说,《英国版权法》向大陆法系的靠近有地缘上的原因。

与英国相比,美国则是在更长的时间里坚持了自《安娜法》颁布以来的英国法的传统,成为最典型的英美法系的国家。为了坚持自己的版权法传统,美国在很长的时间里拒不参加《伯尔尼公约》,而是与一些拉美国家缔结了一个“泛美版权公约”。后来,“泛美版权公约”又演变为 1952 年的《世界版权公约》,其中反映了美国所坚持的一些东西。直到美国制定 1976 年《美国版权法》,才废除了普通法对于版权的保护,以作品的完成而不是作品的出版作为版权保护的前提,以及在某种程度上不以形式要件作为版权保护的前提,等等。

1989 年,美国加入《伯尔尼公约》,标志着英美法系再次向大陆法系的靠近。美国国会关于“伯尔尼公约实施法”的报告指出,美国版权法虽然没有明确保护作者的精神权利,但美国的反不正当竞争法、形象权法、合同法和一些州法,以及版权法中的某些条款,却提供了大体相同的保护。美国即使在这个方面不修改版权法,也已经达到了《伯尔尼公约》的要求。尽管如此,美国还是在 1990 年修改版权法,规定了视觉艺术家精神权利的保护。这样,两大法系即使是在原来不同的根本点上也在相互接近。

四、中国对于两个概念的选择

日本在制定近代法律时,从德国引进了大陆法系的“作者权法”概念。不过,这一概念在日文中的表达是“著作权法”,其基本含义是著作者的权利法,仍然是“作者权法”的意思。20 世纪初,中国在制定近代法律时,又从日本引进了“著作权”的概念,于 1910 年颁布了《大清著作权律》。随后,“中华民国”北京政府和南京政府所颁布的有关法律,都叫作《著作权法》。此外,大体是在引进“著作权”概念的时候,中国还从日本引进了“版权”的概念。而日文中的“版权”概念,又是来自英美法系。

自“著作权”和“版权”这两个概念被引进中国以后,人们或使用“著作权”,或使用“版权”,或二者交替使用。很多人甚至将二者视为同义语。然而细究起来,习惯于使用“著作权”的人,或者习惯于使用“版权”的人,又或多或少带有各自的侧重点。

而这种侧重点又不能不说与著作权或版权保护上的两大法系有着某种联系。

中国自1979年开始制定著作权法。在立法的过程中,所拟定的法律究竟应当称为著作权法还是版权法,在立法者和学者中都发生了激烈的争论。尽管法律草案的名称在很长时间里被称为《版权法》,但最终是以《著作权法》的名称获得了全国人民代表大会常务委员会的通过。为了弥合两个概念的差别,1990年通过的《著作权法》专门制定了一个条款,第51条明确规定,"本法所称的著作权与版权系同义语"。至2001年10月修正《著作权法》时,又在原有的基础上向前走了一步,在第56条中规定"本法所称的著作权即版权"。这种特别的规定和变化似乎又透露出某种信息,"著作权"与"版权"并非完全相同。[①] 2020年修正《著作权法》,只是改变了条文的顺序,为第62条,具体规定未变。

第三节 中国著作权法的制定

一、1949年以前的著作权法[②]

中国早在东汉年间就发明了造纸术,在唐代晚期又采用了雕版印刷技术。目前所见的最早的雕版印刷品是唐懿宗咸通九年(868年)印制的《金刚般若波罗蜜经》。五代后唐长兴二年,朝廷命国子监主持校正《九经》,并且"刻板印卖"。到了宋代,雕版印刷就在全国普及了。与此相应,保护作者和刻版者的利益,禁止他人"翻刊"的要求也出现了。根据史籍记载,这种保护都是以地方官发布的"榜文"形式给予的。

自宋代到清代,中国虽然有过"榜文"一类的对于出版者利益的保护,但从来没有产生过著作权制度。直到1910年,清政府才颁布了中国历史上的第一部著作权法《大清著作权律》。由于清王朝的迅速灭亡,这部法律没有来得及实施,但它却对后来"中华民国"北京政府和南京政府的著作权立法产生了重大影响。

《大清著作权律》共有5章55条。根据规定,受保护的客体有"文艺、美艺等物",具体包括"诗文、曲本、乐谱、笔记、说部、戏本、图画、帖本、照片、雕刻、模型"等。不受保护的作品有"法令约章及文书案牍;各种善会宣讲之劝诫文;各种报纸记载政治及时事上之论说新闻;公会之演说"等。受保护的主体一般是著作者本人,受保护的期限是作者的有生之年加30年。在发生侵权时,必须由著作权人提起诉讼,诉讼时效为2年,救济措施有罚金和损害赔偿等。

---

① 由于中国的现行法律称为《著作权法》,本书的作者将尽力使用"著作权"而非"版权"的术语。

② 参见郑成思:《知识产权法》(第2版),法律出版社2004年版,第270~275页。

《大清著作权律》受大陆法系,尤其是德国和日本的影响较大。这部法律采取“著作权”概念而没有采取“版权”概念,就说明了这一点。这部法律还对作者的精神权利做了较为详细的规定。例如,其第 34 条规定,“不得就原著加以割裂、改窜及变匿姓名或更改名目发行”。这一规定也适用于保护期已经届满或因为其他原因而进入公有领域的作品。当然,《大清著作权律》也带有一些英美法系的影响。例如,其第 26 条规定,“出资聘人所成之著作,其著作权归出资者”。又如,该法采用“注册版权制”,规定作品完成之后,著作者必须以本人的真实姓名到民政部登记,并交样本两册、注册费 5 元。经民政部核准注册发给证书后,才能受到保护。

1915 年,“中华民国”北京政府在《大清著作权律》的基础上,颁布了一部著作权法。其中除把登记主管机关由民政部改为内务部,并在受保护的“著作物”中增加了“讲义”“演述”等项之外,完全与《大清著作权律》相同。1928 年,“中华民国”南京政府又在《大清著作权律》的基础上颁布了一部著作权法,并在同时颁布了著作权法的实施细则。此后,这部著作权法又在 1944 年、1949 年做过修订,并且由国民党政府带到了中国台湾地区,继续在那里实施。

二、1949 年至 1991 年的著作权保护

中华人民共和国成立之前,废除了国民党政府的“六法全书”,这包括南京政府的著作权法。而《中华人民共和国著作权法》又于 1991 年开始实施。这样,从 1949 年到 1991 年,中国对于著作权的保护主要是依据一些行政法规。

1950 年召开的全国出版工作会议,通过《关于改进和发展出版工作的决议》。其中规定,“出版业应尊重著作权及出版权,不得有翻版、抄袭、篡改等行为”。稿酬应在兼顾作家、读者及出版者三方面利益的原则下,与著作者协商解决;为了尊重作者的利益,原则上不主张卖绝版权。这个决议还规定,在书籍的版权页上,对于初版、再版的时间,对于印数、著者的姓名、译者的姓名以及译本的原书名称均应作忠实的记载;出版者在书籍再版时,应当尽可能与作者联系,进行必要的修改。应该说,这是一份保护作者权的重要文件。

1953 年,当时的中央人民政府出版总署公布了一份文件,即《关于纠正任意翻印图书现象的规定》。其中规定,“一切机关团体不得擅自翻印出版社出版的书籍、图片,以重版权”。这是一份保护出版者权利的文件。

根据国家及有关主管部门的文件精神,全国许多大出版社在 1955 年前后都制定了本社与作者之间的约稿合同、出版合同及稿酬办法。比较有代表性的是人民出版社的约稿合同和出版合同。其中约定了作者转让出版权和发行权的时间、地域范围;合同期满后作者有权收回出版权,但在合同有效期内作者不得重复向第三方转让出

版权；如果发生侵犯著作权或出版权的情形，由著作人负责处理；等等。

1958年，原文化部发布了《关于文学和社会科学书籍稿酬的暂行规定（草案）》，规定了四项支付稿酬的原则：（1）所有经由出版部门出版的书稿，一律实行基本稿酬和印数稿酬相结合的计酬办法；（2）根据不同类型的书稿，规定不同的印数稿酬递减率；（3）区别著作与翻译的基本稿酬和印数稿酬，翻译书稿的稿酬为著作稿酬的60%；（4）对于质量高的书稿给予较高的基本稿酬，对于印数少的专著规定递减率较小的印数稿酬。

但到了1961年，原文化部又以转发批示通知的形式修改了上述四项原则。这次修改主要是废除了印数稿酬，采取一次性稿酬，并规定报纸杂志转载已发表文章时不再付酬。

在1966年到1976年的“文化大革命”期间，著作权保护和稿酬制度基本上不复存在。

自20世纪70年代末期以后，中国的政治、经济和文化进入一个新的发展时期。1980年5月，当时的国家出版局颁布了《关于书籍稿酬的暂行规定》。这是中国实行改革开放后颁布的第一个涉及著作权保护的法规。其中第1条明确规定，颁布暂行规定的目的之一是“保障著译者的正当权益”，实际上是指保护著作权中的某些经济权利。1984年，原国家出版局又对暂行规定做了较大修改，改名为《书籍稿酬试行规定》而颁布。试行规定承认和保护作者的出版权、改编权、汇编权和翻译权；承认外国人在中国首次出版的著作享有著作权。试行规定还明确指出，中国台湾、香港、澳门同胞，在著作权的保护上与内地同胞享有同等待遇。

1982年12月，原广播电视部发布了《录音录像制品管理暂行规定》，这是中国的第一个邻接权保护法规。其中第6条规定，“音像制品出版单位应保障作者、表演者的合法权益”。这是对表演者权利的保护。又根据规定，音像制品出版单位根据与作者和表演者的协议，对所录制的音像资料享有出版权利。没有原音像出版单位的授权，其他任何单位不得翻录复制，或者擅自删节和改头换面后另行出版。这是对录音录像制作者权利的保护。

1986年，《民法通则》颁布，其中原则规定了对包括著作权在内的知识产权的保护。原《民法通则》第94条规定：“公民、法人享有著作权（版权），依法有署名、发表、出版、获得报酬等权利。”这标志着以法律（而非法规）的形式对著作权予以保护的开始。

此外，原文化部还于1984年6月发布了《图书期刊版权保护试行条例》，又在1985年1月发布了《图书期刊版权保护试行条例实施细则》。其中的某些规定，已经与后来的著作权法草案非常接近。然而，由于这个条例及其实施细则是作为内部文件下发的,并没有被法院引述于相关的判决中。它们只是行政机关在处理著作权纠纷时的参考。

三、中国著作权法的制定与修改

中国现行的著作权法于1979年开始起草。由于著作权法牵涉的社会利益十分广泛,其在立法部门、行政部门、文化出版界和社会的其他层面都引起了广泛的讨论。参加讨论的范围之广,所提建议数量之多,属于前所未有。事实上,著作权法的起草所耗费的时间也很长,前后达11年之久。直到1990年9月7日,《著作权法》才由全国人民代表大会常务委员会通过,自1991年6月1日起实施。《著作权法》实施之前,又颁布了由国务院通过的《著作权法实施条例》。

1991年《著作权法》共分6章56条,规定了著作权的客体、著作权的内容和权利的限制、著作权许可使用合同,出版者、表演者、录音录像制作者和广播组织的邻接权,以及侵犯著作权的法律责任等。由于《著作权法》所涉及的利益层面非常广泛,立法者还精心设计了一个作为过渡条款的第55条。根据规定,在《著作权法》实施之日,著作权和邻接权尚未超过保护期的,依据《著作权法》予以保护;《著作权法》实施之前发生的侵权或者违约行为,则依照侵权或者违约行为发生时的有关规定和政策处理。

1991年《著作权法》的制定,虽然充分考虑了中国的实际情况和各个层面的利益关系,但由于受到当时的历史条件的限制,仍然存在许多不完善的地方。在《著作权法》实施以后,国际局势、中国的社会经济状况都发生了重大变化。例如,中美两国于1992年、1995年和1996年相继达成了3个有关知识产权保护的协议,其中有大量内容涉及著作权保护的问题。又如,中国在1992年10月加入《伯尔尼公约》《世界版权公约》,在1993年4月加入《日内瓦公约》。而且,在中国正式加入《伯尔尼公约》之前,国务院还发布了《实施国际著作权条约的规定》,其中规定了一些《著作权法》中没有的内容。此外,自1992年以后,中国的市场经济不断完善,社会的政治、经济和文化都发生了重大变化,社会各阶层的利益要求也随之发生了变化。《著作权法》中的一些规定已经显得过时。这样,有关部门从1995年开始了修订著作权法的准备工作。在此基础之上,1998年12月,国务院向全国人民代表大会常务委员会提交了著作权法修正草案。但由于种种原因,不久之后国务院又撤回了著作权法修正草案。

说到中国著作权法的修改,不能不提到"关贸总协定"和《TRIPs协定》。1991年《著作权法》实施之时,"关贸总协定"的乌拉圭回合谈判正在进行之中。正是在这一轮的谈判之中,形成了《TRIPs协定》,其中的一些内容也涉及了国际性的著作权保护。1993年年底,乌拉圭回合谈判结束。1995年1月,取代"关贸总协定"的世界贸易组织成立。与此同时,“关贸总协定”乌拉圭回合谈判所形成的一系列协议,包括《TRIPs 协定》,都成为世界贸易组织的一揽子协议。根据世界贸易组织的有关协议,成员必须遵守包括《TRIPs 协定》在内的一些协议(但不是所有的协议)。

1999 年 11 月,中美两国有关中国加入世界贸易组织的谈判结束。2000 年 5 月,中国与欧盟有关中国加入世界贸易组织的谈判结束。这样,中国加入世界贸易组织的进程已进入最后的冲刺阶段。为了扫清中国加入世界贸易组织的障碍,中国的立法机关加快了包括修订《著作权法》在内的法律修订工作。2001 年 10 月 27 日,全国人民代表大会常务委员会通过了著作权法修正案,于公布之日开始实施。2002 年 8 月,国务院发布了修改后的《著作权法实施条例》,自 2002 年 9 月 15 日起实施。

2001 年对《著作权法》的修订是在中国即将加入世界贸易组织的背景下进行的,首先自然是要考虑《TRIPs 协定》,使中国的著作权法与协议的有关规定一致起来。在这方面,2001 年修订的《著作权法》主要有以下几个内容:(1)规定了电影作品、计算机软件和录音的出租权;(2)规定了数据库在符合汇编作品的要求时,可以作为汇编作品受到保护;(3)加强了关于著作权实施措施的规定。

当然,2001 年对《著作权法》的修改,并非仅仅为了中国加入世界贸易组织。所以,《著作权法》的修改还涉及了一系列其他的内容,解决了实践中已经发生的一些问题。例如,其更加明确而详细地规定了外国人作品的保护问题,在著作权的客体中增加了杂技艺术作品、建筑作品、模型作品等。又如,其进一步规定了著作权的许可使用合同和转让合同,规定了著作权集体管理组织的地位、作用和特征。还有一点非常重要的修改是关于第 43 条的规定。按照原来的第 43 条,广播电台、电视台播放已经出版的录音制品,可以不经著作权人的许可,并且不向其支付报酬。而根据新修改的《著作权法》,广播电台、电视台播放他人已经发表的作品和已经出版的录音制品,可以不经著作权人的许可,但应当支付报酬。这样,法律保护的重心在这一点上终于转向了著作权人一方。

此外,2001 年修改的《著作权法》还充分考虑了信息技术和网络技术对著作权制度的挑战,参照国际条约,规定了著作权人享有信息网络传播权,表演者有权许可他人通过信息网络向公众传播其表演,录音制品制作者有权许可他人通过信息网络向公众传播其录音制品。在法律责任中,2001 年修改的《著作权法》还禁止他人规避和破坏与网络传播相关的技术措施,禁止他人未经许可而删改权利管理电子信息。在此基础之上,国务院又于 2006 年颁布了《信息网络传播权保护条例》,就信息网络传播权的保护、权利的限制与例外、技术措施的保护、权利管理信息的保护、网络服务商的责任,以及相应的法律救济做了规定。

关于中国著作权法的制定和修改,学术界有一个基本的看法,1990 年制定《著作权法》是为了对外开放的需要,2001 年修订《著作权法》是为了加入世界贸易组织,都是在外来压力的情形下进行的。随着中国于 2001 年加入世界贸易组织,社会经济快速发展,对于著作权的保护也提出了新的要求。与此相应,《著作权法》的再次修订,应当着力解决版权产业发展中产生的问题,进而推动创新型国家的建设。2011 年 7 月,国家版权局启动《著作权法》的第三次修订,并委托中国社会科学院知识产权中心、中南财经大学知识产权研究中心和中国人民大学知识产权学院分别起草著作权法修订的专家建议稿。在此过程中,文学艺术领域、出版发行业、互联网络领域的代表,立法、行政、司法部门的人员,以及学术界的专家学者,就著作权法的修订进行了充分的讨论,并且从各自的角度提出了修改的意见和建议。2012 年 12 月,国家版权局在充分吸收各方意见的基础上,向国务院提交了《〈著作权法〉(修订草案送审稿)》。2019 年 12 月,国务院向全国人民代表大会常委员会提交了《著作权法修正案(草案)》。经过社会各界的广泛讨论,全国人民代表大会常委员会于 2020 年 11 月通过了《著作权法》修正案,于 2021 年 6 月开始实施。

四、中国著作权法的立法原则

中国著作权法的立法原则集中地反映在《著作权法》第 1 条的规定中:"为保护文学、艺术和科学作品作者的著作权,以及与著作权有关的权益,鼓励有益于社会主义精神文明、物质文明建设的作品的创作和传播,促进社会主义文化和科学事业的发展与繁荣,根据宪法制定本法。"这一规定至少反映了著作权法的两个基本原则:保护作品的创作者和传播者的利益,促进和兼顾社会公共利益。除此之外,尊重国际惯例也是中国著作权法的一项基本原则。①

(一)保护作品的创作者和传播者的利益

著作权是作品的创作者就其所创作的作品而享有的权利。没有作者的创作,没有作者在创作过程中所付出的艰辛劳动和投资,就不会有文学、艺术和科学作品的产生,也就不会有建立在作品之上的一系列权利的产生。所以,包括中国著作权法在内的世界各国著作权法,首先就是要保护作者的利益,以鼓励他们创作更多的有利于社会发展的作品。著作权法中对于作者权利、著作权转让和许可合同、著作权集体管理组织以及实施著作权的规定,都反映了对于作者利益的保护。

在现代传播技术的条件下,就作者权利的实现,尤其是作者经济利益的实现来说,作品的传播者起着不可忽视的作用。同时,作品的传播者,如表演者、录音制作者

① 参见韦之:《著作权法原理》,北京大学出版社 1998 年版,第 14 页。

和广播组织,以及更为广义的出版者,在传播作品的过程中,又投入了自己的创造性劳动和大量的资金,形成了自己的智力成果和相应的权利。对于作品传播者的权利和利益,也必须给予有力的保护,以鼓励他们更加有效和广泛地传播有益于社会的作品。所以,包括中国著作权法在内的世界各国著作权法都规定了对于作品传播者利益或者邻接权或相关权的保护。《著作权法》第四章的"出版、表演、录音录像、播放"就集中规定了对于作品传播者权利和利益的保护。在法律责任和执法措施中,对此也有相应的规定。

(二)促进和兼顾社会公共利益

保护作者和作品传播者的权利,鼓励作者创作更多的作品,鼓励作品的传播者更有效和更广泛地传播作品,本身就有助于社会公共利益的发展。如果我们把作品的创作和传播当作一个产业,我们就会看到,图书出版发行业、音像出版发行业、广播电视业、电影业、计算机软件业,甚至包括由作品的创作而产生的玩具业,都是国民经济中的重要产业部门,都对社会经济的发展起着重要的作用。至于作品的创作和传播对于社会精神文明建设所起的作用,更是无法估量。

然而,著作权法与社会公共利益的关系,又不仅局限于此。确切地说,著作权法中的促进和兼顾社会公共利益的原则,是在创作者的利益和社会公众的利益之间寻求一种平衡。具体说来,著作权法一方面保护作者权利,鼓励作者创作更多的作品;另一方面又保障社会公众对于作品的利用,避免因为过多的保护而妨碍社会公众对于作品的利用。包括中国著作权法在内的世界各国著作权法都是先规定广泛的著作权利,然后规定一系列的权利的限制与例外。应该说,"权利的限制与例外"是平衡作者利益和社会公众利益的重要一环,处于著作权法的核心地位。一个国家著作权法所规定的"权利的限制与例外"的多少,不仅反映了这个国家对于作者权利和社会公众利益关系的认识,而且在一定程度上反映了这个国家所处的经济和文化发展阶段。中国1991年《著作权法》、2001年《著作权法》、2010年《著作权法》和2021年《著作权法》对于"权利的限制与例外"的不同规定,就说明了这一点。

此外,"权利的限制与例外"的原则也适用于相关权的某些内容。

(三)尊重国际惯例

著作权的保护,尤其是国际性的著作权保护,与著作权国际公约和国际条约密切相关。例如,《伯尔尼公约》自1886年缔结以来,在协调各国著作权制度方面发挥了巨大的作用。《伯尔尼公约》所确立的基本原则和一些基本规定,已经体现在了各成员国的著作权制度中。在邻接权方面,1961年缔结的《罗马公约》、1971年缔结的《日内瓦公约》,也发挥了与《伯尔尼公约》大致相同的作用。1996 年 12 月缔结的《版权条约》和《表演和录音条约》则是在互联网络环境下保护著作权和邻接权的国际公约,正在影响着各国著作权法律在这方面的规定。

中国在制定和修改著作权法律时,非常重视国际公约或国际条约的原则及规定。例如,当 1991 年《著作权法》制定时,中国尚未参加任何一个著作权国际公约。但是,1991 年《著作权法》却依据《伯尔尼公约》等著作权和邻接权公约,规定了对于外国人作品和邻接权客体的保护。《伯尔尼公约》的一些基本原则和规定,如国民待遇、自动保护、版权独立等,都不同程度体现在中国著作权法中。在 2001 年修订《著作权法》时,中国更是充分考虑了《伯尔尼公约》《TRIPs 协定》等国际公约,并据此而作出了一系列的修订,使中国的著作权法符合有关国际公约的基本原则和最低要求。此外,在当时尚未加入《版权条约》和《表演和录音条约》的情况下,中国也依据上述两个条约,并结合中国的实际情况,规定了信息网络传播权、技术措施的保护和权利管理信息的保护等内容。所有这一切都反映了中国著作权法对国际惯例的尊重。

思考题

1. 什么是著作权? 著作权有哪些特征?
2. 什么是著作权法? 著作权法由哪些部分构成?
3. 著作权与其他知识产权的关系是什么?
4. 著作权与版权是否有区别?
5. 中国著作权法的立法原则是什么?

第二章

著作权的客体

著作权的客体或者说著作权法保护的对象是作品。作品是不同形式的对于思想观念的表达。著作权法的一个基本原则是只保护对于思想观念的表达,而不保护思想观念本身。对于相同的或不同的思想观念,可以有不同形式的表达,如文字的、线条的、色彩的、造型的和数字的等。与此相应,也就有了不同形式或不同种类的作品,如小说、散文、诗歌、戏剧、舞蹈、音乐、美术甚至图形作品、建筑作品和计算机软件等。

受著作权法保护的作品,必须具有独创性或原创性。没有独创性的表达,或者抄袭他人的表达,构不成著作权法所保护的作品。然而,著作权法并不保护所有的作品,世界各国的著作权法也都明文排除了一些不受保护的作品。

本章将讨论有关作品的一系列问题,如思想观念与表达、作品的独创性、受保护的作品、不受保护的作品,以及几种特殊作品所涉及的问题。

第一节　表　　达

一、思想观念及其表达(idea and expression)

(一)表达与思想观念

一般说来,思想观念是指概念、术语、原则、客观事实、创意、发现等。宇宙、地球、物质等概念术语,剩余价值规律、狭义相对论和广义相对论等理论,2001 年 9 月 11 日美国发生大规模恐怖袭击事件等客观事实,都属于思想观念的范畴。

著作权法中的表达则是指对于上述思想观念的各种形式或方式的表述,如文字的、音符的、数字的、线条的、色彩的、造型的、形体动作的表述或传达等。

按照著作权法的原理或长期以来形成的传统,著作权法只保护对于思想观念的原创性表达,而不保护思想观念本身。例如,爱因斯坦发现了相对论,这属于思想观念,不受著作权法的保护。就相对论作为思想观念来说,爱因斯坦不能阻止他人著书立说,对相对论作进一步的阐发。爱因斯坦也不能阻止他人运用相对论进行科学试验,甚至作出技术方案,申请和获得专利(假如有可能的话)。如果对相对论这一理论本身提供著作权的保护,让每一个使用相对论这一理论的人,或者让每一个使用相对论这一概念的人,都去寻求爱因斯坦的许可,其结果必然是阻碍科学技术和文化的发展,有悖于著作权法的宗旨。

但是,爱因斯坦在发现相对论以后,以论著的方式阐释和说明相对论,出版了一系列的文章和书籍。这是对于思想观念的表达,或者更具体地说,是对于相对论的表达,应当受到著作权法的保护。在爱因斯坦的著作受到保护的期间,他人不得未经许可而复制爱因斯坦的作品,也不得抄袭或者改头换面地将爱因斯坦的著作当作自己的作品去出版发行。否则,就将构成侵犯著作权,并承担相应的法律责任。

依据著作权法只保护思想观念的表达而不保护思想观念本身的原则,作品中的事实,包括作者经过了艰苦劳动而发现的事实和由科学研究而发现的事实,都不能获得著作权保护。例如,美国法院在 1971 年的“米勒”一案中,针对有人提出的“研究可以获得版权”的命题,做了如下的论证:版权保护只延及作者对于事实的表达,而不延及事实本身。事实与事实之表达的分界来源于独创性的概念。显然,事实不是起源于作者,尽管作者的书描述了事实。事实也不是起源于“发现”了事实的人,“发现者”仅仅是发现和记载事实而已。由于事实不是源于任何个人,因而它们是不受版权保护的。①

正是基于思想观念与思想观念之表达的分界,许多国家的著作权法都明确规定只保护对于思想观念的表达,不保护思想观念本身。例如,《美国版权法》第 102 条第 2 款规定:“在任何情况下,对于作者原创性作品的版权保护,都不延及思想观念、程序、工艺、系统、操作方法、概念、原则和发现,不论它们在该作品中是以何种形式描述、解释、说明或体现的。”《法国知识产权法典》第 112 条之 1 也规定,只要是智力创作的作品,无论其作品的种类或表达形式如何,都应受到保护。甚至是《TRIPs 协定》也在第 9 条第 2 款规定:“版权保护应延及表达,而不延及思想观念、工艺、操作方法或数学概念之类。”

(二)技术方案与表达

著作权法意义上的思想观念,其含义要比通常所说的思想观念宽泛得多,不仅包括了概念、原则、客观事实和发现等,而且包括了属于专利法保护的发明、程序、工艺

---

① See Miller v. Universal City Studios, Inc., 650 F. 2d 1365, 212 USPQ 345 (5th Cir. 1981).

和方法等。上述《美国版权法》和《TRIPs 协定》的规定都说明了这一点。即版权保护不延及程序、工艺、系统、操作方法等。

依据著作权法只保护思想观念的表达的原理,任何技术方案,无论是以文字的形式披露的,还是以线条的、色彩的方式披露的,都不能获得著作权法的保护。或者说,通过作品所阐释、说明、披露的技术方案,属于著作权法不予保护的思想观念。如果有关的技术方案要想得到保护,只能寻求专利法的保护。

在这方面,我们可以举一个美国的判例予以说明。早在 1879 年,美国最高法院就在“贝克”一案中阐释了技术与技术之表达的分界。[①] 根据案情,原告“赛尔登”出版了一部书,解释一种新的簿记方法,并附有一些使用该簿记方法的空白表格。后来,被告“贝克”也出版了相似的使用原告簿记方法的书籍,但对表格的栏目和标题做了一些变化。原告诉被告侵犯版权。美国最高法院在本案的判决中提出了技术(如簿记方法)与技术之表达(如簿记方法之表达)的分界。美国最高法院认为,技术是由专利权保护的,而对技术的表达则是由版权保护的,不能将二者混为一谈。“在书籍中描述某一技术,虽然可以获得版权的好处,但不能因此而对技术本身获得排他性的权利。一个的目的是解释,另一个的目的是使用。前者可以通过版权来保护;后者则只能通过专利权来保护。”如果以版权的方式保护了书籍中披露的技术,就是以版权的方式取代了专利权的方式,从而在事实上造成了版权所有人对书籍中所说技术或方法的垄断。就本案来说,原告的书只是通过空白表格的方式解释和说明了一种新的簿记方法。他可以阻止他人印刷出版他的书籍或书籍中的某一部分,但不能阻止他人使用他所描述或说明的方法。美国最高法院最后得出结论说:“空白账簿不是版权的客体。赛尔登书籍的版权并不赋予他享有排他性的制作和使用账簿的权利,尽管该账簿是由他编排设计,并在该书中加以描述和说明的。”

著作权法只保护对于思想观念的表达,不保护思想观念,这就意味着作者不能将自己作品中所体现的思想观念据为己有。对于同样的思想观念,他人可以自由利用或自由进行原创性的再表述。由此而形成的表达或作品,同样可以得到著作权法的保护。

二、思想观念与表达的合并(merger of idea and expression)

思想观念与表达的合并,又称思想观念的“唯一表达”或“有限表达”。其基本含义是当思想观念与表达密不可分的时候,或者说当某种思想观念只有一种或有限的几种表达时,则著作权法不仅不保护思想观念,也不保护表达。因为在这种情况下,

---

① See Baker v. Selden, 101 U. S. 99 (1879).

他人为了表达同样的思想观念,只能使用第一个人使用过的表达,或者只能使用与第一个人使用过的表达基本相似的表达。如果著作权法保护了该思想观念的唯一或有限的表达,就等于在事实上保护了该思想观念。

思想观念与表达合并的理论,主要适用于功能性和事实性的作品,如数学公式、竞赛规则、游戏规则、通用表格等。在某些特殊的情况下,这一理论还可以适用于实用艺术品和计算机软件等。

为了说明思想观念与表达的合并,我们可以举两个美国的判例。

在 1967 年的"莫里斯"一案中,原告出版作品,描述了一套彩票促销规则。当被告使用几乎同样的规则推销彩票时,原告诉被告侵犯版权。法院首先比较了原告和被告的促销规则,认为二者基本相同。但法院在判决中指出:"当不能获得版权的客体非常狭窄,以至于'只有主题'时,如果只有一种或最多几种有限表达方式的时候,允许版权保护就意味着,一方或几方可以就有限的几种表达方式获得版权,从而穷尽将来使用该客体的所有可能性。在这种情况下,说某种特定的表达方式来源于该客体,似乎是不准确的。应该说,允许就该客体的表达获得版权,该客体就会被占有。我们不承认版权是一个公众可能被将军的象棋游戏。"①

在 1971 年的"珠宝公司"案中,原告在胸针背面用 19 颗珍珠镶嵌了一个蜜蜂型的图案。当被告制造和销售类似的珠宝别针时,原告诉被告侵权。法院认为,蜜蜂型的珠宝别针是一个"思想观念",被告可以自由使用;原告的珠宝别针是思想观念与表达的合并,不能获得版权。"当'思想观念'与它的'表达'不可分离时,不能就该'表达'获得版权。因为在这类情况下保护'表达',将使版权人在逃避专利法所要求的条件和限制的情况下,获得对'思想观念'的垄断。"②

与"合并理论"密切相连的还有一个"情景(scenes a faire)理论"。如果说"合并理论"主要适用于功能性和事实性作品,"情景理论"则主要适用于文学性作品。根据这一理论,文学作品中的某些要素,如事件、人物的特性和特定的背景等,不受著作权保护。因为这些要素是特定主题或思想观念的必然派生物,或者说作者在处理同一主题时不可避免地会使用到类似的要素。例如,有关纽约警察的电影中往往会出现醉鬼、妓女、呕吐和汽车追逐一类的人物和情节。显然,如果对这些要素提供著作权保护,必然会阻止其他人就同一主题或思想观念进行创作。

---

① Morrissey v. Proctor & Gamble Co., 379 F. 2d 675, 154 USPQ 193 (1st Cir. 1967).

② Herbert Rosenthal Jewelry Corp. v. Kalpakian, 446 F. 2d 738, 170 USPQ 557 (9th Cir. 1971).

三、思想观念与表达的分界点

著作权法不保护思想观念,只保护对于思想观念的表达,二者的界限似乎很清楚。然而,如果我们进一步深究什么是对于思想观念的表达,就会发现实际情形并非如此。其原因为:首先,任何表达都不可能与一定的思想观念截然分离,不体现任何思想观念的表达是不存在的。其次,某一思想观念在什么程度上还停留在不受保护的层次上,在什么程度上已经具体化为受保护的表达,并没有一个统一的尺度。尤其是在具体的司法实践中,当涉及被告的作品是否侵犯了原告的作品时,什么是不受著作权法保护的思想观念,什么是受著作权法保护的表达,或者说被告抄袭的是原告作品中的思想观念还是原告作品中的表达,就成了判定侵权与否的关键。

在这方面,美国著名法官汉德(Learned Hand)在1930年的“尼克斯”一案中所提出的“摘要层次法”具有一定的启示意义。“尼克斯”一案涉及原告的一部戏剧作品和被告的一部电影作品。两部作品都是关于一个犹太教家庭的孩子与一个爱尔兰天主教家庭的孩子之间的故事,都涉及了爱情、宗教信仰、双方父亲的反对,以及年青一代超越家庭和宗教信仰的婚姻。原告的戏剧作品发表在先,被告的电影作品拍摄在后。当原告诉被告侵权时,法官汉德运用他所提出的“摘要层次法”进行了分析。他说:“就任何作品,尤其是就戏剧作品来说,随着越来越远离情节,会有一系列越来越具普遍性的模式与之相应。最后一个模式可能就是该戏剧是有关什么的最一般的陈述,有时可能只包括它的名称。但是,在这一系列的摘要概括中,有一个不再受到保护的点。否则,剧作家就可能阻止他人使用其‘思想观念’。除了思想观念的表达,他的财产权永远不及于思想观念。”至于受保护的表达与不受保护的思想观念之间的临界点,又必须依据作品的种类、性质、特点等个案处理。正如法官汉德在“尼克斯”一案中所说:“从来也没有人确立过,而且也没有人能够确立那个分界线。”①

这样,什么是不受保护的思想观念,诸如作品的主题,什么是受保护的对于思想观念或主题的表达,就应当由法院在具体的侵权诉讼中加以界定。

---

① See Nichols v. Universal Pictures Corp., 45 F. 2d 119, 7 USPQ 84 (2d Cir. 1930).

第二节　独　创　性

一、作品的独创性

作品的独创性,又称作品的原创性,是指作者在创作作品的过程中投入了某种智力性的劳动,创作出来的作品具有最低限度的创造性。这就意味着作品是由作者独立创作的,而非抄袭的;作品体现了作者的精神劳动和智力判断,而非简单的摹写或材料的汇集。在这方面,欧洲大陆的作者权法体系要求作品体现作者的精神、情感、人格,而英美版权法体系则只要求作者在创作作品时付出了必要的劳动、技能、判断。显然,作者权法体系对于独创性的要求高于版权法体系的要求。

独创性是作品获得著作权法保护的必要条件,只有具有独创性的作品才能获得著作权法的保护。说某一作品具有独创性,实际上是指作者的表达是新的或原创的,而非被表达的思想观念是新的或原创的。在这里,著作权法只要求对于思想观念的表达是新的或独创的,是不同于他人的表达,而不要求被表达的思想观念也是新的。事实上,即使是对于那些古老的或者人人皆知的主题或思想观念,只要作者能够以独特而新颖的表达予以表述、阐发、论证,都可以获得著作权法的保护。当然,如果作者具有某种新的主题或思想观念,又必然有助于他创作出新颖独特的表达。

作品的独创性,也与作品的学术质量或艺术质量无关,与作品的市场销售量无关。一部学术或艺术质量上乘,在市场上销售量很大的作品,固然可以得到著作权法的保护,然而一部表达蹩脚、质量平平、在市场上销售量不大的作品,只要是独创的,同样可以得到著作权法的保护。在这里,只要作者的表达是原创的,作品具有独创性,质量高的作品和质量低的作品、市场销售量大的作品和销售量小的作品并无本质的区别。侵权者不得以原告作品的质量低或销售量小作为自己没有侵权的辩解。

应该说,作品应当具有独创性或最低限度的创造性,这只是一个一般性的要求。在不同种类的作品中,独创性的体现方式或者对于独创性的要求程度可能又是不同的。例如,在小说、诗歌、戏剧等文学作品中,虽然是就同一个主题进行创作,但由于作者的阅历、角度、心理状态的不同,很容易创作出在表达上很不相同的作品,从而使作品具有较高的独创性。而在人物传记、历史研究一类的作品中,由于不同作者所使用的资料基本相同或相似,创作出来的作品也具有或多或少的相似性。在这类作品中,独创性可能体现在作者对于材料的选择、编排和说明上,不同于文学作品所具有的独创性。至于一些事实性和功能性的作品,如摄影、地图、法律文书等,或者是要真实地反映客观现实,或者受到某些公文程式或惯例的限制,很少的一些变化甚至是一些细小的变化可能就体现了著作权法所要求的独创性。因此,法院在进行侵权认定时,尤其是涉及两部相似作品时,一般都会就不同种类的作品掌握不同的独创性标准。

一般说来,作品的名称不构成作品,不能受到著作权法的保护。尽管有些国家的著作权法规定,当作品的名称构成具有独创性的作品时,可以受到著作权法的保护,但在事实上,作品的名称几乎不可能构成具有独创性的作品。这是因为作品的名称一般比较短小,或者概括地反映作品的内容,或者让人容易了解作品的主题,其本身难以构成具有独创性的作品。作品的名称要想构成具有独创性的作品,就必须具有一定的容量,不能过于短小。而这又与作品名称的宗旨不相符。

依据独创性的要求,字词、短语,姓名、称号和口号,字母或颜色的简单变化,成分或内容的简单列举,都不具有独创性,因而也不构成作品;属于公有领域的标准历法、度量表,以及其他涉及体育活动、财会、公文的通用表格,即使有人略加变化,也不具有独创性。

此外,作品是作为有血有肉的自然人对于思想观念的表达;作品的独创性是指作者对于思想观念的表达是原创性的。无论是对于思想观念的表述,还是表述所具有的独创性,都是与有血有肉的自然人联系在一起的。近年来,随着计算机技术的发展,社会出现了由计算机制作的资料,甚至出现了所谓的“人工智能材料”。一般认为,这种非由人类“创作”的东西不属于著作权法意义上的“作品”,不属于著作权法保护的范围。例如,美国第九巡回上诉法院在 1997 年的一个判例中曾经指出,“至少,为了让一个世俗的存在物承担侵犯版权的责任,这个存在物必须是复制了由另一个世俗的存在物创作的东西”①。显然,计算机不属于“世俗的存在物”,由计算机制作出来的东西不属于著作权法意义上的作品。

动物所“创作”的“作品”也不属于著作权法意义上的作品。例如,某人豢养的小狗、猴子、大象等,经过训练之后可能会使用画笔或者其他工具“创作”绘画。即使这类“绘画”在市场上卖出了很高的价钱,它也不属于著作权法保护的作品。因为这类绘画不是“人”创作的,而是“动物”创作的。著作权法只保护“人”创作出来的作品,不可能保护动物创作的作品。事实上,知识产权是“人”就人的某些智力活动成果所享有的权利,不是人就动物或者动物就动物的智力成果享有的权利。

关于这个问题,我们还可以举一个美国的判决予以说明。根据案情,一位摄影家在丛林中安放了一架照相机,调好光圈和快门,希望有猴子过来按动快门,来一个自

① Urantia Found. v. Maaherra, 114 F. 3d 955 (9th Cir. 1997).

拍照。摄影家很幸运，真的有猴子按动快门，拍了自拍照。当摄影家使用猴子的自拍照进行商业性经营时，动物保护组织代表猴子向法院提起了侵权诉讼。一审法院认为，被告使用的是猴子的自拍照，猴子不是自然人，猴子的自拍照不属于美国版权法意义上的作品。与此相应，被告没有侵权。动物保护组织不服判决而提起了上诉。美国第九巡回上诉法院再次指出，尽管涉案的猴子自拍了照片，但是这幅照片不属于版权法意义上的“作品”。与此相应，涉案的猴子不可能成为版权法意义上的作者或者版权所有人，因而也没有提起侵权诉讼的资格。法院在判决中还特别强调，无论是猴子还是其他动物，由于它们不是人类，所以在版权法上没有提起诉讼的地位。①

二、作品的独创性与专利的新颖性

著作权法中的独创性不同于专利法中的新颖性。按照新颖性的要求，专利申请案中的技术方案或发明必须是新的或者不同于现有技术的。而且，当两个以上的申请案就同样的发明申请专利时，只有一个申请案可以获得专利权。而依据著作权法中的独创性要求，一部后来创作的作品，即使与原先的作品相同，只要是原创的而非抄袭的，就可以获得著作权。

关于这一点，美国著名法官汉德在 1936 年的“绍登”一案中，曾经写过这样一段被人广为引述的话：“作品必须不是借来的，因为抄袭者在这个范围内不是‘作者’。但如果通过某种魔力，一个从来不知济慈关于希腊之瓮颂歌的人重新创作了它，他就是作者；如果他就此获得了版权，其他人就不能复制那首诗，尽管他们可以复制济慈的。”②美国最高法院在 1991 年的“费斯特”一案中也说：“独创性绝不意味着新颖性；一部作品即使与另一部作品极为相似，只要该相似性是偶然的，不是复制的结果，就是独创的。举例来说，有两位诗人互不相知，但创作了相同的诗。两部作品都不是新颖的，但都是独创的，因而都可以获得版权。”③

---

① See Naruto v. Slater, 16 – 15469 (9th Cir. 2018).

② Sheldon v. Metro-Goldwyn Pictures Corp., 81 F. 2d 49, 28 USPQ 330 (2d Cir. 1936). 引文中的济慈(Keats)，是 19 世纪初的英国诗人，写过许多著名的诗篇。

③ Feist Publications, Inc. v. Rural Telephone Service Co., Inc., 499 U. S. 340, 18 USPQ 2d 1275 (1991).

第三节 作品的种类

一、作品种类的划分

著作权法保护对于思想观念的表达。对于相同的或不同的思想观念,人们可以使用不同的形式予以表达,如文字的、音符的、数字的、线条的、色彩的、造型的、形体动作的,等等。与此相应,也就有了不同的作品种类,如文字作品、音乐作品、戏剧作品、舞蹈作品、美术作品和计算机软件等。

世界各国的著作权法都依据不同的划分方法或划分角度,规定了受保护作品的种类。

例如,《美国版权法》第 102 条列举了 8 类受保护的作品。它们是:(1)文字作品;(2)音乐作品,包括配词;(3)戏剧作品,包括配曲;(4)表意动作和舞蹈作品;(5)绘画、图形和雕刻作品;(6)电影和其他视听作品;(7)录音作品;(8)建筑作品。

又如,《法国知识产权法》第 112 条列举了 14 类受保护的作品。它们是:(1)文学、艺术及科学书籍、小册子及其他文字作品;(2)报告、讲演、布道词、辩护词及其他同类作品;(3)戏剧或戏剧音乐作品;(4)以书面或其他方式固定其表演的舞蹈、马戏、哑剧;(5)配词或不配词的音乐作品;(6)有声或无声的电影作品及其他由连续画面组成的作品(统称视听作品);(7)绘画、油画、建筑、雕塑、雕刻、拓印作品;(8)装帧及版式作品;(9)摄影作品及借助与摄影相类似的技术而完成的作品;(10)实用艺术作品;(11)插图、地图;(12)与地理、地形、建筑及科学有关的设计图、草图及立体作品;(13)软件,包括软件开发设计过程中的有关文档;(14)季节性服饰工业制品。

再如,《德国著作权法》第 1 条规定,著作权是指作者就文学、科学和艺术作品所享有的权利。其中的文学、科学和艺术作品包括 7 类作品,具体是指文字作品(包括计算机软件)、音乐作品、舞蹈作品、美术作品(包括建筑作品和实用艺术品)、摄影作品、电影作品、各类科技设计图和立体作品。

中国《著作权法》第 3 条也列举了 9 类受保护的作品。

世界各国著作权法所列举的受保护的作品种类不尽相同,但其目的都是尽可能地囊括所有应当受到保护的作品类别。当然,由于文化传统的不同,或者是由于认识的不同,对于作品的分类又有一些差异。例如,《法国知识产权法》明确将“实用艺术品”作为一类受保护的客体,而《美国版权法》则将“实用艺术品”归入了“绘画、图形和雕刻作品”中,《德国著作权法》也将“实用艺术品”放在了“美术作品”之中。又如,

《美国版权法》将“录音”作为一类受保护的作品，是由于《美国版权法》没有保护邻接权的专章，而把对于表演者、录音制作者的保护纳入对于录音作品的保护。诸如单独保护邻接权的《法国知识产权法》和《德国著作权法》，就不会将“录音”当作一类受保护的作品。此外，《法国知识产权法》将“季节性服饰工业制品”当作一类受保护的作品，大概又与法国发达的服饰设计工艺密切相关。

在说到各国著作权法对于作品种类的划分时，我们还应该特别注意，这类划分仅仅是对作品种类的一种大体的划分，而非严格地按照某一标准的划分。由于划分的标准或角度不同，各种类别之间存在重叠，如文字作品与戏剧作品、美术作品与实用艺术品，等等。而且具体到某一件作品，也可能会跨越两个甚至更多的类别。例如，话剧作品，既属于文字作品，又属于戏剧作品。又如，一首带有配词的音乐作品，既属于音乐作品，又属于文字作品。至于电影作品，更是多种艺术形式的结合，如作为文字作品的脚本，作为音乐作品的音乐及插曲，以及作为美术作品的背景设计，等等。

此外，在说到作品的分类时，还有两类作品值得注意。这就是汇编作品和演绎作品。这两类作品的特殊之处在于，它们与前述作品的划分方法不同，与前述各类作品不是并列的关系。它们是在前述某几类作品的基础之上，经过汇编或演绎而形成的作品，并且仍然可以归入相应的作品种类中。例如，汇编文字作品而形成的作品，仍然是文字作品；汇编音乐作品而形成的作品，仍然是音乐作品。又如，将中文小说译成英文，或者将德国哲学著作译成中文，所形成的虽然是演绎作品，但仍然是文字作品；将诗歌改编为音乐，将小说改编为戏剧，所形成的虽然也是演绎作品，但又属于音乐作品或戏剧作品。

二、我国的作品种类

《著作权法》第 3 条规定，“本法所称的作品，是指文学、艺术和科学领域内具有独创性并能以一定形式表现的智力成果”。在此基础之上，该法列举了 9 类受保护的作品，包括：文字作品；口述作品；音乐、戏剧、曲艺、舞蹈、杂技艺术作品；美术、建筑作品；摄影作品；视听作品；工程设计图、产品设计图、地图、示意图等图形作品和模型作品；计算机软件；符合作品特征的其他智力成果。

关于上述作品中的绝大多数，《著作权法实施条例》第 4 条都有明确的解释或界定。

下面，依据《著作权法》及其实施条例，对上述 9 类作品略做说明。

（一）文字作品

文字作品是指小说、诗词、散文、论文等以文字形式表现的作品。文字作品是我们日常生活中最常见的作品种类。大凡书籍、书信、报纸杂志登载的作品,以及产品说明书等都是文字作品。传统的文字作品主要体现在纸张上。而在现代科学技术的条件下,文字作品还可以体现在唱片、胶片、磁带、光盘和计算机内存中。此外,按照《TRIPs 协定》第 10 条,计算机程序也应当作为文字作品来保护。

由此看来,凡是以文字、数字、符号或记号来表述的作品都属于文字作品的范畴。①

(二)口述作品

口述作品是指即兴的演说、授课、法庭辩论等以口头语言形式表现的作品。口述作品的最大特点是未经任何物质媒介的固定。即兴的演说、授课、法庭辩论等,如果经他人的速记,就会变成文字作品;如果经他人的录音录像,就会成为录音录像制品。即兴的演说、授课、法庭辩论等,如果经过这类方式的固定,就不再叫作口述作品。

要注意口述作品与表演的区别。口述作品是指即兴的演说、授课和法庭辩论等,本身就构成了著作权法保护的作品。而表演则是指表演者诵读、演唱、演奏已有的作品,是一种传播作品的活动。某人宣读已经写好的讲稿,朗诵已经创作的诗词,都不属于口述作品,而是一种表演。如果讲稿是由宣读者自己创作的,则讲稿的作者和表演者是同一个人;如果讲稿不是由宣读者创作而是由其他人创作的,则讲稿的作者与表演者就不是同一个人。朗诵诗词的情况也是这样。

口述作品是否应当得到著作权法或版权法的保护,世界各国的态度不尽一致。例如在美国,《美国版权法》有"固定"的要求,即受到联邦版权法保护的作品都应当固定在一定的物质媒介上。由于口述作品没有固定在任何物质媒介上,因而其不能得到联邦版权法的保护。尽管如此,口述作品在美国仍然可以受到州法的保护。在法国和德国等大陆法系国家,一般都规定口述作品受著作权法的保护。例如,《法国知识产权法典》第 112 条规定,受保护的作品包括"报告、讲演、布道词、辩护词及其他同类作品"。《伯尔尼公约》第 2 条也规定,讲课、演讲、布道和其他同类性质的作品,应当受到保护。

是否保护口述作品,关键不在于这类作品是否构成著作权法所保护的作品,或者说是否具有著作权法所要求的独创性,而是如何保护这类作品。例如,《著作权法》所列举的其他种类的作品,都固定于这种或那种物质媒介上。一旦发生了侵权的事实,权利人在侵权诉讼中很容易举证,说明自己就某一作品享有著作权。由于口述作品

① 例如,《美国版权法》第 101 条的定义说:"文字作品,是以文字、数字或以其他词语的或数字的符号、记号来表述的作品。"

没有固定在任何物质媒介上，一旦发生侵权，权利人很难在侵权诉讼中证明自己就某一口述作品享有著作权。如果权利人不能证明自己就某一口述作品享有著作权，维护和实施自己的权利也就无从谈起。由此看来，是否由著作权法或版权法保护口述作品，问题不在于这类作品是否符合著作权法所要求的独创性，而在于如何在侵权诉讼中有效地保护相关的权利。或者说，是否保护口述作品，主要是从诉讼中的举证来考虑的。

当然，在现代科学技术的条件下，没有加以“固定”的口述作品并不很多。速记、录音、录像等技术，已经可以将很多口述作品固定在某种物质媒介上。同时，真正就口述作品主张权利的诉讼案件，无论是在外国还是在中国，也不多见。所以，法律规定保护口述作品，并没有在司法实践中引发大的问题。

（三）音乐、戏剧、曲艺、舞蹈、杂技艺术作品

《著作权法》第 3 条所列举的第三类作品，事实上包含了 5 种作品。下面分别予以叙述。

1. 音乐作品

音乐作品是指歌曲、交响乐等能够演唱或者演奏的带词或不带词的作品。带词的音乐作品与文字作品有一定的交叉，因为歌词就是文字作品。但在带词的音乐作品的情况下，一般都是连词带曲，一并归入音乐作品。

2. 戏剧作品

戏剧作品是指话剧、歌剧、地方戏等供舞台演出的作品。具体说来，戏剧作品是指由对话、旁白、音乐、配词等构成的剧本，而不是指在舞台上呈现的表演。例如，曹禺的《雷雨》、老舍的《茶馆》都是剧本，属于我们所说的戏剧作品。由不同的演职人员班子将《雷雨》或《茶馆》搬上舞台，则属于对剧本的表演。《著作权法实施条例》所说的“供舞台演出的作品”正是这样的含义。从这个意义上说，戏剧作品也与文字作品有交叉。

3. 曲艺作品

曲艺作品是指相声、快书、大鼓、评书等以说唱为主要形式表演的作品。曲艺作品大抵有两种情形。一种是以底本或脚本为基础，由演员加以表演，这相当于戏剧作品的情形；另一种是即兴的说唱，又相当于口述作品。在后一种情形下，说唱者既是曲艺作品的创作者，又是曲艺作品的表演者。

4. 舞蹈作品

舞蹈作品是指通过连续的动作、姿势、表情等表达思想情感的作品。与戏剧作品的性质相同，舞蹈作品不是指演员在舞台上的表演，而是指创作者对舞蹈动作的设

计。这种设计可以以文字、草图、画面等形式固定下来,并由表演者加以表演。舞蹈演员在舞台上所呈现的仅仅是对于舞蹈作品的表演。当然,在某些特殊的情况下,舞蹈作品的创作者和表演者可能是同一个人,如杨丽萍的《孔雀舞》。但即使在这种情况下,我们也不能将舞蹈作品的创作者和表演者混同起来。

此外,《伯尔尼公约》所说的哑剧也应当属于舞蹈作品。因为哑剧也是以连续的动作、姿势和表情等来表现某种思想情感的。

就舞蹈作品可以以文字、图画等形式固定来说,它与文字作品、美术作品有交叉;就舞蹈作品往往伴有音乐来说,它与音乐作品有交叉。

5. 杂技艺术作品

杂技艺术作品是指杂技、魔术、马戏等通过形体动作和技巧表演的作品。这是2001年修改《著作权法》时新增加的受保护客体。

著作权法对杂技艺术作品的保护,主要是保护杂技艺术中的艺术成分,而非杂技表演中的技巧成分。例如,杂技表演中的钻圈、滚球、顶碗,魔术表演中的掩饰性动作,以及马戏表演中的跳跃障碍等,都不能获得著作权法的保护。否则,有人将这类技巧专有起来,排除他人使用,就会妨碍杂技艺术的发展,从而有悖于著作权保护的宗旨。事实上,体育竞技一类的表演之所以不能获得著作权法的保护,就在于它们更多的是技巧而非艺术,是竞技而非作品。体操、跳水、滑冰、篮球、排球和足球等都是如此。

在对于杂技艺术的保护中,不仅要注意保护杂技的艺术方面,还要注意这类艺术方面是否构成了作品,是否达到了独创性的要求。如果有关的杂技表演没有达到独创性的要求,没有构成著作权法意义上的作品,则不能受到保护。事实上,我们目前所看到的杂技表演构成作品的并不很多。

(四) 美术、建筑作品

1. 美术作品

美术作品是指绘画、书法、雕塑等以线条、色彩或者其他方式构成的有审美意义的平面或者立体的造型艺术作品。这样,美术作品就包括了各种形式的绘画,如油画、版画、水墨画、素描等,也包括了各种形式的雕刻和雕塑作品,如石雕、木雕和以各种材料(铜、铁、铝、塑料等)塑造出来的形象。根据《著作权法》的有关规定,实用艺术品也应当属于美术作品的一种,这将在下一节中详细讨论。

美术作品必须是由自然人创作出来的作品,自然形成的冰花、雨花石、树根和巫山神女峰等都不属于著作权法意义上的美术作品。

此外,《著作权法实施条例》虽然将美术作品定义为具有"审美意义"的作品,但这里所说的审美意义应当只是一种笼统的或中性的说法。因为美的概念总是因人而异,因时代而异。美术作品的构成也与作品的艺术质量无关。因为艺术质量的判定也会因人而异,因时代而异。例如,戈雅的作品、梵高的作品、毕加索的作品,以及其他一些艺术大师的作品,在其产生之初都曾经遭到人们的非议,如不具有审美意义、艺术质量低劣等。但后代人却将其奉为艺术典范。

2. 建筑作品

建筑作品是指以建筑物或者构筑物形式表现的有审美意义的作品。建筑作品虽然具有美术作品的一些特征,但《伯尔尼公约》和许多国家的著作权法都是将之单独列为受保护的作品,而没有纳入美术作品的范围。这是因为建筑作品毕竟有一些不同于美术作品的特征,如建筑物的外观或空间布局的各种要素,以及建筑设计图和模型等。

1991 年《著作权法》没有明确将建筑作品纳入受保护的范围,但《著作权法实施条例》在定义"美术作品"时,却列入了"建筑"等造型艺术作品。这实际上是以美术作品的方式提供了对于建筑作品的保护。2001 年修改《著作权法》时,则在《著作权法》中明确规定了对于建筑作品的保护。

根据《著作权法实施条例》的规定,建筑作品是指"以建筑物或者构筑物形式表现"的作品。这表明在中国著作权法中,建筑作品不包括建筑设计图和建筑模型。当然,建筑设计图可以作为图形作品受到保护,建筑模型可以作为模型作品受到保护。作出这样的规定可能是因为一般的建筑设计图和建筑模型都可以作为作品受到保护,但并非所有的建筑物都可以作为作品受到保护。这就意味着建筑物的外观或空间布局的各种要素,只有在表达的意义上,在符合独创性要求时,才能作为作品受到保护。

建筑作品受到保护的,仅仅是有关建筑外观的设计,包括整体的外形、空间和设计中各种因素的排列、结合。建筑物中的标准物件,如门窗、标准建筑材料等,均不属于建筑作品的范围。由此看来,作为建筑作品受到保护的,仍然是有关建筑物外观的艺术性表达,不包括实用性的建筑组成要件和标准建筑材料。

根据《著作权法》第 24 条第 1 款第 10 项的规定,对设置在公共场所的艺术作品进行临摹、绘画、摄影、录像,不需要获得著作权人的许可,也不向其支付报酬。显然,设置在公共场所的艺术作品,既包括了美术作品,也包括了建筑作品。又根据《美国版权法》,如果体现了建筑作品的建筑物位于公共场所或公众可见的场所,其他人可以临摹该建筑作品,并制作、发行、展览临摹了该建筑作品的图片、绘画、摄影或其他图形作品,建筑作品的所有人无权禁止。这叫作"允许临摹"。又根据规定,体现了建筑作品的建筑物的所有人,可以不经该建筑作品作者或版权人的同意,改动或授权改动该建筑物,拆毁或授权拆毁该建筑物。这叫作“改动和拆毁建筑物”,是对作者精神权利的限制。①

(五)摄影作品

摄影作品是指借助器械在感光材料或者其他介质上记录客观物体形象的艺术作品。在现代科学技术的条件下,记录或贮存摄影作品的,既可以是传统的胶片和相纸,又可以是计算机软盘、光盘和内存等。

摄影作品是一类独特的作品,《伯尔尼公约》和许多国家的著作权法都把摄影作品列为单独的保护对象,而没有把它作为美术作品的一种。《伯尔尼公约》第 7 条第 4 款甚至规定,各成员国可以自行决定摄影作品的保护期,但不得低于作品完成之后的 25 年。直到 1996 年的《版权条约》,才规定摄影作品的保护期与其他作品的保护期相同。

1991 年《著作权法》将摄影作品与美术作品列为一类,提供了与其他作品相同的保护期。这是对摄影作品所提供的保护水平高于《伯尔尼公约》的一种做法。至 2001 年修改《著作权法》,又将摄影作品单独列为第五类受保护的客体,不再与美术作品并列。这样,中国著作权法就与《伯尔尼公约》和许多国家的著作权法一样,把摄影作品当作了一类特殊的受保护客体。

摄影作品在很大程度上取决于照相器材、感光材料和数码技术等。构成著作权法意义上的摄影作品,必须具有某种程度的艺术表现形式,必须是反映了作者独特的审美眼光和艺术视角,以及反映了作者独特的曝光、编辑加工的技巧等。那些简单的拍照,如证件照、一般的留影等,因为不具有著作权所要求的独创性,不属于受著作权法保护的作品。

此外,单纯的翻拍,如翻拍文件、美术作品,甚至翻拍他人的摄影作品,都是对原作或原件的复制,不属于摄影作品。

(六)视听作品

视听作品,又称电影作品和以类似摄制电影的方法创作的作品,是指摄制在一定介质上,由一系列有伴音或者无伴音的画面组成,并且借助适当装置放映或者以其他方式传播的作品。一般说来,视听作品的构成需要有三个因素:一是有一系列的图像或画面;二是能以某种连续的方式显示这些图像或画面;三是当这样放映图像或画面时能够形成一种动态的形象。英文中的“motion picture”就反映了这样的意思。

---

① 参见《美国版权法》第 106 条 A,第 113 条。

在1991年《著作权法》中,这一款的表述方式是“电影、电视、录像作品”。2001年《著作权法》将其修改为“电影作品和以类似摄制电影的方法创作的作品”。作出这样的修改,大抵有两个原因。第一,原有的“录像作品”,很容易与“录像制品”相混淆。而根据《著作权法》的规定,“作品”属于著作权的客体,“录像制品”则属于邻接权的客体。第二,如果说到“作品”,电影作品、电视作品和录像作品的构成内容可能会有这样或那样的不同,但它们的拍摄方法或创作方法却是基本相同的。所以,国际上通行的说法是“电影以及以拍摄电影的方式表现的其他作品”。到了2020年修改《著作权法》,又将这一款的表述方式改为“视听作品”。这是因为在很多国家的著作权法或者版权法中,视听作品与电影作品是互通的,都是指具有独创性的有伴音或无伴音的连续画面。事实上,将原来的“电影以及以拍摄电影的方式表现的其他作品”改为“视听作品”,既没有扩大也没有缩小这类作品的范围。

视听作品是指拍摄完成的视听,而不是指具体的视听剧本、音乐、插曲、美术设计等。这与戏剧作品不同。因为在戏剧作品中,作品是指剧本,而不是搬上了舞台的演出。之所以出现这种差别,是由视听作品的特殊构成所决定的。例如,就一部故事片来说,其中不仅包括了文字脚本、分镜头剧本、音乐和插曲、服装和背景的美术设计,还包括了导演、演员、摄影师、录音师、剪辑师等一系列创作人员和演职人员的创作活动。应该说,一部视听作品是一件由许多作品综合而成的作品,反映了许多人的创作劳动。

视听作品,包括故事片、纪录片、科教片、木偶片、动画片、电视剧,以及目前所见的电子游戏和短视频等。视听作品不同于录像。录像虽然也有可以连续播放的画面或图像,也有伴音等,但它只是对他人表演活动的机械记载,而不属于作品。例如,有两位相声演员在舞台上说相声,他们是在表演相声作品(由他人创作或由他们自己创作的作品),电视台或其他录制机构将他们的表演机械地录制下来,就叫作录像。在著作权法的意义上,这与作品截然不同。

(七)工程设计图、产品设计图、地图、示意图等图形作品和模型作品

1. 工程设计图、产品设计图

工程设计图和产品设计图是指为施工和生产而绘制的图形作品。一般说来,工程设计图和产品设计图一类的东西,都可以作为图形作品受到著作权法的保护。

依据工程设计图和产品设计图而产生的客体,则可能出现两种情形。

第一种情形是经过施工或生产而产生的客体不属于作品,不受著作权法的保护,如道路、桥梁、水坝、楼房、机床、标准零部件、常用家具等。在这种情形下,著作权法只保护平面的设计图。

第二种情形是经过施工或生产而产生的客体属于文学艺术作品,可以受到著作权法的保护,如构成作品的建筑物、构成作品的实用艺术品等。在这种情形下,不仅从平面的设计图到立体的建筑物或实用艺术品属于著作权法意义上的复制,而且模仿他人的建筑作品而建造的建筑物,以及模仿他人的实用艺术品而生产的物品,也属于著作权法意义上的复制。在这种情形下,著作权法不仅保护平面的设计图,还保护立体的复制品。

2. 地图、示意图

地图是反映地理现象的作品,如行政区划图、地形图、地质图、矿产资源分布图、街道图等说明事物原理或者结构的作品。一方面,地图必须反映真实的地理现象。这是不受著作权法保护的客观事实。另一方面,为了让阅读者充分理解地图的内容,或者突出某些必要的内容,作者又可以在地图上添加一些指示性和艺术性的成分。这类成分又可以分为两类情形。一类是地图绘制中惯常使用的成分,如经纬线,指示不同政区的颜色,表示沙漠、河流、湖泊和海洋的颜色或线条等。这些成分处于公有领域,不受著作权法的保护。另一类则属于绘制者独创的指示性或艺术性成分,如以熊猫或老虎表示动物园,以球拍表示运动场所。此外,突出自然保护区而绘制的地图,突出餐饮业而绘制的市区图,突出文物古迹而绘制的地图,其中的编辑、取舍等,都可以构成受保护的作品。

示意图是说明事物原理或者结构的作品。事实上,有很多地图就属于示意图,如街道示意图、公园示意图、公共交通示意图等。但示意图的范围比地图的范围更为广泛,可以包括人体解剖示意图、动物解剖示意图、供水管线示意图、供电线路示意图等。在示意图中,受到著作权法保护的,也是绘制者独创的指示性和艺术性成分,以及绘制者独特的编辑、选择和加工等,而不包括示意图绘制中惯常使用的成分。

3. 模型作品

模型作品是指为展示、试验或者观测等用途,根据物体的形状和结构,按照一定比例制成的立体作品。

模型作品十分广泛,有地理模型、动植物模型、施工设计模型、产品模型等。与施工设计图和产品设计图一样,模型在绝大多数情况下可以作为作品受到著作权法的保护。而与工业生产密切相关的模型,依据模型而产生的产品也有两种情况。一种是单纯的产品或建筑物,不构成著作权法意义上的作品;另一种则属于实用艺术品或构成作品的建筑物,可以受到著作权法的保护。

(八)计算机软件

计算机软件包括程序和文档。按照世界上大多数国家的做法,包括《TRIPs 协定》,都是将计算机软件作为文字作品予以保护。中国著作权法没有明确规定将计算机软件作为文字作品来保护,而是将之作为一类特殊的客体予以保护。《著作权法》第 64 条还规定,计算机软件的保护办法由国务院另行规定。但根据国务院于 2001 年 12 月颁布的《计算机软件保护条例》(自 2002 年 1 月 1 日起实施),对于计算机软件的保护,又是比照文字作品来规定的。

有关计算机软件的详细论述,见本书第十章。

(九)符合作品特征的其他智力成果

这是一个弹性规定。一方面,随着科学技术的不断发展,某些新的作品种类有可能产生。就像历史上曾经产生的摄影作品、电影作品、计算机软件一样。另一方面,随着人类认识的不断加深,原来不认为是作品的某些客体,也可能被纳入著作权法保护的范围。就像历史上曾经对建筑物、杂技有过不同的看法一样。所以,作出这样一个弹性规定,就为把这类作品纳入著作权法的保护范围留下了余地。

值得注意的是,原来的著作权法关于这个问题的规定是"法律、行政法规规定的其他作品"。这表明这类作品必须由法律和行政法规来确定,而不能由法院通过判决来确定。到了 2020 年修改《著作权法》,则改为"符合作品特征的其他智力成果",从而为司法的扩大解释打开了大门。然而,究竟是通过最高人民法院的司法解释予以界定,还是在个案中予以界定,还要看后续的发展。

第四节　几种特殊作品

在涉及中国著作权法所保护的作品时,除上一节所讨论的 9 类作品以外,还有几种特殊的作品,如演绎作品、汇编作品、实用艺术品和民间文学艺术作品,值得单独讨论。这几种作品或者没有被列入《著作权法》第 3 条,如演绎作品、汇编作品和民间文学艺术作品,或者虽然被纳入第 3 条的某一类,但《著作权法》及其实施条例都未作明确的规定,如实用艺术品。

此外,与汇编作品相关联的,还有一个数据库的问题,也有必要略做讨论。

一、演绎作品

严格说来,《著作权法》及其实施条例没有出现过"演绎作品"的字样。但是,《著作权法》第 13 条规定:"改编、翻译、注释、整理已有作品而产生的作品,其著作权由改编、翻译、注释、整理人享有,但行使著作权时不得侵犯原作品的著作权。"事实上,对已有作品进行改编、翻译、注释、整理,并由此而产生的作品,正是我们一般所说的演绎作品。

演绎作品是基于现有的作品,通过重新创作或改编而形成的作品。演绎作品可以是基于一件已有作品而产生,如将某一部外国文学名著翻译成中文,或者将某一首中国民乐改编成交响曲。演绎作品也可以是基于两件以上的现有作品而完成,如依据某一作家的两部小说拍摄一部电视连续剧,或者依据某一领域中的两部以上的外文学术著作,编译成一部中文作品而出版。

演绎作品是我们日常生活中常见的一类作品。例如,各种形式的翻译作品、音乐改编作品,根据他人的文学艺术作品而改编形成的戏剧、小说、曲艺、舞蹈、电影、电视系列剧,各种文学名著的压缩本、改编本、节略本、配图改编本。临摹绘画、雕塑等美术作品而形成的作品,也属于演绎作品。此外,编辑性的修改、注释、整理或经过其他变化,如果在整体上形成了一部独创性作品,也是演绎作品。

根据《著作权法》的规定,原有作品的演绎权属于该作品的作者或著作权人。所以,任何人以他人享有著作权的作品为基础创作演绎作品,并且进行商业性利用的时候,都必须获得原有作品的作者或著作权人的许可。演绎者未经原有作品作者或著作权人的许可,在他人作品的基础上创作演绎作品,如果局限于个人欣赏使用,这属于合理使用。通过演绎活动而形成的作品,其著作权归属于演绎者。但是,如果演绎者对由此而产生的演绎作品进行商业性使用,如复制、发行、表演等,还必须获得原作著作权人的许可。因为在这个演绎作品中还包含原有作品。

当然,如果原有的作品已经进入公有领域,或者从来就没有受到过著作权法的保护,则演绎者对于演绎而产生的作品,不仅可以自己欣赏,还可以进行商业性的使用,不必获得任何人的许可。但即使在这种情况下,演绎者仍然应当尊重原作作者,如注明原作作者的署名、不对原作进行恶意的篡改和歪曲等。

演绎作品的著作权比较特殊,只涉及演绎者所创作出来的部分,不延及原作品的任何部分。正如美国最高法院在 1990 年的一个判例中所说:“演绎作品中由演绎作者所加入的方面,是该作者的财产。但从已有作品中抽取出的因素,仍然属于已有作品的作者。”[①]这样,在一件演绎作品中,就至少有两个著作权存在。一个是原有作品的著作权,另一个是演绎作品的著作权。例如,依据《我的前半生》而拍摄的电视系列剧,依据小说而拍摄的电影《秋菊打官司》,都是既有原作的著作权,又有演绎者的著作权。而且,演绎作品的著作权不影响已有作品著作权的范围、期间和归属;原有作品的著作权也不影响演绎作品著作权的范围、期间和归属。例如,电影《阿 Q 正传》

---

① Steward v. Abend, 110 S. Ct. 1750, 14 USPQ 1622 (1990).

和《伤逝》是依据鲁迅原作而拍摄的,鲁迅作品进入公有领域并不影响电影仍然享有著作权。如果有人以鲁迅的作品已经进入公有领域为由,未经许可而商业性地复制或表演(放映)电影《阿Q正传》和《伤逝》,必然会被法院裁定为侵权。

此外,演绎者要想就其演绎出来的内容获得著作权法的保护,有关的内容还必须符合独创性的要求。如果是对原有作品仅仅进行一般性的编辑修改,或者是就原作略加变化或节略,达不到著作权法所要求的独创性,则不能作为演绎作品受到保护。

二、汇编作品

(一)汇编作品的含义

汇编作品也不见于《著作权法》第3条所列举的作品种类。但《著作权法》第15条规定:"汇编若干作品、作品的片段或者不构成作品的数据或者其他材料,对其内容的选择或者编排体现独创性的作品,为汇编作品,其著作权由汇编人享有,但行使著作权时,不得侵犯原作品的著作权。"

汇编作品,又称编辑作品。事实上,1991年《著作权法》就称这类作品为"编辑作品",而不是汇编作品。2001年《著作权法》改称汇编作品,能够更准确地反映这类作品系汇集有关的作品、事实和数据而形成的特点。

(二)汇编作品的种类

汇编作品大体可以分为两类,即集合作品和事实汇编。

集合作品,即汇编若干作品或作品的片段而形成的作品,如期刊、选集、百科全书一类的作品。在这类作品中,有一系列单独享有著作权的独创性作品,如单独的文章、词条等。同时,当这些作品经过选择、编排而汇集在一起时,其又在整体上构成了一部可以受到保护的集合作品。可以说,集合作品就是将单独享有著作权的作品汇编在一起而形成的作品。集合作品的独创性体现在对文章、词条等的选择和编排上,而不在于具体的文章和词条,因为这些文章和词条是单独享有著作权的作品。集合作品的著作权产生于对文章、词条的选择和编排,不延及具体的构成成分。

事实汇编,又称数据汇编,是将不受著作权法保护的事实或数据汇集在一起而形成的作品。集合作品与事实汇编的不同在于,前者的构成成分,无论是文章还是词条,都是享有著作权的,而后者的构成成分,如事实和数据,则是不受著作权法保护的。事实汇编的独创性体现在对事实或数据的选择、编排和排列上。只有当这种选择、编排和排列符合独创性的要求时,事实汇编才可以获得版权。而且,对于事实汇编的保护只及于选择、编排和排列,不及于其中的事实本身。其他人可以自由使用事实汇编中的事实,只要他没有使用受保护的选择、编排和排列。

应该说,集合作品和事实汇编是汇编作品的两个极端。例如,百科全书是典型的集合作品,电话号码本是典型的事实汇编。处于这两个极端之间的,还有大量的汇编作品,既汇集了一些享有著作权的作品,又汇集了一些不享有著作权的作品,甚至包括一些单纯的事实和数据。例如,一本关于"天堂"的选集,可能汇集了一些享有著作权的作品,还可能汇集了大量不享有著作权的作品。

(三)汇编作品的独创性

汇编作品的著作权,不在于所汇集的作品、材料和数据是否享有著作权,而在于对有关材料的选择、编排和排列是否构成了著作权法保护的作品。如果有关的选择、编排和排列符合独创性的要求,则构成汇编作品,受到著作权法的保护。如果有关的选择和编排达不到独创性的要求,则不能受到著作权法的保护。当然,汇编者在汇集享有著作权的作品时,应征得相关著作权人的许可,否则会侵犯他人的著作权。

一些单纯的事实数据,如按照姓名字母顺序编排的电话号码本,是否应当得到著作权法的保护?或者说,按照姓名字母顺序编排的电话号码本,是否具有汇编作品所要求的独创性?在这方面,美国所走过的弯路值得我们借鉴。

早在1922年的"珠宝商"一案中,美国第二巡回上诉法院曾经判决,以姓名字母顺序排列的名册享有版权。法院在判决中还提出了一个"汗水理论",即只要汇编者在汇编事实时花费了劳动,就可以获得版权。判决说:"一个人走街串巷,记下每一位居民的姓名,以及他们的职业和门牌号码,他就是所获得材料的作者。他通过自己的劳动创作出了有价值的作品,他可以就此获得版权,并由此而获得了排他性的复制其作品的权利。"①

"汗水理论"虽然强调了事实发现者的辛勤劳动,但是忽略了版权法保护所要求的独创性,也造成了随后的一些类似判决的偏颇。直到1991年由美国最高法院判决的"费斯特"一案,才否定了事实汇编中的"汗水理论"。"费斯特"一案涉及一件以姓名字母顺序编排的电话号码本。美国最高法院在分析了汇编作品中不受版权保护的事实和可受版权保护的对事实的选择和编排后,讨论并否定了"汗水理论"。判决说:"'汗水理论'有一系列缺陷。其中最突出的是,在汇编作品中超越选择和编排(编辑者的原创性创作),将版权保护延伸到了事实本身。"而按照思想观念与表达的分界,版权永远不提供对于事实的保护。

"费斯特"一案强调,汇编作品的独创性体现在对事实的选择、协调和编排上;汇

---

① Jeweler's Circular Publishing Co. v. Keystone Publishing Co., 281 F. 83 (2d Cir. 1922).

编作品要想得到版权的保护,必须具有最低限度的创造性。"在确定一件以事实为基础的作品是否属于独创性作品时,重点应当放在选择、协调和编排事实的方式上。这是对独创性要求的直接适用。事实从来不是独创性的,所以编辑者只能就事实所呈现的方式主张独创性(如果有的话)。""费斯特"一案认为,以姓名字母顺序编排电话号码本,是一种深深根植于传统的古老做法,不具有丝毫的独创性火花,因而不能获得版权保护。①

三、实用艺术品

(一)实用艺术品的概念

实用艺术品是指具有实用性的艺术作品,如艺术台灯、艺术烟斗、艺术器皿、带有艺术图案的地毯或挂毯等。著作权法只保护实用品的艺术方面,而不保护实用品的实用方面。与此相应,实用品的艺术方面只有在构成了作品时,并且能够与实用品的实用方面分离时,才能够获得著作权法的保护。

实用艺术品介于作品和技术方案之间,与工业品的外观设计密切相关。在实用艺术品的艺术方面与工业品的外观设计方面,不存在一条清晰的界限。例如,实用艺术品的艺术方面,是美学思想观念的某种表达。同样,工业品的外观设计所追求的也是富于美感的设计,也是美学思想观念的某种表达。再加上实用艺术品可以进行产业化的复制,工业品外观设计的保护要件之一也是产业化应用,二者的界限就更加难以划分了。所以,对于实用艺术品的保护,可以或者纳入著作权的范围,或者纳入外观设计专利的范围,或者由专门法律予以保护。当然,当人们使用"实用艺术品"这一概念时,更多的是把它当作著作权法保护的作品,而不是把它当作专利法保护的外观设计。

《伯尔尼公约》第 2 条第 7 款要求成员国保护实用艺术品和工业品外观设计;各成员国可以将实用艺术品作为艺术作品来保护,也可以仅保护实用品(工业品)的外观设计;实用艺术品的保护期可以短于一般文学艺术作品的保护期,但不得低于该作品完成后的 25 年。此外,如果某一成员国仅提供对于工业品外观设计的保护,不提供对于实用艺术品的保护,那么其他成员国对于起源于该国的实用艺术品,也只提供工业品外观设计的保护,尽管其他成员国可能以著作权的方式保护起源于本国的实用艺术品。这就是说成员国对实用艺术品的保护是一种对等关系,以对方的著作权法或版权法是否提供对于实用艺术品的保护为前提。这是《伯尔尼公约》的基本原则

---

① See Feist Publications, Inc. v. Rural Telephone Service Co., Inc., 499 U. S. 340, 18 USPQ 2d 1275 (1991).

"国民待遇原则"的一个例外。

(二)中国对实用艺术品的保护

1991年《著作权法》没有提供对于实用艺术品的保护,但从1985年开始实施的《专利法》提供了对于工业品外观设计的保护。这样,就《伯尔尼公约》第2条第7款关于实用艺术品和工业品外观设计的规定来说,中国提供了工业品外观设计的保护,已经满足了公约的基本要求。当然,中国著作权法不保护实用艺术品,起源于中国的实用艺术品在其他成员国也得不到著作权法的保护。

1992年9月,在中国加入《伯尔尼公约》之前,国务院颁布了《实施国际著作权条约的规定》。其中的第6条明确规定保护外国人的实用艺术品,保护期为作品完成后的25年。显然,这是依据《伯尔尼公约》所作出的针对外国人的规定。依据这一规定就出现了这样一种情况,自1992年10月15日开始,中国的法律仅保护起源于《伯尔尼公约》其他成员国国民的实用艺术品,而不保护起源于本国国民的实用艺术品。当然,依据《伯尔尼公约》在实用艺术品保护上的对等规定,似乎也可以推定,由于中国已经保护了外国人的实用艺术品,外国也应当保护中国人的实用艺术品。如果这一推论成立,就可能出现这样一种情况,即中国人的实用艺术品在中国不受著作权法的保护,但在其他《伯尔尼公约》成员国却能够受到有关国家著作权法的保护。

不过,上述情况在2001年修改《著作权法》时发生了根本性的变化。根据2001年《著作权法》的规定,不仅外国人的实用艺术品可以得到保护,中国人的实用艺术品也可以得到保护。而且,对于实用艺术品的保护期限,也不再有25年的规定,而是与其他作品相同。这样,中国不仅对实用艺术品提供了著作权法的保护,而且提供了高于《伯尔尼公约》水平的规定。

然而,我们仔细阅读中国著作权法,包括《著作权法实施条例》,却并没有发现"实用艺术品"几个字样。那么,著作权法是依据什么来保护实用艺术品呢?或者说,实用艺术品属于《著作权法》第3条所列举的哪一类作品呢?要想说明这个问题,我们首先应当弄清著作权法在保护实用艺术品时,保护的究竟是什么。

从字面上看,实用艺术品包括两个方面,即"实用"的方面和"艺术"的方面。

"实用"是从物品的用途、功能、作用来说的,如台灯、钟表、桌椅、器皿、地毯等。从"实用"的角度来说,可能涉及物品的质料、结构、成分等。这类要素如果能够得到知识产权法的保护,也应该属于专利法的领域,而不可能属于著作权法的领域。有一个判例涉及一件实用艺术品,原告和被告就该物品是否具有"实用性"争得面红耳赤。其实,无论双方争出来该物品具有或者不具有实用性,对该案的判决都没有任何关系。因为这是一个关于著作权的侵权案件,著作权法只保护对于思想观念的表述,不保护思想观念本身，也不保护物品的实用方面。

实用艺术品的“艺术”方面则是指物品的艺术造型、外观设计、色彩装饰等。或者说是就物品的外观所作出的富有美感的艺术表述。事实上，著作权法对于实用艺术品的保护，就是保护它的艺术方面，保护它的构成作品的方面。而且，实用品的艺术方面只有在能够从实用方面分离出来，并且可以独立存在的情况下，才可以获得著作权法的保护。如果实用品的艺术方面不能从物品的实用方面分离出来，不能独立于物品的实用方面而存在，只能获得外观设计的保护。

如果我们把著作权法对实用艺术品的保护定义为对其“艺术”方面的保护，如果我们承认这里的“艺术”方面就是对某种美学思想观念的表述，那么，我们就可以将实用艺术品归入“美术作品”的范畴。事实上，中国著作权法正是通过对于美术作品的保护，提供着对于实用艺术品的“艺术”方面的保护。

根据2002年《著作权法实施条例》第4条的规定，“美术作品，是指绘画、书法、雕塑等以线条、色彩或者其他方式构成的有审美意义的平面或者立体的造型艺术作品”。从该定义中，尤其是从“有审美意义的平面或者立体的造型艺术作品”中，我们不难体会出实用艺术品的“艺术”方面。

四、民间文学艺术

《著作权法》第6条规定保护民间文学艺术作品，同时又规定保护办法由国务院另行规定。

（一）民间文学艺术的概念

严格说来，民间文学艺术作品的提法并不准确。比较适当的提法应当是“民间文学艺术”（folklore）或者“民间文学艺术表达”（expressions of folklore）。大体说来，民间文学艺术是指某一民族或某一地区人民的传统艺术表述，如民间传说、民间诗歌、民间音乐、民间舞蹈、民间服饰、民间建筑和民间宗教仪式等。显然，这类传说、诗歌、音乐、舞蹈、服饰、建筑和宗教仪式等都是某种思想观念或情感的表达。

民间文学艺术的最大特点是世代流传、不断变化，没有形成固定下来的作品。说“民间文学艺术作品”的提法不太准确，正是从这个意义上说的。民间文学艺术一旦固定下来，并且构成了著作权法意义上的作品，就可以受到著作权法的保护。例如，经过整理而成为文字作品的藏族史诗《格萨尔王传》、吸取赫哲族民歌要素而创作的《乌苏里船歌》（郭颂），以及吸取陕西剪纸艺术而创作的蛇年邮票图案（白秀娥），都已经不再停留在“民间文学艺术表达”的层面上，成为可以直接受到著作权法保护的作品。

(二)民间文学艺术的保护

保护民间文学艺术,至少应当解决以下两个问题。

第一,如何保护民间文学艺术。保护民间文学艺术的“表达”,尤其是保护没有构成作品的“表达”,确实是非常困难的。如果法律赋予民间文学艺术以某种权利,谁是权利的主体,权利的客体是什么,以及如何行使权利,都会出现一系列的不确定性。

然而,如果我们换一个角度来思考这个问题,也许会有一种新的解决方案。例如,郭颂吸取赫哲族民歌的要素而创作了《乌苏里船歌》,白秀娥吸取陕西民间剪纸艺术而创作了蛇年邮票图案,这都属于“受民间文学艺术启发而创作的作品”。显然,在《乌苏里船歌》和蛇年邮票图案中,既有郭颂或白秀娥的创造性劳动,又有赫哲族民间艺人、陕西民间剪纸艺人的创造性劳动。而且,无论是赫哲族民间艺人还是陕西民间剪纸艺人的创造性劳动,又都是数代人、许多人的劳动。正是这数代人、许多人的传承、改造、发扬,才有了郭颂和白秀娥等得以吸取的要素,并由此而添加上自己的一些创作因素,形成了受著作权法保护的作品。因此,当郭颂、白秀娥等因著作权的保护而获得高额经济收入的时候,随之而来的一个问题就是,那些传承、改造和发扬了民间文学艺术的赫哲族民间艺人、陕西民间剪纸艺人,他们的利益在什么地方,他们在传承、改造和发扬民间文学艺术中的创造性劳动应当得到什么样的保护。

在这方面,1992 年《生物多样性公约》的规定也许具有一定的启示意义。根据公约,各缔约国可以自行决定基因资源的管理,可以将基因资源规定为财产,可以规定利用基因资源和与此相关的传统知识的条件。公约还特别规定,基因提供者享有利益共享权。如果他人利用有关的基因资源作出发明并获得专利权或其他权利,基因的提供者可以分享由此而产生的收益。如果我们把赫哲族民间艺人、陕西民间剪纸艺人当作艺术素材的提供者,那么当郭颂、白秀娥依据这类艺术素材创作了享有著作权的作品,并且由此而获得了高额的经济收益时,赫哲族民间艺人、陕西民间剪纸艺人也应当享有利益分享的权利。非常有趣的是,在 2002 年的“乌苏里船歌”一案中,原告赫哲族一方所要求的正是让被告捐助建设“希望小学”。

第二,能否将民间文学艺术当作一种知识产权的客体来保护。民间文学艺术可否作为知识产权的客体来予以保护,这恰好是国际上激烈争论的问题。一般说来,发展中国家和最不发达国家由于具有丰富的民间文学艺术资源,大多主张以知识产权的方式,或者更具体地说以著作权的方式对民间文学予以保护。《伯尔尼公约》第 15 条第 4 款所说的作者不明的作品,一般认为是指民间文学艺术,这就反映了发展中国家和最不发达国家的主张。事实上,到目前为止,在立法中明确保护民间文学艺术的,也主要是这类国家。

与此形成鲜明对比的是,一些发达国家却不主张以知识产权或著作权的方式保护民间文学艺术。大体说来,有以下四个理由。其一,著作权的保护系针对具体的作者而言。而民间文学艺术,如传说、诗歌、音乐、舞蹈等,通常都是世代相传,难以确定谁是具体的作者。其二,著作权保护只适用于已经固定于物质载体上的作品,而民间文学艺术或者存在于口头传说中,或者尚未形成作品,难以作为著作权保护的客体。其三,著作权的保护期限通常是作者的有生之年加 50 年,而作为民间文学艺术的传说、诗歌、音乐和舞蹈等,则是世代相传,难以确定谁是作者,因而也难以确定受到保护的期限。其四,知识产权或著作权保护建立于财产权概念的基础之上。民间文学艺术的创作者并没有把自己的创作当作私有物品,而是将之作为礼物,一旦创作出来就与社区的其他人共享。这样,就很难将民间文学艺术与财产权的概念联系起来。看来,发展中国家和最不发达国家要想将民间文学艺术纳入知识产权或著作权的保护范围,还需要对传统的知识产权理论有所突破。

应该说,是否保护民间文学艺术,是否以知识产权或著作权的方式保护民间文学艺术,完全是由各个国家基于自己的利益而决定的事情。无论是发展中国家和最不发达国家对民间文学艺术予以保护的选择,还是多数发达国家对民间文学艺术不给予保护的选择,都是基于自己的利益。

就中国来说,其具有悠久的历史、众多的民族、辽阔的地域,民间文学艺术的资源最为丰富,也最应该提供对于民间文学艺术的保护。早在 1991 年《著作权法》中就规定保护民间文学艺术,规定由国务院制定有关保护办法。2001 年修改《著作权法》时,再次做了类似的规定。时至今日,仍然没有通过相关的条例。与此形成鲜明对比的是,1991 年《著作权法》规定计算机软件的保护办法也由国务院另行制定。在《著作权法》实施不久,国务院就出台了《计算机软件保护条例》,自 1991 年 10 月 1 日起实施。2001 年修改《著作权法》以后,国务院很快又修订了《计算机软件保护条例》,2002 年 1 月 1 日起实施。显然,从民间文学艺术保护的紧迫性来说,相关的立法工作还应当加紧进行。

五、数据库的保护

(一)数据库保护的必要性

数据库是指对于作品、数据或其他材料的系统汇编,而且使用者可以通过电子或其他手段使用其中的数据。数据库与汇编作品密切相关,在范围上要大于汇编作品。数据库不仅包括汇编作品,而且包括不构成汇编作品的数据汇编。事实上,在受到著作权法保护的汇编作品与不受著作权法保护的数据汇编之间,并不存在一条清晰的分界线。如果考虑到汇编作品是作品、数据或其他材料的汇集,数据汇编也是作品、数据或其他材料的汇集,这种分界线就更难以划分了。

保护数据库的必要性,或许可以从美国 1991 年的“费斯特”一案说起。根据“费斯特”一案的判决,以姓名字母顺序编辑的电话号码本不享有版权,被告的抄袭不构成侵权。但如果我们退一步想,该案的原告走街串巷,搜集、订正相关的资料,再将相关的资料编排出来,花费了大量的人力、物力和资金。如果任由他人自由使用和抄袭,显然对原告是极为不公平的。如果以此类推,则不会有人愿意投资去获取、订正和编排事实性的资料。

其实,不仅是类似电话号码本的数据汇编,即使是著作权法保护的汇编作品,有关的保护也仅限于对材料、数据的选择、编排和排列,而不及于汇编作品中的构成成分。这样,即使汇编作品的汇编者自己投入人力、物力、资金,获得、订正了某些或很多数据、材料,他也不能就这些数据或材料获得保护。对于汇编作品中的不享有著作权的数据或资料,他人可以自由使用。

在电子媒介和数字化技术出现以前,无论是能够获得著作权法保护的汇编作品,还是不能获得保护的数据汇编,大多体现在纸介质上。他人要想使用其中的数据或材料,至少还要购买或以其他方式获得一件复制品。电子媒介和数字化技术出现以后,对于数据库中的数据或资料的使用,就发生了根本性的变化。他人可以迅速而系统地获取对自己有用的数据或资料,或者以此为基础编辑新的数据库,或者商业性地反复使用其中的某些数据或资料。应该说,电子媒介和数字化技术的出现,更加突出了如何保护第一个数据库制作者的投资的问题。

(二)数据库保护的两种方式

1. 汇编作品的方式

对于数据库的第一种保护方式,是将数据库作为汇编作品加以保护。如果数据内容的选择、编排具有著作权法所要求的独创性,构成了汇编作品,就可以得到著作权法的保护。但那些在选择和编排上缺乏独创性,不构成汇编作品的数据库,则得不到保护,如以姓名的首字母为序编排的电话号码本。而且,即使是在构成汇编作品的情形下,对于汇编作品的保护也不及于数据库中的内容。

此外,无论是构成汇编作品的数据库,还是不构成汇编作品的数据库,数据库的制作者在使用相关的作品、数据或材料时,都应当注意他人的著作权。在使用他人享有著作权的作品时,应当合法使用或者获得许可。在使用他人不享有著作权的作品、数据或材料时,则不必征得任何人的同意。这就是说数据库中所使用的作品、数据或材料是否享有著作权,不以它们是否被纳入某一数据库为转移。

事实上，以汇编作品的方式保护数据库，保护的对象是“汇编作品”，而不是其中的数据或材料。即使第一个数据库的制作者投入了大量的人力、物力和资金来获取、订正和编排数据、资料，他的这种投资也不能通过汇编作品的方式得到保护。《TRIPs 协定》要求成员对数据库所提供的保护，就是这种保护。《TRIPs 协定》第 10 条第 2 款规定，数据或其他材料的汇编，无论是采用机器可读的形式还是其他形式，只要其内容的选择或安排构成智力创作，就应当予以保护。但是，这类保护不延及数据或材料本身，不得损害数据或材料本身已有的版权。《著作权法》第 15 条所提供的也是这类保护：“汇编若干作品、作品的片段或者不构成作品的数据或者其他材料，对其内容的选择或者编排体现独创性的作品，为汇编作品，其著作权由汇编人享有，但行使著作权时，不得侵犯原作品的著作权。”

显然，对于数据库的第一种保护方式，远远不能满足数据库的制作者保护自己投资的要求，尤其是不能满足在电子媒介的条件下，数据库制作者保护自己投资的要求。

2.“特殊权利”的方式

对于数据库的第二种保护方式，是特殊权利（sui generis right）的保护。这是针对数据库内容的保护。在这方面，欧盟曾经在 1996 年 3 月发布《数据库保护指令》，要求成员国在 1998 年 1 月 1 日以前贯彻实施。此外，在 1996 年 12 月世界知识产权组织召开的外交会议上，还初步讨论过一个“数据库条约草案”，但未能就条约有关内容达成一致。随后，世界知识产权组织虽然多次讨论过数据库保护的问题，但始终没有形成有约束力的文件。

下面，仅以《欧盟数据库保护指令》为例，说明“特殊权利”对数据库内容的保护。

按照《欧盟数据库保护指令》，受到保护的数据库，不仅包括电子数据库，还包括非电子数据库。数据库的内容可以是文学、艺术、音乐或其他形式的作品，也可以是图像、数字、事实和数据等。有关的数据库应当以系统、有序的方式编排，让使用者可以通过电子或其他方式使用或者获取其中的数据。数据库的保护期是自编写完成后的 15 年；数据库的任何一次新的更新，都可以使之获得一个重新计算的 15 年保护期。

根据《欧盟数据库保护指令》，受保护的不是独创性的对于资料或数据的选择和编排，而是数据库制作者的投资，如人力、物力和资金的投入等。正是通过这些投入，数据库的制作者才得以搜集、订正和编排出有关的数据库。根据规定，数据库的制作者有权禁止他人全部或大量抽取（extraction）数据库中的内容，有权禁止他人反复使用（re-utilization）数据库中的全部或大量内容。或者说，他人要想做上述两种方式的使用，就必须获得数据库制作者的授权。

特殊权利的保护，又称“另一种权利”的保护。其中的特殊或另一种，来源于拉丁文(sui generis),其基本含义是说这是一种不同于著作权的保护,或者是另一种权利的保护。从某种程度上说,这种另一类权利的保护有点类似于反不正当竞争的保护。因为对于数据库内容的这种特殊保护,是保护数据库制作者的投资,防止他人不正当地抽取或反复使用自己数据库中的全部或大量内容。

然而,根据欧盟法院于2004年11月判决的"不列颠赛马公司""足球赛事公司"等案,特殊权利所保护的是制作数据库的"实质性投资",而非创造数据的投资。[①] 按照这样的判决,赛马公司和足球赛事公司的投资主要是创造数据(客观事实)的投资,而非制作数据库的投资。事实上,依据客观产生的数据而制作数据库,又进行了实质性投资,这样的情形并不多见。

第五节 不受法律保护的作品和客体

中国著作权法在规定受保护作品的同时,还规定了一些不受著作权法保护的作品和客体。这就是《著作权法》第5条的规定。根据该条规定,以下三类客体不受著作权法保护:法律、法规,国家机关的决议、决定、命令和其他具有立法、行政、司法性质的文件,及其官方正式译文;单纯事实消息;历法、通用数表、通用表格和公式。除此之外,《著作权法》第4条还规定,国家对作品的出版、传播依法进行监督管理。随着国家的监督管理,又有了一些禁止或者限制出版、传播的作品。

一、立法、行政和司法性质的文件

立法、行政、司法性质的文件是指全国人民代表大会及其常务委员会制定的法律,国务院制定的行政法规,各省、自治区、直辖市人民代表大会及其常务委员会制定批准的地方性法规,民族自治地区的自治条例和单行条例,国务院各部委和地方政府依法制定的行政规章,各级立法机关、行政机关、人民法院和人民检察院作出的决议、决定、命令和其他具有立法、行政、司法性质的文件,以及由国家机关确认的上述文件的正式译文。

立法、行政、司法性质的文件,又称政府文件或官方文件,在世界上绝大多数国家都不受著作权法的保护。此外,一些政府间组织的正式文件,如欧盟委员会的文件,

---

① See the British Horseracing Board Ltd. and other v. William Hill Organization Ltd. , Judgment of the Court (Grand Chamber), 9 November 2004; Fixture Marketing Ltd. v. Oy Veikkaus Ab, Judgment of the Court (Grand Chamber), 9 November 2004.

甚至一些国际性组织的文件,如联合国的一些文件和决议,世界贸易组织的一些文件和决议,也不受著作权法的保护。当然,也有个别国家如英国,规定官方文件享有政府版权或王室版权(crown copyright)。但即使是在这种情况下,这种王室版权也仅在英国有效,其他国家的人如中国人,仍然可以在中国自由使用英国的官方文件。因为依据中国著作权法和中国加入的国际公约,英国的官方文件在中国不受保护。

政府文件或官方文件不受著作权法的保护,或者不享有著作权,大体有两个原因。

其一,这类作品一般都具有社会规范的性质,需要迅速而广泛地传播。如果让某一政府主体就其制定的文件享有著作权,他人在使用该文件时都要寻求该政府主体的许可,并就许可使用费进行谈判或者讨价还价,必然会阻碍该文件迅速而广泛地传播。

其二,国家机关及其工作人员,无论是立法机关还是行政机关和司法机关,都是由国家的税收支持的,或者说是由社会全体成员支持的,其本职工作就是为社会全体成员服务,包括制定官方文件。因而,由他们所制定出来的法律、法规等官方文件,理所当然属于社会全体成员所有,人人可以自由使用。如果国家机关及其工作人员依照职权制定了官方文件之后,又以此享有著作权,对于社会全体成员来说就是不公平的。如果他们再通过转让或许可权利的方式获得经济利益,那就是获得了两次报酬。

政府文件或官方文件虽然不受著作权法的保护,但在使用这类文件时,至少还应当注意两个问题。

第一个问题是不得随意出版法律、法规的汇编。这是因为早在1990年7月,国务院就颁布了《法规汇编编辑出版管理规定》。按照这个规定,为了维护国家法制的统一和尊严,凡属法律汇编,只能由全国人民代表大会法律工作委员会编辑;凡属行政法规汇编,只能由国务院法制局编辑;凡属军事法规汇编,只能由中央军事委员会法制局编辑;凡属部门规章的汇编,由国务院各部委依照该部委的职权范围编辑;凡属地方性法规的汇编,由地方人民代表大会常务委员会及地方政府指定的机构编辑。上述法律、法规汇编的出版,也分别由有权编辑的部门,选择中央一级的出版社或地方出版社出版。法律及行政法规汇编的少数民族文本及外文本,分别由全国人民代表大会法律工作委员会和国务院组织翻译或协助审定。违反上述规定而擅自出版法律法规汇编的,将受到行政处罚。

结合著作权法和上述规定,某一个个人或团体,可以自由使用法律、法规等官方文件,如在专著中附上某一方面的法律、法规,或者在杂志上刊登某一部新通过的法律或法规,不必经过立法、行政、司法机关的同意。但是,任何个人或团体又不得随意出版法律、法规的汇编。如果真的有人这样做了,他违反的不是著作权法的规定,而是《法规汇编编辑出版管理规定》;他所受到的制裁,不是著作权法规定的制裁,而是《法规汇编编辑出版管理规定》中规定的行政处罚。

第二个问题是官方文件的译本。正式的官方文件的译本,如法律、法规的少数民族文字译本或者英文译本,不受著作权法的保护,不享有著作权。但是,非正式的译本,无论是个人翻译的还是团体翻译的,无论是将中国的法律、法规译成外文,还是将外国的法律、法规译成中文,又是享有著作权的。

例如,我们不能因为美国专利法不享有版权,就将翻译成中文的《美国法典》中的专利法拿来复制、发行。这是因为美国专利法虽然不享有著作权,但那仅指英文版本或美国政府确定的其他译本。一位中国公民将美国专利法译为中文,他虽然不能就美国专利法享有著作权,但是他就自己的翻译却享有无可争议的著作权。这与演绎作品的情况是一样的。当然,这位中国公民也没有权利阻止他人重新翻译美国专利法,因为他的著作权仅仅局限于他的翻译。他人不仅可以重新翻译,还可以就自己的翻译享有著作权。

二、单纯事实消息

单纯事实消息是指通过报纸、期刊、电台、电视台和网络等传播媒体报道的有关事实的信息。例如,2001 年 9 月 11 日美国发生大规模恐怖袭击事件,2008 年 5 月 12 日四川汶川发生大地震,等等。单纯事实消息,在原来的著作权法中被称为“时事新闻”,2020 年修改《著作权法》,改成了“单纯事实消息”。事实上,无论是原来的“时事新闻”,还是现在的“单纯事实消息”,都是指有关某一事实或者某些事实的信息。当然,使用“单纯事实消息”更加清晰地突出了立法的宗旨。

单纯的事实消息或者时事新闻是对于客观事实的反映或报道,属于著作权法不予保护的思想观念和事实。按照著作权法的原理,不能因为第一个人报道了某一客观事实,他人就不能再去报道。所以,世界各国的著作权法均将单纯事实消息排除在著作权法保护的范围之外。例如,《伯尔尼公约》第 2 条第 8 款就规定,本公约的保护不适用于日常新闻或纯属报刊消息性质的社会新闻。显然,这一规定也有利于新闻报道自由的贯彻实施,有利于社会公众迅速了解国内外的重大事件。

单纯事实消息不受著作权法的保护,并不意味着某一记者写作或发回的报道不受著作权法的保护,也不意味着某一报纸或期刊刊登的报道可以由他人任意转载。在这里,我们必须将以下两者区别开来,即一方面是不受保护的单纯事实消息(事实),另一方面是受保护的报道时事新闻的作品(表达)。例如,关于国家领导人出访的详细报道,关于宏观经济形势的详细报道,以及类似新闻调查一类的节目,其中不仅有不受保护的事实(单纯事实消息),还有受保护的文学艺术的创作和加工。任何人都不能以单纯事实消息不受保护为由,随意转载或转播他人的新闻报道或节目。

事实上,那些既有时事新闻,又有记者的文学艺术加工的报道,已经不再是单纯的事实消息。对于第一个人报道的时事新闻,他人或者可以传播其中的“单纯事实消息”,或者可以对该时事新闻进行自己的采访和报道。

三、历法、通用数表、通用表格和公式

历法、通用数表、通用表格和公式不受著作权法的保护,大体有两个原因。

其一,涉及思想观念与其表达的“合并”。在历法、通用数表、通用表格和公式的情况下,对于相关的思想观念的表达,或者只有一种表达方式,或者只有有限的几种表达方式。如果允许某人就这类作品享有著作权,就会将相关的思想观念专有起来。

其二,历法、通用数表、通用表格和公式,其中的绝大多数已经处于公有领域之中。例如,通用数表和通用表格中的“通用”两个字,已经表明这些东西是在公有领域之中。包括著作权法在内的知识产权法是保护人们智力活动成果的法律,是赋予这类成果以一定形式和一定期限的专有权,然后又让这些成果进入公有领域。知识产权法绝不允许将公有领域中的东西纳入专有领域。

当然,讲述上面两个原因并不意味着著作权法的规定就是多余的。事实上,对于某些符合著作权法原理,但又不是为很多人所了解的东西,作出规定还是必要的。例如,美国版权局的注册规则也规定了一些不受版权法保护的作品,如空白表格和属于公共财产的信息。根据规定,下面所列作品不能获得版权:“……(c)空白表格,诸如时间卡、图表、账簿、日记本、银行支票、记分表、地址簿、报表、订货表等,其设计是为了记载信息,而非传达信息。(d)仅仅含有属于公共财产的信息的,而且不含有原创性创作活动的作品,例如标准历法、高度和宽度表、卷尺和尺子、体育活动计划表、从公众文件或其他公有资料中抽取出的一览表或表格。”①

此外,与时事新闻中的情形一样,要注意区分不受保护的历法、通用数表、通用表格和公式,以及他人在立法、通用数表、通用表格、公式基础上的创作成果。例如,一般说来历法不受保护。但如果某人以历法为基础,制作了设计新颖、装帧精美的台历或挂历,那么制作者对于其中的美术设计和装帧就享有著作权。在这种情形下,任何人都不得以历法不受保护为由,擅自复制他人的台历或挂历。

四、依法禁止出版、传播的作品

《著作权法》第 4 条规定,国家对作品的出版、传播依法进行监督管理。其中的

---

① 37 C. F. R. , Section 202. 1 (1995).

“依法”,是指依据宪法、法律、行政法规和其他法律的规定;其中的“监督管理”,是指禁止或者限制某些作品的出版、传播,主要涉及内容反动、淫秽和违反社会公德的作品。

根据2002年2月1日实施的《出版管理条例》第25条的规定,禁止出版发行的作品包括以下10种:(1)反对宪法确定的基本原则的;(2)危害国家统一、主权和领土完整的;(3)泄露国家秘密、危害国家安全或者损害国家荣誉和利益的;(4)煽动民族仇恨、民族歧视,破坏民族团结,或者侵害民族风俗、习惯的;(5)宣扬邪教、迷信的;(6)扰乱社会秩序,破坏社会稳定的;(7)宣扬淫秽、赌博、暴力或者教唆犯罪的;(8)侮辱或者诽谤他人,侵害他人合法权益的;(9)危害社会公德或者民族优秀文化传统的;(10)有法律、行政法规和国家规定禁止的其他内容的。

关于这个问题,原来的《著作权法》第4条规定,依法禁止出版、传播的作品,不受本法保护。这就意味着如果某一作品受到禁止,不得出版、传播,就不享有著作权。显然,原来的规定不符合《伯尔尼公约》第5条确定的版权自动获得原则,也与该公约第17条的规定存在明显的差距。根据该公约第17条的规定,对于任何作品或制品的发行、演出、展出,成员国政府都可以在必要时,通过法律或条例予以监督或禁止。按照版权自动获得的原则和《伯尔尼公约》第17条的规定,任何作品在其产生之后,都依据著作权法享有著作权。但是成员国可以通过法律、法规,在必要的时候限制或者禁止权利人行使自己的著作权,如不得发行、演出、展出相关的作品等。而按照《著作权法》第4条的原有规定,依法禁止出版、传播的作品本身就不享有著作权。这显然是以其他法律的规定剥夺了作者依据著作权法所享有的权利。

到了2010年2月,全国人民代表大会常务委员会修改《著作权法》,删除了原来的“依法禁止出版、传播的作品,不受本法保护”的规定,同时在第4条中增加了一句“国家对作品的出版、传播依法进行监督管理”。这样,中国著作权法在这一问题上的规定就与《伯尔尼公约》一致了起来。一方面,所有的作品,包括违反法律法规的作品,一旦创作出来,都享有著作权的保护;另一方面,国家的主管部门又可以依据法律法规,禁止或者限制某些作品的出版、传播。

此外,“淫秽”“违反社会公德”一类的字词,也带有很强的某一时代道德评判的色彩。随着社会的发展、变革,以及人们道德意识的变化,在上一个时代是“淫秽”“违反社会公德”的作品,在这一个时代可能并非淫秽或违反社会公德。例如,美国早期的判例基本上拒绝对淫秽作品提供版权保护。但在1979年的“米切尔”一案中,美国第五巡回上诉法院对此作出了澄清。该案的判决指出,以某一时代的标准判定作品为淫秽,然后否定版权保护,将导致对某些作品不提供版权保护。而在后世人看来,这些作品可能不仅不是淫秽的,甚至具有很高的文学价值。在这方面,法院举出了英国和美国的一系列例子,如英国拜伦、雪莱的作品曾被法院判定为不道德,而劳伦斯的《查泰莱夫人的情人》等作品也曾被美国法院判定为淫秽书籍。法院的判决还指出,各个地区关于某一作品是否淫秽的标准也是不一样的。如果各个地区的法院在“淫秽标准”的适用上各有分歧,就会造成全国性标准的不统一。①

思考题

1. 什么是思想观念?什么是思想观念的表达?
2. 什么是作品?什么是作品的独创性?
3. 中国著作权法保护的作品有哪些?
4. 哪些作品不受中国著作权法的保护?
5. 什么是汇编作品?汇编作品与数据库有什么联系和区别?

① See Mitchell Brothers Film Group v. Cinema Adult Theater, 604 F. 2d 852, 203 USPQ 1041 (5th Cir. 1979).

第三章

著作权的内容

在英美法系国家,尤其是在美国,版权被当作一种经济权利,因而在版权法中不注重对于作者精神权利的规定和保护。在大陆法系国家,尤其是在法国和德国,著作权被当作是基于作品的创作而产生的权利,是基于自然人的创作而产生的权利。因而在大陆法系国家,著作权由作者的精神权利和经济权利构成。与此相应,大陆法系国家的著作权法也十分重视对于作者精神权利的规定,甚至认为精神权利在著作权中居于核心的地位,比经济权利更为重要。

中国著作权法属于大陆法系的著作权法体系。因而,依据中国著作权法,著作权由作者的精神权利和经济权利两部分构成。同时,在规定权利的顺序上,中国著作权法也是先规定作者的精神权利,然后规定经济权利,把精神权利摆在了更为重要的地位上。

本章讨论著作权的内容,即作者的精神权利和经济权利。

第一节 作者的精神权利

在包括中国在内的大陆法系国家,作者的精神权利在著作权中占据着非常重要的地位。本节将先讨论精神权利的概念,然后讨论精神权利的内容,并附带讨论一下精神权利的保护期。

一、作者的精神权利概述

(一)精神权利的概念

精神权利(moral right)是指作者就作品中所体现的人格或精神所享有的权利。

作品是作者的人格或精神状态的延伸,或者说作品体现了作者的人格,体现了作者的思想、情感等精神状态。就同一个主题,作者可以用文字的、音符的、色彩的等方式加以表现,也可以用小说、散文、诗歌、戏剧等方式加以表现。即使是用小说的方式表现同一个主题,如爱情,随着年龄、性别、阅历和性格的差异,不同的作者创作出来的小说也是非常不同的。可以说,无论是在创作文字作品、音乐作品、美术作品、戏剧作品中,还是在创作图形作品、模型作品中,甚至是在编写计算机软件中,创作者都将自己的思想、情感、人格等,或多或少地融入了作品之中。从某种意义上说,作品是作者人格和精神的产物,作者就其中所体现的人格和精神拥有绝对的权利。

作品是作者人格或精神的延伸,有关这种人格或精神的权利,也只能由作者本人享有。所以,在说到著作权中的精神权利时,更准确的说法应当是作者的精神权利。例如,法国著作权法在规定作者的精神权利时,都是具体规定作者享有发表权、署名权、保护作品完整权和追回作品权等。德国著作权法在规定精神权利时,与法国著作权法大体相同,也是规定作者享有发表权、署名权和保护作品完整权。美国版权法虽然在传统上不保护作者的精神权利,但在 1991 年颁布的《视觉艺术家权利法》中,承认和保护的也是视觉艺术家的精神权利。正是基于以上原因,本节的题目使用了“作者的精神权利”,而没有像许多论著那样泛泛去谈著作权中的精神权利。

在中国著作权法中,精神权利被称为“人身权利”。应该说,以“人身权利”指称精神权利,并不准确。人身权利是一个民法上的概念,包括人格权和人身权。其中的人格权是指自然人与生俱有的权利,如生命权、健康权、姓名权等;其中的人身权是指自然人基于某种身份而产生的权利,如亲属权、配偶权等。由此可见,人身权利是一种远比精神权利广泛得多的权利。用“人身权利”指称精神权利,很容易造成一些不必要的误解,让一些人从宽泛的人身权利的概念来理解狭窄的作者精神权利,从而扩大了作者精神权利的范围。

当然,作者的精神权利与人身权利具有一定的联系。例如,人们可以从身份的角度去理解作者与作品的关系。但是,民法上的身份权是基于伦理亲情而产生的身份性权利,与作者基于创作而产生的与作品的关系迥然不同。又如,人们也可以从人格的角度去理解作品中所体现的作者的人格,并且将这种权利称为“人格权”(right of personality)。然而即使是在这样的情况下,法国的法院还是认为,作者的精神权利不同于他的人格权,并且在司法实践中着力将作者的精神权利与他的“其他的人格权”(other rights of personality)区别开来。[1] 应该说,作者的精神权利与民法中的人格权最为接近,并且在范围上小于人格权。

---

① See International Copyright Law and Practice, France, 2005.

(二)精神权利的地位

在大陆法系国家,精神权利在著作权中居于核心地位。一般认为,作者就作品所享有的权利,是先有精神权利的产生后有经济权利的产生。作者的精神权利独立于经济权利而存在,甚至当所有的经济权利都已经不存在时,仍然有精神权利的存在。例如,依据德国著作权法,作者的精神权利是一项不可转让的权利。即使作者通过合同转让了所有的经济权利,他仍然保留着自己的精神权利。如果随着科学技术的发展而出现了利用作品的新方式,他仍然可以依据保留在自己手中的精神权利,控制对于作品的新的利用方式,并由此而享有新的经济权利。①

由于作者的精神权利与作者的人格密切相关,因而它是一项不可转让的权利。但是,作者的精神权利虽然不可以转让,却可以有条件地放弃。例如,在作品上使用笔名或假名,或者不署名,就属于一种弃权。又如,委托他人修改自己的作品,在某种程度上也属于对于精神权利的放弃。但即使是在这种情形下,作者也不得"一揽子"地放弃自己的精神权利。甚至是不太重视精神权利保护的美国版权法也规定,视觉艺术家放弃精神权利必须以合同的方式加以明确,视觉艺术家不得放弃自己所有的精神权利。②

正是基于作者的精神权利的重要性,以及作者与作品不可割舍的关系,某些国家的著作权法甚至规定,对于所有外国作者的精神权利都予以保护。例如,法国著作权法规定,对于所有的外国作品都提供保护。保护所有的由自然人所创作的作品,这是天赋人权的理论在著作权法中的体现。然而,这种对于外国人作品及其权利的保护,又具有一系列的例外。例如,对于由作品所产生的经济权利的保护,是互惠的。也就是说,只有有关的外国也保护法国作品的经济权利的时候,法国才保护源于该国作品的经济权利。这种互惠可以是通过双边或多边的协议,也可以是通过诸如《伯尔尼公约》一类的国际公约来实现。但是,法国对于外国作品中的精神权利的保护则是绝对的,不要求与任何外国的互惠。这就意味着即使有些国家现在还没有与法国建立著作权保护的关系,或者如中国在 1992 年 10 月加入《伯尔尼公约》以前,有关作者的精神权利,尤其是作者的署名权和保护作品完整权,在法国都是受到保护的。③

法国的规定也许有些独特,但如果我们仔细品味就会发现,这正是作者的精神权利具有普遍性的应有之义。例如,在 1992 年 10 月中国加入《伯尔尼公约》以前,中国

---

① See International Copyright Law and Practice, Germany, 2005.

② See U. S. Copyright Law, section 106A.

③ See International Copyright Law and Practice, France, 2005.

翻译出版了一些外国文学、哲学、历史、社会科学和自然科学方面的著作,翻译者和出版者基本上是尊重了作者的署名权和保护作品完整权。没有人将别人的作品当作自己的作品来发表,也没有人随意篡改、歪曲他人的作品。这种学术和出版上的惯例,已经反映了对于作者精神权利的保护。当然,在没有法律明确规定的情形下,一旦发生侵犯他人精神权利的事情,权利人难以依据法律提起诉讼。

(三)精神权利的构成

一般认为,作者的精神权利由四个部分构成,即发表权、署名权、保护作品完整权和收回作品权。对于这四项内容,各国著作权法的规定不尽相同。例如,法国规定的最为完整,将四项权利统统规定在了著作权法中。德国著作权法则只规定了发表权、署名权和保护作品完整权,而没有规定收回作品权。美国版权法在规定视觉艺术家的精神权利的时候,只规定了署名权和保护作品完整权。

中国著作权法又与上述各国不同,规定作者享有发表权、署名权、修改作品权和保护作品完整权。虽然这是四项权利,但它又与法国所规定的四项权利不同,多了一个修改作品权,少了一个收回作品权。然而细究起来,修改作品权仍然是在四项权利之内。因为修改作品权与保护作品完整权,大体是一个问题的两个方面。

由于各国著作权法对于精神权利的规定不尽一致,《伯尔尼公约》仅规定了其中的两项权利,即署名权和保护作品完整权。事实上,这正是作者精神权利的主要内容。其中的署名权是作者向世人宣告自己与作品关系的一种权利。其中的保护作品完整权则是作者维护自己人格或精神完整性的权利。至于《伯尔尼公约》没有规定的发表权,在很大程度上与作者行使的各种经济权利相重合。即使不单独规定,也不会产生太大的问题。另一项没有规定的收回作品权,既涉及作者有多大的可能性收回已发表作品的问题,又涉及作者如何赔偿作品的使用者,如出版商的利益的问题。所以,即使在规定了收回作品权的国家,对这项权利也做了很大的限制。可以说,发表权和收回作品权属于精神权利的边缘内容。

下面,我们将讨论发表权、署名权、保护作品完整权和收回作品权。与任何权利一样,作者的精神权利也不是一项绝对的权利,也要受到种种的限制。因而,为了论述的方便,还将同时讨论对于各项精神权利的限制。

二、发表权

(一)发表权的含义

根据《著作权法》第 10 条第 1 款的规定,发表权是指“决定作品是否公之于众的权利”。具体说来,发表权是指作者有权决定其作品是否发表,何时发表,以及以何种形式发表。因为作者是作品的创作者,只有作者才知道作品是否已经创作完成,是否应当发表和以何种形式发表。也正是从这个意义上,只有作者才能行使发表权,决定是否发表、何时发表等事项。至少是在作者生存的期间,他人无权代替作者作出与发表有关的决定。

发表权属于一次性权利。一旦作者自己或委托他人将作品公之于众,就履行了发表权,这项权利也就用尽了。例如,一部作品一旦在杂志上刊登出来,或在电台上广播出来,或者由他人进行了表演,就是行使了发表权。即使作者在过了一段时间后以其他方式使用作品,如展览作品,让作品进入互联网络,都不属于发表。

发表权只能由作者行使。2002 年《著作权法实施条例》第 20 条规定:“著作权法所称已经发表的作品,是指著作权人自行或者许可他人公之于众的作品。”如果他人未经作者的许可而发表了其作品,则他人的行为侵犯了作者的发表权,而作者仍然拥有发表权。

(二)发表与出版

在说到作者的发表权的时候,要注意区分发表与出版的不同。

出版是将作品制作成一定数量的复制品,提供给社会公众。其中的制作复制品,相当于行使了复制权;其中的提供给社会公众又相当于行使了发行权。所以,一般认为,出版是复制与发行的结合。例如,《美国版权法》第 101 条规定,出版是指“以销售或其他转移所有权的方式,或以租赁、出租或出借的方式,向公众发行作品的复制品或录音制品”。又如,《著作权法》第 63 条规定,“出版,指作品的复制、发行”。1991 年《著作权法实施条例》第 5 条也规定,出版是指“将作品编辑加工后,经过复制向公众发行”。此外,《伯尔尼公约》第 3 条规定,无论以何种方式制作作品的复制件,只要制作的份数和发行的方式能够满足公众的合理需求,就构成出版。当然,在那些没有规定发行权的国家,授权他人复制自己的作品,就已经隐含了授权他人发行作品的复制品。

发表的含义则比出版的含义广泛得多。除了出版,还包括表演、展览、放映、广播等。根据国际公约和有关国家的法律,以表演和展览等方式将作品公之于众,都不属于出版。例如,《伯尔尼公约》第 3 条规定,戏剧、音乐戏剧或电影作品的表演,音乐作品的演奏,文学作品的公开朗诵,文学或艺术作品的有线传播或广播,美术作品的展出和建筑作品的建造等,均不构成出版。《美国版权法》第 101 条也明确规定,“公开表演或展览作品,不构成出版”。正是基于这样的认识,美国法院还判定,美国民权运动领袖马丁·路德金虽然向 20 多万名公众发表了“我有一个梦”的演讲,但这不属于版权法意义上的“出版”,而属于表演作品。因为他没有通过作品的复制品的方式向公众提供或传播的自己的作品。①

发表权不同于出版权,也可以从一些国家的著作权法所使用的术语中反映出来。例如在法国,发表权被称为“披露权”(the right to divulge)。又如在德国,发表权被称为“控制披露的权利”(the right to control disclosure)。显然,“披露”的含义要比出版(publication)的含义广泛得多。

(三)发表权与经济权利

发表权与著作权中的各项经济权利密切相关。事实上,作者为了行使自己的发表权,必须决定是否以某种方式利用自己的作品,或者必须决定首先行使自己的哪一项经济权利。例如作品完成之后,作者无论是行使出版权(复制权和发行权),还是行使表演权或展览权,将自己的作品公之于众,本身又都是在行使精神权利中的发表权。与经济权利截然分开的发表权是不存在的。可以说,著作权法中有多少种经济权利,作者就有多少种行使发表权的方式。

正是基于发表权与经济权利的这样一种关系,很多国家的著作权法或版权法没有规定作者的发表权。《伯尔尼公约》中一直没有发表权的规定,很多国家反对在公约中单独规定发表权,应该说原因也在于发表权与经济权利的这样一种关系。显然,作者在第一次行使经济权利,自己利用或者授权他人利用作品的时候,就已经同时行使了发表权。我们甚至可以说,作者和作品的利用者可以用合同的方式规范作品的发表和作者的发表权。因为作者通常都是通过合同的方式来行使自己的经济权利的。美国国会曾经论证说,作者的精神权利可以通过合同法来保护,就是从这个意义上说的。

至于那些规定了发表权的国家,也对发表权作出了类似于经济权利的一些规定。例如,《著作权法实施条例》第 17 条规定,作者生前未发表的作品,如果作者未明确表示不发表,作者死亡后可以由继承人或受遗赠人行使发表权。如果既没有继承人又无人受遗赠,则由作品原件的所有人行使发表权。又根据《著作权法》第 23 条的规定,经济权利的保护期限为作者的有生之年加 50 年,精神权利中的发表权的保护期限也是作者的有生之年加 50 年。而对于署名权、修改权和保护作品完整权的保护期限,则没有任何限制。

关于发表权与经济权利的这种关系,德国著名版权学家迪茨教授认为,法律在规定作者的各种经济权利的同时,又规定或承认作者的发表权,是为了强调作者精神权

① See King v. Mister Maestro., Inc, 224 F. Supp. 101 (S. D. N. Y. 1963).

利的这一个方面,强调只有作者本人可以决定自己的作品是否发表和以何种方式发表。①

发表权是作者的一项精神权利。但如果作者无限制地行使自己的发表权,就有可能干扰作品的正常使用。例如,作者可能以自己的发表权为由而违反出版合同,在合同约定的时间拒不交付作品。因此,各国著作权法都规定了一些对于发表权的限制。例如,依据很多国家的著作权法,电影作品的发表权,不由该作品的各个构成部分的作者行使,而由制片人行使。又如,根据《日本著作权法》第 18 条的规定,在下述三种情况下,作者不再行使其发表权:作者已将未发表之作品的著作权转让,不得反对受让方向公众提供该作品;作者将未发表之美术作品或摄影作品之原件转让,不得反对公开展览有关作品;作者同意将其作品拍摄成电影或作为电影之一部分,不得反对向公众提供该电影作品。此外,中国《著作权法》规定的作者死后可以由他人行使发表权,发表权的保护期不同于其他精神权利的保护期,也是对于发表权的某种限制。

三、署名权

署名权是指作者有权在自己所创作的作品上署名,向世人宣告自己与特定作品之间的关系。例如,《伯尔尼公约》第 6 条之 2 规定,署名权是昭示作者与作品关系的权利,是表明作者身份的权利。《著作权法》第 10 条第 1 款也规定,"署名权,即表明作者身份,在作品上署名的权利"。同时,署名权不仅意味着作者可以在自己的作品上署名,还意味着作者有权利防止他人在自己创作的作品上署名。此外,如果他人对作者的作品擅自修改,以至于破坏了作品的完整性,作者也可以拒绝署名。

应该说,署名权已经进入作者精神权利的核心。通过在作品上署名,作者向世人宣告了他与作品的自然关系,他与作品中所体现的思想、人格、精神、情感的关系。作者可以在作品上署名,是基于他与作品的这种自然关系;其他人不得在作者的作品上署名,是因为其他人与该作品之间不存在这种自然关系;作者因为他人的擅自修改而拒绝署名,也是因为他人的修改破坏了作者与作品的这种自然关系。从这个意义上说,作者与作品的关系类似于父亲与子女的关系。大陆法系中将作者的署名权称为"身份权"(right of paternity),所表达的就是这样一种自然身份关系。而且,正是由于这样一种自然身份的关系,也表明了对于作品的保护不仅仅是一种经济利益的保护,对于著作权的保护不仅仅是一种经济权利的保护。

作者对于署名权的行使,可以是一种积极的行使,如在作品上署上自己的名字。

---

① See International Copyright Law and Practice, Germany, 2001.

这种署名可以是署上自己的真实姓名,也可以是署上笔名或假名。即使他没有署名,也可以在任何时候主张自己的署名权。作者对于署名权的行使,还可以是消极的行使,如听任他人在自己的作品上署名而不主张权利。这相当于放弃自己的署名权。但即使如此,他仍然可以在任何时候主张自己的权利,要求恢复署名。

作者署名的方式应当是一种"善意的署名"或适当的署名。在印刷物和录音制品上署名,一般不会产生太大的问题。在电影作品中,由于参加创作的人员很多,不同作者的署名可能会有顺序、字体大小的问题。只要署名的方式符合一般认可的惯例,作者就应当接受,不能提出苛刻的要求。如果作者要求在实用艺术品上、建筑物上署名,就会产生一些问题。为了保证实用艺术品、建筑物的美观和整体效果,可能会限制作者的署名,或者让作者以适当的方式署名。至于计算机软件一类的作品,可能不涉及作者署名的问题。即使出现了所谓的署名,很可能就是投资者的名称,如微软公司等,而不必是软件编写者的名字。所以,"善意的署名"或者适当的署名,也可以看作是对作者署名权的限制。

与作者署名权密切相关的,还有一个"冒名"的问题,即把自己的作品当作他人的作品发表。1995 年由上海法院判决的"吴冠中诉朵云轩"一案,所涉及的就是有人将自己所创作的绘画,假冒著名画家吴冠中的名字发表和拍卖。[①] 对于这种冒名作品,有的国家适用商标法或反不正当竞争法来加以制止。如果把作品当作产品,那么冒名将某一作品投入市场,就是一种不正当竞争行为,理应受到反不正当竞争法或商标法的制止。例如美国有一个判例,有人在音乐磁带的封面上显著地印上了一位著名演唱家的名字,但其中并没有该演唱家单独和主要演唱的歌曲,只有一两首歌曲的背景中有该演唱家的声音。法院判决这属于不正当竞争中的假冒。[②]

当然,冒名作品不仅仅是一个"假冒"的问题。从著作权法的角度来看,冒名作品还侵犯了被冒名者的精神权利。因为被冒名者没有创作有关的作品,他与有关的作品不存在任何人格和精神上的联系。基于这样的原因,一些国家的著作权法从维护作者精神权利的角度,禁止冒名作品。例如,1988 年《英国版权法》在规定作者的精神权利时,就禁止他人冒作者之名发表作品。中国《著作权法》第 53 条也禁止"制作、出售假冒他人署名的作品"。

---

① 参见吴某中诉上海朵云轩等侵犯著作权案,上海市高级人民法院(1995)沪高民终(知)字第 84 号民事判决书。

② See Gilliam v. American Broadcasting Companies, Inc., 192 USPQ 1 (2d Cir. 1976).

四、保护作品完整权和修改权

(一)保护作品完整权

保护作品完整权是指作者有权禁止他人歪曲、篡改和割裂其作品,并且此种歪曲、篡改和割裂会有损于作者的声誉。例如,《伯尔尼公约》第6条之2规定,作者有权反对任何人对其作品所进行的,有损其声誉的歪曲、割裂或其他更改。《德国著作权法》第14条也规定,作者有权禁止任何人对其作品所作的有损其智力创作权益和人身权益的歪曲、篡改。美国版权法虽然仅保护视觉艺术家的精神权利,但也在《美国版权法》第6条之1规定,视觉艺术家有权阻止他人对自己的作品进行有损自己声誉的歪曲、篡改或修改。

据中国《著作权法》第10条第1款规定,“保护作品完整权,即保护作品不受歪曲、篡改的权利”。与《伯尔尼公约》和法国、德国、美国等国家的著作权法或版权法相比,中国著作权法规定的保护作品完整权,没有“有损作者声誉”的限定。应该说,对于保护作品完整权来说,这一限定是非常重要的。否则,作者有可能不加限制地滥用这项精神权利。

与署名权一样,保护作品完整权也居于作者精神权利的核心。作品是作者精神和人格的产儿,体现了作者的思想、情感和精神、人格等。如果作者不享有保护作品完整的权利,任由他人歪曲、篡改和割裂自己的作品,势必破坏作品的完整性,破坏体现在其中的精神和人格等。

破坏作品完整性的含义十分广泛。例如,出版社或报社未经作者许可而大量删改作品,将宗教性的音乐用在商业性广告中,未经许可将装饰摄影作品的边框去掉,未经许可在绘画作品上增加色彩或删去某些部分。在法国还有一些典型的事例,如在已经修建好的建筑群中,加入了一个新的建筑,破坏了建筑作品的整体感。甚至有一个判例,一位艺术家设计了一件纪念碑作品,由于施工者任意改变,艺术家让施工者拆除了已经修建好的建筑物。[1]

保护作品完整权是一项由作者行使的权利,什么样的情形构成了对作品的歪曲、篡改和割裂,也由作者判定。但如果真的任由作者掌握歪曲、篡改和割裂的标准,必然出现某些作者滥用权利,提起一些琐碎而干扰他人的诉讼。所以,《伯尔尼公约》和很多国家的著作权法规定,他人对作品的歪曲、篡改和割裂,必须达到有损作者声誉的程度。显然,这是对保护作品完整权的一种限制。根据这样一个标准,出版社、报

---

① See International Copyright Law and Practice, France, 2001.

纸杂志社可以对作品进行必要的文字性加工,实用艺术品的生产者可以因为生产的需要,建筑物的施工者可以因为施工的需要而对作品进行必要的更改。换句话说,这种修改是一种善意的修改,总体上不影响作品的完整性,而且在绝大多数情况下作者都能够接受。当然,什么是有损作者的声誉,什么是善意的修改,又应当在具体的司法实践中由法院加以确定。

在有些作品中,这种善意修改的幅度可能还很大。例如,电影作品是一种综合艺术作品,为了整部电影的最后效果,导演或制片人对于其中的各个作品和演员的表演,可能会作出较大的修改或删节。一般说来,作者将自己的作品提交给他人拍摄电影,就意味着许可导演对作品进行较大的修改。《著作权法实施条例》第 10 条就规定:"著作权人许可他人将其作品摄制成电影作品和以类似摄制电影的方法创作的作品的,视为已同意对其作品进行必要的改动,但是这种改动不得歪曲篡改原作品。"

(二)修改权

与《伯尔尼公约》和很多国家的著作权法相比,中国著作权法在规定作者的精神权利时,多出了一项修改权。《著作权法》第 10 条第 1 款规定,"修改权,即修改或者授权他人修改作品的权利"。由此看来,修改权的基本含义是作者可以自己修改作品,也可以在必要时授权他人修改自己的作品。例如,《著作权法》第 36 条规定,图书出版者经作者许可,可以对作品修改、删节;报社、期刊社可以对作品作文字性修改、删节,但对内容的修改应当经过作者许可。

修改权的规定并不表明中国著作权法对作者提供了高于《伯尔尼公约》的保护。修改权可以作狭义和广义的理解。狭义的修改权与保护作品完整权具有相同的含义,不过是一项权利的两个方面。也就是说,从正面讲,作者有权修改自己的作品,或者可以授权他人修改自己的作品。从反面讲,作者有权禁止他人歪曲、篡改、割裂自己的作品。无论是自己修改还是禁止他人修改,目的都是维护作品的完整性,维护体现在作品中的作者的思想、情感、精神和人格。广义的修改权,则有可能理解为下面要讨论的"收回作品权"。因为对已经复制发行的作品、已经在市场上流通的作品进行修改,除了收回作品别无他法。

当然,中国著作权法规定作者享有修改权,还是有其特定的意义的。例如,当作品已经复制发行后,按照著作权法的有关规定,作者确实不能将已经在市场上流通的作品收回来,进行修改。但如果在作品再次复制之前,让作者有一个修改的机会,对于作者和社会公众都会是一件好事。当然,再次复制之前的修改,对于作品的利用者如出版社一类,不一定有利。所以,在这种情况下规定作者享有修改权,让作者依据修改权进行特殊情况下的修订,就是必要的。从这个意义上来说,修改权又可以算作

"半个收回作品权"。①

五、收回作品权

收回作品权是指作者有权收回已经复制发行的作品,其目的是修改作品或终止作品的复制发行。作者将已经完成的作品许可他人使用、复制、发行,表明作者已经行使了发表权,认为可以将自己的精神产儿交付给社会公众。在行使了发表权之后,又想将自己的作品收回,可以是因为作者的思想、情感、精神发生了变化,或者是作者认为发表作品的时机在事实上还不成熟,等等。应该说,收回作品权是对发表权的补充,是向作者提供一个机会,万一自己因为思虑不周而发表了作品,还能有一个补救的机会,收回作品进行修改或者终止作品的复制发行。

收回作品权是一项特殊而极端的权利。行使收回作品权涉及一系列的问题,诸如有无可能收回已经在市场上流通的作品,以及如何补偿作品的使用者如出版社、发行商的损失的问题。所以,《伯尔尼公约》没有规定这项权利,世界上绝大多数国家的著作权法也没有规定这项权利。事实上,就是在规定了这项权利的国家,作者也极少行使这项权利。因为按照有关国家的著作权法,即使有的作者想行使这项权利,也要受到一系列的限制,如补偿作品的使用者由此而产生的损失,等等。有的国家还规定,如果作者收回作品进行了修改,并且想再次授权他人使用自己的作品时,应当优先考虑原来的使用者。

法国是世界上极少规定收回作品权的国家。同时,法国有关这项权利的规定也最为典型,有助于我们深入了解收回作品权。根据《法国知识产权法典》第 121 条之 4 的规定,尽管作者已经转让了自己使用作品的权利,甚至是他的作品已经出版,作者仍然享有追悔或收回作品的权利。但是,作者在行使这项权利的时候,必须事先赔偿作品的使用者因为追悔或收回可能遭受的损失。如果在行使了自己的追悔或收回作品权之后,作者决定再次出版自己的作品,他必须首先将使用作品的权利提供给原来的受让人,并且是依据原来所确定的条件。

尽管有上述第 121 条之 4 的规定,《法国知识产权法典》第 121 条之 7 仍然规定,计算机软件的作者不得行使追悔或收回作品权。这表明计算机软件的作者不享有收回作品权。

---

① 参见郑成思:《知识产权法》(第 2 版),法律出版社 2004 年版,第 319 ~ 321 页。"半个收回作品权"的说法是郑成思教授与作者讨论该问题时提出的。

第二节　经 济 权 利

一、经济权利概述

（一）经济权利的含义

著作权中的经济权利，在中国著作权法中又称财产权利，是指作者或其他著作权人所享有的利用作品并获得经济利益的权利。

值得注意的是，中国著作权法在规定著作权时，使用了人身权和财产权的说法。这似乎给人一种感觉，作者的精神权利（或者人身权利）不属于财产权，只有经济权利才属于财产权。应该说，这种规定方式也是值得讨论的。按照大陆法系的“作者权”理论，著作权作为一种财产权利，既包括作者的精神权利（moral right），又包括作者的经济权利（economic right）。而且，就作者创作作品，并由此而产生著作权来说，应当是先有作者的精神权利，后有作者的经济权利。① 在这方面，《伯尔尼公约》也是使用了“经济权利”（economic right）的术语，而没有使用“财产权”的术语。所以，在这个问题上比较恰当的说法应当是，与其他知识产权一样，“著作权”是一种财产权利；著作权既包括作者的精神权利，又包括作者的经济权利，而非人身权利和财产权利。或许，中国在未来修订著作权法的过程中，有必要将“财产权”的说法修改为“经济权利”。

在说到由作品的创作而产生的精神权利时，我们是在说作者的精神权利，或者属于作者所有的不可转让的精神权利。这是因为精神权利与作者的精神和人格密切相连，只有作者能够享有和行使其精神权利。在说到由作品的创作而产生的经济权利时，经济权利的所有人可以是作者，也可以是作者之外的其他人。这是因为经济权利是一项可以转让或许可的权利，作者正是通过经济权利的转让或许可而获得了经济利益。我们一般所说的“著作权人”，既包括作者，也包括通过转让或继承而获得了著作权的其他权利人。

按照英美法系的版权法理论，尤其是美国的版权法理论，版权就是一项经济权利，版权法就是关于经济权利的法律。而按照大陆法系的著作权法理论，著作权由作者的精神权利和经济权利构成，从某种意义上说作者的精神权利居于著作权的核心。尽管如此，无论是大陆法系的著作权法理论，还是相关国家的著作权法，都十分重视

① See International Copyright Law and Practice, Germany, 2001.

著作权中的经济权利,注重对于作品的经济性利用。很显然,如果没有经济权利和经济利益的支撑,作者的精神权利将在很大程度上失去意义。

著作权,无论是其中的精神权利还是经济权利,都是排他性的权利。这就意味着当作者创作出作品以后,只有作者可以利用作品并且获得经济利益,他人未经作者许可则不得利用有关的作品。如果他人未经许可而利用了有关的作品,就构成了侵权。当然,作者在完成创作之后,可以自己利用作品而获得经济利益,也可以授权他人利用作品而获得经济利益,还可以通过转让权利而获得经济利益。这种排他性的经济权利和由此而产生的经济利益是对作者进行创作的鼓励。很多作者通过经济权利的行使获得了相应的经济利益,甚至维持了自己的生计。同时,社会也由此而获得了大量的精神产品,丰富了社会公众的精神和文化生活。

经济权利的重要性,还可以从"版权产业"这个概念,以及版权产业在一些国家国内生产总值中所占的比重得到说明。版权产业,又称与版权有关的产业,是指有关企业或个人所从事的生产经营活动与享有版权的作品有关,并直接或间接受到版权法律的规范。这些产业主要包括书籍、报刊和其他印刷物的出版业,唱片、音乐磁带和音像制品的出版业,电台、电视台和卫星广播业,计算机软件业,以及有关的销售业和制造业等。

根据世界知识产权组织的统计,在欧美等发达国家,版权产业在国内生产总值中所占的比重一般是4% ~7%,最多可达8%。例如,美国国际知识产权联盟发布的《美国经济中的版权产业:2020 年度报告》提供了美国版权产业在 2019 年的数据。根据报告,在 2019 年,美国的版权产业所创造的价值达 1.5 万亿美元,占国内生产总值的 7.41%;在版权产业中就业的人数达 570 万人,占美国总就业人数的 4.46%。此外,美国的版权产业在 1996 年的对外销售和出口额达到 601.8 亿美元,第一次超过汽车业、农业和飞机制造业等部类,成为美国出口份额最大的经济部类。而在 2019 年,版权产业的对外销售和出口额更是达到了 2187.6 亿美元,领先化工产业、汽车产业、纺织产业、飞机制造业、农业和药品产业,成为美国最大的出口行业。①

在这方面,中国的新闻出版研究院自 2009 年以来,也在发布《中国版权产业的经济贡献》年度报告。根据2009 年的报告,核心版权产业的增加值达到了 11,928 亿元,占国内生产总值的 3.5%。而到了 2019 年,核心版权产业的增加值就达到了 7.32 万亿元,占国内生产总值的 7.39%。又据报道,2016 年至 2019 年,中国版权产业的行业增加值已从 5.46 万亿元增长至 7.32 万亿元,产业规模增幅 34%;从对国民经济的贡献来看,中国版权产业占 GDP 的比重由 2016 年的 7.33% 增长至 2019 年的 7.39%,

---

① See *Copyright Industries in the US Economy*: *the* 2020 *Repoert*(www.iipa.org).

提高了0.06个百分点，占比呈稳步提升的态势；从年均增速来看，2016年至2019年，中国版权产业行业增加值的年均增长率为10.3%，高于同期GDP(9.9%)0.4个百分点。①

显然，作品的创作和传播不仅为作者带来了相应的经济利益，也推动了社会许多产业部门的发展，最终为社会经济的发展作出了巨大的贡献。

（二）经济权利的内容

经济权利的内容十分广泛，涉及复制、发行、出租、演绎、表演、广播、展览等。大体可以说，经济权利的内容以人们利用作品的方式而定。在著作权制度产生之初，经济权利主要是复制权和发行权。随着科学技术的发展，利用作品的方式更为广泛，经济权利的内容也更加丰富了起来。例如，随着广播电视技术而产生的广播权，随着互联网络而产生的信息网络传播权等。我们甚至可以说，随着科学技术的不断发展，有多少种对于作品的利用方式，著作权人就享有多少种经济权利。

例如，一部文学作品可以被复制、发行，著作权人就有了复制权和发行权。同时，这部作品可以被翻译成其他文字复制、发行，可以被改编成戏剧或曲艺，可以被拍摄成电影或电视剧，著作权人就有了演绎权。此外，这部作品还可以在电台上被广播，在电视台上被朗诵，著作权人就有了表演权。在互联网络的条件下，这部作品还可以被上传和传输到世界各地，著作权人又有了信息网络传播权。显然，对于任何一部作品，不论是文字作品、音乐作品、戏剧作品、美术作品，还是摄影作品、电影作品、计算机软件，都可以进行多种多样的使用。一些优秀的文学艺术作品，一些社会需求量很大的图形作品和计算机软件等，都是通过这样的方式被广泛使用或反复使用的。

关于经济权利的具体内容，世界各国著作权法的规定不尽一致。例如，《美国版权法》第106条规定了5种经济权利，即复制权、发行权、演绎权、表演权和展览权。中国《著作权法》第10条则规定了12种经济权利，即复制权、发行权、出租权、展览权、表演权、放映权、广播权、信息网络传播权、摄制权、改编权、翻译权、汇编权。而法国著作权法则仅规定了两种权利，即复制权和表演权。对此，《伯尔尼公约》也没有一个统一的说法，只是列举了一些应当由作者享有的经济权利，如复制权、翻译权、表演权、广播权、朗诵权、改编权等。

尽管各国著作权法对经济权利内容的规定不尽一致，但有一点是肯定的，即各国的著作权法和国际公约都想尽可能完整地包容对于作品的使用方式，让著作权人有权利控制作品的所有利用方式，并由此而获得经济利益。当然，对经济权利的内容作

---

① 参见国家版权局：《2019年中国版权产业增加值已占到GDP7.39%》(www.ncac.gov.cn)。

出不同的规定,既有各个国家历史文化的原因,也有一些国家对某些权利内容的特殊理解和强调。在这方面,规定了较少经济权利内容的国家,对每一项权利内容又给予了宽泛的解释。而规定了较多经济权利内容的国家,无非是把某些权利内容单独罗列出了,或者是强调了某些更为细致的权利内容。例如,中国《著作权法》中对于放映权、广播权、摄制权的规定,就属于这种情况。与此相应,我们不能说法国著作权法只规定了复制权和表演权,所提供的保护就比中国或者美国的少。因为法国著作权法中的复制和表演具有非常丰富的含义,涵盖了中国《著作权法》中的 12 项经济权利和《美国版权法》中的 5 项经济权利。

(三)经济权利的类别

大体说来,著作权中的经济权利可以划分为三大类,即复制权、演绎权、传播权(或称表演权)。(1)复制权是著作权中的一项基本权利,既包括传统的印刷复制,也包括现代的将作品固定在磁带、光盘和计算机的内存中,还包括让平面的作品体现为立体的形式(如建筑设计与建筑物)或者让立体的作品体现为平面的形式。(2)演绎权是授权他人在自己作品的基础上创作演绎作品,如翻译、改编、拍摄成电影或电视剧等。(3)传播权或表演权是以各种手段或方式传播作品,不仅包括一般所说的舞台表演或传播,还包括通过广播、电视、卫星的机械表演或传播,以及通过转播设备、音响设备和放映设备的机械表演或传播。

有些学者还进一步将著作权中的经济权利划分为两大类。这就是把演绎权也纳入复制权的范围。因为在这些学者看来,“复制”(copy)具有非常广泛的含义,不仅仅包括一般意义上的复制(reproduction),还包括翻译和改编等。翻译和改编,不过是以翻译和改编的方式“复制”原作,并没有实质性地改变原作。从这个意义上说,著作权侵权认定中的抄袭和剽窃,也属于这样的复制(copy)。

事实上,将经济权利划分为三大类或两大类,不仅是一种学术上的看法,而且是很多国家著作权法的做法。例如,法国著作权法就将经济权利划分为复制权和表演权两大类。为了说明这两类权利和其中所包括的内容,现将《法国知识产权法》的有关规定引述如下:

《法国知识产权法》第 122 条之 3 规定:“复制是指在有形物上以任何方式固定作品,其目的是将作品以间接的方式传播给公众;复制尤其可以通过下列方式而完成:印刷、绘画、雕刻、照相、制模,以及所有的雕塑、塑造、机械、电影和磁性录制的手段;就建筑作品而言,复制包括重复实施设计图纸或者标准方案。”

《法国知识产权法典》第 122 条之 2 规定:“表演是指以任何方式向公众传播作品,尤其是:(1)公开朗诵、音乐演奏、戏剧表演、公开演出、公开放映及在公共场所转播远程传送的作品。(2)远程传送。远程传送是指通过所有的电信传播方式,传送各种声音、图像、资料、数据及信息。向卫星传送作品属于表演。”

显然,《法国知识产权法典》虽然只规定了两项经济权利,但在事实上却把几乎所有的利用作品的方式容纳了进去。而中国的著作权法虽然罗列了12种经济权利,但在范围上却未见得比法国的两种权利广泛。

在经济权利的划分方面,《德国著作权法》第15条首先将经济权利划分为两大类。一类是以“有形”方式使用作品的权利,大体包括复制权、发行权和展览权;另一类是以“无形”方式利用作品或者以“无形”方式向公众传播作品的权利,大体包括朗诵权、表演权、放映权、广播权、卫星传播权、通过音像制品传播作品权、再广播权等。

在以上两类权利的基础上,《德国著作权法》又在若干个条款中详细规定了作者的经济权利。根据德国版权学家迪茨的归纳,这些规定可以划分为复制权、演绎权、传播权和其他权利。其中的“复制权”包括复制权、发行权(包括出租权和公共借阅权),这是第16条和第17条的规定;演绎权包括改编权和翻译权,这是第23条的规定;传播权包括展览权、表演权和广播权等,这是第18条至第22条的规定。这样,《德国著作权法》所规定的经济权利就可以划分为复制权、演绎权和传播权三大类。

除了上述的划分方法,《德国著作权法》还规定了一类经济权利,可以叫作“作者的其他权利”,或者叫作“获得报酬权”(rights of remuneration),包括追续权、公共借阅权、复印器材和空白磁带使用费等。大体说来,除了追续权,“获得报酬权”是基于这样一个理由而产生,即著作权人的某些经济权利虽然受到了法律或技术条件的限制,著作权人不能直接发放许可,但著作权法却通过法律规定的方式,让著作权人可以获得一定的经济补偿。①

为了讨论的方便,下面将中国《著作权法》规定的12项经济权利归纳为复制权、演绎权和传播权三大类,分别予以论述。此外,还将简单讨论一下中国著作权法中没有规定的,而很多国家的著作权法又规定了一些权利,如公共借阅权和追续权。

二、复制权

在中国著作权法中,属于“复制权”这个范围的,有复制权、发行权、出租权。

(一)复制权

复制权是作者所享有的许可或者禁止他人复制自己作品的权利。《著作权法》第

---

① 参见《德国著作权法》第15条至第27条,以及 International Copyright Law and Practice, Germany, 2001。

10 条第 1 款第 5 项规定:“复制权,即以印刷、复印、拓印、录音、录像、翻录、翻拍、数字化等方式将作品制作一份或者多份的权利。”

复制权是自著作权制度产生以来,作者或权利人所享有的一项基本权利。最初的复制主要是将作品复制在纸张等媒介上。后来,随着科学技术的发展,人们又将作品复制在胶片、磁带、录像带、磁性光盘和计算机的内存中。同时,复制的方式也随着科学技术的发展而发生了很大的变化。最初的复制主要是印刷,包括活字、雕版、石板印刷等。后来又出现了照相翻拍、静电复印和激光照排等。此外,随着人们认识的深入,一些原来不认为是复制的做法,也被承认为是复制。例如,美国原来不承认从平面的建筑设计图到立体的建筑物是复制,后来在加入《伯尔尼公约》以后则承认这也是复制。

从平面和立体的角度来看,复制可以分为三类,即从平面到平面的复制,从平面到立体的复制,以及从立体到平面的复制。

第一,从平面到平面的复制,是最常见的复制。中国著作权法所说的“以印刷、复印、拓印、录音、录像、翻录、翻拍、数字化等方式将作品制作一份或者多份”,基本上是指从平面到平面的复制。

第二,从平面到立体的复制,主要见于美术作品和建筑作品。例如,雕塑艺术家先设计作品的草图,然后按照草图制作出立体的雕塑作品。又如,实用艺术品的设计者先在平面的草图上设计作品,然后投入产业性的复制。至于建筑作品,从建筑设计图到依据设计图而建造的建筑物,更是从平面到立体的范例。

值得注意的是,在著作权法意义上,从平面到立体的复制,尤其是涉及美术作品和建筑作品的复制,仅指美学表达的复制。这样,一般的工程设计图、产品设计图虽然可以作为图形作品而受到保护,但如果有人按照施工图进行了施工建筑,或者按照设计图制造了产品,都不算是从平面到立体的复制。当然,如果有关的工程设计图构成了建筑作品、产品设计图构成了实用艺术品,从平面到立体的施工或制作就会构成作品的复制。或者说工程设计图或产品设计图具有美学或艺术的表达成分,复制者在建筑施工或产品制造的过程中,又复制了美学或艺术的表达成分。

在一开始,从平面到立体的复制,并没有得到著作权制度的承认。例如,美国就曾经不承认从建筑设计图到建筑物为复制。1991 年《著作权法》第 52 条第 2 款规定:“按照工程设计、产品设计图纸及其说明进行施工、生产工业品,不属于本法所称的复制。”这一规定虽然可以将一般的工程设计图和产品设计图的立体转换排除在复制的含义之外,但是也很容易将建筑作品、实用艺术品的平面设计到立体复制排除在复制之外。或者说,这样的一个规定把著作权法意义上的作品复制和一般意义上的施工、生产都排除在著作权保护范围之外了。至 2001 年修改《著作权法》,则删除了上述规定,从而可以解释为复制也包括了对于作品的从平面到立体的复制。

第三,从立体到平面的复制,也是主要见于雕塑、雕刻等美术作品和建筑作品。例如,临摹树立在公共场所的雕塑、雕刻和建筑作品,或者以摄影方式拍摄这类作品,都是将立体的作品体现在平面的媒介上。

值得注意的是,无论是临摹还是拍摄雕塑、雕刻和建筑作品,都属于复制,但绝大多数国家的著作权法都没有赋予作者以控制这类复制的权利。例如,《美国版权法》第120条规定,如果体现了建筑作品的建筑物位于公共场所或公众可见的场所,其他人可以临摹该建筑作品,并制作、发行、展览临摹了该建筑作品的图片、绘画、摄影或其他图形作品,建筑作品的所有人无权禁止。对于从立体到平面的复制,中国著作权法也没有作出给予保护的规定。例如,《著作权法》第24条第1款第10项规定,对设置或者陈列在公共场所的艺术品进行临摹、绘画、摄影和录像,属于著作权的例外。

当然,临摹和拍摄雕塑、雕刻和建筑物,本身又可以解释为一种创作。例如,对于同样的雕塑、雕刻和建筑物,不同的临摹者和摄影者,由于选取的角度不同、艺术素养的不同、精神状态的不同,临摹和拍摄的结果可能很不相同。在著作权法看来,这已经就是作品的创作了。

说到从平面到立体的复制,或者从立体到平面的复制,要特别注意著作权法所保护的是作品,而非实用的物品。换句话说,无论是从平面到立体的复制,还是从立体到平面的复制,只有在形成作品的时候,才可以受到著作权法的保护。例如,在雕塑作品的情况下,先画出平面的草图,这属于作品;然后按照草图施工铸造出雕塑品,仍然属于作品。这样,无论是平面的草图还是立体的雕塑,都属于著作权法保护的作品。但是在工程设计图纸的情况下,图纸属于作品,受到著作权法的保护。依据图纸生产出来的机器、设备、汽车、轮船等则是实用品,不属于作品,不能受到著作权法的保护。在这里,关键的问题不在于是从平面到立体,还是从立体到平面,而在于由此而形成的是著作权法保护的作品还是不保护的实用品。

上述三种复制,尤其是第一种和第二种两种复制,属于狭义的复制。广义的复制还可以包括作品的演绎,如翻译、改编等。因为在演绎作品的情形下,无论是翻译还是改编,都没有离开原作的基本表述,都是在原作基本表述的基础上有所创新而已。当然,翻译的创新相对可能要少一些,而改编的创新可能要大一些。

此外,广义的复制还应当包括侵权认定中的抄袭和剽窃。抄袭和剽窃并没有原封不动地复制原作,而是对原作进行了相当的改动。但是,这种改动仍然是在原作表达基础上的非实质性改动,仍然没有脱离原作的基本表达,在一个一般读者看来二者没有实质性的不同。在很多国家的著作权法和法院的判决中,这种抄袭和剽窃被称为"复制",即被告非法复制了原告的作品。如果对应到英文,我们可以说狭义的复制,如中国著作权法所说的复制,相当于 reproduction,而广义的复制,即狭义的复制再加翻译、改编、抄袭、剽窃等,相当于 copy。对于上述二者的区别,我们应当注意。

(二)发行权

1. 发行权的含义

发行权是作者所享有的许可或者禁止他人以出售、赠与和散发等方式发行自己作品的原件或复制件的权利。《著作权法》第 10 条第 1 款第 6 项规定:“发行权,即以出售或者赠与方式向公众提供作品的原件或者复制件的权利。”

发行是通过出售、赠与、散发等方式,将作品的原件或一定数量的复制件提供给社会公众。当然,在绝大多数情况下,发行仅涉及作品的复制件。在著作权法中,发行具有非常广泛的含义,不仅包括图书、报刊、美术作品的发行,也包括电影、录音的发行,以及摄影图片、实用艺术品、计算机软件的发行等。发行不仅包括有偿的发行,还包括无偿的发行,如赠与、散发等。

广义的发行,甚至包括出租、出借等。例如,依据《美国版权法》,出租、租借和借阅等也属于发行。当然,有的国家仍然坚持狭义的发行,同时又单独规定了出租权和公共借阅权等。例如,中国著作权法就规定了单独的出租权,欧洲很多国家也规定了公共借阅权。

在行使发行权的过程中,一定是发生了作为有形物的复制品的转手。这种转手可以是通过销售的转手,也可以是通过赠与和散发的转手。随着发行权的行使,装载有作品的有形物或复制件归属购买者或受赠者所有。

2. 发行权的一次用尽

依据“发行权一次用尽”的理论,他人在获得了作品的合法的复制件以后,可以进一步销售、转借、转卖,或者以其他方式处置,著作权人不得干预。显然,发行权只是表明著作权人仅仅有权控制复制品的第一次公开发行,并由此而获得相应的经济利益。发行权一经行使,著作权人就不能继续控制有关复制品的进一步发行,如再销售、转卖、转借等。当然,即使是在这种情形下,他人有权再销售、转卖、转借的,仍然是有形的物品,或者是装载有作品的这一件或者几件有形物品。而对于体现在有形物中的作品,他人无权作任何处置。例如,他人不能因为购买了一件复制品,就去表演、展览甚至复制其中的作品。

然而,发行权的一次用尽也不是绝对的。根据很多国家著作权法的规定,至少还有两个例外。一是在合法获得电影作品、计算件软件和录音的复制件以后,购买者不得出租上述作品或制品的复制件。这将在下一个问题中详细讨论。二是作品复制品的平行进口。依据某些国家的法律,著作权人可以阻止来自其他国家的作品复制件输入本国。例如,一位美国作者写了一部小说,不仅在美国出版,还授权他人在英国或澳大利亚出版。这时,如果有人购买了英国或澳大利亚出版的作品,将之进口到美国,则美国作者可以依据有关的法律阻止该复制品进口。毫无疑问,在英国或澳大利亚出版的作品是合法的复制品,购买者也是合法获得复制品。但在这种情况下,将合法购买的复制品出口到某些国家,仍然会被阻拦在国门之外。这就是说发行权在英国或澳大利亚的用尽并不导致该项权利在美国或其他国家的用尽。或者说,按照地域性的原则,在英国或澳大利亚的发行权的用尽并不影响相关作者或权利人在美国或其他国家的发行权。当然,在欧盟,由于所有的成员国已经形成了一个单一市场,处于一个单一的关税区之内,作品原件或者复制件在一个成员国的上市,就意味着在欧盟范围内用尽了自己的发行权。

到目前为止,中国著作权法没有就作品原件或者复制件的平行进口作出规定。

3. 发行权与出版

与复制和发行密切相关的另一个问题是出版。正如我们前面讨论"发表权"时所说,出版是将作品制作成一定数量的复制品,提供给社会公众。出版是复制和发行的结合。《伯尔尼公约》的有关条款,中国《著作权法》及其实施条例的有关条文,都是这样规定的。

一般说来,出版所涉及的主要是文字作品、电影作品、计算机软件和一部分美术作品。通常我们把出版社、报纸杂志社的复制、发行活动称为出版。但是,类似的实用艺术品的复制和发行、玩具的复制和发行却不被称为出版。可见,出版中的复制和发行具有特定的含义,主要是针对文字作品、电影作品、计算机软件和一部分美术作品来说的,而非针对所有的受著作权法保护的作品。

当然,说到出版社的出版,还应当包括录音的出版发行。其中,除了音乐、歌词等文学艺术作品的著作权,还涉及了表演者权、录音制作者权等邻接权的内容。

4. 发行权的新发展

《伯尔尼公约》没有明确规定发行权,只是在第 3 条规定"出版"时暗示了发行权的存在,即作品的复制件的发行方式应该能够满足社会公众的合理需要。此外,该公约第 17 条在规定成员国的行政管理权时,也暗示了发行权的存在,即成员国的行政当局可以对作品或制品的发行、演出、展览进行监督或禁止。

与此相应,很多国家的著作权法都没有明确规定发行权,而是将发行权隐含在了复制权中。在这些国家里,一般都认为作者或权利人在授予他人复制权的同时,已经隐含了发行权的授予。否则,仅仅获得了复制权的作品使用者,如出版商、实用艺术品的制作者等,将无法把复制品推向市场。但也有一些国家明确规定了单独的发行权。如《美国版权法》第 106 条规定了复制、发行、演绎、表演和展览等权利。中国早在1991年《著作权法》中就规定了单独的发行权。

近年来,随着录音、录像、数字化等技术的发展,作品已经更多地被固定在磁性光盘和计算机内存中,并且可以通过互联网络传输。这样,复制的含义已经发生了很大的变化,包括了在互联网络传输过程中的一系列复制。与此相应,与传统的复制概念密切相关的"发行",也很难继续隐含在复制的概念之中。正是由此出发,在1996年12月缔结的《版权条约》中,就对发行权进行了明确的规定和界定。《版权条约》第6条规定,文学艺术作品的作者应当享有专有权利,通过销售或其他所有权转让的形式,向公众提供其作品的原件和复制品。根据《版权条约》关于第6条的议定声明,这里所说的原件和复制品,专指可以作为有形物品而投放流通的复制品。同时,根据《版权条约》第6条第2项的规定,成员国可以依据具体情形,规定发行权的用尽。与《版权条约》同时缔结的《表演和录音条约》第12条,就录音的发行权和权利用尽也有相同的规定。

在欧盟2001年5月颁布的《信息社会版权指令》中,也依据《版权条约》和《表演和录音条约》规定了单独的发行权。按照指令第4条,欧盟成员国应当规定,作者就作品的原件和复制件享有通过授权或其他方式向公众提供的排他性权利。而且,发行权用尽的范围是在欧盟的范围之内。

由世界知识产权组织的两个条约、欧盟的《信息社会版权指令》可以看出,发行权在著作权中的地位已经日益凸显。至少,应当在复制权项下规定明确的发行权,而不是让发行权继续隐含在复制权中。

(三)出租权

1. 出租权的含义

出租权是电影作品、计算机软件的作者和录音制作者所享有的许可或禁止他人出租自己作品、录音的权利。

《著作权法》第10条第1款第7项规定:"出租权,即有偿许可他人临时使用视听作品、计算机软件的原件或者复制件的权利,计算机软件不是出租的主要标的的除外。"另据《著作权法》第44条,录音录像的制作者也享有出租权。出租权与发行权的不同在于,发行权适用于所有的作品,而出租权只适用于电影作品、计算机软件和录音录像。其中的录音录像,又包括录音录像制作者的权利,属于邻接权的范围。

关于《著作权法》第10条第1款第7项中的例外,"计算机软件不是出租的主要标的的除外",应该如何理解呢?例如,汽车、飞机、轮船等运输工具中的某些系统装有计算机软件,并由此而控制汽车、飞机、轮船的开行或航行。同时,汽车、飞机和轮船等又可以作为出租的对象。当某人、某家航空公司、水上或海上运输公司租借汽车、飞机、轮船时,其主要标的显然不是其中的计算机软件。在这种情况下,计算机软件的所有人不得以享有出租权为由,妨碍汽车、飞机、轮船的出租。当然,如果有人开设了网吧,或者开设了计算机出租(包括硬件和软件)业务,就属于出租计算机软件了。

2. 出租权的产生和发展

如果说发行权在很长一段时间里尚隐含在复制权中,出租权就更无从谈起了。人们合法购买了图书、画册之后出租给他人,是日常生活中常见的事情。然而随着技术的发展,随着作品可以复制在胶片、磁带、录像带、磁性光盘和计算机内存之中,出租作品的复制件已经成了利用作品的重要方式。尤其是就电影作品、计算机软件和录音来说,出租甚至超过销售,成了向社会公众提供作品的主要途径。

严格说来,出租是发行的一种方式。在有些国家的著作权法中,出租是被规定在发行之中的。例如,《美国版权法》第 106 条第 3 项规定,“发行是指将享有版权作品的复制品或录音制品,通过销售或其他的所有权转移方式,或者通过出租、租借或借阅的方式,提供给公众”。同时,就发行权的一次用尽来说,《美国版权法》又在录音和计算机软件方面规定了发行权的例外,让权利人可以防止获得了录音复制件和软件复制件的所有人,为了商业性的目的租赁、出租和出借相关的复制件。

由于在电影作品、计算机软件和录音的发行中,出租具有非常重要的意义,《TRIPs 协定》专门规定了这三类客体的出租权。《TRIPs 协定》第 11 条规定,成员应当就计算机软件和电影作品,授予作者或权利人享有出租权。“至少对于计算机软件和电影作品,成员应授权其作者或作者之合法继承人,许可或禁止将其享有版权的作品原件或复制件向公众进行商业性的出租。”《TRIPs 协定》同时还规定,如果电影作品的出租未导致广泛的复制,或者计算机软件不是出租的主要标的,成员可以不规定出租权。此外,《TRIPs 协定》第 14 条对录音也做了相同的规定。

1996 年 12 月缔结的《版权条约》则将发行权和出租权分别做了规定。根据《版权条约》第 7 条的规定,计算机软件、电影作品和以录音的方式体现其作品的作者,应当享有专有权利,授权将其作品的原件或复制品向公众进行商业性的出租。《版权条约》第 7 条还规定,如果计算机软件不是出租的主要标的,如果对电影的出租没有导致广泛的复制,可以不适用上述出租权。这与《TRIPs 协定》的规定大致相同。同时制定的《表演和录音条约》第 13 条,就录音也规定了出租权。

1991 年《著作权法实施条例》第 5 条也是把出租权规定在了发行权之中。根据当时的规定,发行是指“为满足公众的合理需求,通过出售、出租等方式向公众提供一定数量的作品复制件”。从字面上看,这就把出租权赋予了所有的作品,而不仅仅限于电影作品、计算机软件和录音制品。到了 2001 年 10 月修改《著作权法》,才依据

《TRIPs 协定》,并参照《版权条约》《表演和录音条约》,单独就电影作品、计算机软件和录音规定了出租权。

三、演绎权

(一)演绎权概述

1. 演绎权的含义

演绎权是指作者许可他人在自己作品的基础上创作作品的权利。如果他人未经作者的许可而翻译、改编其作品,就侵犯了作者的演绎权。

演绎作品,又称派生作品,是指以原有作品为基础而创作出来的新作品。演绎作品中虽然有演绎者的创作成果,但又没有改变原有作品的基本表达。例如,将英文作品翻译为中文,将小说改编为戏剧或电影,汇集原有作品而形成汇编作品,以及缩写长篇小说,等等。其中都是既有演绎者的创作,又没有脱离原作的基本表达。如果有人依据原作的基本思想进行创作,创作出来的作品又摆脱了原作的基本表达,那就不再是演绎作品,而是一部新的作品了。

在一部演绎作品中,实际上含有两个作品。一个是原有作品,又称基本作品;另一个是派生作品,是演绎者创作活动的成果。与此相应,在一部演绎作品中也有两个著作权。一个是原作的著作权,另一个是演绎者就自己的创作成果所享有的权利。演绎者在行使自己权利的时候,一定要注意原作的著作权。例如,当有人复制发行或表演演绎作品的时候,不仅要获得演绎者的许可,还要获得原有作品权利人的许可。

说一部演绎作品中含有两个作品,只是就最简单的作品关系而言的。但实际的情况可能远比这个关系复杂。例如,一部汇编作品所包含的原有作品绝对不会只有一部。无论是一期杂志、一部文集、一部百科全书、一部资料汇编,都会涉及数十件、数百件甚至上千件的原有作品。一件电影作品也是这样,其中至少体现了脚本、音乐、美术等作品,甚至还会有该电影作品所依据的文学作品或戏剧作品的体现。

如果有人以演绎作品为基础,创作新的演绎作品,其中的作品之间的关系,著作权之间的关系可能就更为复杂。例如,有人先将一部法文学术著作译成英文,又有人将这部学术著作的英文本翻译成中文,那么体现在中文本中的就有法文原作的基本表达、英文翻译者的表达,以及中文翻译者的表达。与此相应,这部中文译作中就体现了三个著作权。如果有人要出版发行这部中文译作,就应当获得法文原作、英文译作、中文译作的三个权利人的许可。事实上,即使是中文译者在以英文本为基础进行翻译时,也是不仅要获得英文本著作权人的许可,还应当获得法文原作著作权人的许可。又如,《伯尔尼公约》第 14 条规定,在以文学艺术作品为基础拍摄的电影作品的情况下,如果有人要对该电影作品进行其他艺术形式的再改编,“在不妨碍电影作品作者授权的情况下,仍须经原作作者授权”。其中所说的意思也是电影作品的再改编者不仅应当获得电影作品作者的许可,而且应当获得原有作品作者的许可。

在演绎作品的情况下,还要特别注意原作的保护期和演绎作品的保护期。例如,有人先创作了一部小说,又有人依据小说拍摄了一部电影。按照世界上大多数国家的著作权法,一般作品的保护期为作者的有生之年加 50 年,而电影作品的保护期为首次发表后的 50 年或者完成后的 50 年。这就极有可能发生这样的情况,某一电影作品首次放映 50 年后进入了公有领域,但拍摄电影所依据的小说还处于保护期之内。在这种情况下,他人可以不经制片人或导演的许可而复制、放映该影片,但不得以电影作品进入公有领域为由,复制发行电影所依据的小说。这种保护期上的关系,也适用于更为复杂的法文到英文再到中文的翻译,以及小说到戏剧再到电影的拍摄,等等。

2. 有关演绎权的几个特殊问题

演绎者在以他人作品为基础创作演绎作品时,应当获得原作作者或权利人的许可。但是,如果某人在没有获得许可的情况下,就翻译或者改编了他人的作品,但又没有出版发行,或者没有进行商业性的使用,是否侵犯了原作的演绎权?应该说没有侵权。例如,有人未经许可而将一部英文法学名著翻译成中文,可以自己阅读欣赏,也可以拿给朋友或同学阅读欣赏,这属于合理使用的范畴。即使翻译者没有获得原作权利人的同意,也不构成侵权。但如果翻译者要把译作拿去出版发行,或者进行其他的商业性使用,则必须获得原作作者或权利人的许可,否则就会侵犯原作的演绎权。上述关于翻译的讨论,也适用于改编、摄制电影和汇编作品等情形。

那么,未经原作作者或权利人许可,以原作为基础创作出来的演绎作品,是否享有著作权呢?对于这个问题,主要有两种观点。一种观点认为,既然演绎者没有获得原作作者或权利人的许可,属于违法行为,演绎出来的作品就不应当享有著作权。另一种观点认为,虽然演绎者没有获得原作作者或权利人的许可,但是他在演绎的过程中投入了创造性的劳动,应当就此享有著作权。当然,演绎者在行使自己的著作权时,不得侵犯原作的权利。所以,演绎者即使享有著作权,这种权利的意义也不大。

不过,在某些特殊的情况下,这种难以行使的著作权也会显示出它的重要性来。如上所述,未经许可而翻译了他人的作品,可以自己欣赏或者让朋友、同学欣赏,属于合理使用的范围,不会侵犯原作的权利。但如果有人将这种译作私自拿去复制发行,则不仅侵犯了原作作者或权利人的权利,也侵犯了翻译者的权利。这样,让私自翻译者享有受到原作限制的著作权,是一个更加合理的解释。否则,他人将这种私自翻译的译作拿去复制发行,就会只侵犯原作的权利。如果该他人获得了原作作者或权利人的许可,在私自翻译者不享有著作权的情况下,就有可能出现无偿使用私自翻译者创作成果的结果。

此外,在那些给予复制权以广泛含义的国家和学者那里,演绎权又可以被包容在复制权中。在这些国家的著作权法和这些学者看来,无论是对原有作品进行翻译还是改编,抑或将原有作品汇编起来,都属于复制。正如我们在给演绎作品下定义时所说,演绎作品并没有改变原作的基本表达,都是在原作基本表达的基础上增加了演绎者的表达。当然,如果给予复制权以狭义的解释,将演绎权单独罗列出来,又可以突出演绎者的创作成果,突出演绎作品的特点。

在中国著作权法所规定的各项经济权利中,翻译权、改编权、摄制权和汇编权等四种权利可以归属于演绎权的范围。

(二)翻译权

翻译权是作者所享有的许可或禁止他人翻译自己作品的权利。《著作权法》第10条第1款第15项规定:"翻译权,即将作品从一种语言文字转换成另一种语言文字的权利。"翻译权主要是文字作品、戏剧作品和计算机软件作者所享有的权利。此外,带歌词的音乐作品的作者就歌词部分,电影作品的权利人就电影中的对话、旁白部分,也享有许可或者禁止他人翻译的权利。

《伯尔尼公约》非常重视翻译权,不仅在公约的文本中很早就确认了翻译权,而且对翻译权做了单独的规定。《伯尔尼公约》第8条规定:"受本公约保护的文学艺术作品的作者,在对原作享有权利的整个保护期内,享有翻译和授权翻译其作品的专有权利。"

由翻译而形成的作品是一件新的译作。无论是将外文翻译成中文,还是将中文翻译成外文,都是一种创作。翻译的过程中,既涉及对原作的准确理解,又涉及用另一种语言将原作的表述传达出来。对于语法结构的精心安排,对于某些字词的筛选或使用,以及设法传达出原作中字里行间所透露出的意思、情感,都显示了翻译者的创造性劳动。所以,翻译不是对原作的简单再现,而是在原作基础上的再创作。一些优秀译作所体现出来的创作难度,要远远大于一般的原有作品的创作难度。

(三)改编权

改编权是指作者享有的许可或者禁止他人改编自己作品的权利。《著作权法》第10条第1款第14项规定:"改编权,即改变作品,创作出具有独创性的新作品的权利。"

《伯尔尼公约》也规定了专门的改编权。该公约第12条规定:"文学艺术作品的作者享有授权对其作品进行改编、编排或其他变动的专有权利。”

改编是在原有作品的基础上创作出新的作品来。例如,将小说改编为戏剧,将独奏曲改编为交响乐,将一部科学专著改编为科普作品,将一部长篇小说改编为缩写本,等等。改编者在进行改编之前,或者在商业性地利用改编作品之前,应当获得原作权利人的许可。由改编而形成的作品可以叫作改编作品。

(四)摄制权

摄制权是指作者享有的,许可或禁止他人将自己的作品摄制为电影的权利。《著作权法》第10条第1款第13项规定:“摄制权,即以摄制视听作品的方法将作品固定在载体上的权利。”由此看来,他人使用作者的作品摄制视听作品,或者以摄制视听作品的方法将作品固定在载体上,必须获得作者的许可。

严格说来,中国著作权法所规定的“摄制权”就是改编权的一种。将小说、戏剧、舞蹈、音乐、美术作品等以演绎或改编、加工的方式拍摄成视听作品,或者拍摄在视听里,都属于对原作的改编。事实上,《伯尔尼公约》就是将“摄制电影权”作为改编权的一种来看待的。该公约第14条第1款规定,文学艺术作品的作者享有专有权利,授权将这类作品改编或复制成电影,以及发行经过如此改编或复制的作品。

(五)汇编权

汇编权是指作者享有的许可或者禁止他人将自己的作品收入某一汇编作品的权利。《著作权法》第10条第1款第16项规定:“汇编权,即将作品或者作品的片段通过选择或者编排,汇集成新作品的权利。”如果他人未经许可而将作者的作品纳入了汇编作品中,则会侵犯作者的汇编权。

汇编人在创作汇编作品时,应当获得原有作品权利人的许可。这种许可因具体作品的不同而有所不同。例如,在百科全书和文集的汇编中,汇编人应当以明确的合同方式获得许可。而在报纸、期刊的情形下,只要作者向报刊编辑部投稿,就视为已经授权报刊刊登其作品。

在说到汇编权的时候,要注意汇编权与汇编作品的著作权的区别。汇编作品的著作权是就有关材料的选择、编排而言的,不涉及构成汇编作品的成分或具体作品。汇编作品中的每一个独立的作品,其原作者仍然享有著作权。在这种情况下,原作者仅仅是将自己的汇编权许可给了汇编人,允许他将自己的作品编入汇编作品中。

汇编作品不会改变构成成分的法律性质。如果汇编作品的构成成分是享有著作权的作品,不会因为纳入了某一汇编作品而丧失其著作权。如果汇编作品的某些构成成分甚至全部构成成分不享有著作权,如已经超过保护期的作品,不受著作权保护的事实、数据等,也不会因为纳入了某一汇编作品就改变了自己的性质,不可能由此而变成受保护的作品。

在中国1991年著作权法中,汇编作品被称为"编辑作品",汇编的行为被称为"编辑",这在很多人那里造成了误解。有人从字面上理解,以为相关的作品经过诸如出版社、报纸杂志社的编辑加工,就变成了一部新的演绎作品。一些编辑人员甚至以此主张权利。显然,这种误解源于"编辑"这一中文术语的多种含义。因为编辑作品所说的"编辑",是通过汇编而形成一部新作品,而不是经过对某一作品的文字加工而使之形成一部新作品。当时的《著作权法实施条例》第5条第11项就对编辑做了如下的定义:"编辑,指根据特定要求选择若干作品或者作品的片断汇集编排成为一部作品。"虽然如此,《著作权法实施条例》所说的"编辑",与一般意义上的编辑,仍然容易发生混淆。

到了2001年10月修改《著作权法》,改而将这类作品称为"汇编作品"。一方面,这一称呼更准确地反映了这类作品的特性;另一方面,"汇编"也与"编辑"区别了开来。

四、传播权

(一)传播权概述

1. 传播权与表演权

传播权,又称公开传播权(right of public communication),是指著作权人所享有的将作品公开传播给社会公众的权利。如果他人未经著作权人的许可,将享有著作权的作品向公众传播,就会侵犯著作权人的传播权。

严格说来,复制和演绎也是将作品传播给社会公众。但是,在复制权和演绎权之外单独列出传播权,又有其特定的含义。例如,按照《德国著作权法》的规定,传播权是以"无形的方式"利用作品。这里所说的以无形的方式利用作品,是相对于复制、发行而言的。所谓以"有形"的方式利用作品,是指将作品复制在物质媒介上,并将载有作品的物质媒介,如书籍、画册、录音带、录像带、磁性光盘等,发行给社会公众。所谓以"无形"的方式利用作品,则是对作品直接进行表演、朗诵、广播等,而不是将作品复制在有形的物质上。但在传播权中又有一个展览权的例外,因为在展览作品时人们是以有形的方式使用作品,是展览作品的原件或复制件。依据《德国著作权法》的规定,传播权包括朗诵权、表演权、演出权,广播权和有线广播权,以音像制品的方式传播作品的权利，广播和有线广播的转播权，以及展览权。①

在很多国家和很多学者那里，是以"表演权"来指称将作品公开传播给公众的权利。例如，法国著作权法只规定了两项权利，即复制权和表演权。其中的表演权所具有的含义，正是作者享有的将作品以"无形"方式传播给社会公众的意思。根据《法国知识产权法典》第122条之2的规定，表演是指以任何方式向公众传播作品，包括公开朗诵、音乐演奏、戏剧表演、公开演出、公开放映及在公共场所转播远程传送的作品，远程传送作品和向卫星传送作品。其中的远程传送是指通过所有的电信传播方式，传送各种声音、图像、资料、数据及信息。

在美国，作者所享有的将作品向公众传播的权利，是表演权和展览权。其中的展览权，又是从表演权中发展出来的。

无论是以"传播"的方式，还是以"表演"的方式将作品传播给社会公众，都是既包括我们一般所说的"舞台表演"，如朗诵、舞台演出、演奏等，还包括我们不太了解的"机械表演"，如以广播、放映的方式传播作品。例如，《美国版权法》第101条关于表演的定义就说："表演一部作品是指以朗诵、表演、演奏、舞蹈或动作的方式，直接地或者以设备或程序来表现该作品，或者在涉及电影或其他视听作品时，以连续的方式表现其形象和让人听到有关的伴音。"上面所引述的法国著作权法中关于表演权的规定，也是既包括了舞台表演，又包括了机械表演。事实上，在现代科学技术的条件下，"表演作品"更多是以机械表演的方式而非舞台表演的方式传播作品。我们在收音机里听到的，在电视上看到的，包括在电影院里、酒吧里、饭店里所听到、看到的，绝大多数是将事先录制好的视听作品和录音，通过各种设备传达出来。

2. 公开传播或表演

在说到"传播"或者"表演"时，关键的问题是如何定义"公开"。因为如果他人不是公开地传播或表演作品，就属于著作权法所允许的合理使用。例如，仅仅在家庭或朋友的范围内观看一部电影，或者通过音响设备播放某一流行歌曲，著作权人都不得干预。这样，著作权人有权控制的仅仅是公开的传播或表演。或者说，他人未经著作权人的授权，只有在公开传播或表演有关作品时，才构成侵权。

然而，什么是"公开"，这是一个很难以界定的问题。例如，《法国知识产权法》第122条之5规定，作品发表后，作者不得禁止"仅在家庭范围内进行的私人和免费的表演"。这是从反面来定义"公开"，即只要不属于家庭范围内的私人和免费的表演，就可以纳入"公开"的范围。

美国版权法则是从正面来定义"公开"的。根据《美国版权法》第101条的规定，

① See International Copyright Law and Practice, Germany, 2001.

公开地表演或展览一部作品,有两种情况。

第一种情况是“在任何向公众开放的地点,或者在多于一般家庭成员或社交朋友的相当数量人群出现的地点,表演或展览作品”。美国众议院关于1976年版权法的报告说,这一规定表明,那些在“半公开地点”发生的表演也属于公开表演,应当由权利人加以控制。这些半公开的地点包括俱乐部、寄宿处、工厂、夏令营和学校等。此外,定义中的“家庭”是指个人的居住地,而个人的社交朋友通常属于私人关系的范围。在这个范围内的表演或展览,不属于“公开”表演或展览。至于企业或政府人员的聚会,则不属于私人关系的范围,因而在这类范围内的表演或展览就属于“公开”的表演或展览。

第二种情况是以任何设施或技术手段,将作品的表演或展览传输给或传达给向公众开放的地点或公众,“而不论能够接收表演或展览的公众是在同一地点还是在不同的地点,是在同一时间还是在不同时间接收作品”。根据美国众议院关于1976年版权法的报告,这一规定表明,公开表演和公开展览不仅包括发生于某一地点的初始表演和展览,还包括通过任何设施或方式,将初始的表演和展览传播给公众。而且,即使接收者没有聚集在某一个地点,即使没有证据说明潜在的接收者操作了接收的设施,有关的传播也构成公开表演。①

在中国著作权法中,属于“传播权”的内容包括表演权、放映权、广播权和展览权,还有一项信息网络传播权,即通过互联网络传播作品的权利,也属于传播权或表演权的范围。

(二)表演权

1. 表演权的含义

表演权是指作者享有的,通过朗诵、演奏、演唱、舞蹈等方式,以及通过各种设备和技术手段,向公众传播作品的权利。表演权属于作者,他人表演作者的作品应当获得作者的授权,否则会侵犯作者的表演权。

表演,应当是既包括舞台表演,如朗诵、演奏、演唱和舞蹈等,又包括机械表演,如使用各种设备和技术手段,传播已经录制好的舞台表演。例如,《伯尔尼公约》第11条规定,戏剧作品、音乐戏剧作品和音乐作品的作者享有的表演权有两项内容。一是授权公开表演和演奏其作品,这是舞台表演权;二是授权用各种手段公开播送其作品的表演和演奏,这是机械表演权。《伯尔尼公约》第11条还规定,作者有权利将其作品以任何方式传播给公众。参见本书第十一章第七节关于表演权的论述。前面引述

① See H. R. Report, No. 94 – 1467, 94th Cong. , 2d Sess. (1976), for section 106.

的法国、德国、美国的著作权法,以及世界上绝大多数国家的著作权法,都是既规定了舞台表演,又规定了机械表演。

然而,中国 1991 年著作权法则只规定了舞台表演,没有规定机械表演。当时的《著作权法实施条例》第 5 条第 2 项规定:"表演,指演奏乐曲、上演剧本、朗诵诗词等直接或者借助技术设备以声音、表情、动作公开再现作品。"其中的借助技术设备是指舞台表演时所借助的技术设备,而不是机械表演的技术设备。与此相应,作者所享有的表演权仅指舞台表演权,而不包括机械表演权。这样,不仅作者所享有的表演权非常有限,而且中国著作权法也与《伯尔尼公约》和世界上绝大多数国家的著作权法不一致。2001 年修改的《著作权法》则弥补了这一缺憾,增加了作者的机械表演权。现行《著作权法》第 10 条第 1 款第 9 项规定:"表演权,即公开表演作品,以及用各种手段公开播送作品的表演的权利。"

2. 表演权的范围

根据《伯尔尼公约》第 11 条的规定,表演权限于戏剧作品、音乐戏剧作品和音乐作品。但是,《伯尔尼公约》的这一规定并不妨碍成员国让其他种类作品的作者也享有表演权。例如,《英国版权法》第 19 条规定,一切文学作品、戏剧作品和音乐作品的作者都享有表演权。又根据 1976 年《美国版权法》第 106 条的规定,表演权限于文字、音乐、戏剧、舞蹈、哑剧作品,以及电影和其他影视作品。这样,就将图形、雕塑和雕刻等美术作品以及建筑作品排除在了表演权的范围之外。不过,就这两类作品来说,权利人不享有表演权应当没有什么影响,因为这两类作品通常是被展示而非表演。而根据《法国知识产权法典》第 122 条之 2 的规定,表演权则是针对所有作品的。因为《法国知识产权法典》在规定表演权时,只是泛指通过各种表演方式将作品传达给公众,从而没有像《伯尔尼公约》、《英国版权法》和《美国版权法》那样,提到具体的作品种类。

在讲到作者的表演权时,要注意著作权中的表演权与邻接权中的表演者权的区别。表演权是作者许可或禁止他人表演自己作品的权利,是通过作品的创作而产生的权利。表演者权则是表演者就其表演形象和表演活动所享有的权利。一般说来,表演者在从事表演活动时,应当先获得著作权人的授权,然后才可以表演有关的作品。著作权人所授出的权利,就是表演权。当然,在某些自编自演的特殊情况下,作者和表演者是同一个人,则表演者不必征得别人的同意。但即使是在这种情况下,表演权和表演者权仍然是截然不同的两种权利。而且,世界各国的著作权法都承认和保护作者的表演权。但并不是所有国家的著作权法都保护表演者权。例如,《美国版权法》明确规定保护作者的表演权,但没有规定对于表演者权的保护。

关于相关权中的表演者权,将在讨论相关权时进行详细论述。

(三)放映权

放映权是作者所享有的许可或禁止他人以放映机、幻灯机来放映自己作品的权利。《著作权法》第10条第1款第10项规定:“放映权,即通过放映机、幻灯机等技术设备公开再现美术、摄影、视听作品等的权利。”由此看来,放映权主要是美术、摄影和视听作品的作者或权利人所享有的权利。

严格说来,放映权属于机械表演权,即通过放映机、幻灯机等设备来表演美术、摄影和视听作品。放映显然不属于舞台表演作品。1991年《著作权法》没有规定放映权,到2001年修改《著作权法》才规定了单独的放映权。规定放映权,显然是为了强调机械表演权的这一个侧面。

(四)广播权

广播权是作者所享有的授权或禁止他人以各种方式广播自己作品的权利。《著作权法》第10条第1款第11项规定,“广播权,即以有线或者无线方式公开传播或者转播作品,以及通过扩音器或者其他传送符号、声音、图像的类似工具向公众传播广播的作品的权利”。根据《著作权法》第10条第1款第11项的规定,“广播权”不包括“信息网络传播权”。大体说来,广播权所涉及的主要有文字作品、戏剧作品、音乐作品和视听作品等。

中国著作权法中对于广播权的定义源于《伯尔尼公约》。为了更好地理解广播权,有必要先了解《伯尔尼公约》的规定。《伯尔尼公约》第11条之2规定,文学艺术作品的作者享有以下三项权利:(1)授权广播其作品(或以任何其他无线传送符号、声音或图像的方法向公众传播其作品);(2)授权原广播机构以外的其他广播机构,以有线方式转播前述广播的作品;(3)授权通过扩音器(或其他传送符号、声音或图像的类似工具)传播前述广播的作品。值得注意的是,第一个权利内容是授权他人广播自己的作品,第二个和第三个权利都是授权他人转播已经被广播的作品。

根据《伯尔尼公约》的规定,受广播权控制的广播,可以分为三类。

第一类是无线广播,即通过无线电波传送符号、声音或图像的方式,向公众传播作品。这里的无线广播不仅包括电台的广播,还包括电视台和广播卫星的广播;不仅包括对于声音的传送,还包括对于图像的传送。

第二类是有线广播,即通过有线网络传送符号、声音或图像的方式,向公众传播作品。这里的有线广播主要是指旅馆、饭店、游乐场所或其他公共场所安装的有线广播系统。这种有线广播系统主要是用来转播电台、电视台、卫星广播组织的节目,以及播放录音制品。

第三类是使用扩音器的广播,即通过扩音器将作品传送给一定半径范围内的公众。这种扩音器的广播主要也是用来转播电台、电视台、卫星广播组织的节目,以及播放录音,等等。

广播权也属于表演权的范畴。无论是电台、电视台、卫星广播组织的无线广播,还是旅馆、饭店和游乐场所的有线广播,以及使用扩音器的广播,都是对于作品的表演。而且,在三类广播方式中,绝大多数情况下是以机械表演的方式表演作品,只有在很少的情况下才发生直接在演播室里现场表演作品的情形。我们今天在电台里面听到的,在电视台上看到的,以及在娱乐场所听到的或看到的,绝大多数是事先录音或录制的节目。

在说到广播权时,也要注意将著作权中的广播权与邻接权中的广播组织权区别开来。广播权是作者许可或者禁止他人广播自己作品的权利,是作者因作品的创作而享有的权利。广播组织权是电台、电视台、卫星广播组织就自己的节目信号所享有的权利,可以授权或禁止他人重播或转播自己的节目信号。

关于邻接权中的广播组织权,将在讨论邻接权时进行详细论述。

(五)展览权

展览权是作者所享有的公开展览或展示其作品的权利。《著作权法》第 10 条第 1 款第 8 项规定:“展览权,即公开陈列美术作品、摄影作品的原件或者复制件的权利。”展览权所涉及的主要是美术作品和摄影作品。当然,在文字作品的原件或复制件的情况下,也会发生展览的问题。但在这时,更多的可能是作为美术作品、文物或者一个物品来展览。

联合国教科文组织和世界知识产权组织认为,就美术作品来说,作者或权利人有权控制作品在以下三种情况下的展示:在展览会上展出,在其他公共场所展出,在电影或电视中展出。但如果美术作品经作者或权利人同意而放置于公共场所,则他人可以拍摄用于电影或电视中。

《伯尔尼公约》没有明确规定展览权,只是在第 17 条涉及成员国主管部门的管理时,提到过“展出”,即主管部门可以就任何作品或制品的发行、演出、展出加以监督或禁止。然而世界上大多数国家的著作权法,或单独规定了展览权,或在表演权项下规定了展览权。例如,美国和日本等国规定了单独的展览权,而德国则在传播权的范围之内规定了展览权。这里仅以美国版权法为例予以说明。

《美国版权法》第 106 条规定,作者或权利人所享有的展览权,适用于文字、音乐、戏剧、舞蹈、哑剧、图形、雕塑、雕刻等作品,以及电影或其他视听作品的单个画面。《美国版权法》第 101 条规定,“展览一部作品是指直接展示,或者以胶片、幻灯、视听形象或其他的设备或程序来展示作品的复制品,或者在涉及电影或其他视听作品时,以非连续的方式展示单个的画面”。由这个定义可见,展览的对象可以是作品的原件,也可以是作品的复制件。除了展示原件或复制件,展览还包括以任何方式将某一画面投射在屏幕上或物体的表面,以电子或其他方式传送某一画面,将某一画面展示在与信息储存系统连接的观看设备上,等等。在涉及电影或其他影视作品时,展览与表演的区别在于,前者是非连续性地展示单个的画面,后者是连续性播放单个的画面或整部作品。

《美国版权法》中原来没有展览权的规定,直到1976年制定新的版权法才创设了展览权。根据有关的立法记载,规定展览权是为了应对新的传媒技术对版权保护的挑战。因为在传播作品的各种方式中,由于新技术的发展,展览作品的原件和复制件具有潜在的重要性,甚至有可能超过复制而成为最主要的利用作品的方式。例如,美国国会关于修订版权法的报告说:“不难想象,至少在某些领域中,展示可能取代复制作品的复制件而成为让公众了解作者之作品的方式。我们现在确信,法律应当明确承认向公众展示为一项基本权利。”①

在说到展览权时,一个很重要的例外就是作品原件的所有人的权利。在传统上,作品原件的所有人,如购得了画作原件的人,或者购得了作品手稿的人,虽然不享有著作权,但一直享有展示画作原件或作品手稿的权利。例如,中国《著作权法》第20条第1款规定,“作品原件所有权的转移,不改变作品著作权的归属,但美术、摄影作品原件的展览权由原件所有人享有”。

关于上述规定,我们可以举1996年由北京市第一中级人民法院判决的“牛某江”一案为例。根据案情,原告美籍华裔生物学家牛某江,为被告中国食用菌技术开发有限公司题写了“育天下灵丹,除人间绝症”的条幅。后来被告将原告的手迹印制在了包装袋上,法院认定侵犯了原告的著作权。显然,如果被告仅仅以展览的方式使用牛某江的题字,如悬挂在公司的办公室里,或者送去参加某一个画展,就不会构成侵权。但是被告以其他方式商业性地使用了牛某江的题字,因而构成了侵权。

此外,在新技术的条件下,展览作品的原件或复制件已经更多的不是直接在展览馆或公共场所展览,而是通过电视、网络来间接展示。我们今天可以通过互联网络观看到很多美术作品,甚至下载其中的美术作品,展示在计算机的屏幕上。当然,这种在互联网络上的间接展示,又可以纳入下面所说的“信息网络传播权”的范围。

---

① H. R. Report, No. 94 – 1467, 94th Cong., 2d Sess. (1976), for section 106.

（六）信息网络传播权

1. 信息网络传播权概说

信息网络传播权是指作者所享有的，以有线或者无线的方式向公众提供作品，使公众可以在其个人选定的时间和地点获得作品的权利。《著作权法》第 10 条第 1 款第 12 项规定："信息网络传播权，即以有线或者无线方式向公众提供，使公众可以在其选定的时间和地点获得作品的权利。"

著作权法是科学技术的产儿。造纸术和活字印刷技术的诞生和广泛使用，使著作权保护成为必要，并促使了著作权法律的产生。而著作权法产生以后，又注定要不断受到来自科学技术的挑战，并在适应这种挑战中不断发展。著作权法受到的最近一次挑战是数字化技术和网络技术。国际著作权制度为了应对这一挑战，赋予作者享有了一种新的权利，即向公众传播权。这在中国著作权法中被称为"信息网络传播权"。

作品在互联网上传播，涉及一系列的行为。

第一，要将有关的作品数字化。在目前的技术条件下，几乎所有的作品，无论是文字作品、音乐作品、戏剧作品、美术作品，还是摄影作品、视听作品和图形作品等，都可以数字化。至于计算机软件，本身就是一种数字化了的作品。任何作品的数字化都属于复制，不是新作品的产生。按照著作权法的精神，这种复制权应当由作者享有。

第二，要将数字化的作品在网上传输。这既涉及数字化作品在一系列服务器和计算机中的复制，又涉及作品在网上的动态传输。这种传输大体相当于一种对作品的机械表演。显然，对于数字化作品在网上的传输，应当由作者或权利人加以控制。这种权利就是国际上所说的"向公众传播权"，也是中国著作权法所说的"信息网络传播权"。

第三，社会公众可以在自己选择的任何时间和地点，访问或者获得有关的作品。这是一种应访问者的要求而获得作品的方式，访问者的决定起着关键作用。我们可以与传统的电台、电视台的广播作一个比较。在电台、电视台广播节目的情况下，广播什么内容和何时广播，都是由电台或电视台决定的，公众无权决定，只能依据电台或电视台的节目表选择自己喜爱的节目。而在网络传播的条件下，只要公众中的某一成员选定在某一时间和某一地点访问某一作品，他就可以获得他想获得的作品，而不必受制于他人的决定。这就是中国著作权法中说的"使公众可以在其选定的时间和地点获得作品"。

作品在互联网上的传输也会涉及一系列的经济权利。例如，将作品数字化，作品在传输的过程中会在一系列计算机、服务器中形成永久的或暂时的复制,从而与复制权有关。又如,通过网络销售或散发各种作品,又与发行权有关。当我们说到电子商务时,尤其是说到直接电子商务时,所涉及的正是以信息方式体现的产品,如文字作品、音乐作品、美术作品、视听作品、计算机软件等。毫无疑问,著作权法所保护的作品几乎都可以通过网络销售或散发给有关的用户。再如,在网络上传输作品,涉及了表演权中的机械表演权。而网络用户在自己的计算机上下载有关的作品,属于复制;在计算机上浏览有关的作品,又相当于观看有关作品的展览。

正是因为以上的原因,美国在 1998 年修订版权法时,没有采纳国际版权公约中所说的"向公众传播权",而是由法院在具体的司法实践中,从已有的权利,如复制权、发行权、表演权和展览权中,解释出作品在网络上向公众传播的含义。或者说,当他人未经许可而将享有版权的作品在互联网上传播时,所侵犯的可能是作者的复制权、发行权,也可能是表演权、展览权。甚至在很多的情况下,根本不必说明侵犯了哪一些具体的权利内容,只要说明未经许可使用了作者或权利人的作品,侵犯了有关的版权就可以了。

2. 中国关于信息网络传播权的规定

中国于 2001 年 10 月修改《著作权法》,就作品规定了信息网络传播权,就表演和录音录像规定了通过信息网络向公众传播并获得报酬的权利。同时,2001 年修改的《著作权法》还在第 47 条中规定了对于技术措施和权利管理信息的保护。到了 2020 年修改《著作权法》,不仅针对作品、表演、录音录像规定了信息网络传播权,而且针对广播信号规定了信息网络传播权。除此之外,又将技术措施和权利管理信息的保护独立出来,在第 49 条规定了对于技术措施的保护,在第 50 条规定了技术措施保护的例外,在第 51 条规定了对于权利管理信息的保护。由于《著作权法》只是对信息网络传播权的保护做了原则规定,有许多问题还有必要进行进一步的规定,所以《著作权法》第 64 条还规定,信息网络传播权的保护办法由国务院另行规定。

2006 年,国务院依据《著作权法》制定并颁布了《信息网络传播权保护条例》。值得注意的是,该条例不仅将著作权人所享有的控制作品在网上传输的权利称为"信息网络传播权",而且把表演者和录音录像制作者享有的控制表演、录音录像在网上传输的权利也称为"信息网络传播权"。这样,信息网络传播权就包括了著作权人、表演者和录音录像制作者所享有的权利。除此之外,该条例为了有效保护权利人所享有的信息网络传播权,还就技术措施和权利管理信息的保护,以及网络服务商的相关行为,做了比较详细的规定。

这里仅讨论网络服务商的责任。互联网络的存在和发展是由一系列的网络服务提供者,如接入服务、传输服务、信息存储服务、搜索或者链接服务提供者所支撑的。

与此同时,侵犯著作权的材料也是通过网络服务器而储存、传输或者得以搜索、链接的。在难以追究大量的直接侵权者,如直接上传侵权资料者的情况下,追究网络服务商的侵权责任,就成了权利人维护自己权利的必然途径。然而,如果让网络服务商为他人的侵权行为承担过多的责任,又会让网络服务商动辄得咎,影响互联网络的发展。所以,欧美等国的有关法律都规定了网络服务商可以免除侵权责任的具体情形。

2006 年颁布的《信息网络传播权保护条例》也对网络服务商的责任作出了具体的规定。在这方面,该条例从自动接入服务提供者、自动传输服务提供者、储存空间服务提供者、搜索和链接服务提供者的角度分别做了规定。

根据该条例第 20 条的规定,网络服务提供者根据服务对象的指令提供网络自动接入服务,或者对服务对象提供的作品、表演、录音录像制品提供自动传输服务,并具备下列条件的,不承担赔偿责任:未选择并且未改变所传输的作品、表演、录音录像制品;向指定的服务对象提供该作品、表演、录音录像制品,并防止指定的服务对象以外的其他人获得。

根据该条例第 21 条的规定,网络服务提供者为提高网络传输效率,自动存储从其他网络服务提供者获得的作品、表演、录音录像,根据技术安排自动向服务对象提供,并具备下列条件的,不承担赔偿责任:未改变自动存储的作品、表演、录音录像;不影响提供作品、表演、录音录像制品的原网络服务提供者掌握服务对象获取该作品、表演、录音录像的情况;在原网络服务提供者修改、删除或者屏蔽该作品、表演、录音录像时,根据技术安排自动予以修改、删除或者屏蔽。

根据该条例第 22 条的规定,网络服务提供者为服务对象提供信息存储空间,供服务对象通过信息网络向公众提供作品、表演、录音录像制品,并具备下列条件的,不承担赔偿责任:明确标示该信息存储空间是为服务对象所提供,并公开网络服务提供者的名称、联系人、网络地址;未改变服务对象所提供的作品、表演、录音录像制品;不知道也没有合理的理由应当知道服务对象提供的作品、表演、录音录像制品侵权;未从服务对象提供作品、表演、录音录像制品中直接获得经济利益;在接到权利人的通知书后,根据该条例规定删除权利人认为侵权的作品、表演、录音录像制品。

根据该条例第 23 条的规定,网络服务提供者为服务对象提供搜索或者链接服务,在接到权利人的通知书后,根据该条例规定断开与侵权的作品、表演、录音录像制品的链接的,不承担赔偿责任;但是,明知或者应知所链接的作品、表演、录音录像制品侵权的,应当承担共同侵权责任。

此外,针对信息储存空间服务、搜索服务和链接服务的提供者,该条例还规定了“通知与反通知”的机制。具体说来,权利人认为上述服务者所涉及的作品、表演和录音录像制品,侵犯了自己的信息网络传播权,或者删除、改变了自己的权利管理电子信息,可以向网络服务提供者提交书面通知,要求删除该作品、表演、录音录像制品,或者断开与该作品、表演、录音录像制品的链接。网络服务提供者接到权利人的通知后,应当立即采取删除或者断开链接的行为,并将通知书转送提供作品、表演、录音录像制品的服务对象。这属于"通知"的范围。又据规定,服务对象接到网络服务提供者转送的通知书以后,认为其提供的作品、表演、录音录像制品没有侵犯他人权利的,可以向网络服务提供者提交书面说明,要求恢复相关的作品、表演、录音录像制品,或者恢复相关的链接。网络服务提供者在收到书面说明后,应当立即恢复被删除的作品、表演、录音录像制品,或者恢复相关的链接,同时将服务对象的书面说明转送权利人。这属于"反通知"的范围。值得注意的是,在此之后,权利人不得再通知网络服务提供者删除该作品、表演、录音录像制品,或者断开相关的链接。显然,在这种情形下,权利人就应当通过法院或者著作权行政管理机构来主张自己的权利了。尽管如此,经过了"通知与反通知"的程序,绝大多数纠纷就可以获得解决了。

五、公共借阅权和追续权

(一)公共借阅权

公共借阅权是作者所享有的因作品的出借而获得报酬的权利。公共借阅权属于出租权的范畴,即作者或权利人因为作品的"出租"或出借而获得一定的报酬。但是,公共借阅权与出租权又有两点不同。

第一,出租权是作者直接享有的权利,是作者许可或者禁止他人出租其作品或作品复制件的权利。而公共借阅权则不是作者直接享有的权利,或者说是作者的权利受到了限制,并由这种限制而获得了一定的报酬。应该说,公共借阅权是一项获得报酬的权利,而不是控制作品借阅与否的权利。在公共借阅权的情况下,不存在作者是否许可的问题,也不存在公共图书馆获得作者授权的问题。

第二,在出租权的情况下,是租用作品的人向作者或权利人支付租金,而在公共借阅权的情况下,则是公共图书馆或者国家税收向作者或权利人支付租金。借阅作品的社会公众成员并不直接支付租金。当然,由于著作权人因为作品出借而获得的报酬来源于税收,又可以说社会公众成员间接支付了租金。

规定公共借阅权就意味着对著作权人提供了高水平的保护。因为按照《TRIPs 协定》,成员方应当对电影作品、计算机软件和录音提供出租权的保护。而依据公共借阅权,则其他种类的一些作品都可以因作品的借阅而获得报酬。所以,现在规定了公共借阅权的,主要是一些发达国家,尤其是欧盟的成员国,如法国、德国、荷兰等。

在如何向作者或权利人分配因公共借阅而产生的报酬方面,德国和英国的做法具有一定的代表性。在德国,公共图书馆和其他公共借阅机构在获得了国家财政拨款后,将支付公共借阅报酬的钱交给著作权集体管理机构,然后由著作权集体管理机构依据有关的协议,按一定的比例将报酬分发给自己的成员。这些成员可以是作者、出版机构或其他权利人。目前,德国在这方面的著作权集体管理机构是"文字作品协会"(WORT),每年分配的报酬大约是1300万马克(将近700万欧元)。[①] 而在英国,来自国家税收的公共借阅报酬,是由一个叫作"公共借阅权登记处"(Register of Public Lending Right)的政府机构来分配的。政府每年的拨款是500多万英镑。根据"公共借阅权计划法",纳入公共借阅计划的仅限于书籍,并且不包括乐谱。只有英国臣民和居住在英国的欧盟成员国公民,才享有公共借阅权。而且,有关的书籍必须登记,必须由公共图书馆收藏和出借,并且每本书的厚度不得低于32页。作者或权利人获得的报酬依据有关书籍借阅的频率而有所不同,每位作者每年获得的报酬不低于5英镑,不高于6000英镑。[②]

中国目前尚未规定公共借阅权。

(二)追续权

追续权是美术作品的作者或其继承人,从作品原件的再销售中获得收益的权利。

在理解追续权时,有两点应当注意。第一,追续权的享有者是作者或其继承人,带有鲜明的人身权利的性质。从这种意义上说,追续权更接近于作者的精神权利,具有不可转让的性质。第二,追续权的客体是美术作品的原件,是承载该美术作品的特定的物质载体。人们转让和购买的是载有作品的物,而不是作者就作品所享有的权利,如复制权、演绎权和表演权等。

追续权于1920年产生于法国。规定这一权利的目的是让艺术家享有一种权利,即每当他的作品原件被再次销售后,他都可以从价金中获得一定的比例。一般的作品是通过大量的复制、发行和表演等,让作者或权利人获得相当的经济收益。而艺术品的经济价值往往不是通过大量的复制和发行来实现,而是通过他人对原件的欣赏和购买来实现。一般说来,艺术品的价值为社会所认识需要一定的时间。当艺术家第一次出售自己作品的原件时,社会公众可能还没有认识到它的价值。但是,随着时间的流逝,随着社会公众对艺术品价值的充分认识,作品原件的价值就会越来越高。这样,让艺术家在自己作品原件的每一次转卖中获得一定比例的价金,就被认为是合

---

① See International Copyright Law and Practice, Germany, 2001.

② See International Copyright Law and Practice, United Kingdom, 2001.

理的,并在一些国家的法律中获得了认可。

一些著作权法学者在论证追续权的必要性时,经常使用的是荷兰画家梵高的事例。梵高一生创作了几十幅画,但在他活着的时候只卖出了一幅,而且还是他的兄弟买的。然而在梵高去世以后,随着他的画作的艺术价值为社会所广泛承认,画作原件的价值不断攀升。这些著作权法学者认为,至少是在美术作品的创作方面,梵高的事例具有普遍性。如果能让作者和其继承人从原件的交易中获得一定比例的分成,也算是对于作者艰辛劳动的一种补偿。

《伯尔尼公约》自 1948 年开始确认追续权,并且将追续权的对象扩大到了作家和作曲家的手稿。根据《伯尔尼公约》第 14 条之 3 的规定,美术作品的作者或其继承人就作品的原件,作家或其继承人就作家的手稿,作曲家或其继承人就作曲家的手稿,享有从原件或手稿的再销售中分享利益的权利,而且此项权利不可转让或剥夺。但是,追续权的保护为互惠性的保护,即只有当作者所在国的法律承认追续权的情况下,作者才可以在其他成员国主张追续权。而且,其他国家对于追续权的保护程度,与作者所在国法律的保护程度相等。《伯尔尼公约》还规定,作者或其继承人分享收益的方式和比例,由各成员国自行决定。

目前规定了追续权的,主要是欧盟的一些成员国,如法国、德国、意大利等。在这方面,欧盟于 2001 年 9 月颁布了《追续权指令》,要求成员国在 2006 年 1 月 1 日以前提供追续权的保护。根据规定,追续权的客体是美术作品的原件,包括图画、拼贴画、绘画、素描、雕刻、版画、平板画、雕塑、挂毯、陶瓷制品、玻璃器皿和照片等。但不包括《伯尔尼公约》规定的作家和作曲者的手稿。又据规定,作者或其继承人分享美术作品原件再销售的比例,为销售价格的 4% 到 0.25% ,即销售价格为 3000 欧元到 5 万欧元时为 4% ,销售价格为 5 万欧元至 20 万欧元时为 3% ,20 万欧元至 30 万欧元时为 1% ,30 万欧元至 50 万欧元时为 0.5% ,50 万欧元以上时为 0.25% 。①

美国曾经在制定 1990 年《视觉艺术家权利法》时,考虑过追续权的问题,但由于受到各方面的反对,最终搁置了追续权的问题。其中的原因之一是,版权法是保护作品的复制、演绎和表演的法律,关注的是作品的复制、发行、演绎和表演等。而追续权所涉及的美术作品的原件是美术作品的原始载体,与版权法的复制、发行、演绎和表演等没有关系。所以,追续权应当是由其他的法律来规定,而不是由以复制为基本特征的版权法来规定。

---

① See Directive 2001/84/EC of the European Parliament and of the Council of 27 September 2001 on the resale right for the benefit of the author of an original work of art, Official Journal L 272 , 13/10/2001.

到目前为止,中国没有规定追续权。

思考题

1. 什么是作者的精神权利? 作者的精神权利有哪些内容?
2. 什么是著作权中的经济权利? 经济权利有哪三大类?
3. 依据中国著作权法,著作权人享有哪些经济权利?
4. 什么是信息网络传播权?
5. 如何理解发行权的一次用尽?

第四章

著作权的限制与保护期限

著作权的限制,又称著作权的例外,是指著作权法规定的对于著作权的各种限制和例外。世界各国著作权法的通行做法,都是先规定广泛的权利内容,然后规定一系列对于权利的限制。例如,《法国知识产权法典》第122条之2规定了广泛的复制权,第122条之3规定了广泛的表演权,然后在第122条之5和之6规定了一系列对于复制权和表演权的限制。又如,《美国版权法》先是在第106条规定了广泛的复制权、发行权、演绎权、表演权和展览权,然后在第107~121条的15个条文中详细规定了上述权利的限制、例外或适用条件。中国著作权法也是在规定了广泛的权利内容之后,又设立了专门的一节,详尽规定了权利的限制。而且,这一节的题目就叫作"权利的限制"。除此之外,中国著作权法还在其他地方规定了一些对于著作权的限制。

著作权法规定对于著作权的限制和例外,是为了平衡作品的创作者与社会公众之间的利益。著作权法规定了作者或权利人的广泛权利,如果由作者或权利人不加限制地任意行使有关的权利,必然会妨碍社会公众对于相关作品的正当使用,甚至会妨碍体现在作品中的信息的传播。从这个意义上说,著作权法规定广泛的权利,是以维护作者或权利人的利益为基点。而规定各种各样的对于权利的限制和例外,又是以社会公共利益为基点,是社会公共政策对作者或权利人行使权利的限制。

对于著作权的限制,应当是由法律规定的,就像著作权人所享有的权利是由法律规定的一样。社会公众中的任何成员不得以自己认定的方式,在法律规定的限制之外限制著作权人的权利。所以,如何规定权利的限制,权利的限制有哪些具体的内容,就是著作权法中的一个核心问题。如果对于权利的限制过于广泛,或者在规定权利的限制方面过多地考虑了社会公众的利益,就会损害作者或权利人的利益,甚至会挫伤作者从事创作的积极性。如果对于权利的限制过于狭窄,或者过多地考虑了作者或权利人的利益,又会损害社会公众的利益,妨碍社会公众合理地使用有关的作品。当然,各个国家的著作权法在平衡这种利益关系时,都会考虑本国的社会经济发展状况、本国的历史文化传统,以及相关的国际公约和国际惯例。

对于著作权的限制,不仅包括对于经济权利的限制,还包括对于作者精神权利的限制。由于本书第三章讨论作者精神权利时已经附带论述了精神权利的限制,所以本章仅讨论对于经济权利的限制。根据中国著作权法的规定,经济权利的限制主要有合理使用和法定许可。此外,著作权的保护期限也可以理解为对于权利的一种限制。所以,本章将讨论合理使用、法定许可和权利的保护期限。

第一节 合理使用

一、合理使用概述

(一)合理使用的概念

合理使用是指他人依据法律的有关规定而使用享有著作权的作品,不必征得著作权人的同意,也不需要向著作权人支付报酬,但是应当尊重作者的精神权利。合理使用是从“作品”的角度来说的。由于“使用”作品与作者享有的权利密切相关,或者说这些使用原本属于作者权利的范围,又可以称为权利的限制或者例外。当然,权利限制和例外的范围远远大于合理使用的范围,还包括了法定许可等内容。

《伯尔尼公约》第 10 条规定了合理使用的一些基本内容。根据第 1 款的规定,引用已经发表的作品,包括以报刊摘要的形式引用报纸期刊的文章,只要在正当需要的范围内,只要符合合理使用的惯例,就属于合法。根据第 2 款的规定,为了教学的目的,可以通过出版物、无线电广播或录音录像的方式使用文学艺术作品,只要这种使用是在正当需要的范围之内,符合合理使用的惯例。第 3 款则规定,无论是以引用的方式或摘要的方式使用有关作品,还是为了教学目的而使用有关作品,都应当说明出处和作者的姓名。这是对于作者精神权利的尊重。

世界各国的著作权法或版权法都依据《伯尔尼公约》的上述规定,对合理使用作了更为详细具体的规定。这既包括合理使用的具体情形,又包括合理使用的判定标准,还包括尊重作者精神权利的要求。一般说来,世界各国著作权法或版权法所规定的合理使用的情形,要多于《伯尔尼公约》规定的情形。

(二)合理使用的标准

根据有关的国际公约,合理使用应当符合三个法定要件,即有关的使用是就具体的特殊情况而言,该特殊情况下的使用没有影响著作权人对于作品的正常使用,也没有不合理地损害著作权人的合法权益。这一般被称为合理使用的“三步检验法”。

关于合理使用的“三步检验法”,见于《伯尔尼公约》第 9 条。不过,《伯尔尼公约》的有关规定仅仅局限于复制权,而没有涉及其他的权利内容。根据规定,成员国可以允许在某些特殊的情况下复制文学艺术作品,但这种复制不得损害作品的正常使用,也不得不合理地损害作者的合法利益。而《TRIPs 协定》则将《伯尔尼公约》的“三步检验法”扩展到了所有的著作权内容。《TRIPs 协定》第 13 条规定,全体成员应将权利的限制或例外局限于一定的特例,而且该种特例不应与作品的正常使用相冲突,也不应不合理地损害权利人的合法利益。这里所说的“权利的限制或例外”,并没有局限于“复制权”,而是指所有的著作权内容。1996 年 12 月缔结的《版权条约》第 10 条也将关于合理使用的“三步检验法”适用所有的权利内容。这样,不仅世界贸易组织的有关协议,而且世界知识产权组织的有关协议,都将有关合理使用的“三步检验法”适用所有的著作权内容上。

1991 年《著作权法》第 22 条规定了广泛的权利限制。根据规定,“在下列情况下使用作品,可以不经著作权人许可,不向其支付报酬,但应当指明作者姓名、作品名称,并且不得侵犯著作权人依照本法享有的其他权利”。显然,这个规定反映了合理使用的基本含义,与《伯尔尼公约》第 10 条的基本精神一致。但是,《著作权法》第 22 条的有关规定却没有反映出关于合理使用的“三步检验法”。

2001 年《著作权法》虽然对权利限制的具体内容做了一些调整,但在一般性规定上仍然沿袭了 1991 年《著作权法》的规定,没有写明关于合理使用的“三步检验法”。直到 2002 年 9 月施行的《著作权法实施条例》,才在第 21 条中规定:“依照著作权法有关规定,使用可以不经著作权人许可的已经发表的作品的,不得影响该作品的正常使用,也不得不合理地损害著作权人的合法利益。”应该说,将《著作权法实施条例》的这一规定与《著作权法》第 22 条的规定结合起来,合理使用的基本含义和相关的“三步检验法”就完整地体现在了中国著作权制度中。因为《著作权法》第 22 条一开始的规定“在下列情况下使用作品”,意味着有关的使用是就法律规定的特例而言,也即“三步检验法”中的第一个要素。

到了 2020 年修改《著作权法》,终于将原来的《著作权法实施条例》中的规定纳入《著作权法》中,从而在《著作权法》中规定了完整的“三步检验法”。《著作权法》第 24 条规定,“在下列情况下使用作品,可以不经著作权人许可,不向其支付报酬,但应当指明作者姓名或者名称、作品名称,并且不得影响该作品的正常使用,也不得不合理地损害著作权人的合法权益”。其中的“下列情况”则是具体列举的 13 种特殊情形。

虽然世界上绝大多数国家的著作权法接受了从《伯尔尼公约》到《TRIPs 协定》所规定的“三步检验法”,但美国却在自己的版权法中另行规定了关于合理使用的“四个检验标准”。这“四个检验标准”是对美国法院相关判例的总结,有助于我们进一步理解什么是合理使用,以及检验合理使用应当考虑哪些因素。

根据《美国版权法》第107条的规定,为了批评、评论、新闻报道、教学(包括为了课堂使用的多份复制)、学术和研究等目的,可以合理使用享有版权的作品。这种使用可以是复制、演绎和发行,也可以是表演和展览。判定某一使用是否合理,可以通过以下四个标准。

第一,“使用的目的和特点,包括该使用是否具有商业的特性,或是否为了非营利的教育目的”。依据使用的目的判定是否合理,尤其是允许以非商业性的目的使用享有版权的作品,一直是合理使用的基点之一。为了评论、批评、教学、学术、研究等目的而使用享有版权的作品,都属于合理使用。以商业性的或营利性的目的使用有关作品,则不属于合理使用。

第二,“享有版权作品的特性”,即原告的作品是事实性的还是虚构性的。一般说来,如果原告的作品是事实性的,如传记、历史、观点综述等,被告的引用、释义甚至是大量的引用或解说都可能是合理使用。但如果原告的作品是虚构性的,如小说、散文、诗歌,被告的引用或释义构成侵权的可能性较大。在这里,法律对于虚构性作品的保护范围要大于对事实性作品的保护。此外,在“哈勃”一案中,美国最高法院还认为,作品是否发表,也是构成其特性的一个重要因素。[①] 一般说来,使用未发表作品是不合理的,因为这侵犯了作者何时发表其作品的权利。

第三,“与享有版权作品的整体相比,使用的数量和质量”。在这里,使用的数量和质量都是就原告的作品而言的,而不是就被告的作品而言的。被告不能辩解说,由于复制来的东西仅在自己的作品中占有极少的部分,因而不属于侵权。同样,即使被告从原告的作品中拿走了很少的一部分,但如果这是原作中最重要的精华部分,仍然构成侵权。

第四,“对于享有版权作品的潜在市场或价值来说,使用所具有的影响”。这是判定合理使用的四个要素中最重要的一个。值得注意的是,这里所说的是对于作品的“潜在”市场或价值的影响,即是否“有可能”(而不是已经)损害作品的市场和价值。

合理使用,通常是发生在著作权侵权诉讼中的一个抗辩理由,即当著作权人提起了针对被告的侵权诉讼时,被告往往会以合理使用作为没有侵权的抗辩。所以,被告的使用是否属于法律规定的合理使用,以及用什么样的标准来衡量被告的使用,就主要是一个由法院或法官掌握的问题。

---

① See Harper & Row Publishers, In. v. National Enterprises, 471 U. S. 539, 225 USPQ 1073 (1985).

二、合理使用的具体情形

关于合理使用的具体情形,英美法系与大陆法系的规定方式大不相同。在英美法系国家,尤其是在美国,法律条文只是举例性地提到一些合理使用的情形,如评论、批评、教学、学术、研究等,而将具体的合理使用情形交由法院在司法实践中加以界定。而在大陆法系国家,总是在法律条文中尽可能全面地规定合理使用的情形,由法院在法律规定的范围之内加以解释。法院不能在法律规定之外另行创设合理使用的特例。例如,欧盟于2001年5月颁布的《信息社会版权指令》,就网络环境中的版权限制做了详尽的规定,多达15种。

中国属于大陆法系国家,因而著作权法也全面而详尽地规定了合理使用的具体情形。在这方面,2001年《著作权法》规定了12种属于合理使用的特例或特殊情形。2020年《著作权法》又增加了一个第13种情形,即"法律、行政法规规定的其他情形"。下面分别论述。

1. 为个人学习、研究或者欣赏,使用他人已经发表的作品。这一例外又称个人使用。例如,将他人已经发表的英文作品翻译成中文,只要不去发表或出版,就属于个人使用。又如,将某人的摄影或绘画扫描到计算机的内存中,供自己、家人或朋友欣赏,也属于个人使用。但如果将该摄影或绘画发送给一定数量以上的人,则会超出合理使用的范围,有可能构成侵权。

2. 为介绍、评论某一作品或者说明某一问题,在作品中适当引用他人已经发表的作品。这里所说的引用,是指在自己的作品中适当引用他人已经发表的作品。而且引用的目的是介绍、评论某一作品,或者是说明某一问题,而不是以自己的作品取代他人的作品。

不适当的引用,可以从数量和质量的角度加以分析。就引用的数量来说,如果将他人一篇文章的1/3或一半以上都引述在了自己的作品中,或者将他人文章中的实质性部分都抄录在了自己的作品中,就有可能以自己的作品代替他人的作品,超出了合理使用的范围。就引用的质量来说,如果将他人文章中的实质性部分或核心内容都抄录在自己的作品中,也有可能以自己的作品代替他人的作品,超出了合理使用的范围。例如,在美国1985年的"哈勃"一案中,美国前总统福特就尼克松下台并受到赦免有一段鲜为人知的叙述。被告就是因为未经许可使用了这段叙述,超出了合理使用的范围。此外,引用他人作品的数量或质量,是就他人的作品来说的,而不是就抄袭者的作品而言的。抄袭者不能辩解说,抄袭过来的东西在自己的作品中只占很小的一部分,或者在自己的作品中不起重要作用。

3. 为报道新闻,在报纸、期刊、广播电台、电视台等媒体中不可避免地再现或者引用已经发表的作品。这里所说的不可避免地再现或者引用已经发表的作品,仅指为了新闻报道,而不包括其他情形中的再现或引用。例如,电视台为了报道某一个画展或摄影作品展,不可避免地会在报道中再现某些作品。著作权人不得以此为由诉电视台未经许可使用了自己的作品。

关于这一点,《伯尔尼公约》第 10 条之 2 第 2 款也有相似的规定。根据《伯尔尼公约》的规定,以摄影、摄像、广播或有线传播的方式报道新闻,如果有关的文学艺术作品不可避免地为公众所看到或听到,使用者可以为了报道的目的而在正当的范围内复制作品,或将作品公之于众。

此外,自这一项开始,包括下面的第 4 项和第 5 项,现行《著作权法》所使用的术语都是"报纸、期刊、广播电台、电视台等媒体"。其中的"等媒体"是 2001 年修改《著作权法》时增加的。这不仅包括了互联网络等新的传播媒体,而且为容纳新的传播媒体留下了余地。

4. 报纸、期刊、广播电台、电视台等媒体刊登或者播放其他报纸、期刊、广播电台、电视台等媒体已经发表的关于政治、经济、宗教问题的时事性文章,但著作权人声明不许刊登、播放的除外。1991 年《著作权法》关于这一例外的规定是"已经发表的社论、评论员文章"。然而,《伯尔尼公约》第 10 条之 2 所使用的术语是"关于经济、政治和宗教的时事性文章"。这样,1991 年《著作权法》的规定就与《伯尔尼公约》的说法有一定的差距。2001 年修改《著作权法》,改而使用与《伯尔尼公约》一致的说法。

5. 报纸、期刊、广播电台、电视台等媒体刊登或者播放在公众集会上发表的讲话,但作者声明不许刊登、播放的除外。

6. 为学校课堂教学或者科学研究,翻译、改编、汇编、播放或者少量复制已经发表的作品,供教学或者科研人员使用,但不得出版发行。这一项例外涉及了两种情形。

第一种情形是为了学校课堂教学而翻译、改编、汇编、播放或者少量复制已经发表的作品,供教学使用。这种情形只限于学校的课堂教学,不包括函授、刊授和互联网上的远程教育。根据欧美国家的做法,一般是以参加课堂学习的学生数量为准进行复制,如果有关的复制件经分发后还有剩余,应当由任课教师收回。复制的方式,一般也是限于一期杂志或一本文集中的一篇文章,或者一本书中的一章或一节,不得进行整本杂志和整本书的复制。

第二种情形是为了科学研究而翻译、改编、汇编、播放或者少量复制已经发表的作品,供科研人员使用。欧美国家的做法一般也是一次只能复制一篇文章,或者一部著作中的一章或一节,不得对杂志和书籍进行整本复制。有关的复制只能是单份复制,不得多份复制。同一文章或章节的再次复制,必须是不相关联的。不得进行有系统的大量复制。

7. 国家机关为执行公务在合理范围内使用已经发表的作品。这里的国家机关是指国家的立法、行政和司法机关。国家机关使用已经发表的作品,必须是与执行公务有关。国家机关的工作人员如果在执行公务的范围之外使用他人的作品,则不属于合理使用。而且,即使是国家机关为执行公务而使用,也必须是在合理的范围之内,也必须是在必要的时候。对于上述限定条件,必须严格加以掌握。

8. 图书馆、档案馆、纪念馆、博物馆、美术馆、文化馆等为陈列或者保存版本的需要,复制本馆收藏的作品。这里的复制仅指为了陈列或者保存版本的需要而复制,不包括为了其他目的的复制。至于图书馆为了方便读者而提供的复印或复制,应当理解为是为了科学研究或个人使用的复制。按照欧美国家的做法,有关的复制只能是单份复制,或一篇文章,或一章一节。不得对杂志和书籍进行整本复制,不得面向读者进行有系统的复制,还应当在复制地点张贴有关著作权的警告。

针对一些人在"数字图书馆"这个概念上的模糊认识,2006 年颁布实施的《信息网络传播权保护条例》还做了一个澄清认知的规定。该条例第 7 条是关于图书馆、档案馆、纪念馆、博物馆、美术馆复制馆藏作品的规定。根据该条第 1 款的规定,例如就图书馆来说,可以不经著作权人许可,通过信息网络向本馆馆舍内的服务对象提供本馆收藏的合法出版的数字作品,以及依法为陈列或者保存版本的需要以数字化形式复制的作品,不向其支付报酬,但不得直接或者间接获得经济利益。这一规定实际意味着该条例否定了图书馆将本馆收藏的非数字化作品加以数字化,并且向读者提供的可能性。因为图书馆可以向读者提供的,仅仅是本馆收藏的合法出版的数字作品。当然,图书馆可以为了陈列或者保存版本的需要而将某些作品数字化,并且提供给作者。但这个范围是非常狭窄的。根据该条例第 7 条第 2 款的规定,为陈列或者保存版本需要以数字化形式复制的作品,应当是已经毁损或者濒临毁损、丢失或者失窃,或者其存储格式已经过时,并且在市场上无法购买或者只能以明显高于标定的价格购买的作品。

本来,在中国现行著作权法中,有关图书馆、档案馆、纪念馆、博物馆、美术馆等为陈列或者保存版本的需要,可以复制馆藏的作品,是与其他的合理使用情形放在一起规定的。但在《信息网络传播权保护条例》中,却将这一内容单独加以规定,显然是担心有人错误理解这一规定,得出可以建立数字图书馆的结论。事实上,按照现行的《著作权法》和《信息网络传播权保护条例》,不存在建立公益性的数字图书馆的可能性。现在一些所谓的"数字图书馆"都是挂着图书馆招牌的"商业性数据库"。既然是商业性地使用他人的作品,就应当获得著作权人的许可,否则就是侵权。

9. 免费表演已经发表的作品,该表演未向公众收取费用,也未向表演者支付报酬,且不以营利为目的。这是中国著作权法中争议较大的一种合理使用。1991 年《著作权法》关于这一情形的规定是免费表演已经发表的作品。这本来是就一些深入乡村和边远地区演出的文艺团体而设定的,但在实施的过程中却被作出了扩大化的解释。例如变相收费,以免费的方式为厂家进行广告宣传,以其他方式或费用支付表演者等。2001 年修改《著作权法》,在“免费表演已经发表的作品”之后加上了两个限定条件,即该表演未向公众收取费用,也未向表演者支付报酬。2020 年修改《著作权法》又增加了一个限定条件,即“不以营利为目的”。这在很大程度上堵塞了扩大化解释的漏洞。

此外,这里所说的“表演”,仅指舞台表演或活表演,不包括对于作品的机械表演,如播放录制有表演活动的录音制品等。

10. 对设置或者陈列在公共场所的艺术作品进行临摹、绘画、摄影、录像。这主要是对雕塑、雕刻、壁画等艺术品作者权利的限制。根据这一规定,可以对之进行临摹、绘画、摄影、录像的艺术品,必须是设置或陈列在公共场所的艺术品,不包括个人住所和私人院落中的艺术品。

11. 将中国公民、法人或者非法人组织已经发表的以国家通用语言文字创作的作品翻译成少数民族语言文字作品在国内出版发行。这一项例外具有严格的限定条件。第一,必须是中国公民、法人或者非法人组织已经发表的作品,不包括外国人的作品。第二,必须是以国家通用语言文字创作的作品,不包括使用其他语言文字,如藏文、蒙古文、俄文、英文等创作的作品。第三,翻译成少数民族语言文字的作品仅限于在国内出版发行,不得销往国外。显然,这是考虑中国境内少数民族特殊需要的一个条款。

12. 以阅读障碍者能够感知的无障碍方式向其提供已经发表的作品。在原来的《著作权法》中,其表述是“将已经发表的作品改成盲文出版”,其收益范围仅限于盲人。然而在国际上,2013 年 6 月缔结了《关于为盲人、视力障碍者或其他印刷品阅读障碍者获得已出版作品提供便利的马拉喀什条约》,可以获得已经出版作品的,不仅包括了盲人,而且包括了视力障碍者和其他印刷品阅读障碍者。在中国将要加入《马拉喀什条约》的背景下,2020 年修改《著作权法》,将原来的盲人改为视力障碍者,扩大了这个条款的受益范围。

13. 法律、行政法规规定的其他情形。一方面,这是一个兜底的规定,为其他的合理使用情形留下了空间;另一方面,这个规定又是非常谨慎的,只有法律、行政法规可以规定其他情形,而不能经由司法在个案中认定。

《著作权法》第 24 条还规定,上述所有合理使用的情形都适用于对邻接权的限制,即对于出版者权、表演者权、录音录像制作者权、广播组织权的限制。

最后有必要重申,所有的上述 13 种情形,无论是适用于著作权还是适用于邻接权,都应当符合关于合理使用的“三步检验法”。不能因为某人对他人作品的使用属于上述13种情形中的一种,就认为一定属于合理使用。事实上,就“三步检验法”来说,符合上述13种情形中的一种或两种,仅仅是通过了第一步的检验,即对他人作品的使用是就特殊情形而言的。而是否构成合理使用,还应该通过第二步和第三步的检验,既没有与作品的正常使用相冲突,也没有不合理地损害著作权人的合法权益。

第二节 法定许可

一、法定许可概说

法定许可,又称非自愿许可,是相对于自愿许可而言的。所谓自愿许可,是指著作权人与作品的使用人以自愿、平等、等价、有偿的方式商定使用许可,并获得一定的经济利益。自愿许可也包括著作权人自愿将作品提供给他人免费使用。非自愿许可则是通过法律明确规定,他人使用有关的作品,不需要获得著作权人的许可,但应当支付报酬。世界各国著作权法中都有关于非自愿许可的规定。

在自愿许可的条件下,一般是由著作权人与作品的使用人商谈使用作品的条件,以及由此而应当获得的报酬。而在法定许可或非自愿许可的条件下,则通过法律的规定剥夺了著作权人商谈许可条件的机会,只留下了获得使用报酬的机会。而且,著作权人获得报酬的标准,也是由有关的法律、法规、行业协议、商业惯例所确定的。

世界各国的著作权法规定法定许可,出于多种考虑。

有些法定许可是考虑公共利益的需要而制定,如不经著作权人许可而将已发表作品使用在教科书中,广播电视组织使用他人已经发表的作品等。

有些法定许可则是出于市场公平的考虑。例如,音乐作品的著作权人如果授权一家录音制作者制作录音,他不得给予该录制者以排他性的许可;如果其他的录音制作者寻求他的授权,他必须以相同的条件许可第二家、第三家录制者。这是为了防止第一家录制者垄断录制品的市场。

还有些法定许可则是由于他人对于作品的使用过于广泛,著作权人无法自愿许可,甚至无法获得报酬。例如,就空白磁带、空白录像带、复印机征收少量的使用费。这种情况下的法定许可,事实上是更好地保护了著作权人的利益。

在德国,许多非自愿许可是与上述第三种情形相关联的。例如,《德国著作权法》第54条就录音设备和空白磁带征收使用费的规定,就复印设备征收费用的规定,复印店主人就复印营业缴纳费用的规定。又如,《德国著作权法》第46条关于使用作品、编纂用于宗教和学校教育的书籍的规定。甚至关于公共借阅权的规定、追续权的规定都属于非自愿许可的范畴。德国版权法学家迪茨教授认为,随着技术的发展和作品得到越来越广泛的使用,这类非自愿许可具有越来越重要的经济作用。迪茨教授认为,在事实上,与其把它们解释为非自愿许可,不如解释为作者的另一类权利,即获得报酬权。①

中国著作权法所规定的法定许可主要有教科书法定许可,报刊转载法定许可,制作录音的法定许可,播放已发表作品的法定许可。应当说,与其他国家著作权法中的非自愿许可相比,中国著作权法中的法定许可内容比较多。此外,2006 年颁布实施的《信息网络传播权保护条例》还规定了一个扶助贫困地区的作品使用公告制度,也值得略做说明。

二、教科书法定许可

教科书法定许可是指一定范围内的教科书的编纂者使用他人已经发表的作品,可以不经著作权人的许可,但要按照规定支付报酬。

《著作权法》第 25 条第 1 款规定:"为实施义务教育和国家教育规划而编写出版教科书,可以不经著作权人许可,在教科书中汇编已经发表的作品片段或者短小的文字作品、音乐作品或者单幅的美术作品、摄影作品、图形作品,但应当按照规定向著作权人支付报酬,指明作者姓名或者名称、作品名称,并且不得侵犯著作权人依照本法享有的其他权利。"关于教科书的法定许可,是 2001 年修改《著作权法》时增加的,1991 年《著作权法》没有类似的规定。不过,原来的规定是"为实施九年制义务教育",2020 年《著作权法》删除了"九年制"三个字。或许,将来修订义务教育法,义务教育可能高于 9 年的期间。显然,作出这一规定是为了便于义务教育的教科书编纂者更好地利用已经发表的作品,编纂出高质量高水平的教科书,更好地贯彻实施国家的义务教育法。

根据以上规定,《著作权法》虽然规定了教科书编纂者的法定许可,但又设置了一系列的限定条件。

第一,有关的教科书仅限于因义务教育和国家教育规划而编写的教科书,而非所有的教科书。其中的义务教育是指国家义务教育法所规定的内容。其中的国家教育规划是指教育部为实施义务教育法而编制的规划。由此看来,诸如大专院校的教科书的编纂就不在法律规定的范围之内。

第二,可以编入教科书的,仅限于已经发表的作品片段或者短小的文字作品、音

① See International Copyright Law and Practice, Germany, 2001.

乐作品,以及单幅的美术作品、摄影作品、图形作品。法律没有提及的电影作品和计算机软件等不在法定许可的范围之内,长篇小说、长篇学术著作、整部戏剧作品等也不在法定许可的范围之内。

第三,教科书的编纂者虽然可以不经许可而使用他人已经发表的作品,但是应当按照相关的规定支付报酬。换句话说,教科书的编纂者仅仅免除了获得著作权人许可的义务,而没有免除支付报酬的义务。当然,支付报酬的方法和数额可以由具体的法规或行业标准确定。

按照教科书法定许可的规定,教科书的编纂者还必须充分尊重作者的精神权利。根据规定,不经许可而编入教科书的必须是已经发表的作品。这就意味着作者尚未发表的作品,必须在获得了作者的许可之后才能够编入教科书。教科书的编纂者不得侵犯作者的发表权。又据规定,教科书的编纂者未经许可而使用他人已经发表的作品,应当指明作者的姓名或者名称和作品的名称。教科书的编纂者不得侵犯作者的署名权。

《著作权法》第 25 条第 1 款的规定还特别指出,未经许可而使用已经发表的作品,除符合上述各种条件的限制以外,还不得侵犯著作权人依照本法享有的其他权利。这既包括著作权人的其他经济权利,也包括作者的其他精神权利。例如,只能在教科书的出版发行中使用已经发表的作品,不得以原作品为基础创作演绎作品,不得表演和播放有关的作品,以及不得歪曲、篡改、割裂有关的作品等。

《著作权法》第 25 条第 2 款还规定,上述有关的规定适用于对邻接权的限制,如对于出版者权、表演者权、录音录像制作者权和广播组织权的限制。

三、报刊转载法定许可

报刊转载的法定许可是指当某一作品在报刊上发表以后,其他报刊可以不经著作权人许可而转载和摘编,但是应当按照有关的规定支付报酬。《著作权法》第 35 条第 2 款规定:“作品刊登后,除著作权人声明不得转载、摘编的外,其他报刊可以转载或者作为文摘、资料刊登,但应当按照规定向著作权人支付报酬。”这一规定主要涉及作者的复制权和发行权。

规定报刊转载的法定许可,显然是为了便于某些重要的文章得以尽快传播,让更多的社会公众了解有关作品的内容。尽管如此,这种许可也要符合法律规定的各种条件。

首先,只有报刊上发表的文章才能被其他报刊转载。在这里,发表作品的是报刊,转载有关的作品的也是报刊。如果发表在报刊上的作品被其他媒体如出版社转载,或者出版社所出版图书中的内容被报刊转载,都不属于从报刊到报刊的转载,因而也不能适用报刊转载的法定许可。

其次，如果著作权人事先声明不得转载和摘编，则其他刊物不得转载或刊登。尽管著作权人事先声明不得转载或摘编的情形极少，但一旦发生这样的情形，则应当充分尊重著作权人的意愿。如果著作权人声明不得转载和摘编，应当在报刊上首次发表自己作品时作出附带声明。如果没有做出这样的声明，则视为同意转载和摘编。

最后，转载者或摘编者应当按照规定支付报酬。

四、制作录音的法定许可

在欧美国家，一般都有制作录音的法定许可。根据规定，在音乐作品的著作权人许可某人制作和发行该音乐作品的录音后，如果又有人想就该音乐作品制作录音，著作权人或音乐著作权集体管理组织必须以同样的条件发放许可。《伯尔尼公约》第13条也有类似的规定。根据该公约第13条第1款的规定，音乐作品和歌词的作者可以授权他人对其音乐作品进行录音，有关的条件和限制由成员国作出规定；但是某一成员国所规定的条件和限制仅在本国具有效力，而且不得损害作者获得合理报酬的权利，包括在没有协议的情况下获得由主管当局规定的合理报酬的权利。显然，按照《伯尔尼公约》，成员国可以按照自己的具体情形，规定制作录音的法定许可制度。

制作录音的法定许可，又称机械复制权（mechanical right）的法定许可；音乐作品著作权人就此所享有的权利，又称机械复制权。规定机械复制权的法定许可，主要是为了防止第一家获得许可的录音制作者垄断有关的录音制品市场。在美国，这种机械复制权由版权人与录制者依据版权法的规定和合同原则加以解决，如果有争议则诉诸法院。而在德国，音乐作品著作权人的机械复制权由集体管理组织德国音乐作品表演权和机械复制权协会（GEMA）代为行使。只要录音制作者所提出的条件公平合理，协会都应当代表音乐著作权人授权。

根据制作录音的惯例，一般是先获得音乐作品著作权人的许可，然后由演员加以演唱或演奏，再由录音制作者录制下来。在市场上销售的一部录音制品中，既体现了与著作权有关的音乐作品，也体现了与邻接权有关的表演活动和录制者的活动。不过，制作录音制品的法定许可，仅指音乐作品的许可而言，不涉及表演者和录制者的权利。事实上，不同的录音制品制作者总是雇请不同的演员演唱或演奏同一部音乐作品，并根据不同的表演风格对音乐作品进行必要的编排。

《著作权法》第42条第2款规定："录音制作者使用他人已经合法录制为录音制品的音乐作品制作录音制品，可以不经著作权人许可，但应当按照规定支付报酬；著作权人声明不许使用的不得使用。"

理解制作录音的法定许可，要注意以下几点。

首先,制作录音的法定许可,仅限于音乐作品,仅限于使用音乐作品制作录音制品。因而,使用音乐作品以外的作品,以及使用音乐作品而拍摄电影或者制作录像,都不属于制作录音。

其次,可以不经许可而使用的音乐作品,是他人已经合法录制为录音的音乐作品。如果他人非法使用音乐作品制作录音,如第一个制作者没有获得音乐作品著作权人的许可,则不属于"合法录制"。如果一部音乐作品尚无人将其制作为录音,录音制作者是第一次将该作品制作为录音,则应当获得著作权人的许可。事实上,这正是《著作权法》第 42 条第 1 款的规定:"录音录像制作者使用他人作品制作录音录像制品,应当取得著作权人许可,并支付报酬。"

最后,使用上述音乐作品制作录音,虽然不必获得著作权人的许可,但必须按照规定支付报酬。也就是说,音乐作品的著作权人所丧失的仅仅是发放许可的权利,但没有丧失获得报酬的权利。

与欧美国家的机械复制权的法定许可相比,中国著作权法的规定允许著作权人的保留,即著作权人声明不许使用的,不得使用。虽然在现实生活中不许使用的声明并不多见,但作出这样的规定仍然体现了著作权人意愿优先的原则。不过,如果真的让音乐作品著作权人行使这样的保留权,尤其是在授权第一家录音制作者进行录制以后行使这样的保留权,倒真有可能出现让第一家录音制作者垄断市场的情形。就市场运作的机制来看,某一家实力雄厚的录音制作者,不难让很多音乐作品著作权人在授权给自己后,作出不许他人使用的声明。而这正是欧美国家规定"机械复制权"的法定许可所要防止出现的情形。

在欧美国家,关于制作录音的法定许可,有些国家如美国规定得强一些,已经将之称为"制作录音的强制许可",有些国家如德国规定得弱一些,称为非自愿许可。其本意都是在强调,一旦音乐作品著作权人第一次授权录音以后,他人以相当条件或合理条件来要求录音授权,著作权人不得拒绝。而按照中国的规定,只要著作权人第一次授权后作出了不许使用的声明,其他录制者就不得使用。这在很大程度上又弱化了这类法定许可的意义。

五、播放已发表作品的法定许可

播放已发表作品的法定许可是指广播电台、电视台可以不经著作权人的许可而播放他人已经发表的作品,但应当按规定支付报酬。这主要涉及对于著作权人的表演权(广播权)的限制,其目的是将已经发表的作品更广泛地传播给社会公众。

应该说,播放已发表作品的法定许可是中国著作权法中引起最广泛争议的一个问题,甚至在一定程度上导致了一个著作权法修正案的撤回。

(一)1991 年《著作权法》的规定

1991 年《著作权法》第 40 条规定,广播电台、电视台使用他人已发表的作品,可以不经著作权人许可,但应当支付报酬。应该说,这一规定基本符合法定许可的要求。也就是说,只是限制了著作权人发放许可的权利,没有影响著作权人获得报酬的权利。但这一规定又有一个例外,即"本法规定可以不支付报酬的"除外。具体说来,这就是第 43 条关于"录音制品"的规定。1991 年《著作权法》第 43 条规定:"广播电台、电视台非营业性播放已经出版的录音制品,可以不经著作权人、表演者、录音制作者许可,不向其支付报酬。"就著作权来说,这一规定主要涉及了音乐作品(包括词曲)著作权人的权利。当然,就相关权来说,还涉及了表演者和录音制作者的权利。

应该说,1991 年《著作权法》第 43 条的规定存在一系列的问题。

首先,1991 年《著作权法》第 43 条的规定损害了音乐作品著作权人获得报酬的权利,与《伯尔尼公约》和世界各国的著作权法惯例不一致。例如,《伯尔尼公约》第 11 条之 2 规定,对于文学艺术作品的作者所享有的广播权,成员国可以设定具体的条件或限制。但是这些条件仅限于在该成员国的范围内有效,而且在任何条件下都不得损害作者的精神权利,不得损害作者获得报酬的权利,包括在没有协议的情况下获得由主管当局规定的报酬的权利。

其次,1991 年《著作权法》第 43 条不仅限制了音乐作品著作权人发放许可的权利,而且剥夺了他们获得报酬的权利。这在世界各国的著作权制度中是罕见的。而且,这一规定还与另外一个规定形成了鲜明的反差。根据 1991 年《著作权法》第 40 条第 1 款的规定,广播电台、电视台使用他人未发表的作品,应当取得著作权人的许可,并支付报酬。这样,就音乐作品来说,如果作品未发表,电台、电视台使用时应当获得许可并支付报酬;如果作品已发表,则不仅不必取得许可,也不必支付报酬。

最后,1991 年《著作权法》第 43 条还影响了表演者和录音制作者的权利。不过,这一点不会构成严重问题。因为《伯尔尼公约》并没有考虑表演者和录音制作者的权利,世界上许多国家的著作权法也不要求录音制品的使用者向表演者和录音制作者支付费用。例如,在美国,广播电视组织、游乐场所等使用录音制品,应当向音乐作品的版权人支付费用,但不必向表演者、录音制作者支付报酬。

(二)2001 年和 2020 年《著作权法》的修改

如果说中国在 1991 年前后作出类似于《著作权法》第 43 条的规定,还具有一定的合理性的话,那么随着中国社会经济形势的变迁和中国日益融入国际社会,上述规定就显得极不合理了。首先,在 20 世纪 80 年代末 90 年代初,广播电台和电视台的节目主要是面向社会公众,所带有的商业性色彩还不太浓。然而,到了20世纪90年代中后期,电台、电视台所带有的商业性色彩越来越浓,向音乐作品的著作权人支付报酬的必要性越来越大。其次,随着社会经济的发展和权利意识的觉醒,音乐作品的著作权人也越来越强烈地要求自己获得报酬的权利,要求在法律的修改中反映自己的意愿。音乐作品著作权人在20世纪80年代末90年代初不太重视自己经济利益的倾向已经不存在了。最后,中国已经在1992年10月加入《伯尔尼公约》和《世界版权公约》等保护著作权的国际公约,应当寻求国内法与国际公约的一致,履行自己的国际义务。

《著作权法》自1991年颁布后不久,就开始了修改的准备工作。在此过程中,如何修改第43条成了各方关注的一个焦点问题。1998年12月国务院向全国人民代表大会常务委员会提交了修改《著作权法》的草案后,第43条再次成为争议的焦点。代表音乐作品著作权人的一方,力主将第43条改为可以不经许可,但应当支付报酬,并且提出了一个长长的收取使用费的清单。而代表广播电视组织的一方,则主张保留第43条的原有规定,使用已发表的录音制品,不经著作权人许可,也不支付报酬。理由也很充分,广播电视组织仍然带有很大的政府组织的色彩,依靠国家的财政拨款,而非自负盈亏的法人。作为一个折中,立法者曾经考虑用国家财政支付音乐作品的使用费。最后,由于双方争执不下,再加上其他的一些原因,国务院在1999年6月撤回了《著作权法修正案(草案)》。

随着中国加入世界贸易组织步伐的加快,《著作权法》的修改问题再次提上议事日程。由于《TRIPs协定》要求成员国遵守《伯尔尼公约》的实体性条款,由于《伯尔尼公约》第12条之2的规定属于《TRIPs协定》所说的实体性条款,修改《著作权法》第43条使之符合国际公约的要求,不再成为争议的问题。2001年10月,著作权法修正案获得立法机关的通过。修改后的第43条规定:"广播电台、电视台播放已经出版的录音制品,可以不经著作权人许可,但应当支付报酬。当事人另有约定的除外。具体办法由国务院规定。"到了2009年5月,国务院通过了《广播电台、电视台播放录音制品支付报酬暂行办法》,就广播电台、电视台播放录音制品,向词曲作者支付报酬做了具体的规定。

基于这种情形,2020年修改《著作权法》将原来的第43条合并到了第46条之中。根据规定,"广播电台、电视台播放他人已发表的作品,可以不经著作权人许可,但应当按照规定支付报酬"。其中的"已发表的作品"包括了体现在录音制品中的音乐作品;其中的"按照规定支付报酬"也包括了《广播电台电视台播放录音制品支付报酬暂行办法》。不过,这里所说的"已发表的作品",似乎不包括视听作品和录像制品。因为《著作权法》第48条规定,"电视台"播放他人的视听作品、录像制品,应当取得视听作品著作权人或者录像制作者许可，并支付报酬；播放他人的录像制品，还应当取得著作权人许可，并支付报酬。由此看来，就视听作品和录像制品来说，电视台不得适用法定许可的规定，而应当取得有关权利人的许可并支付报酬。所以，就广播电台、电视台播放他人已发表作品的法定许可来说，至少不包括视听作品和体现在录像制品中的作品。

六、扶助贫困地区的作品使用公告制度

互联网络向农村、边远和贫困地区的延伸，必然会为那里的人民带去丰富的信息和娱乐内容。然而，这也涉及了如何向他们提供享有著作权作品的问题。有一种意见认为，既然是为了扶助贫困地区，就应该免费提供相应的作品。但这种看法与著作权法的精神是相悖的。应该说，在这个问题上，2006 年颁布实施的《信息网络传播权保护条例》做了一个既尊重著作权又解决实际问题的规定。

根据《信息网络传播权保护条例》第 9 条的规定，通过信息网络向农村地区的公众免费提供的作品限于中国公民、法人或者其他组织已经发表的种植养殖、防病治病、防灾减灾等与扶助贫困有关的作品，以及适应基本文化需求的作品。根据规定，在提供相关作品之前，网络服务提供者应当提前公告作品和作者的名称，以及准备支付的报酬的标准。如果著作权人在公告之日起的 30 日内提出不同意提供作品，则网络服务提供者不得提供。即使在作品提供之后，著作权人不同意提供的，网络服务提供者也应当立即删除相关作品，并按照公告的标准向著作权人支付提供作品期间的报酬。

有人将这一规定等同于法定许可，似乎不当。因为就著作权的行使来说，一般有两个内容，即发放许可的权利和获得报酬的权利。所谓法定许可，是指剥夺了著作权人发放许可的权利，但没有剥夺其获得报酬的权利。例如，编纂义务教育教科书而使用他人已经发表的作品，可以不经作者同意，但要支付报酬。而《信息网络传播权保护条例》所规定的扶助贫困的公告制度，并没有剥夺著作权人发放许可的权利。只是为了操作得简单，以公告的方式寻求著作权人的授权，并按照标准支付相应的报酬。如果著作权人在法定的 30 日之内没有提出反对意见，则视为发放了默示的许可。

当然有人可能会问，向作者支付的报酬来自哪里。显然，农村地区的公众是免费获得相关的作品，而网络服务提供者也不可能在自己向作者支付了报酬之后，再把相关的作品免费提供给农村地区的公众。所以在作者看来，这笔钱应当是从国家税收中支出。

第三节 著作权的保护期限

著作权的保护期限,既包括作者精神权利的保护期限,也包括经济权利的保护期限。下面先论述作者精神权利的保护期限,然后论述经济权利的保护期限。

一、精神权利的保护期限

根据《著作权法》第22条的规定,作者的署名权、修改权和保护作品完整权的保护期限不受限制。这说明这三项精神权利的保护没有时间的限制。由于作者精神权利中的发表权与作者行使经济权利密切相关,因而著作权法做了另行规定。根据《著作权法》第23条的规定,发表权的保护期为作者的有生之年加50年,超过期限则不予保护。

在论述作者精神权利的保护期以前,有必要先了解著作权保护上的"一元论"和"二元论"。按照"一元论"的理论,由创作作品而产生的精神权利和经济权利是一个不可分割的统一体。在"一元论"的指导下,著作权法中许多有关精神权利的规定与经济权利密切相关,很多有关经济权利的规定也与精神权利密切相关。而按照"二元论"的理论,由作品的创作而产生的经济权利和精神权利是相互分离的。在"二元论"的指导下,著作权法中关于精神权利的规定与经济权利无关,关于经济权利的规定也与精神权利无关。

严格说来,著作权保护上的"一元论"和"二元论",仅仅存在于欧洲大陆法系国家的著作权法中,与英美法系的版权法体系无关。而在大陆法系国家中,德国和法国又分别是"一元论"和"二元论"的典型。事实上,正是这种不同的理论导致了德国和法国在精神权利保护期上的不同规定。

按照法国的"二元论",精神权利与经济权利相互分离,因而精神权利的保护期与经济权利的保护期不同。按照《法国著作权法》的规定,经济权利的保护期为作者的有生之年加70年,或在合作作品的情况下为最后一位作者死亡后加70年,等等。而精神权利的保护则没有时间的限制,由作者的后代加以继承。在作者死亡后,一旦发生了侵犯作者精神权利的事情,由作者的后代主张权利,维护其祖先的利益。

而按照德国的"一元论",精神权利与经济权利为一个不可分割的统一体,所以精神权利的保护期与经济权利的保护期相同。根据规定,精神权利和经济权利的保护期都是作者的有生之年加70年,或在合作作品的情况下为最后一位作者死亡后加70年。如果在作者死亡后发生了侵犯作者精神权利的事情,在其死亡后的70年中,由继承人主张和维护。在作者死亡后的70年以后,发生了侵犯作者署名权和保护作品完整权的事情(这时已经不存在发表权的问题),则由国家的文化部门干预和纠正。而且,国家文化部门干预和纠正的,不仅涉及受到过著作权法保护的作品,还涉及没有受到过著作权法保护的作品,如著作权法产生以前的作品。

在精神权利的保护期上,德国的规定似乎比法国的规定更合理一些。例如,按照法国的规定,精神权利固然可以一直由作者的后代继承下去,但在没有了经济权利以后(作者死亡后70年),以及在过去了数代人之后,如何维护作者的精神权利就会发生问题。而按照德国的做法,作者精神权利的保护期与经济权利的保护期相同,过了保护期就将维护作者署名和作品完整的职责交给国家的文化部门。这样一来,无论在何种情况下,总会有一个专门机构负责此事。①

中国《著作权法》在作者精神权利的保护期上,接近于法国的"二元论"。即经济权利的保护期是作者的有生之年加50年,或者最后一个合作作者死亡后加50年,等等。而在精神权利的保护方面,署名权、修改权和保护作品完整权的保护没有时间的限制,发表权的保护期为作者的有生之年加50年。当然,发表权的保护期限是比照经济权利规定的,也显示了发表权与行使任何一项经济权利的密切关系。

二、经济权利的保护期限

世界各国的著作权法在规定经济权利的保护期时,都是依据著作权的不同归属而做了相应的规定。例如,著作权归属于自然人的作品,著作权归属于合作作者的作品,著作权归属于雇主或法人的作品,都有不同的关于保护期限的规定。除此之外,世界各国的著作权法还依据某些特殊的作品种类,如电影作品、摄影作品、实用艺术品,规定了特殊的经济权利保护期。例如,按照《伯尔尼公约》第7条的规定,成员国可以对摄影作品和实用艺术品规定特殊的保护期限,但不得低于该作品完成之后的25年。有些国家的著作权法确实对摄影作品和实用艺术品提供了25年的保护期限。

中国《著作权法》在规定经济权利的保护期限时,也依据中国的具体情形,从著作权的不同归属和作品的特殊种类两个方面,规定了经济权利的保护期限。

(一)自然人作品的保护期限

《著作权法》第23条规定,自然人的作品,其发表权和各项经济权利,保护期为作者终生及其死亡后50年,截至作者死亡后第50年的12月31日。如果是合作作品,

① 以上内容,参见 International Copyright Law and Practice, Introduction, 2005;《迪茨教授关于修改中国著作权法的报告草案》,载郑成思主编:《知识产权研究》(第10卷),中国方正出版社2002年版。

截至最后死亡的作者死亡后第50年的12月31日。值得注意的是，这里所说的“自然人的作品”，原来是“公民的作品”。显然，就作品的创作和保护期限而言，使用中性的“自然人”术语，比使用带有政治色彩的“公民”更为恰当。所以，2020年修改《著作权法》，改为了“自然人的作品”。

按照自然人死亡计算的方法，经济权利的保护期限以作者的死亡时间作为计算的依据。无论是作品创作完成60年以后作者死亡，还是作品创作完成1年后作者死亡，都与保护期限的计算方法无关。也就是说，经济权利保护期限的长短，与作品的完成或发表无关，与作者死亡之前该作品已经被利用的时间长短无关。

以自然人的死亡计算经济权利的保护期限，是著作权法规定保护期限的一般原则。下面对于法人或非法人组织作品的规定，对于电影作品和摄影作品的规定，对于作者身份不明作品的规定，都是在这个一般原则的基础上有所变化。

（二）法人或者非法人组织作品的保护期限

在著作权归属于法人或者非法人组织的情况下，难以用作者的“有生之年”或作者“死亡后”的方式来计算经济权利的保护期限。因为法人或非法人组织没有像自然人那样的死亡问题。所以，世界各国的著作权法都以相关作品的发表或者完成作为计算保护期限的起算点。当然，在有些国家的著作权法中，属于法人或非法人组织的作品，称为雇佣作品。有关作品的受保护期限也称为雇佣作品的保护期限。

根据《著作权法》第23条的规定，法人或者非法人组织的作品，著作权（署名权除外）由法人或者非法人组织享有的职务作品，其各项经济权利的保护期为50年，截至作品首次发表后第50年的12月31日，但作品自创作完成后50年内未发表的，《著作权法》不再保护。

（三）视听作品、摄影作品和实用艺术品的保护期限

1. 视听作品的保护期限

根据《著作权法》第23条的规定，视听作品，其各项经济权利的保护期为50年，截至作品首次发表后第50年的12月31日，但作品自创作完成后50年内未发表的，本法不再保护。

视听作品是一种特殊的作品，是将文字脚本、分镜头剧本、音乐和插曲、服装和背景的美术设计融合在一起的作品。关于视听作品所享有的经济权利的保护期为50年，是指整体的视听作品。就其中的文字脚本、分镜头剧本、音乐和插曲、服装和背景的美术设计来说，如果能够单独使用的话，则享有不同的经济权利的保护期。例如文字脚本和音乐插曲，作为可以独立于视听而存在的作品，其经济权利的保护期就是作

者的有生之年加死亡后 50 年。这样,一部视听作品首次发表后的第 50 年以后,经济权利不再受到保护,进入了公有领域,人们可以自由使用该视听作品。但如果有人不是使用整部视听作品,而是单独使用其中的文字脚本、音乐插曲,就应当注意文字脚本、音乐插曲的保护期限是否届满。如果发生了侵权,侵权人不得以整部视听作品进入了公有领域为由,为自己使用相关的文字脚本、音乐插曲进行辩解。

2. 摄影作品的保护期限

摄影作品也是一种特殊的作品。按照《伯尔尼公约》第 7 条第 4 款的规定,成员国可以自主规定摄影作品的保护期,但不得低于作品完成后的 25 年。而到了 1996 年 12 月缔结的《版权条约》,则改变了这种做法。根据《版权条约》第 9 条的规定,对于摄影作品,缔约各方不得适用《伯尔尼公约》第 7 条第 4 款。这表明关于摄影作品所享有的经济权利的保护期限,应当与其他作品相同。

关于摄影作品所享有的经济权利的保护期限,中国自 1991 年《著作权法》开始,就与其他作品的保护期相同。即摄影作品的发表权和经济权利的保护期限,为作者的有生之年加死亡后 50 年。

3. 实用艺术品的保护期限

《伯尔尼公约》第 7 条第 4 款规定,各成员国可以自主规定实用艺术品的保护期,但不得低于作品完成后的 25 年。中国 1992 年 9 月颁布的《实施国际著作权条约的规定》第 6 条规定,对外国实用艺术作品的保护期,为该作品完成后的 25 年。这是与《伯尔尼公约》一致的保护期限。2001 年修改《著作权法》,将实用艺术品的艺术方面纳入美术作品之中,则实用艺术品的保护期限也与其他作品的保护期限相同,都是作者的有生之年加死亡后 50 年。

(四)作者身份不明的作品

这里所说的作者身份不明的作品,具体是指假名作品、笔名作品和匿名作品。按照作者所享有的署名权,作者可以在作品上署名,也可以不署名,可以署真名,也可以署笔名或假名。如何署名,本来是作者所享有的精神权利,但在不署名(匿名)或者署假名、笔名的情况下,却会因此而给作者或其他人所享有的经济权利带来一定的影响。根据著作权保护期限计算的一般方法,经济权利的保护期限以作者的死亡为保护期限的起算点,如作者的有生之年加死亡后的 50 年或 70 年。但在假名作品、笔名作品和匿名作品的情况下,或者说在作者身份不明的情况下,经济权利的保护期限就难以计算了。所以,世界各国的著作权法都有一个惯例,以这类作品的发表时间作为计算保护期限的起算点。

中国著作权法没有规定作者身份不明作品的保护期限,而是在实施条例中做了相应的规定。根据《著作权法实施条例》第 18 条的规定,作者身份不明的作品,其各项经济权利的保护期,截至作品首次发表后第 50 年的 12 月 31 日。一旦作者的身份确定,则依据《著作权法》第 23 条的相关规定予以保护。

关于作者身份的确定,有些国家采取登记的方式。例如在美国,假名作品、笔名作品和匿名作品的作者或其他版权人,可以向版权局登记作品和作者的真实身份,并由此而重新计算作品受保护期限。中国没有规定具体的确认作者身份的程序,可以由司法机关在具体的案件中予以确认。

(五)保护期限的计算方法

经济权利保护期限的计算方法,《著作权法》已经规定得很清楚,即作者死亡后的第 50 年的 12 月 31 日,或者作品首次发表后的第 50 年的 12 月 31 日。尽管如此,还是有必要略加解释。说作者死亡后或作品发表后若干年,不包括死亡的当年和发表的当年。从这个意义上说,作者无论是 1 月 1 日死亡,还是 12 月 31 日死亡,作品无论是 1 月 1 日发表,还是 12 月 31 日发表,50 年的期限都是从次年的 1 月 1 日开始计算。这样,虽然法律所规定的是作者死亡后的第 50 年的 12 月 31 日,或者作品发表后的第 50 年的 12 月 31 日,但如果作者是 1 月 1 日死亡、作品是 1 月 1 日发表,而 50 年的期限又是从次年的 1 月 1 日起计算,就会在事实上多出一年的保护期。

对于等待着使用即将进入公有领域作品的那些人来说,应当注意经济权利保护期限的上述计算方法,不要因为差了几个月或几日而侵犯了他人的权利。

(六)著作权保护期限的意义

规定著作权的保护期限,尤其是规定经济权利的保护期限,在著作权的保护中是非常重要的。作为一种无形财产权,著作权的保护不同于有形财产权。例如,在有形财产权的条件下,法律虽然没有规定权利的保护期限,但随着房屋、汽车、衣物等的灭失,财产权的保护便失去了意义。而在无形财产权的条件下,由于从理论上说作品可以一直使用下去,就作品所享有的各项经济权利也可以一直受到保护。但如果真的是这样,对于社会公众来说就是非常不公平了。毫无疑问,任何一件作品的产生,都是创作者利用他人处于公有领域和专有领域的作品而产生的。正是由于作者在创作作品的过程中付出了一定的创造性劳动,著作权法才赋予作者在一定的期限之内享有排他性的经济权利,收回自己的投入并获取相应的收益。而在超过了一定的保护期限之后,有关的作品就会进入公有领域,成为人人可得以自由利用的东西。可以说,作为无形财产权的著作权,由于作品可以一直被利用,本来有可能获得永久的保护,但法律却从平衡创作者利益和社会公共利益的角度出发,断然规定了一定的保护期限。

三、世界各国关于著作权的保护期限

关于著作权的保护期限，不仅各个国家有不同的规定，而且各个国家在不同的时代也有不同的规定。例如，英国 1709 年《安娜法》规定，作品的保护期为出版之日起的 14 年，如果届满而作者尚未去世，可以续展 14 年。又如，在 1966 年之前，《德国著作权法》所规定的著作权保护期限是作者的有生之年加死亡后 50 年。而从 1966 年 1 月新的著作权法生效以后，著作权的保护期限就成了作者的有生之年加死亡后 70 年。当然，中国从一开始就规定著作权的保护期限是作者的有生之年加死亡后50 年。

按照《伯尔尼公约》第 7 条的规定，各成员国对一般作品的保护期为作者的有生之年加死亡后 50 年；对电影（视听）作品的保护期为作品发表后的 50 年或者作品完成后的 50 年；匿名作品和假名作品的保护期为作品发表后的 50 年；对摄影作品和实用艺术品的保护期限，不低于作品完成后的 25 年。以上所说的保护期，仅指经济权利的保护期。对于精神权利的保护，可以高于但不得低于上述期限。世界上绝大多数国家的著作权法规定了与《伯尔尼公约》相一致的著作权保护期限。但也有一些国家规定了更长的保护期限。例如，欧盟成员国现在一律规定，著作权中的经济权利的保护期限，为作者的有生之年加 70 年。《美国版权法》自 1999 年开始，也将版权的保护期限改为了作者的有生之年加 70 年。

欧盟成员国和美国将著作权或版权的保护期限改为作者有生之年加死亡后 70 年，有其特殊的历史原因和法理原因。1965 年德国修订著作权法时，率先将著作权的保护期限修改为作者的有生之年加死亡后 70 年。作出这样一个修改的推理之一是，将著作权的保护期限规定为作者的有生之年加死亡后 50 年，是让作者及其直接的继承人可以享受由作品带来的利益。然而，随着社会生活质量的提高和人的寿命的延长，作者有生之年加死亡后 50 年已经不能满足这样的目的，因而有必要改为作者的有生之年加死亡后 70 年。在相当长的时间里，欧洲国家中只有德国作出了这样的规定。

到了 1993 年，当欧盟制定《版权与相关权保护期指令》时，①究竟是采用作者的有生之年加死亡后 50 年还是 70 年，又引起了很大的争议。在欧盟当时的成员国中，德国、奥地利和西班牙已经规定著作权的保护期限是作者的有生之年加死亡后 70 年，其他的成员国都与伯尔尼公约的要求相一致，为作者的有生之年加死亡后 50 年。但

---

① See Council Directive 93/98/EEC of 29 October 1993 harmonizing the term of protection of copyright and certain related rights, Official journal No. L 290 , 24/11/1993.

《版权与相关权保护期指令》基于以下两个原因,最终采纳了德国的做法。第一,按照欧盟条约和欧盟法院以往的判例,就个人权利或利益来说,欧盟的法律只能赋予更多的权利或利益,而不能剥夺已有的权利或利益。如果将著作权保护期限确定为作者的有生之年加死亡后 50 年,就会剥夺德国、奥地利和西班牙公民已经获得的权利和利益,从而与欧盟条约和欧盟法院以往的判决相抵触。第二,随着社会生活质量的提高和人的寿命的延长,作者有生之年加死亡后 50 年,确实不足以涵盖作者及其直接继承人的生存期间,从而有必要改为作者的有生之年加死亡后 70 年。[①]

《伯尔尼公约》虽然规定了广泛的国民待遇原则,但是在著作权保护期上又规定了国民待遇的例外。根据该公约第 7 条第 8 款的规定,某一成员国对其他成员国国民的著作权保护期限,以本国的法律加以规定;但这种保护期限不得超过作品起源国规定的保护期限,除非该国的法律另有规定。按照这一规定,对于其他成员国国民作品的保护期限,不是以本国法律的规定为准,而是以起源国法律的规定为准。例如,中国《著作权法》规定的著作权保护期限是作者的有生之年加死亡后 50 年,而欧盟成员国规定的保护期限是作者的有生之年加死亡后 70 年,那么起源于中国的作品在欧盟国家所获得的保护期限就不是作者的有生之年加死亡后 70 年,而是作者的有生之年加死亡后 50 年。

《伯尔尼公约》规定著作权保护期上的国民待遇的例外,最初的目的是鼓励成员国规定符合国际惯例的保护期限。如果某一成员国规定的著作权保护期限较低,那么起源于该国的作品在其他成员国也享受不到较长的保护期限。而在《伯尔尼公约》规定了最低限度的保护期限,如作者的有生之年加死亡后 50 年之后,保护期限上的国民待遇的例外,则带有鼓励成员国规定较长保护期限的含义。还是同样的道理,如果某一成员国只规定了符合公约要求的著作权保护期限,而另外一个成员国规定了更长的保护期限,那么起源于前者的作品就不能享受后者所规定的更长的保护期限。

也许很多成员国都不在乎这样一个保护期上的差距,仍然规定了符合《伯尔尼公约》要求的保护期限。但是到目前为止,至少已经有一个国家因为国民待遇在权利保护期上的这一例外,改变了本国的法律,规定了与欧盟成员国一样的权利保护期限。这就是美国。1999 年 10 月 27 日,美国通过《版权保护期延长法》,将版权保护期从作者的有生之年加死亡后 50 年,改为作者的有生之年加死亡后 70 年;将匿名作品、假名作品和雇佣作品的保护期改为出版之后的 95 年或者完成后的 120 年,二者取其长

---

① See International Copyright Law and Practice, the Law of the European Community and Copyright, 2001.

者。[①] 根据有关的立法记载，美国作出这样的规定，是害怕本国国民的作品在欧洲市场上只能获得作者有生之年加死亡后50年的保护，比欧盟成员国国民的作品少20年的保护，从而不利于自己的版权产品在欧洲市场上的竞争。由此看来，美国参照欧盟成员国的规定改变版权保护期限，不仅仅是考虑了创作者的利益，更多的是考虑了本国的版权产业的利益，以及本国的版权产品在国际市场上的竞争力。

思考题

1. 什么是合理使用？合理使用的“三步检验法”是什么？
2. 中国著作权法所规定的合理使用有哪些？
3. 什么是法定许可？中国著作权法所规定的法定许可有哪些？
4. 如何理解作者精神权利的保护期限？
5. 中国著作权法是如何规定经济权利的保护期限的？

---

① See Copyright Term Extension Act, Public Law 105－298, October 27, 1999.

第五章

著作权的获得与归属

根据目前的国际公约和绝大多数国家的法律,著作权都是基于作品的创作而产生,属于自动产生。在一般情况下,著作权属于创作作品的作者所有。但在某些特殊情况下,由于作品产生的方式比较特别,或者属于特殊的作品种类,在著作权的归属上又会有一些特殊的规定。此外,与著作权归属相关的还有一个著作权主体的问题,即哪些人可以享有著作权。本章将讨论著作权的获得、著作权的归属和著作权的主体。

第一节　著作权的获得

在知识产权的获得中,相对于专利授权和商标注册来说,著作权的获得要简单得多。这是因为按照目前的国际公约和绝大多数国家的法律,著作权都是基于作品的创作而自动获得,不需要履行任何手续。

在历史上,某些国家的著作权法或版权法曾经规定,只有在履行了相应的手续,如加注版权标记或登记注册以后,才能获得著作权或版权。但即使是在这种情况下,相关的手续也极为简单,绝对不像申请专利权和商标注册那样繁重复杂。时至今日,在绝大多数国家里,加注版权标记和登记注册的做法已经与著作权或版权的获得无关。不过,加注版权标记和登记注册,仍然对著作权或版权的保护具有一定的影响,因而值得加以讨论。

下面分别叙述著作权的自动获得、加注版权标记和登记注册。

一、著作权的自动获得

(一)自动获得的含义

著作权的自动获得是指著作权自作品完成之时自动产生。这里的自动获得,既包括不需要加注版权标记,也包括不需要经过任何机关或个人的批准或授权。而且,著作权的产生仅以作品的完成为要件,与作品是否发表无关。

著作权的自动获得是世界上绝大多数国家实行的著作权获得方式,也是《伯尔尼公约》规定的著作权获得方式。事实上,《伯尔尼公约》的三大原则之一就是"版权自动获得原则"。该公约第 3 条第 1 款规定,作者为本联盟任何成员国国民的,其作品无论是否发表,都应受到保护;第 5 条第 2 款又规定,享有和行使这些权利不需要履行任何手续。中国《著作权法》第 2 条第 1 款也有类似的规定:"中国公民、法人或者非法人组织的作品,不论是否发表,依照本法享有著作权。"

按照著作权自动获得的原则,作品一经完成就享有著作权,而不论该作品是否发表或者是否提供给公众。确实,有很多作品自完成后,或者由于作者本人的原因,或者由于社会形势的原因,一直未能发表。但是,这种不发表并不意味着该作品不享有著作权。例如,《著作权法》第 23 条规定,自然人的作品,其发表权和各项经济权利的保护期为作者的有生之年加 50 年。这既包括已经发表的作品,也包括尚未发表的作品。又据规定,法人或者非法人组织的作品,如果未发表,保护期为作品完成后的 50 年;视听作品,如果未发表,保护期为作品完成后的 50 年。这些都表明无论是自然人的作品,还是法人或者非法人组织的作品,无论是否发表,都享有著作权。

同时,作者就未发表作品所享有的权利,不仅包括精神权利,而且包括经济权利。假如有一位作者写出一部长篇小说后,出于各种考虑不愿意拿出来发表。如果有人未经其许可,擅自将手稿交给出版社复制发行,则不仅侵犯了作者的经济权利(复制权、发行权),而且侵犯了作者的精神权利(发表权)。当然,就未发表的作品来说,作者虽然享有著作权法所规定的各项经济权利,但这些权利都是潜在的有待于实现的权利。只有当作者发表自己的作品,以各种方式自己利用或许可他人利用作品的时候,才有可能实现有关的经济权利。

在著作权的自动获得方式中,对于"作品的完成"应当有正确的理解,不应该机械地理解为整部作品的完成。例如,一部学术著作的阶段性成果,如一编、一章甚至一节的完成,作者都可以就已经完成的那一部分享有著作权。又如,在报刊小说的连载中,作者可能是边创作边发表。尽管整部作品尚未最后完成,但已经发表的部分,以及创作出来尚未发表的部分,都是已经获得了著作权的作品。再如,一位画家在创作一幅画作的过程中,可能会有绘制草图、在草图上着色的过程,也可能会在创作的过程中数易其稿。其中的草图、每一次画稿,只要单独拿出来,都可能构成作品并且享有著作权。在这里,关键的问题在于,已经完成的某一小部分,创作过程中的每一幅草图,本身是否构成作品,是否属于具有独创性的表达。

(二)外国人著作权的获得

按照中国《著作权法》第2条第1款的规定,自动获得著作权的,似乎只有中国公民、法人或者非法人组织。但实际情形并非如此,因为该条的第2款、第3款和第4款,分别规定了外国人获得著作权的不同情形。

《著作权法》第2条第2款规定,外国人、无国籍人的作品,根据其作者所属国或者经常居住地国同中国签订的协议或者共同参加的国际条约而享有的著作权,受本法保护。这里所说的国际条约,主要是指《伯尔尼公约》。《伯尔尼公约》的重要性,不仅在于参加该公约的成员国数量巨大,而且在于《TRIPs协定》已经将《伯尔尼公约》的实体性条款纳入自己的范围。这就意味着凡是世界贸易组织的成员,都应当遵守《伯尔尼公约》的实体性条款,包括外国人获得著作权的规定。

这里仅以《伯尔尼公约》为例,说明外国人如何在中国获得著作权。根据《伯尔尼公约》第3条和第4条的规定,外国人的作品获得著作权,有以下几种情况:

1. 公约成员国国民的作品,无论是否出版,在中国都享有著作权;

2. 非公约成员国国民的作品,只要首次在一个成员国出版,或者首次出版同时发生在一个非成员国和一个成员国,可以在中国享有著作权;

3. 非公约成员国的国民,如果在成员国中有惯常居所,作品无论出版与否,在中国享有著作权;

4. 对于电影(视听)作品来说,即使不符合上述三个标准中的任何一个,只要制片人的总部或制片人的惯常居所在某一成员国中,在中国享有著作权;

5. 对于建筑作品及建筑物中的艺术作品来说,即使不符合前面三个标准,只要建筑物或建筑物中的艺术作品位于某一成员国内,在中国享有著作权。

显然,绝大多数外国人的作品在中国获得著作权,尤其是《伯尔尼公约》成员国国民的作品在中国获得著作权,是随着作品的完成而自动获得。非公约成员国的国民,其作品在中国获得著作权的情形不一而足,有的因为首次出版同时发生在成员国和非成员国而自动获得,有的因为作者在成员国中有惯常居所而自动获得,等等。其中的同时出版,不是指同一日出版,而是指出版后的30日之内又在其他国家出版。例如,非成员国国民的一件作品,先在一个非成员国出版,然后又在30日之内在一个或更多的成员国出版,就算是同时出版。

此外,《著作权法》第2条第3款规定,外国人、无国籍人的作品首先在中国境内出版的,依照本法享有著作权;第4款规定,未与中国签订协议的国家的作者,或者没有与中国共同参加国际条约的国家的作者,以及无国籍人,只要其作品首次在中国参加的国际条约的成员国出版的,或者在成员国和非成员国同时出版的,受本法保护。

应该说，这两款的规定与《伯尔尼公约》的有关规定都是一致的。例如，伊朗到目前为止既没有参加任何国际著作权条约，也没有与中国签订任何著作权保护的双边条约，但如果某位伊朗公民的作品首次在中国出版，或者首次在其他《伯尔尼公约》成员国出版，或者首次出版同时发生在某一《伯尔尼公约》成员国，都可以依据中国著作权法享有著作权。

除了《伯尔尼公约》所规定的5种情形，除了其所属国或者经常居住地国与中国签订了著作权保护的双边协议，其他外国人、无国籍人的作品，在中国不享有著作权。

二、版权标记

（一）版权标记的含义

以加注版权标记作为获得著作权的形式要件，这是一种非常古老的做法。例如，中国宋代在出版物上加注的“不许复版”，就相当于是一种版权标记。又如，美国版权法自一开始就要求在出版物上加注版权标记，否则有关的作品丧失版权，进入公有领域。继承这一传统，1952年缔结的《世界版权公约》也把加注版权标记作为获得版权的前提条件。按照有关的规定，作品出版以后，如果加注了版权标记，则享有著作权；如果没有加注版权标记，则丧失著作权。

按照加注版权标记的做法，只要在作品出版发行时，印上符合规定的标记就可以获得版权。作者也不需要申请注册，不需要获得任何机关或个人的授权或批准。所以有人认为，这也是自动获得版权的一种方式。当然，这种说法只是相对于专利权和注册商标的申请与获得而言的。就著作权的获得来说，加注版权标记仍然是一种手续。如果应当加注而没有加注版权标记，就会丧失或者不能获得版权。

根据《世界版权公约》和美国等国家的做法，版权标记由三个部分构成：一是表示版权的© 或 Copyright 或 Copr.；二是作品首次出版的年份；三是版权所有人的姓名。当出版物是录音时，表示版权的符号是ⓟ（p 是英文 phonogram 的缩写，意思是录音）。

加注版权标记，一般是在作品出版时加注。在要求加注版权标记的国家里，如果作者或出版者一时疏忽而没有加注版权标记，就会丧失版权。甚至会有这样的情况出现，即作品完成但没有出版之前，作者依照有关的法律享有版权，而在作品出版后因为没有加注版权标记，反而丧失了版权。例如，依据美国1978年以前的联邦版权法，州法与联邦法保护版权的分界线是作品的出版。作品完成后、尚未出版前，依据州法自动获得版权和相应的保护。如果作品出版而又没有加注版权标记，则依据联邦版权法丧失版权，不再受到保护。按照有关的解释，加注版权标记是向公众申明保留版权；未加注版权标记，则表明作者或权利人放弃版权，让作品进入公有领域。

加注版权标记,一般是在出版物或复制品上,如书刊和录音制品上等。但即使是在要求加注版权标记的国家里,也并非要求在所有的出版物或复制品上都加注版权标记,或者在某些特殊的情况下并不要求加注完整的版权标记。例如,许多国家不要求在美术作品和建筑物上加注版权标记,因为这会破坏美术作品或建筑作品的美观。又如,1976 年《美国版权法》第 401 条虽然要求版权所有人在版权标记中说明作品首次出版的年份,但又明确规定当图形、雕刻或雕塑作品被复制在贺卡、明信片、文具、珠宝、玩具或实用品上时,可以省略出版年份。这是迎合某些出版厂商利益的规定,因为这些出版厂商不希望自己的产品因为首次出版年份较早而显得过时。

(二)两个公约的不同要求

在有关版权保护的两个主要国际公约中,只有《世界版权公约》要求加注版权标记,并以此作为获得版权的条件。《伯尔尼公约》则从一开始就坚持版权自动获得,不要求履行任何手续,包括不要求加注版权标记。近年来,随着《伯尔尼公约》在国际版权保护中所发挥的作用日益增大,尤其是随着《伯尔尼公约》的实体性条文纳入《TRIPs 协定》,很多国家不再将加注版权标记作为版权获得的要件。或者说,即使有些国家还坚持以加注版权标记作为获得版权的条件,只要它们加入了《伯尔尼公约》或者世界贸易组织,这种要求也仅仅适用于本国国民,而不适用于其他成员国或成员的国民。

在这方面,美国的变化就很能说明问题。美国版权法从一开始就要求作者或版权人在已经出版或公开发行的作品上加注版权标记,并且以此作为获得版权的前提。而到了 1989 年美国加入《伯尔尼公约》时,就不得不依据公约的要求,取消了以加注版权标记作为版权保护的前提条件。根据《伯尔尼公约实施法》,在出版物上加注版权标记是选择性的,而非法定的要求。如果作者或版权人没有在出版物上加注版权标记,也不会丧失版权。这样,在版权标记的问题上,美国版权法就抛弃了相沿 200 多年的做法,最终与国际社会一致。当然,美国版权法仍然保留了版权标记的通告含义。根据《美国版权法》第 401 条第 4 款的规定,如果在已经出版的作品上加注了版权标记,侵权者就不能主张自己是无过错侵权,就不能以无过错侵权来要求法院减轻实际的或法定的损害赔偿金。这就意味着如果出版物上没有加注版权标记,侵权人就可以主张无过错侵权,并要求减轻损害赔偿金。所以,加注版权标记仍然是一个有利的选择。

与《伯尔尼公约》相比,《世界版权公约》在国际版权保护中的作用已经日益下降。尽管如此,对于《世界版权公约》关于版权标记的要求,仍然不能低估。这是因为随着一大批《世界版权公约》的成员国加入《伯尔尼公约》,也有一大批《伯尔尼公约》

的成员国加入《世界版权公约》。它们在加入《世界版权公约》以后，其国民也按照该公约的要求，在出版物上加注了版权标记，以免自己的权利在某些不是《伯尔尼公约》成员国但又是《世界版权公约》成员国的国家中得不到保护。而且，到目前为止，仍然有个别参加了《世界版权公约》的国家，既没有参加《伯尔尼公约》，也没有参加世界贸易组织。在这些个别国家里，加注版权标记仍然是获得版权的前提条件。

中国既是《伯尔尼公约》的成员国（1992 年 10 月 15 日加入），又是《世界版权公约》的成员国（1992 年 10 月 30 日加入）。因而，为了让自己的作品在《世界版权公约》成员国中也得到保护，尤其是在那些既没有加入《伯尔尼公约》又没有加入世界贸易组织的成员国中得到保护，在出版物上加注版权标记还是必要的。况且，版权标记还有一个公告的作用，向社会公众宣告版权保留、出版年份和版权人等事项，也有利于作品的使用者与版权人联系，商谈有关的使用事宜。此外，加注版权标记也是一件非常简单的事情，只要权利人和出版者稍加留意就可以做到。

受《世界版权公约》和许多国家习惯做法的影响，中国的许多著作权人或出版者也开始注重在出版物上加注版权标记。而且，这种加注版权标记不仅有传统的“版权所有，翻印必究”之类的声明，还有《世界版权公约》所规定的版权标记©之类。而 2004 年发生的几个相关判例，更是把版权标记的含义究竟是什么的讨论推上了一个高潮。

根据案情，日本动画形象“奥特曼”曾经是与米老鼠、唐老鸭齐名的动画形象，其著作权人曾在许多国家许可他人使用。几家中国公司未经许可而生产和销售了“奥特曼”形象产品，并在产品上加注了版权标记© Tsuburaya Chaiyo。其中的 Tsuburaya Chaiyo 是一家泰国的被许可人，而非日本的著作权人。原告由此而主张被告侵犯了自己的著作权，包括署名权。虽然中国法院判定原告享有著作权，判定被告未经许可而使用原告的作品，侵犯了原告的权利，但又没有依据错误的版权标记判决被告侵犯了原告的署名权。① 以至于某些不明著作权法、不明版权标记含义的人惊呼，中国拒不遵守已经加入的《世界版权公约》。

事实上，裁定本案的被告没有侵犯原告的署名权，中国的法院既没有犯法律上的错误，也没有拒不遵守《世界版权公约》。因为按照《世界版权公约》和相关国家的法律，版权标记之后的人是版权所有人，他可以是作品的作者，也可以是版权的受让人，还可以是版权的继承人。版权标记仅仅是表明该作品的版权所有人是谁，而不是作者署名的方式。版权标记与作者的署名方式无关。即使版权标记中的版权所有人写错了，也没有侵犯作者的署名权。当然，将版权所有人的姓名写错，属于错误标示，可

---

① 《中国经济时报》2005 年 1 月 19 日。

以通过其他方式,诸如反不正当竞争法中的制止虚假标示的方式,加以纠正。

由此看来,在这个问题上犯了错误的不是中国的法院,而是本案的原告和那些不了解版权标记的真实含义的人。原告就版权标记中的错误而主张被告侵犯了自己的署名权,本身就是一个错误。

三、著作权登记

(一)登记获得著作权

登记获得著作权,又称注册获得,是指一部作品完成或出版后,作者或相关人必须向有关的政府部门登记注册,才能获得著作权。不过,近代以来,以登记作为著作权获得要件的国家并不多见。例如,版权保护的两大国际公约(《伯尔尼公约》和《世界版权公约》)都不要求版权的获得以登记注册为前提。

西班牙著作权法曾经要求,著作权的获得和权利的行使以作品的登记为前提。但是到了1987年新的著作权法实施时,西班牙就废除了这一要求。不过,受西班牙著作权法影响较深的一些拉丁美洲国家和非洲国家,至今仍然保留了登记获得著作权的要求。大体说来,这又有两种情形。第一种情形是作品一经完成,就必须登记。例如,马里著作权法明确规定,任何作品创作完成后,应当到"文学艺术产权登记处"登记,才享有著作权。乌拉圭的著作权法也规定,一切作品都必须向有关的政府机构登记注册,才能享有著作权。第二种情形是作品发表后应当登记注册,并且获得著作权。例如,阿根廷的著作权法曾经规定,作品发表后的3个月,必须向国家版权登记处注册,否则不得行使著作权。哥伦比亚的著作权法也曾经有相似规定,即作品出版后不履行登记手续,则自行中止有关的著作权,直到履行了登记手续。①

由于《伯尔尼公约》和《世界版权公约》都不要求以登记注册作为著作权获得的前提条件,即使是今天仍然实行登记获得著作权的国家,只要它们加入了《伯尔尼公约》或《世界版权公约》,就只能要求本国国民这样做,而不能将这一要求适用于其他成员国的国民。所以,登记获得著作权的要求,对于绝大多数国家的国民来说没有什么意义。

(二)著作权登记

著作权登记是指权利人在特定的国家机构,登记自己的著作权,并获得相应的证明文件。著作权的登记与著作权的获得无关。在要求登记著作权的国家里,即使权

---

① 参见郑成思:《知识产权法》(第2版),法律出版社2004年版,第282~283页。

利人没有登记或者没有及时登记自己的著作权,也不影响著作权的获得。当然,在某些特定的情况下,这可能影响著作权的行使或者影响某些法律救济的获得。

在版权的登记方面,美国是一个典型。美国版权法一直要求版权登记,并以此作为提起侵权诉讼的前提。例如,1909 年《美国版权法》规定,作者在作品出版后的 3 个月以内,必须向国会图书馆的版权局登记注册,提交两册已经出版的样书。登记注册虽然不是获得版权的前提,却是今后提起版权侵权诉讼的前提。也就是说,如果没有登记版权,不得提起侵权诉讼。这实际上意味着作者在作品出版后必须及时登记版权。否则,在发生侵权的时候不得提起诉讼,版权保护也就失去了意义。

1976 年《美国版权法》继续规定,以版权登记作为提起侵权诉讼的前提,但又放宽了作品发表后登记注册的时间要求,可以在提起侵权诉讼之前的任何时间里登记注册。《美国版权法》第 408 条规定,无论是已经出版的作品还是尚未出版的作品,其版权所有人可以在版权有效期内的任何时间,向版权局注册自己的作品。在进行注册的时候,注册人必须填写申请表格,缴纳注册费用,并提交作品的复制品或录音制品。版权局在收到申请表格、费用和复制品后,只进行形式审查,看是否有明显的错误,或者有关的客体是否属于版权法保护的客体。与注册密切相关的是提交作品的复制品,这可以是样书、样刊、录音制品,还可以是其他形式的复制品。《美国版权法》第 407 条规定,在作品出版后的 3 个月内,版权所有人应当向版权局提交两件最好版本的复制品或录音制品。

根据《美国版权法》,注册的目的是让版权局建立尽可能完备和广泛的版权记录,有利于版权的管理和实施,而提交作品的复制品,则是为了丰富国会图书馆的收藏。注册与版权的获得无关。因而,《美国版权法》规定了一系列鼓励版权所有人进行注册的措施。例如,该法第 410 条第 3 款规定,如果版权所有人在作品出版后的 5 年之内进行了注册,由版权局所颁发的注册证书,在侵权诉讼中就可以成为版权有效的证据。如果没有相反的证据,注册证书上所记载的事实都可以作为判决的依据。又如,该法第 412 条规定,在下面两种情况下,权利人不能获得法定赔偿金和律师费:就未发表作品来说,侵权活动开始于注册生效日之前;就已发表作品来说,侵权活动开始于注册有效日之前,除非版权所有人在作品首次发表后的 3 个月内进行了注册。

自 1989 年 3 月美国加入《伯尔尼公约》以后,版权登记的要求就不再适用于《伯尔尼公约》成员国的国民。当然,按照《美国版权法》的规定,这一要求仍然适用于美国国民。将不符合公约的规定仅仅适用于本国人,并不违反《伯尔尼公约》的精神。

中国在著作权的获得上采取自动获得原则,并且不要求作品的登记。然而,1991 年 6 月颁布的《计算机软件保护条例》又规定,计算机软件的所有人应当向软件登记机构进行登记;登记虽然不是获得著作权的前提条件,却是提起软件权利纠纷的行政处理和诉讼的前提。这与美国的版权登记类似,是一种准强制登记制度。显然,为了在有关著作权的行政处理和诉讼中保护自己的利益,计算机软件的著作权人不得不去有关机构进行登记。

本来,上述规定是既针对中国的软件所有人,又针对外国的合法软件所有人。但是这一规定,尤其是要求外国的合法软件所有人以登记作为提起诉讼的前提,又与《伯尔尼公约》规定的著作权自动获得原则不一致。所以,当中国1992年10月加入《伯尔尼公约》之前,国务院颁布了《实施国际著作权条约的规定》,明确宣布外国人的计算机软件可以不履行登记手续。这样,计算机软件的登记要求就仅适用于中国人了。这又引起了国内软件所有人的不满,要求中外一体对待。1993年年底,最高人民法院下发了《关于深入贯彻执行〈中华人民共和国著作权法〉几个问题的通知》,其中规定:"凡当事人以计算机软件著作权纠纷提起诉讼的,经审查符合《中华人民共和国民事诉讼法》第一百零八条规定,无论其软件是否经过有关部门登记,人民法院均应予以受理。"随着这个通知的执行,至少是在计算机软件著作权纠纷的诉讼中,已经不再要求国内的计算机软件所有人以登记作为提起诉讼的前提。至于软件著作权行政纠纷的提起,则没有类似的通知或其他文件,似乎还应当以登记为前提。直到2002年1月1日起实施新的《计算机软件保护条例》,才不再有登记的要求。

此外,自1995年开始,国家版权局开始实施"自愿登记制",让著作权人到国家版权局下属的中国版权保护中心进行著作权登记。此后,国家版权局又将著作权登记的权限下放,省市自治区一级的版权管理部门,甚至个别地级市和县级市的版权管理部门,都可以从事著作权登记。在这方面,2020年修改的《著作权法》第12条第2款还明确规定,"作者等著作权人可以向国家著作权主管部门认定的登记机构办理作品登记"。按照这种制度,所有的著作权人都可以自愿向国家版权局或地方版权局登记自己的著作权,并获得登记证书。国家版权局或地方版权局在进行登记时,也是只进行形式审查,不进行实质审查。而且,这种登记与著作权的获得和诉讼的提起没有关系,也与权利人能够获得的法律救济无关。它仅仅是行政机关颁发的,说明著作权人就某件作品拥有著作权的一个证明。至于登记证书上的权利人是否真的就相关作品享有著作权,还应当在侵权诉讼中接受司法机关的审查,或者在行政查处中接受行政机关的审查。

2008年8月,在国家版权局召开的一个专家研讨会上,涉及了一个有关著作权登记的行政复议案件,又把登记审查的含义和范围突出地摆在了人们面前。案件所涉及的是一首依据云南民歌改编而成的音乐作品。先有一位申请人向云南省版权局提出了著作权登记申请,并提交了相应的资料。云南省版权局经过审查,进行了版权登记。后来,又有一位申请人向云南省版权局提出著作权登记申请,并通过相关资料证明自己才是这首音乐作品的作者，而第一个登记人并非作者。云南省版权局审查相关的资料以后，作出了版权登记的变更。随后，第一位著作权登记人提出了行政复议，并将有关复议案打到了国家版权局。在国家版权局召开的专家研讨会议上，一些行政法专家甚至认为，国家版权局应当进行行政复议，因为这是下级行政机关作出的决定。同时，当事人也可以就云南省版权局的决定提起行政诉讼。

然而，从著作权法的角度来看，这个案件又与行政复议和行政诉讼没有关系。因为著作权的登记不是权利的授予，仅仅表明某人就某项作品拥有著作权。云南省版权局无论是将第一位申请人登记为著作权所有人，还是将第二位申请人登记为著作权人，都仅仅具有证据的意义，而与著作权的真实归属无关。根据《著作权法》第 12 条第 1 款的规定，如无相反证明，在作品上署名的人为作者。事实上，版权登记与作品署名具有基本相同的法律效力。一旦有相反的证明，无论是作品的登记人还是作品上署名的人，都有可能既不是作者，也不是著作权人。

就这个行政复议案而言，出现错误的关键之处，恐怕还是云南省版权局的实质审查和更改版权登记。因为行政机关对于著作权登记申请的审查是形式审查，只要申请人提交了合格的申请表格和相关的资料，就应当予以登记。至于申请人是否属于相关作品的真实作者或者著作权人，则不属于著作权登记机关解决的问题。这样，第一位著作权登记申请人提出申请，这属于正常的著作权登记申请，只要相关的申请资料符合法律规定的要件，就可以予以登记。至于第二位著作权登记的申请人提出异议，主张自己是作者或者著作权人，而非在先的申请人时，已经发生了著作权归属的争议，应当由法院予以解决。在这种情况下，云南省版权局应当告知当事人前往法院解决著作权归属的争议，而非自己进行实质审查和变更著作权登记。①

由这个复议案也可以看出，著作权登记机关还应当充分理解著作权登记的含义，严格进行形式审查而非实质审查。

第二节　著作权的归属

著作权基于作品的创作而产生，一般归属于作者享有。然而，由于作品的创作方式不同、作品的种类不同，在著作权的归属上也会有一些特殊的规定。与世界各国的做法一样，中国《著作权法》不仅规定了著作权归属的一般原则，而且针对特别的创作方式和特别的作品种类，规定了一些著作权归属的特别办法。本节将讨论著作权归

---

① 笔者参加了 2008 年 8 月的案件研讨会，并发表了上述意见。

属的一般原则和著作权归属中的一些特殊问题。

一、著作权归属的一般原则

中国《著作权法》第11条第1款规定:“著作权属于作者,本法另有规定的除外。”著作权属于创作作品的作者,这是著作权归属的一般原则,也是世界各国的著作权法所遵循的一个原则。值得注意的是,作者是指创作作品的自然人。著作权属于作者,是基于自然人创作作品这样一个事实。那些没有创作作品的人,以及仅仅提供了资料和建议的人,都不是作者,都不能享有著作权。

在考察作者和著作权归属时,还要特别注意将作品的作者与作品的表演者、制作者或施工者区别开来。例如,舞蹈作品的作者是舞蹈动作、姿势和表情的编排者,而不是舞蹈的表演者和导演。又如,在实用艺术品的情况下,作品的作者是实用艺术品的艺术设计者,而不是将实用艺术品制作出来的工匠。在某些雕塑作品,诸如青铜雕塑的情况下,作者是雕塑的设计者,而不是雕塑的铸造者。再如,在建筑作品的情况下,作者是建筑图纸或建筑物的设计者,而不是具体的建筑施工者。由于在作品上会同时出现作者与表演者的名字、雕塑设计者与铸造者的名字、建筑设计者与建筑施工者的名字,所以注意他们的区别还是非常有必要的。在这里,关键的问题有两个:一个是明确作品的概念,另一个是明确作者的概念。只有创作了作品的人才是作者,才是著作权的原始享有者。其他人都不是作者,都不是原始著作权的享有者。

著作权属于作者,这是著作权归属的一般原则。然而在某些特殊的情况下,著作权又可以归属于作者以外的人或组织。中国《著作权法》第11条所说的“本法另有规定的除外”,就是指这类情形。例如,依据中国《著作权法》,由法人或非法人组织主持,代表法人或非法人组织意志创作,并由法人或者非法人组织承担责任的作品,法人或者非法人组织视为作者。在这类情况下,法律将法人或非法人组织“视为”作者,将著作权赋予法人或非法人组织,真正创作了作品的自然人则被排除在外,既不是作者也不享有著作权。英美法系国家规定的雇佣作品,在著作权的归属上也是这样。又如,按照美国版权法,在委托作品的情况下,委托方和受托方可以通过合同约定,由委托方作为作者并享有版权,而创作作品的受托方则被排除在外。

在著作权归属的问题上,一般说来,在作品上署名的自然人为作者,法人或者非法人组织“视为”作者,著作权也归署名者所有。除非有相反的证据,足以推翻署名者为作者的推定。中国《著作权法》第12条第1款规定:“在作品上署名的自然人、法人或者非法人组织为作者,且该作品上存在相应权利,但有相反证明的除外。”这表明相关作品上存在的著作权,也归属于在作品上署名的自然人、法人或者非法人组织。

二、演绎作品的著作权归属

演绎作品是在他人作品的基础上,通过重新创作或改编而形成的作品。演绎作品可以是基于一件已有作品而产生,如将某一部外国文学名著翻译成中文,将一部独奏曲改编为协奏曲。演绎作品也可以是基于两件以上的现有作品而完成,如依据某一作家的两部小说拍摄一部电视连续剧,根据多部作品拍摄一部电影。演绎作品可以是依据他人处于公有领域中的作品而完成,也可以是依据他人处于专有领域中的作品而完成。演绎作品的著作权归属于演绎者。

中国《著作权法》第 13 条规定了几种演绎作品的著作权归属。根据规定,改编、翻译、注释、整理已有作品而产生的作品,其著作权由改编者、翻译者、注释者和整理者享有。其中的改编是指在原有作品的基础上,通过改变作品的表现形式或者用途,创作出具有独创性的新作品。例如,将小说改编成电影,将二胡独奏曲改编为交响乐等。其中的翻译是指将一种语言文字转换成另一种语言文字。例如,将英文翻译成中文,将中文翻译成法文等。其中的注释是指对文字作品中的字、词、句进行解释。注释仅适用于文字作品。其中的整理是指对内容零散、层次不清的已有文字作品或者材料进行条理化、系统化的加工,如古籍的校点、补遗等。①

事实上,演绎作品,尤其是其中的改编作品,具有非常广泛的含义。例如,根据他人的文学艺术作品而改编形成的戏剧、小说、曲艺、舞蹈、电影、电视系列剧等,各种文学名著的压缩本、改编本、节略本、配图改编本等,都属于改编作品。此外,演绎作品也不限于《著作权法》第 13 条所列举的改编作品、翻译作品、注释作品和整理作品。临摹绘画、雕塑等美术作品而形成的作品,编辑性地修改、注释、整理或经过其他变化,如果在整体上形成了一部独创性作品,也是演绎作品。

演绎作品的著作权归属于演绎者,这是毫无疑问的。因为演绎者在以他人作品为基础进行创作的时候,投入了创造性的智力劳动,应当就自己的创作成果享有著作权。然而,演绎作品又是一种特殊的作品,不仅包含了演绎者的创作成果,还包含了原作作者的创作成果。这样,在一部演绎作品中就至少有两个著作权,即属于原作作者的著作权和属于演绎者的著作权。演绎者在行使自己著作权的时候,不得侵犯他人就原作所享有的著作权。中国《著作权法》第 13 条就明确规定,演绎者在“行使著作权时不得侵犯原作品的著作权”。

首先,演绎者在以他人作品为基础进行演绎创作时,应当获得原作品的著作权人的许可。当然,如果他人的作品从一开始就处于公有领域中,或者已经超过了保护期

---

① 以上关于改编、翻译、注释和整理的定义,参见 1991 年《著作权法实施条例》。

限,则不必寻求此种许可,但仍然应当尊重他人的精神权利。例如,以曹雪芹的《红楼梦》(从来没有受到过著作权法的保护)创作演绎作品,以鲁迅的作品(已经超过了著作权法的保护期限)创作演绎作品,都属于这样的情形。

其次,演绎作品的作者在行使自己的著作权时,不得侵犯他人就原作所享有的著作权。由于演绎作品所具有的特殊性,演绎作者在行使自己权利的时候,必然涉及原有作品的著作权。无论是转让还是许可,演绎作者只能转让或许可属于自己的权利,不得转让或许可属于原有作品的著作权。这一点对于演绎作品的受让人或被许可人来说,也许更为重要。例如,被许可人在获得了演绎作者的授权以后,他还必须再获得原有作品著作权人的许可,才能够使用演绎作品。否则,仅仅获得演绎者的许可,或者仅仅获得原有作品著作权人的许可,都不能合法地使用演绎作品。当然,当原有作品的著作权保护期限届满以后,演绎作品的著作权人就可以独立地行使自己的权利,演绎作品的使用者也只需要获得演绎者的许可就可以使用相关的作品了。

三、合作作品的著作权归属

《著作权法》第 14 条规定,“两人以上合作创作的作品,著作权由合作作者共同享有”。由此可见,合作作品是指两人以上合作创作的作品,他们创作的最终目的是将各自创作的部分合为一体,使之形成一部完整的作品。例如,《美国版权法》第 101 条对合作作品所下的定义是:“由两个或更多的作者创作的作品,他们创作的目的是将自己的成果合并为一个整体,成为其中不可分割或相互依存的部分。”又如,《德国著作权法》第 8 条规定,合作作品应当符合两个标准:一是两个以上的作者共同创作了一部作品;二是他们各自的创作成果只能合在一起而被使用,不能单独被利用。

合作作品的构成要素有两个。

第一,合作作者具有共同创作某一作品的合意。判定合作作品的标准是,两个以上的作者在创作作品的时候,具有将自己的创作成果合并为一个整体的“意图”。如果没有这种“意图”,即使有人将两个以上作者创作的成果合并为一个整体,这个整体作品也不属于合作作品。此外,为他人已经完成的诗词谱曲,或者为他人已经完成的乐曲填词,都是缺乏共同创作某一作品的合意,因而不是合作作品。

第二,合作作者具有共同创作的行为。合作作品的作者必须在合意的基础上,为作品的完成付出了直接的和实质性的劳动。只有直接从事了创作活动的人才是作者。那些仅仅提供了素材、想法或某些细节的人不属于作者,因为他没有从事原创性的创作活动。合作作品的作者必须是在数量上和质量上对合作作品作出了相当的贡献。美国的一个判例曾指出:“虽然一名合作作者的贡献不必等同于其他的作者,但该合作作者的贡献无论是在质量上还是数量上都是显著的,从而可以推断各方当事人意图创作一件合作作品。"①

在理解合作作品时,应当注意将合作作品与汇编作品区分开来。合作作品是两个以上作者在创作作品的时候,具有将自己的创作成果合并为一体的"意图"。而在汇编作品的情况下,则是由报纸杂志的编辑者、百科全书的编辑者、文集的编辑者将不同的作品汇编在一起而形成一部作品。汇编作品至少有两点不同于合作作品。首先,汇编作品虽然也是由两个以上的作者创作完成,但是他们在创作时没有将自己的作品合成为一个整体的"合意"。而且,其中每一个作者的作品都可以单独独立出来,每一个作者都可以单独享有和行使著作权。其次,各个单独的作品虽然也可以因为汇编者的选择、编排而形成一部汇编作品,但汇编作品的著作权不是归合作作者共有,而是归汇编者享有和行使。这与合作作品的情况下有关作品归合作作者共有不同。可以说,合作作品是由两个以上作者创作完成的作品,但两个以上作者创作完成的作品并非都是合作作品。

合作作品的著作权归合作作者共同享有。依据中国著作权法,合作作品可以分为两种,合作作者行使著作权的方式也因此而有两种。

第一种是合作作品可以分割使用的。例如,歌曲和歌词,一部学术著作中几位作者分别撰写的不同的章节,等等。在这种情况下,作者就各自创作的部分可以单独享有和行使著作权,但在行使著作权时不得侵犯合作作品整体的著作权。

第二种是合作作品不可以分割使用的。例如,两个人合作撰写一篇学术文章,共同讨论提纲,然后由一个人撰写,再由一个人修改润色,两个人的创作成果难以分割。在这种情况下,合作作品的著作权由合作作者共同享有和行使。2020 年修改后的《著作权法》第 14 条第 2 款规定:"合作作品的著作权由合作作者通过协商一致行使;不能协商一致,又无正当理由的,任何一方不得阻止他方行使除转让、许可他人专有使用、出质以外的其他权利,但是所得收益应当合理分配给所有合作作者。"按照这个规定,转让著作权、许可他人专有使用和著作权出质,仍然应当由合作作者协商一致。

在合作作品著作权的行使上,美国的规定不同于中国的规定。根据美国版权法的规定,在合作作品的情况下,每一位作者都是版权的共有人,可以单独利用作品或许可他人利用作品,不必获得其他合作作者的同意。这与中国著作权法规定的先协商行使,不能协商一致则可以单独行使的做法不同。或许,美国的做法更为简便易行。当然,由利用作品所获得的收益,也应当由合作作者共同分配。此外,美国版权法还规定,就某一部合作作品来说,不存在一个合作作者侵犯另一个合作作者版权的问题。在合作作品的情况下,共同享有版权的任一作者,还可以不经其他作者的许

① Eckert v. Hurley Chicago Co. , Inc. , 230 USPQ 612 (N. D. Ill. 1985).

可,依据原作创作演绎作品,并就演绎作品享有版权。

合作作品的另一个特殊之处在于著作权的保护期限上。由单个作者创作的作品,著作权的保护期为作者的有生之年加死亡后50年。而在合作作品的情况下,则是最后死亡的作者的有生之年加死亡后50年。

四、汇编作品的著作权归属

汇编作品是集合作品、作品的片段、事实和数据等而形成的作品,如报纸、期刊、百科全书、选集和数据库等。汇编作品的独创性体现在对于作品、作品片段、事实、数据等的选择和编排上。汇编作品的著作权归汇编者享有,但是汇编者在行使自己的著作权时,不得侵犯原作品的著作权。例如,《著作权法》第15条规定:"汇编若干作品、作品的片段或者不构成作品的数据或者其他材料,对其内容的选择或者编排体现独创性的作品,为汇编作品,其著作权由汇编人享有,但行使著作权时,不得侵犯原作品的著作权。"

汇编作品,尤其是其中的百科全书、报纸、期刊和选集等,最大的特点是具有"双重著作权"。一方面,构成汇编作品的作品、作品的片段等,可能是享有著作权的作品。所以,汇编者在编选他人享有著作权作品的时候,应当获得原作著作权人的许可。另一方面,汇编者在选择和编排作品、作品的片段、事实、数据时,付出了具有独创性的智力劳动,这种选择和编排本身就构成了作品,汇编者对其享有著作权。但是,汇编者在行使自己的著作权时,不得侵犯原作品的著作权。

在说到汇编作品时,要特别注意汇编作品的著作权与汇编作品的构成成分的关系。无论是作品还是作品的片段,都不会因为被纳入了某一汇编作品而丧失、延长或缩短受保护的期限;无论是单纯的事实还是数据,也不会因为被纳入了某一汇编作品而获得著作权。汇编作品的著作权人仅就汇编作品享有著作权,而且这种享有丝毫不影响构成成分的权利状态。

汇编作品在1991年《著作权法》中被称为"编辑作品"。虽然那时所说的编辑作品,也是指编辑者选择和编排作品、作品的片段,使之构成一部独立的作品,但是"编辑作品"毕竟容易与文字的编辑加工相混淆。所以,在2001年修改《著作权法》时,使用了更为准确的"汇编作品"的概念。

此外,1991年《著作权法》中所说的"编辑作品",仅指汇集了作品和作品的片段,而没有提到事实和数据等。1991年《著作权法实施条例》第5条第11项规定:"编辑,指根据特定要求选择若干作品或者作品的片段汇集编排成为一部作品。"这样,由事实和数据等构成的数据库,即使在选择和编排上具有独创性,也被排除在了法律的保护范围之外。这与《TRIPs协定》的规定不符。根据《TRIPs协定》第10条的规定,数据或者其他材料的汇编，无论采用机器可读形式还是其他形式，只要在对于内容的选择和编排上构成智力创作，就应当受到保护。当然，这种保护不延及数据和材料本身，不得损害数据和材料已经具有的著作权。为了使中国著作权法与《TRIPs 协定》的规定一致起来，2001 年修改《著作权法》时，改为“汇编若干作品、作品的片段或者不构成作品的数据或者其他材料”。这样，即使是由单纯的事实或数据构成的数据库，只要具有选择和编排上的独创性，就可以作为“汇编作品”受到著作权法的保护。

到目前为止，中国著作权法仅保护在内容的选择和编排上具有独创性的汇编作品或数据库，尚不保护在内容的选择和编排上不具有独创性的数据库。

五、视听作品的著作权归属

在著作权法保护的对象中，视听作品是一种独特的作品。就视听作品基于一定的文学作品和脚本、分镜头剧本等来说，它是一种演绎作品。就视听作品由脚本、对白、音乐、插曲、美术设计等构成来看，由导演、演员、服装、道具、美工等共同创作来看，又可以在某种程度上把电影视为合作作品。由于视听作品中体现了许多人的创造性劳动，最终的视听作品的著作权归属就是一个非常复杂的问题。如果让每个创作者独立享有和行使自己的权利，要么视听作品完成不了，要么完成了以后也无法推向市场。

对于视听作品的著作权归属，世界各国的著作权法有不同的规定。按照《美国版权法》，电影或者视听作品的版权归制片人享有。这与《美国版权法》所规定的雇佣作品的版权属于雇主所有是一致的。因为在视听作品的情况下，是制片人投资拍摄视听作品，无论是导演、音乐作者、美工设计，还是演员和其他辅助人员，都是制片人的雇员。所以，在雇佣关系下由雇员所创作出来的作品，理所当然由雇主享有有关的权利。而按照《法国著作权法》，视听作品的原始著作权，包括精神权利和经济权利，只能属于参加创作的每一个人，如编剧、音乐作者、美工设计和导演等。

显然，在视听作品著作权的归属问题上，《法国著作权法》的规定恰好与《美国版权法》的规定截然相反。不过，这种不同也很好理解。因为美国把版权视为一种经济权利，版权法的目的就是鼓励作品的创作和市场性利用，包括投资和获得相应的经济利益。所以，由制片人投资，雇佣编剧、音乐作者、导演和演员等拍摄视听作品，由此而产生的视听作品自然应当归雇主所有。而依据《法国著作权法》，作品是自然人创作的，就视听作品所产生的一切权利，包括作者的精神权利和经济权利，首先只能归作者所有。当然，在这个前提的基础上，《法国著作权法》又对作者行使精神权利和经济权利进行了一系列的限定，使视听作品得以完成和发行。

在视听作品著作权的归属上，德国作出了介于法国和美国之间的规定。《德国著作权法》规定,电影作品的著作权归属于参加创作的各个自然人,如导演、编剧、音乐作者和对白作者等。所有的这一切都与法国著作权法的精神相一致。但是《德国著作权法》又规定,参加视听作品创作的各位作者,包括视听作品所依据的原作的作者,都在一开始就把自己的经济权利转让给了制片人,由制片人行使有关的经济权利。这可以叫作经济权利的法定转让。

中国《著作权法》在规定电影作品著作权归属的问题上,与美国比较接近。《著作权法》第 17 条第 1 款规定:“视听作品中的电影作品、电视剧作品的著作权由制作者享有,但编剧、导演、摄影、作词、作曲等作者享有署名权,并有权按照与制作者签订的合同获得报酬。”《著作权法》第 17 条第 3 款还规定,视听作品中的剧本、音乐等可以单独使用的作品的作者有权单独行使其著作权。

本来,中国《著作权法》在视听作品的归属上,一直延续了美国的做法,也没有在实践中发生什么问题。然而在 2020 年修改《著作权法》时,却别出心裁地分别规定了电影、电视剧与其他视听作品的权利归属。根据《著作权法》第 17 条第 1 款的规定,视听作品中的“电影作品、电视剧作品”,著作权由制作者享有。而第 2 款则规定:“前款规定以外的视听作品的著作权归属由当事人约定;没有约定或者约定不明确的,由制作者享有,但作者享有署名权和获得报酬的权利。”按照这个规定,电影作品、电视剧作品以外的“其他视听作品”,在经济权利的归属上,遵循有约定按约定,无约定归属于制片者的原则。显然,这个规定有可能在视听作品的保护实践中造成一些问题。

第一,如何在电影作品、电视剧作品与其他视听作品之间划出一条界线。如前所述,无论是称为“电影作品、电视剧作品”还是“视听作品”,都是以滚动画面和伴音的方式来表达某种思想观念或者创意。从著作权法的角度来说,只要滚动的画面和伴音满足了表达和独创性的要求,就可以构成电影作品、电视剧作品或者视听作品。现在硬生生地将“电影作品和电视剧作品”从视听作品中分离出来,并且将电影作品和电视剧作品以外的视听作品称为“其他视听作品”,其划分的标准显然不是作品的构成要件。如果是采用艺术的标准、故事情节的标准,或者主题、内容的标准进行划分,在相关的保护实践中如何适用这类标准,就会成为一个问题。

第二,在相关的权利转让和许可的过程中,如何确定“其他视听作品”的权利归属。按照《著作权法》第 17 条第 2 款的规定,显然会有一些“其他视听作品”通过约定的方式确定权利的归属。这样,在相关视听作品转让和许可的实践中,就需要受让人和被许可人确定,究竟谁是可以从事转让或者许可的权利人。如果没有找到适格的权利人,则有可能产生虚假的转让或者许可。显然,这增加了市场交易的成本和不确定性。

在 2020 年修改《著作权法》的过程中,立法者作出第 17 条第 2 款的规定,显然是回应了一些编剧、导演希望自己也能成为制片者的诉求。事实上,编剧、导演,包括词曲作者、美术作者、脚本作者,以及摄像者、演员和后期剪辑制作者,在自己的专业领域内肯定是行家里手,可以创作出很好的视听作品。然而,拍摄视听作品的融资,组织视听作品的制作,与相关作者和演职人员谈判和缔结合同,以及将制作完成的视听作品推向市场,进行商业性的运营,完全是另外一个专业领域的事情。事实上,在欧美各国和其他很多国家,编剧、词曲作者、美术作者,导演、演员、摄像者等演职人员,通常是在与制片人缔结相关合同的时候,争取自己的最大利益,然后从事自己熟悉的创作工作。至于融资、组织制作、市场运营等工作和相应的风险,则交由制片人处理。显然,由制片者享有相关电影或者视听作品的经济权利,是社会分工所导致的必然结果。

或许有必要在这里指出,《伯尔尼公约》使用的“电影作品”和“类电作品”,以及很多国家著作权法或者版权法使用的“视听作品”,都是一个法律术语。而我国《著作权法》第 17 条使用的“电视剧作品”,则显然不是一个法律术语。期望在下一次修改《著作权法》时,使用统一的“视听作品”的术语,统一规定视听作品的权利归属于制作者。

六、职务作品的著作权归属

职务作品是指公民为完成法人或其他组织的工作任务而创作的作品。在欧美国家,职务作品又称雇佣作品,是指雇员在雇佣关系下所创作的作品。由于职务作品所具有的特殊性,也由于不同的著作权法或版权法的立法基点,英美法系和大陆法系国家对职务作品的权利归属作出了完全不同的规定。

《美国版权法》第 201 条第 2 款规定,在雇佣作品的情况下,雇主视为作者,并享有版权或构成版权的各项权利,除非双方当事人以明确的书面合同的方式做了相反的约定。这样,雇佣作品的版权从一开始就归属于雇主,而非事实上创作了作品的雇员,除非双方有相反的约定。这是美国版权法强调版权为经济权利的必然结果。

在美国,雇佣作品的版权属于雇主,这与某人因版权转让而获得版权不同。通过版权转让而获得了版权的人,可以叫作版权所有人,但不是作者。在雇佣作品的情形下,雇主不仅是版权所有人,还被法律视为作者。这样,雇佣作品的版权保护,就带上了一系列不同于一般作品之版权的特点。例如,在一般作品的情况下,版权的保护期限是作者的有生之年加死亡后 70 年,而在雇佣作品的情况下,版权保护期为出版之后的 95 年或完成之后的 120 年,二者取其长者。也就是说,雇佣作品的受保护期限,不以作者的寿命加死亡后若干年来计算,而是由法律做了特别的规定。

在强调作者精神权利的大陆法系国家,从自然人创作作品的基点出发,总是规定雇佣作品的原始版权归属于创作作品的雇员,但雇员可以通过合同将版权中的经济权利转让给雇主。例如,在德国著作权法中,甚至没有“雇佣作品”的概念。雇员在雇佣关系内所创作的作品,受托人在委托关系内所创作的作品,其原始的著作权,包括精神权利和经济权利,均归属于创作作品的雇员或受托人。同时法律又规定,创作作品的雇员或受托人,可以用合同的方式解决自己与雇主或委托人的关系,诸如把其中的经济权利转让给雇主或委托人。这是大陆法系国家强调只有自然人可以创作作品,由作品而产生的原始著作权只能由作者享有的必然结果。

当然,即使是在强调作者精神权利的大陆法系国家,在计算机软件的著作权归属上也作出了有利于雇主或委托方的规定。例如,依据《法国知识产权法》第 113 条之 9 的规定,雇员在职务范围内创作的计算机软件及文档,其经济权利归雇主所有和行使。又依据该法第 121 条之 7 的规定,计算件软件的作者不得行使修改权和追回权,除非有更有利于软件作者的约定。这样,作者就计算机软件所享有的著作权,其经济权利已经按照法律规定归雇主所有和行使,精神权利也在很大程度上受到了限制。《德国著作权法》第 69 条也规定,雇员在雇佣关系内所创作的计算机软件,其经济权利归雇主所有和行使。

在职务作品的归属上,中国《著作权法》第 18 条依据作品创作完成的不同的情形,作出了两种不同的规定。

第一,职务作品著作权的一般归属。根据规定,职务作品的著作权在一般情况下归创作作品的作者所有,但法人或者非法人组织有权在其业务范围内优先使用。在职务作品完成的两年内,未经单位同意,作者不得许可第三人以与单位使用的相同方式使用该作品。又根据《著作权法实施条例》第 12 条的规定,在职务作品完成后的两年之内,如果作者经过单位的同意,许可第三人以与单位使用的相同方式使用作品,则有关的收益由作者与单位按约定的比例分配。作品完成两年的期限,自作者向单位交付作品之日起计算。

第二,职务作品的特殊归属。在一些特殊职务作品的情况下,作者享有署名权,但著作权的其他权利由法人或者非法人组织享有,法人或者非法人组织可以给予作者奖励。这些特殊职务作品包括:主要是利用法人或者非法人组织的物质技术条件创作,并由法人或者非法人组织承担责任的工程设计图、产品设计图、地图、示意图、计算机软件等职务作品;报社、期刊社、通讯社、广播电台、电视台的工作人员创作的职务作品;法律、行政法规规定或者合同约定著作权由法人或者非法人组织享有的职务作品。值得注意的是,在这些特殊的职务作品的情况下,作者不仅不享有经济权利,而且不享有除署名权之外的其他精神权利。可以说,作者的精神权利也受到了很大的限制。

著作权法之所以对工程设计图、产品设计图、地图、示意图和计算机软件等职务作品的著作权归属作出不同的规定，是因为作者在创作这些作品的时候，主要是利用了法人或者非法人组织的物质技术条件，而且有关的责任也要由法人或者非法人组织承担。按照《著作权法实施条例》第 11 条的规定，“物质技术条件”是指该法人或者非法人组织为自然人完成创作而专门提供的资金、设备或者资料。

在考察某一作品是否属于职务作品时，主要有两个标准。

第一，作品的创作者与某一雇主或单位是否存在雇佣关系。如果双方之间不存在明确的雇佣关系，则有关的作品即使与雇主或单位的业务关系非常密切，也不能纳入雇佣作品或职务作品的范围。

第二，有关作品的创作是否因为雇佣关系的需要而产生，或者说有关的作品是否因为履行单位的工作任务而完成。即使作者与雇主或单位存在雇佣关系、职务关系，如果有关的作品与执行工作任务或履行职责无关，也不能纳入职务作品的范围。根据《著作权法实施条例》第 11 条的规定，“工作任务”是指自然人在该法人或者非法人组织中应当履行的职责。

七、委托作品

委托作品是指作者受他人的委托而创作的作品。由于委托作品在很多方面与雇佣作品相似，因此在欧美国家一般都把委托作品归入雇佣作品，或者视为雇佣作品中的一种特殊情形。例如，在委托作品的情况下，委托人通常都要向受托人支付一笔委托金，让受托人为自己创作作品。这种支付委托金创作作品的关系，与雇佣关系具有相似性。

与雇佣作品的著作权归属相似，基于不同的著作权或版权的保护理论，英美法系和大陆法系也作出了不同的规定。

美国版权法将委托作品视为雇佣作品的一种。根据《美国版权法》第 101 条的规定，产生雇佣作品的情形有两种：第一种情形是某一雇员在其职责范围内所创作的作品，这是雇佣作品最常见的产生途径；第二种情形是某些通过特别订购或委托而产生的作品，可以被视为雇佣作品，这是就委托作品而作出的规定。

根据《美国版权法》第 101 条的规定，并非所有的特别订购或委托创作的作品都属于雇佣作品。

首先，双方当事人必须以书面合同的方式明确约定，有关的作品应当被视为雇佣作品。这就意味着如果当事人没有明确约定有关作品为雇佣作品，该作品就不是雇佣作品，就有可能归受托方（作者）所有。

其次，特别订购或委托创作的作品，必须属于法律规定的 9 种作品之一，或者作为9种作品之一来使用。这9种作品是:(1)作为集合作品中的一个部分;(2)作为电影或其他视听作品的一个部分;(3)作为翻译作品;(4)作为补充作品;(5)作为汇编作品;(6)作为教学材料;(7)作为试题;(8)作为试题的回答材料;(9)作为地图册。这就意味着如果有关的作品不属于上述9种作品,即使当事人以书面合同的方式约定有关作品为雇佣作品,法律也不以雇佣作品来对待。

依据美国版权法,委托作品的版权归属于委托方,而不是创作了作品的作者,除非双方有相反的约定。

大陆法系国家从自然人创作作品并享有著作权的理论基点出发,认为委托作品与雇佣作品一样,原始的著作权归属于作者。例如,《法国知识产权法》第111条规定,作者就其所创作的作品享有排他性的经济权利,任何雇佣或劳务合同都不影响作者享有有关的权利。但在同时,作者又可以以合同的方式将其中的经济权利转让给委托方。《德国著作权法》将委托作品与雇佣作品一体对待,也与《法国著作权法》的规定大体一致。

中国《著作权法》在委托作品的著作权归属上,采取了不同于美国和法国的规定。根据《著作权法》第19条的规定,委托作品著作权的归属由委托人和受托人(作者)通过合同约定。这样,中国《著作权法》就没有像法国和德国那样,规定委托作品的原始著作权归作者所有,而是规定由双方约定。同时,《著作权法》第19条又规定,合同没有明确约定或者没有订立合同的,著作权归属于受托人(作者)。按照这一规定,中国《著作权法》又没有像《美国版权法》那样把权利归属的中心偏向于委托方,而是规定在没有明确约定或者没有订立合同的情况下,让受托方(作者)享有著作权。

中国《著作权法》没有明确规定雇佣作品和委托作品情况下的精神权利的归属。但是,依据著作权法体系的基本精神,在雇佣作品和委托作品的情况下,其中的精神权利仍然应当归属于创作了作品的作者。

八、作品原件的转移与著作权的归属

作品的原件,尤其是美术作品的原件,本身就具有很高的收藏价值。因此,在作品原件的周转过程中,明了作品原件的归属与作品著作权的归属,就是非常重要的。

应该说,就一件作品的原件来说,存在两个权利。

第一个权利是作者就有形的物,如手稿(纸张)、画稿(纸张或画布)等所享有的权利。这是作者所享有的有形财产权,作者可以占有和处分相关的纸张、画布等物品。正是基于这样的权利,作者可以出卖作品的原件,尤其是美术作品的原件,并获得相应的受益。而获得了美术作品原件的所有人,还可以在随后的时间里再次出售原件。随着画家声誉的不断提高,随着岁月的流逝,美术作品原件的价值会成十倍和

百倍地增加。一些欧洲国家所规定的美术作品作者所享有的追续权，就是由此而产生的。

第二个权利是作者就作品原件上所体现的作品享有的著作权，这是作者所享有的无形财产权。作者可以用合同的方式转让自己的著作权，可以用合同的方式许可他人以不同的方式使用自己的作品，甚至还可以因为继承而由继承人享有有关的著作权。可以说，著作权法就作者的精神权利、经济权利的规定，关于权利限制和例外，以及权利保护期限的规定等，都是针对作品而作出的。

正是因为作品的原件，尤其是美术作品的原件，具有上述两个特征，作品原件的转移并不意味着作者就作品所享有的著作权的转移。例如，《著作权法》第 20 条规定，作品原件所有权的转移，不改变作品著作权的归属。获得了作品原件的人，未经作者或其他权利人的许可，不得复制、发行或以其他方式利用有关的作品。当然，依据世界各国著作权法的通例，获得了作品原件（包括美术作品原件）的人，享有展览该原件的权利，有关作品的作者或者其他权利人无权干预。显然，这是对于著作权人权利的一种限制。对于这一点，《著作权法》第 20 条也做了类似的规定："美术、摄影作品原件的展览权由原件所有人享有"。

第三节　著作权的主体

一、著作权主体的概念

著作权的主体，又称著作权人，是指依法就作品享有著作权的个人或法人。著作权的主体，既包括原始的著作权人，也包括继受的著作权人。根据中国《著作权法》，著作权的主体包括作者、著作权的继受人和外国人等。其中的作者包括自然人、法人和非法人组织，著作权的继受人包括受让人和继承人，外国人也包括自然人和法人。此外，在特殊的接受遗赠和无人继承的情况下，国家也可以成为著作权的主体。

对于著作权的主体，或者依法享有著作权的主体，可以从不同的角度加以划分。从著作权主体的自然属性来说，其可以分为自然人、法人、非法人组织和国家。从著作权的取得方式来说，其可以分为原始主体和继受主体。例如，作者为原始的著作权主体，受让人和继承人为著作权的继受主体。从著作权主体的国别来说，其可以分为中国的著作权主体和外国的著作权主体。其中的外国著作权主体包括外国的自然人、法人、非法人组织和国家。从享有权利的状况来说，其可以分为权利的完整享有者和部分享有者。例如，原始著作权人属于著作权的完整享有者，而仅仅获得了复制权和发行权的人,或者仅仅获得了表演权的人,为著作权的部分享有者。事实上,原始的著作权人在转让了某些权利后也变成了著作权的部分享有者。

显然,对于著作权主体的上述划分是从不同的角度进行的,因而有关的主体也是相互包容的。例如,在自然人中,既有创作作品的作者,还有继受著作权的受让人和继承人;既有中国的自然人,又有外国的自然人;既有著作权的完整享有者,又有著作权的部分享有者。又如,在法人中,既有享有原始著作权的法人又有作为受让人的法人,既有中国法人又有外国法人,既有著作权的完整享有者又有著作权的部分享有者,等等。

下面,分别讨论作者、继受著作权人和外国人等著作权的主体。

二、作者

(一)自然人和法人

根据中国《著作权法》,作者是直接创作了文学、艺术和科学作品的自然人。《著作权法》第 11 条第 2 款规定:"创作作品的自然人是作者。"那些仅仅提供和收集资料,甚至是提供了某些想法和建议的人,只要没有参与作品的创作,都不是作者。

作品是人对于某种思想观念的表述,是人的思想、情感和精神状态的延伸。从这个意义上说,只有活生生的自然人才能够创作作品,才能够成为作品的创作者。大陆法系对于作者精神权利的强调,正是从自然人创作作品这一事实出发的。法国大革命中产生的"作者权法",也是基于自然人创作作品的事实和"天赋人权"的观念而制定的。即使是在重视作品的传播和利用,相对忽略作者精神权利的英美法系国家,它们也承认作为自然人的作者是作品的创作者。在某些特殊的情况下,雇主或委托方不过是版权的享有者而已。

虽然作品的创作者一定是自然人,但在某些特殊的情况下又可以将法人或其他组织视为"作者"。《著作权法》第 11 条第 3 款规定:"由法人或者非法人组织主持,代表法人或者非法人组织意志创作,并由法人或者非法人组织承担责任的作品,法人或者非法人组织视为作者。"值得注意的是,这里所说的是将法人或非法人组织"视为"作者,而不是说法人或非法人组织"是"作者。这仍然表明只有有血有肉的自然人才是作品的创作者,而作为无生命的法人等社会组织不是作品的创作者,只是在某些特殊的情况下将其"视为"作者。

在欧美国家的著作权法中,都有雇佣作品的概念。在法国和德国等大陆法系国家的著作权法中,从来不承认雇主可以创作作品或者成为作者。这是大陆法系国家强调自然人创作作品和"天赋人权"的必然结果。按照法国和德国等大陆法系国家的著作权法,即使是在雇佣作品的情况下,原始的著作权也归作品的创作者(自然人)所有,然后由作者以合同的方式将其中的经济权利转让给雇主所有。而且,作者在转让了所有的经济权利之后,仍然是精神权利的享有者。显然,在法国和德国等大陆法系国家,不存在将雇主(法人或非法人组织)视为作者的问题。与法国和德国等大陆法系国家形成鲜明对比的是,依据英美法系国家的版权法,尤其是美国版权法,雇佣作品的版权从一开始就归属于雇主,而非事实上创作了作品的雇员,除非双方有相反的约定。这是英美法系版权法强调版权为经济权利的必然结果。即使是这样,英美法系国家也仍然认为创作作品的自然人是真正的作者,只是在法律上将雇主视为作者而已。例如,《美国版权法》第 201 条第 2 款规定,在雇佣作品的情况下,雇主被视为作者,享有版权或构成版权的各项权利。

应该说,中国《著作权法》第 11 条的规定,在某些特殊情况下将法人或非法人组织视为作者,更接近英美法系版权法关于雇佣作品的规定。其中的规定,"代表法人或者非法人组织意志创作",认为法人或非法人组织具有"意志",似乎有超过英美法系有关立法宗旨的意味。

值得注意的是,将法人或非法人组织视为作者,并不表明法人或者非法人组织可以享有精神权利。从自然人创作作品的基本事实来看,只有自然人才可以享有精神权利。法人或者非法人组织不是自然人,不可能像自然人那样创作作品,因而也不可能享有精神权利。所以,即使是在法人或者非法人组织视为作者的情形之下,即使是在著作权归属于雇主或者委托者的情况之下,享有精神权利的仍然是创作了作品的自然人。那种认为法人可以享有精神权利的说法,显然忽视了只有自然人才可以创作作品的基本事实。

(二)非法人组织

与其他许多国家的著作权法不同,中国著作权法在涉及著作权的主体时,除了自然人和法人,还规定了一个"非法人组织"。

在 1991 年《著作权法》中,"非法人组织"称为"非法人单位"。当时的第 11 条第 3 款规定:"由法人或者非法人单位主持,代表法人或者非法人单位意志创作,并由法人或者非法人单位承担责任的作品,法人或者非法人单位视为作者。"其中的非法人单位大抵是指大学的系、教研室,研究所的研究室,政府部门的处、室、科,以及临时成立的编写组或编委会等。显然,这些"单位"虽然在作品上署了名,被视为作者,但它们既不是自然人又不是法人,而是处于自然人和法人之间。所以,为了将这类作品归于著作权的主体之中,著作权法特意创设了一个"非法人单位"的术语。应该说,这是基于当时的实际情况而作出的规定。

然而,1991 年《著作权法》并没有对“非法人单位”作出具体的界定。随后颁布的《著作权法实施条例》第 9 条对“非法人单位”进行了界定。根据规定,法人是符合民法通则规定而成立的组织;非法人单位则是指不具备法人条件,但又经过核准登记的社会团体、经济组织,以及构成法人的各个相对独立的部门。尽管如此,“非法人单位”的概念仍然不很清楚。尤其是许多非法人单位既没有独立的组织机构和办公场所,又没有独立的财产和经费,因而不具备承担民事义务的能力,很难成为民事权利和义务的主体。

由于“非法人单位”的概念仅仅出现在著作权法中,又由于当时的《民事诉讼法》已经将“其他组织”增加为自然人和法人之外的新的民事权利主体,因此在 2001 年修改《著作权法》时,就将“非法人单位”改为了“其他组织”,具体是指法人以外依法成立的组织。到了 2020 年修改《著作权法》,再次将“其他组织”修改为“非法人组织”。这仍然是因为 2020 年颁布的《民法典》将民事主体归纳为自然人、法人和非法人组织三种。显然,使用“非法人组织”的术语,有利于司法机关在具体的案件中作出与《民法典》一致的解释。

就作品的作者来说,无论是原来的“非法人单位”“其他组织”还是现在的“非法人组织”,都是由著作权法“视为”作者,而非真正意义上的作者。

(三)署名与作者身份的确定

中国《著作权法》第 12 条规定,如果没有相反的证明,在作品上署名的公民、法人或者非法人组织为作者。这是推定署名者为作者的一个规定,也是世界各国著作权法所遵循的一个原则。其中的署名是指以惯常的方式署名。根据国际惯例和各个国家的习惯,无论是在书籍上、报刊文章上,还是在美术作品、视听作品上,都有惯常的社会公众普遍认可的署名方式。推定署名者为作者,就意味着只有署名者可以行使与该作品相关的著作权,并在必要时维护相关的权利。

事实上,《伯尔尼公约》第 15 条规定了更为复杂的确认作者身份的方式。根据其第 1 款的规定,只要作品创作者的名字以通常署名的方式出现在作品上,在没有相反证据的情况下,就可以认定他是作者,享有有关的权利并且在发生侵权时提起诉讼。这与中国著作权法的规定相同。除此之外,《伯尔尼公约》第 15 条还就作者的身份规定了以下三种情况:

1. 在假名作品的情况下,只要依据作者的假名就可以确定作者的身份,也适用上述的规定。诸如在作品上署鲁迅的名而不署周树人的名,就属于这种状况。

2. 在匿名作品和假名作品(不包括可以确定作者身份的假名作品)的情况下,只要作品上有出版者的名称,就可以将出版者视为作者的代表,由出版者维护和行使作者的权利,直到作者的身份公开或者得到证实为止。

3. 如果未出版作品的作者身份不明,成员国又有充分理由确定该作品为本国国民创作,则可以指定主管当局代表作者维护和行使有关的权利。

对于上述三种情况,中国著作权法均未作具体规定。

三、继受著作权人

从著作权的获得方式看,著作权的主体可以分为原始著作权人和继受著作权人。原始著作权人是指创作作品并获得和享有著作权的作者,继受著作权人则是指通过受让、继承或受遗赠而获得和享有著作权的人。原始著作权人是通过创作作品而获得和享有著作权,而继受著作权人则是通过合同的约定或法律的规定获得和享有著作权,与作品的创作活动无关。

依据中国《著作权法》,视为作者的法人和非法人组织也可以充当原始著作权人。然而依据法国和德国等大陆法系国家的著作权法,只有创作作品的自然人或作者是原始著作权人,而包括法人在内的其他人都不是原始著作权人。不过,在职务作品的情况下,雇主或法人可以通过合同的方式获得著作权中的经济权利。但无论以何种方式获得和享有著作权,雇主或法人都属于继受著作权人,不能充当原始著作权人。

由于创作作品的作者是原始著作权人,以及作者的精神权利与作者的人身密切相关,属于不可转让的权利,因此继受著作权人通过转让、继承或遗赠所获得的主要是经济权利。只有在某一作品在作者的有生之年没有发表的情况下,继承人或受遗赠人才可以继承和行使发表权。不过,发表权本来就与经济权利密切相关,而继承人或受遗赠人所获得的发表权似乎又具有更浓厚的经济权利的色彩。

继受著作权人可以是自然人,也可以是法人或其他组织。由于著作权中的经济权利由一系列具体的权利内容构成,继受著作权人所获得和享有的可能是所有的经济权利,也可能是其中的一项或几项权利。例如,在著作权转让的情况下,受让人由于利用作品的需要,只要获得其中的一项或几项权利就可以满足自己的需要。而在某些特殊的情况下,如继承或受遗赠的情况下,继承人或受遗赠人则有可能会获得所有的经济权利。

此外,在某些特殊的情况下,国家也可以成为著作权的继受主体。例如,作者死亡后相关的著作权无人继承,则著作权中的经济权利可以归国家继受。又如,在接受赠与的情况下,国家也可以成为著作权的继受主体。又根据《著作权法》第 21 条的规定,著作权属于法人或者非法人组织的,法人或者非法人组织变更、终止后,其经济权利由承受其权利义务的法人或者非法人组织享有;没有承受其权利义务的法人或者非法人组织的,则由国家享有。

在理解国家作为著作权的继受主体享有著作权时,要注意将法律、法规等官方文件不受著作权法保护区分开来。说法律、法规等官方文件不受著作权法保护,是指法律、法规等官方文件不得由任何人和任何组织专有,包括不得为国家专有。而国家作为著作权的继受主体,则是指某些作品本来就享有著作权,只不过是在某些特殊情况下由国家享有其中的经济权利。这与法律、法规等官方文件不享有著作权并不矛盾。

在国家作为著作权的继受主体而享有经济权利的情况下,一般都是由国家的某一主管部门负责维护和行使相关的权利。《著作权法实施条例》第 16 条即规定,国家享有著作权的作品的使用,由国务院著作权行政管理部门管理。

四、外国人

从著作权主体的国籍来看,其可以分为中国人和外国人。其中的中国人,既包括具有中国国籍的自然人,也包括依据中国法律成立的法人或非法人组织。其中的外国人,则包括具有外国国籍的自然人、依据外国法律成立的法人或者非法人组织,以及不具有任何国家国籍的自然人。

中国《著作权法》第 2 条第 1 款规定,中国公民、法人或者非法人组织的作品,无论是否发表,依照本法享有著作权。依据这一规定,凡是具有中国国籍的自然人,以及依据中国法律成立的法人或者非法人组织,其作品无论是否发表,都依法享有著作权,受到法律的保护。这是依据国籍原则所作出的规定。

在对于外国人作品的保护上,中国《著作权法》则分别依据互惠原则和地域原则作出了不同的规定。

1.《著作权法》第 2 条第 2 款规定,外国人、无国籍人的作品根据其作者所属国或者经常居住地国同中国签订的协议或者共同参加的国际条约享有的著作权,受本法保护。这是依据互惠原则对外国人的作品给予保护。其中又分为依据双边条约的互惠和依据共同参加的国际条约的互惠。例如,中美两国于 1992 年 1 月签订的《关于保护知识产权的谅解备忘录》规定,自 1992 年 3 月 17 日开始,中美两国相互保护对方国民的作品。这是依据中美两国双边条约的互惠。又如,中国于 1992 年 10 月加入《伯尔尼公约》,于 2001 年 12 月加入世界贸易组织并执行《TRIPs 协定》。这样,中国与其他《伯尔尼公约》成员国,与其他世界贸易组织成员相互保护对方国民的著作权,就是依据共同参加的国际条约的互惠。

2.《著作权法》第 2 条第 3 款规定,外国人、无国籍人的作品首先在中国境内出版的,依照本法享有著作权。这是依据地域原则给予的保护。即外国人或无国籍人的作品,只要首次出版的事实发生在中国,就可以受到中国著作权法的保护。

3.《著作权法》第 2 条第 4 款规定,未与中国签订协议或者共同参加国际条约的国家的作者,以及无国籍人的作品,只要首次在中国参加的国际条约的成员国出版的,或者在成员国和非成员国同时出版的,受本法保护。这是结合互惠原则和地域原则而给予的保护。按照这一规定,非《伯尔尼公约》成员国国民的作品,非世界贸易组织成员国民的作品,以及无国籍人的作品,只要其作品的首次出版发生在《伯尔尼公约》成员国或世界贸易组织成员,或者首次出版同时发生在成员国(或成员)和非成员国(或非成员),就可以受到中国著作权法的保护。其中的首次出版地或同时出版地,必须是在成员国或成员的地域之内,这是地域原则的体现。其中的可以受中国著作权法的保护是指中国与这些成员国或成员共同参加了《伯尔尼公约》或《TRIPs 协定》,可以依据共同参加的公约或协议提供互惠保护。

在理解对于外国人作品的保护时,应当充分注意《伯尔尼公约》所说的作品的起源国。作品的起源国首先是指作者的国籍,即《伯尔尼公约》成员国国民的作品,无论是否出版,都应当在所有的成员国中得到保护。除此之外,《伯尔尼公约》还规定了一些特殊的可以享有起源国待遇的条件。例如,非《伯尔尼公约》成员国的作者,只要在成员国中有惯常居所,也被视为该成员国的国民,其作品无论是否发表都在其他成员国受到保护。又如,非《伯尔尼公约》成员国国民的作品,只要首先在某一成员国出版,或者首次出版同时发生在成员国或非成员国,也被视为起源于该成员国。再如,只要视听作品制片人的总部或惯常居所在某一成员国中,只要建筑作品和建筑物中的艺术品位于某个成员国,都视为有关的作品源于该成员国,可以在其他成员国中得到相应的保护。可以说,中国著作权法所规定的对于外国人作品的保护,无论是依据互惠原则还是国籍原则或地域原则,都与《伯尔尼公约》的相关规定一致。

五、中国香港、澳门和台湾地区居民

本来,在《伯尔尼公约》的条件下,中国人和外国人的区分是很清楚的。因为《伯尔尼公约》是一个只有主权国家才能加入的国际条约,中国的香港、澳门和台湾地区都不得加入。这样,内地对于香港、澳门和台湾地区的自然人、法人或非法人组织著作权的保护,只能依据内地的法律,不存在适用相关国际公约或条约的问题。

然而,在世界贸易组织的条件下,这个问题却变得复杂起来。因为世界贸易组织的成员不仅有主权国家,还可以是某一个主权国家内的独立关税区。而且,按照世界贸易组织的有关协议,知识产权保护上的国民待遇原则,在独立关税区的情况下,其中的"国民"具体是指该关税区的居民。中国的内地、香港、澳门和台湾地区,都已经作为独立的关税区加入了世界贸易组织,并且共同遵守《TRIPs 协定》。这样,内地对于香港、澳门和台湾地区的自然人、法人或非法人组织著作权的保护,除了适用内地的法律,还可以适用《TRIPs 协定》。

值得注意的是,《TRIPs 协定》第 9 条要求全体成员遵守《伯尔尼公约》的实体性条款,即该公约 1971 年文本第 1 ~ 21 条及公约附录。所以,中国内地在对中国香港、澳门和台湾地区的自然人、法人或非法人组织适用世界贸易组织协议时,还有可能间接适用《伯尔尼公约》的实体性条款。

思考题

1. 如何理解著作权的自动获得?
2. 著作权归属的一般原则是什么?
3. 根据中国著作权法,职务作品著作权的归属原则是什么?
4. 如何理解作品原件的转移与著作权的归属?
5. 根据中国著作权法,著作权的主体有哪些?

第六章

著作权的转让与许可

著作权归属于创作作品的作者。然而,由于社会分工的不同,以及以各种方式利用作品需要特定的技能,创作作品的人和利用作品的人往往不可能是同一个人。这就产生了著作权转让和许可的必要性。其中的许可,也包括下一章将要讨论的著作权集体管理。因为著作权的集体管理就是通过一揽子许可的方式,授权他人使用集体管理组织所管理的相关作品。

著作权的转让和许可,对于作者或权利人具有非常重要的意义。我们说著作权是一项财产权利,主要是指著作权中的经济权利可以为作者或其他权利人带来一定的经济利益。然而,在作品创作完成之初,这种经济利益只是一种潜在的利益,必须通过作品的利用,以及著作权的转让或许可,让有关的作品为他人所利用,才能将这种潜在的经济利益转化为现实的利益。

著作权的转让和许可,对于作品的使用者和社会也同样具有非常重要的意义。作品的市场性利用和开发,在绝大多数情况下需要专门的人才和专门的技能。作者可能是创作高水平作品的行家里手,但不太可能同时又是市场开发和利用的行家里手。所以,著作权的转让和许可可以让作品的使用者凭借其专门技能,开发作品的市场价值,作者也由此而获得相应的收益。与此同时,通过这种专门性的市场开发,社会公众也获得了大量的精神产品,社会的精神财富总量也有了相应的扩大。

著作权的转让和许可,都要通过合同而完成。在绝大多数情况下,著作权的转让和许可应当使用书面合同。当然,在少数情况下,著作权的许可可以用口头合同的方式进行。有些国家在著作权法中规定了转让和许可合同,例如中国,《著作权法》第三章就规定了著作权许可使用和转让合同。还有的国家则以专门的法律规定了著作权转让和许可的合同,例如德国,其曾在 2001 年通过了一部专门的著作权合同法。另有一些国家,如美国,则以一般的合同法规范著作权的转让和许可。

本章讨论著作权的转让和许可,以及著作权转让和许可中的合同问题。在讨论著作权转让时,还将附带讨论著作权的继承和继受。

第一节　著作权的转让

著作权的转让是指作者或其他权利人将自己所享有的著作权,以合同的方式永久性地转移给他人,并由此而获得一定的报酬。著作权的转让是所有权的转让,是著作权脱离作者或其他权利人而归属于他人,这与著作权许可仅仅允许他人在一定时间内行使著作权不同。一般说来,著作权的转让是永久性的,一直延续到著作权的保护期届满。

著作权的转让,可以是其中的一项或者两项权利的转让,也可以是著作权的全部转让。著作权的全部转让又叫作“著作权的卖绝”。而且,从原始著作权人那里获得了著作权的受让人,还可以将自己获得的著作权再次转让给他人。

著作权的转让是指经济权利的转让。作者的精神权利具有与作者的人身紧密相连的特点,所以是不能转让的。这就意味着作者的精神权利永远归属于作者,作者不得以合同的方式将自己的精神权利转让给他人所有。即使发生了这样的转让,按照很多国家的法律,这种转让也是无效的。

一、世界各国关于著作权转让的规定

世界各国的著作权法,无论是英美法系国家的版权法,还是大陆法系国家的著作权法,都采取了允许著作权转让的态度。例如,《英国版权法》第 90 条规定,版权可以像动产一样,以转让、遗嘱或者执行法律的方式转移。《美国版权法》第 203 条规定,作者可以转让和许可版权。又如,《法国知识产权法》第 131 条之 4 规定,作者可以全部或部分转让作品的权利,并获得相应的收益。《德国著作权法》也允许一项或几项经济权利的转让。

在强调版权为经济权利的英美法系国家,作者转让版权,包括转让全部的版权,都不会成为问题。而在强调精神权利的大陆法系国家,作者转让全部的著作权,可能就会对作者的精神权利产生影响。这是因为当作者的经济权利全部转让出去以后,精神权利就会在很大程度上失去意义。所以,有些大陆法系国家为了防止这样的情况发生,采取了在一定程度上限制经济权利转让的态度,尤其是规定不得全部转让经济权利。例如,依据《德国著作权法》,不承认著作权的全部转让。作者可以授予一项或多项排他性的使用权,但无论作者授出了多少项这样的权利,以精神权利为核心的著作权仍然保留在作者手中。正是由于保留了以精神权利为核心的著作权,在发生侵犯著作权的情况下,不仅获得授权者可以提起诉讼,而且作者也可以提起诉讼。而

且，无论作者授出了多少项权利，他都不得授予追续权，也不得授予现在还不知道的作品使用方式或权利。①

在著作权的转让中，还涉及一个未来作品的问题。未来作品是指作者正在创作或者将要创作的作品，或者尚未完成的作品。与未来作品相应，就有一个未来著作权或版权的问题。世界各国的著作权法一般都允许作者转让未来的著作权或版权。例如，《英国版权法》第 91 条规定，作者可以以合同的方式将未来的版权全部或部分转让给他人。依照由此而签订的合同，当"未来的作品"产生以后，"未来的所有人"就可以依据合同主张权利和对抗第三人。又根据《法国知识产权法》第 131 条之 1 的规定，作者可以转让未来的著作权，但"全部转让未来作品"无效。《德国著作权法》第 40 条也规定，作者可以授权他人使用未来的作品。该条同时还规定，授权他人使用未来的作品，必须采取书面合同的方式，而且在 5 年以后可以终止合同。法国和德国著作权法关于转让未来作品或权利的规定，仍然显示了对于作者精神权利的重视。

著作权的转让是作者或其他原始著作权人实现自己经济利益的重要途径。然而，在著作权转让或许可的谈判中，作者往往又处于弱势地位，在讨价还价的能力上，与处于强势地位的出版商等使用者不可同日而语。此外，当一部作品尚未上市或刚刚上市时，该作品的市场价值还不为人所知，作者所获得的转让费或许可使用费与作品的真实市场价值可能极不相称。正是基于以上的考虑，一些国家的著作权法或版权法还规定，作者在转让或授权之后的一段时间里可以终止合同，或者有关的权利自动回归作者。例如，《美国版权法》第 203 条规定，作者在转让或许可（包括排他性许可和一般许可）版权之后，可以在版权保护期之内的某一个时间点上，终止有关的转让或许可，收回自己的权利，并重新考虑转让或授权，以获取相应的经济利益。这一般被称为"作者的第二次机会"（author's second chance）。

二、中国关于著作权转让的规定

对于著作权的转让，中国著作权法经过了从不允许到允许的发展变化。根据 1991 年《著作权法》的规定，作者和其他原始著作权人不得转让自己的权利。例如，1991 年《著作权法》第 10 条第 5 项以罗列的方式规定了著作权人所享有的各项经济权利；同时又规定，著作权人可以许可他人以复制、发行、表演等方式使用作品，但没有规定著作权人可以转让各项经济权利。又如，1991 年《著作权法》的第三章只规定了"著作权许可使用合同"，而没有规定著作权转让合同。而且，1991 年《著作权法》

① See International Copyright Law and Practice, Germany, 2001. 例如，在 20 世纪 80 年代末授权时，尚不知信息网络传播权，则这项在当时未知的权利仍然属于作者。

第26条还明确规定,许可使用合同的有效期限不超过10年,合同期满可以续订。这是为了避免作者在不太了解作品的市场价值时,将自己的权利廉价地转让给作品的使用者。

1991年《著作权法》关于著作权不得转让的规定,显然来自1950年9月的《关于改进和发展出版工作的决议》。因为这份决议明确表示,为了尊重作者的利益,原则上不主张卖绝版权。毫无疑问,无论是1950年"决议"的有关规定,还是1991年《著作权法》的有关规定,其基本出发点都是保护作者的基本利益,以免作者因为著作权的转让或卖绝而遭受经济利益的损失。

这样,按照1991年《著作权法》的有关规定,作者或原始的著作权所有人只能通过发放许可证的方式利用作品和获得经济利益,而不能通过著作权转让的方式利用作品和获得经济利益。这种规定虽然具有历史的原因,也带有保护处于弱势地位作者的含义,但与世界上大多数国家著作权法的规定毕竟具有很大的差距。随着中国经济日益融入世界经济,随着著作权国际贸易的不断展开,仍然坚持著作权不得转让,就显得非常不合时宜了。

对于著作权不得转让规定的突破,来自理论和实践两个方面。在理论方面,一些学者提出,既然著作权法没有明文规定著作权不得转让,就意味着可以转让。当然,这仅仅是一种理论上的推断,还不足以作为司法的依据。而在实践方面,一些作者或著作权人在与中国香港、澳门和台湾地区的著作权贸易中,或者在与其他国家或地区的著作权贸易中,已经将自己的权利转让出去,甚至出现了著作权全部转让的事例。应该说,著作权贸易实践对于法律规定的突破具有更为重要的意义。

基于以上的原因和事实,2001年修改的《著作权法》明确规定,著作权人可以转让著作权。现行《著作权法》第10条规定,著作权人可以全部或者部分转让经济权利,并依照约定或者本法有关规定获得报酬。此外,现行《著作权法》第27条还规定,转让著作权应当订立书面合同,并规定了转让合同的主要条款。显然,允许著作权人转让全部或者部分经济权利,不仅有利于权利人在国内贸易和国际贸易中更好地实现自己的经济利益,而且使中国著作权法在这一问题上与绝大多数国家的著作权法一致了起来。

中国著作权法没有规定关于未来作品的转让问题,也没有规定转让出去的著作权在一定的时间点上自动回归作者的问题。

三、著作权的继承和继受

著作权的继承和继受,又称著作权的法定转移,是指著作权因为法律规定的继承而发生转移,或者因为著作权主体的变更和终止等原因而发生转移。这与著作权因为合同的转让和许可不同。因为依据合同转让或许可著作权,是依据当事人的意志或愿望而发生权利的转移。而著作权的继承和继受,则是因为发生了一些法律规定的不以当事人的意志为转移的客观事实。

尽管著作权的继承和继受不同于著作权的转让和许可,但它毕竟发生了著作权的转移,即从原始著作权人或者继受著作权人那里,转移给了继承人或者继受人。从这个意义上说,著作权的继承与继受,又与著作权的转让具有相似之处。

(一)著作权的继承

著作权的继承是指著作权人死亡后,有关的权利由继承人按继承法的规定继承。例如,《著作权法》第 21 条规定,著作权属于自然人的,自然人死亡后,著作权中的经济权利在保护期内,依法转移。这里所说的依法转移,包括依据继承法的转移。根据《民法典》第六编"继承",遗产是个人死亡时遗留下来的合法财产。显然,这里的合法财产也包括了著作权中的经济权利。依据《民法典》的相关规定,著作权的继承人,既包括法定继承人,如死者的配偶、子女、父母等,又包括遗嘱继承人,如依据死者生前所立遗嘱而继承著作权的人。所以,继承和行使各项经济权利的人,既可以是法定继承人,又可以是受遗赠人。法定继承人和受遗赠人都是继承人。

就著作权的继承来说,法定继承人和受遗赠人所继承的仅仅是其中的经济权利,如复制、发行、改编等。由于发表权与经济权利密切相关,在相关作品没有发表的情况下,也可以视为同时继承了发表权。继承人或者受遗赠人可以通过行使某一项经济权利的方式,同时行使发表权。至于精神权利中的署名权、修改权和保护作品完整权,仍然归属于作者。例如,继承人不能更改署名,也不能修改作品。但是,继承人和受遗赠人在继承经济权利的时候,又承担起了维护作者精神权利的义务。如果发生了他人侵犯作者精神权利的事情,继承人或受遗赠人可以采取必要的行为,直至诉诸法院。2002 年《著作权法实施条例》第 15 条规定:"作者死亡后,其著作权中的署名权、修改权和保护作品完整权由作者的继承人或者受遗赠人保护。著作权无人继承又无人受遗赠的,其署名权、修改权和保护作品完整权由著作权行政管理部门保护。"

对于作者署名权、修改权和保护作品完整权的维护,继承人和受遗赠人应当持续多长的时间,中国著作权法没有作出明确规定。不过,依据《著作权法》的有关规定,继承人和受遗赠人应当至少维持 50 年,直到经济权利的保护期限届满。但此后作者精神权利的维护应当由谁来承担? 在这方面,按照《德国著作权法》的规定,应当由国家的文化部门维护作者的精神权利。

关于著作权的继承,还涉及一个问题,即著作权是否属于夫妻的共同财产。1980 年的《婚姻法》对此没有作出明确规定,其第 13 条只是笼统地规定,"夫妻在婚姻关系存续期间所得的财产,归夫妻共同所有,双方另有约定的除外”。到了2001年修改《婚姻法》,则在第17条中明确规定,“夫妻在婚姻关系存续期间所得的下列财产,归夫妻共同所有”。其中的“下列财产”包括“知识产权的收益”。2020年《民法典》第1062条做了相同的规定。根据这个规定,我们完全可以推导出,夫妻的共同财产仅包括“知识产权的收益”,而不包括知识产权本身。事实上,这正是许多国家的法律所明确规定的。例如,《法国民法典》第4条规定,“一切具有个人特点的财产及专属个人的权利”,即使是在婚姻关系存续期间取得,按其性质仍然属于各自的财产,不属于夫妻共有。显然,知识产权是一种具有个人特点的财产权,其中的著作权更是一种基于自然人的创作而产生并且专属于个人的权利。正是基于以上的原因,《中国民法典知识产权篇建议稿》第一章第7条提出:“知识产权不属于其共同财产。当事人另有协议的,协议涉及财产权部分,从协议。在婚姻关系存续期间,知识产权的收益,属于夫妻共同财产。当事人另有协议的除外。”①

按照中国著作权法的规定,著作权的继承应当按照继承法的规定。但由于著作权不属于夫妻的共同财产,以及著作权具有无形财产权的性质,很多国家还在著作权法或其他法律中,规定了专门的继承方式。

说著作权不属于夫妻的共同财产,这是就无形财产权来说的。由于作品的原件属于有形财产,应当属于夫妻的共同财产。与此相应,作品原件的所有和继承,也应当依据有形财产权的规定办理。

(二)著作权的继受

著作权的继受是指由法人或者非法人组织享有的著作权,在该法人或者非法人组织变更、终止后,由相应的法人或者非法人组织享有。中国《著作权法》第21条规定,著作权属于法人或者非法人组织的,法人或者非法人组织变更、终止后,其经济权利在本法规定的保护期限内,由承受其权利和义务的法人或者非法人组织享有。此外,法人或者非法人组织变更、终止后,没有承受其权利义务的法人或者非法人组织的,有关的经济权利则由国家享有。

从自然人创作作品的事实和“作者精神权利”的概念出发,即使著作权属于法人或者非法人组织,也仅仅是指经济权利属于法人或非法人组织,作者仍然保有因为创作而产生的精神权利。当然,在著作权属于法人或者非法人组织的情况下,作者的精神权利受到了很大的限制。与此相应,当法人或者非法人组织变更、终止后,继受著作权的法人或者非法人组织,也仅仅是继受了著作权中的经济权利,包括国家所继受

① 郑成思:《知识产权法》(第2版),法律出版社2004年版,第130~131页。

的著作权,也限于经济权利。

国家继受著作权中的经济权利,只是法律上的一种规定,是为了法律制度的完整和严密。到目前为止,尚没有国家继受著作权的事例发生。

第二节　著作权的许可

一、著作权许可的概念

著作权的许可是指作者或其他权利人将自己所享有的著作权,在一定的期限内转移给他人使用,并由此而获得相应的报酬。著作权的许可不同于著作权的转让,它不是所有权的转移,而只是使用权的转移。一旦许可的期限届满,有关的权利即回归作者或权利人所有。

与著作权的转让一样,著作权的许可也是作者或其他权利人利用作品并获得经济利益的重要方式。在那些既允许著作权转让,又允许著作权许可的国家里,作者和其他权利人可以按自己的意愿,或采取转让的方式,或采取许可的方式,以获取最大限度的经济利益。而在那些不允许著作权转让的国家里,著作权的许可就成了作者或其他权利人利用作品的主要方式,甚至是唯一的方式。例如,在中国1991年《著作权法》实施的年代里,作者或其他权利人利用作品的主要方式就是许可他人使用自己的作品并获得经济利益。又如,德国著作权法不允许著作权的转让,只允许授予各种"使用权",则授予"使用权"就是作者获得经济利益的主要途径。

著作权的许可,可以是一项或几项权利的许可,也可以是著作权的整体许可。但从著作权许可的实践来看,绝大多数的许可是一项或几项权利的许可,很少有著作权整体许可的事例发生。很多的作品使用者,如出版者、翻译者、演绎者、表演者,只要获得一项或几项权利就可以满足自己的需要,因而也没有必要获得整个著作权的许可。

二、著作权许可的方式

著作权的许可方式主要有两种。一种是专有许可,即作者或权利人仅许可一家以某种方式使用自己的作品,不再向第三人发放同样的许可。专有许可又称排他性许可。另一种是一般许可,即作者或权利人在许可一家以某种方式使用自己的作品后,还可以许可第三人以同样的方式使用自己的作品。与专有许可相对应,一般许可又称非专有许可。

例如,根据中国《著作权法》第 26 条的规定,许可使用的权利可以是专有使用权,也可以是非专有使用权。据《著作权法实施条例》第 24 条,专有使用权的内容由双方当事人通过合同约定。合同没有约定或者约定不明的,视为被许可人有权排除包括著作权人在内的任何人以同样的方式使用作品。又如,《德国著作权法》中没有转让(assign)的规定,只有授予"简单的或专有的使用权"(simple or exclusive rights of use)的规定。其中的授予简单使用权相当于我们所说的一般使用许可,即作者在授予一家简单使用权之后,还可以授权其他人使用相同的权利。其中的授予专有使用权是指作者将一项或多项权利只授予一家使用。当然,这种专有使用权一般都有时间限制,一旦期限届满有关的权利自然回归作者。

无论是一般许可,还是专有许可,通常都是被许可方以合同约定的方式使用作品,不存在发放分许可证(sub - license)的问题。如果被许可方需要发放分许可证,应当获得作者或其他权利人的许可。当然在必要的时候,许可方和被许可方也可以通过合同约定发放分许可证的问题。例如,《著作权法实施条例》第 24 条规定,在许可专有使用权的情况下,除非合同另有约定,被许可人许可第三人行使同一权利,必须取得著作权人的许可。这表明,被许可人在获得著作权人的同意之后,可以向第三人发放分许可。

由于许可证的种类不同,被许可人在诉讼中的地位也不同。按照国际上通行的惯例,在发生侵权的情况下,获得一般许可的被许可人不能以自己的名义提起诉讼,只能由著作权人提起诉讼。而在获得了专有使用权许可的情况下,则被许可人有权以自己的名义提起诉讼。这是因为在发生著作权侵权的情况下,如果是一般许可,尽管被许可人也会遭受损失,但遭受损失最大的还是著作权人,所以应当由著作权人提起诉讼。而在专有许可的情况下,侵权活动直接损害的是被许可人的利益,所以被许可人可以以自己的名义提起诉讼,维护自己的利益。《著作权法实施条例》第 24 条规定,专有使用权的被许可人"有权排除包括著作权人在内的任何人以同样的方式使用作品",所表达的正是这样的含义。依据这一规定,获得了专有使用许可权的人,可以采取包括提起诉讼在内的一切措施,制止任何人对自己利益的损害。而且,这里所说的排除"任何人",不仅包括第三人,甚至包括发放了专有使用许可证的著作权人。

在著作权的许可中,演绎权的许可是一种特殊的许可。例如,甲授权乙以自己的作品为基础创作演绎作品,乙在获得授权后创作了有关的作品。但如果丙要依据乙的作品创作演绎作品,则不仅要获得乙的授权,还要获得甲的授权。不仅在翻译中有这样的情形,如德文译成法文、法文译成英文、英文译成中文等,而且在不同种类作品的演绎中也有这样的情形,如小说改编为戏剧、戏剧改编为电影等。

由于作者在许可合同的谈判中,相对于出版商、表演团体、广播组织来说,往往处于弱势地位,因此很多国家的著作权法采取了一些保护作者的措施。例如,依据《美国版权法》第 203 条的规定,在许可(包括排他性许可和一般许可)版权之后的第 35 年,作者或其继承人可以在提前 5 年通知的情况下终止有关的许可,收回自己的权利。根据规定,作者或其继承人收回来的权利是一项全新的权利,他们可以依据这项全新的版权,重新考虑转让或授权,以获取相应的经济利益。又如,《法国知识产权法》第 132 条之 19 的规定,表演合同以一定的期间或向公众传播的一定次数为限,戏剧作者授予的独占权的有效期不得超过 5 年。中国著作权法在 1991 年公布并实施的版本中也规定,著作权的许可合同以 10 年为期,期满可以续签,也是为了保护弱势作者的利益。

第三节　著作权合同

一、著作权合同概述

(一)著作权合同的概念

著作权合同是指关于著作权归属、著作权转让和著作权许可的合同。就著作权的行使或作品的使用来说,其主要是著作权转让合同和著作权许可合同。

著作权合同首先是合同法的一个部分。无论是合同的订立、合同的效力、合同的履行,还是合同的变更和转让、合同的权利义务终止、违约责任等,都应当符合合同法的一般原则和规定。例如,合同当事人的法律地位平等,一方不得将自己的意志强加给另一方;合同当事人享有自愿订立合同的权利,任何单位和个人不得非法干预;当事人应当遵循公平原则确定各自的权利和义务;当事人行使权利、履行义务应当遵循诚实信用原则;当事人订立合同、履行合同,应当遵守法律、行政法规,尊重社会公德,不得扰乱社会经济秩序,损害社会公共利益;依法成立的合同,对当事人具有法律约束力;当事人应当按照约定履行自己的义务,不得擅自变更或者解除合同;等等。①

同时,著作权合同又是著作权法的一个部分。由于著作权是一种无形财产权利,无论是著作权的归属,还是著作权的转让和许可,都带有一些自身的特点,不可能完全适用合同法的原则和规定。这主要体现在三个方面。

首先,著作权是一种特殊的无形财产,具有法定的时间性和鲜明的地域性。

法律对于有形财产的保护没有时间性,只要有关的财产一直存在下去,就可以受

① 参见《民法典》关于合同部分的相关规定。

到法律的保护。而著作权则具有法定的保护期间,无论有关的作品是否还具有使用价值,也无论有关的作品还具有多大的使用价值,只要保护期限届满就会进入公有领域。所以,著作权合同的有效期限仅仅存在于著作权的保护期限之内。合同当事人签订著作权合同时,不得就保护期限届满的作品设定权利和义务。即使合同当事人就保护期限届满的作品设定了权利和义务,也属于无效的行为。

著作权的保护还具有鲜明的地域性,某一件作品在某一个国家或地区所受到的保护或者所获得的权利,与该作品在其他国家或地区所受到的保护无关。因而,无论是著作权的转让还是著作权的许可,必须明确约定转让或许可的地域范围。这与有形财产的转让不同,因为有形财产的转让是"权随物转",有关的权利随着物体的交付而转归他人所有,不太受到地域性因素的影响。所以,在著作权合同中,尤其是在著作权转让和许可的合同中,时间和地域范围具有突出的意义。

其次,著作权包括作者的精神权利和经济权利。由于作者的精神权利与作者的人身密切相关,世界各国的著作权法都以明示或暗示的方式规定,著作权中的精神权利属于作者,不得转让。著作权中的经济权利虽然可以归属他人,可以转让和许可给他人行使,但由于经济权利与作者的精神权利密切相关,经济权利的转让或许可必然会影响作者精神权利的享有。所以,世界各国著作权法都在不同程度上限制了经济权利的转让和许可,包括不允许著作权的全部转让、限定许可的年限等。

最后,对于"契约自由"的限制。合同法的一个基本原则是"契约自由",即当事人按照自己的意愿订立合同,不受他人的干预。然而,在实际的合同谈判中,作者往往处于弱势地位,而作品的使用者如出版商、演出公司和广播组织等往往处于强势地位,如果真的贯彻执行"契约自由",必然会损害弱势作者的利益。所以,一般的著作权合同法都要规定一些干预性的条款或措施,以免弱势作者的利益受到过分的侵害。例如,规定著作权许可合同的期限不得超过若干年,许可使用的报酬参照主管部门制定的标准,等等。又如,有些国家的著作权法不允许著作权的转让,尤其是不允许著作权的全部转让;有些国家即使允许著作权的转让,也不允许转让尚且不知的作品使用方式;有些国家规定,作者在转让著作权之后的一定时间点上,可以收回著作权并重新转让和获得相应的经济利益。

(二)著作权合同的特殊规定

由于著作权是一种特殊的无形财产权利,由于著作权由作者的精神权利和经济权利构成,由于作者或其他权利人在订立合同时往往处于弱势地位,因此著作权合同具有了很大的特殊性。正是基于这样的特殊性,世界上绝大多数国家没有在一般的合同法中规定著作权合同,而是或制定单行的著作权合同法,或在著作权法中规定与著作权合同有关的内容。例如,《法国知识产权法》第三编“权利的使用”,不仅规定了著作权转让和许可的一般原则,还具体规定了出版合同、表演合同、视听作品制作合同、广告制作委托合同和计算机软件使用合同。中国也在《著作权法》和《著作权法实施条例》中规定了一系列与著作权合同有关的内容,而没有在一般的合同法中进行规定。

在以著作权法规定著作权合同方面,德国是一个典型的事例。按照德国的著作权法理论,著作权法应当由5个部分构成,即作者权法、相关权法、著作权实施法、著作权合同法和集体管理组织法。所以,早在起草1965年著作权法(现行《德国著作权法》)时,政府部门就宣告应当起草一部广泛的合同法,规定所有种类的著作权合同,从而使著作权法得以完善。然而,在经过了将近40年的反复起草和反复修改之后,直到2002年3月德国才通过了一部名为《加强作者和表演者合同地位的法律》(*Law on Strengthening the Contractual Position of Authors and Performers*),使之成为著作权法的一个部分。

正如法律的名称所显示,制定这样一部法律是为了加强作者和表演者在订立著作权合同时的地位。在德国,人们越来越意识到,仅仅赋予作者和表演者以越来越多的权利,仅仅给予作者和表演者以越来越多的保护,并不能有效地满足保护作者和表演者的实际要求。在市场自由和契约自由的条件下,并且在绝大多数情况下,日益加强的对于作者权利和表演者权利的保护只是导致了如下的悖论:从一只手(立法者)给予作者和表演者的东西,通常又荒谬地被另一只手(与作者和表演者订立合同的另一方)所拿走。所以,有必要制定一部专门的法律,强化作者和表演者在订立合同时的地位,以保障他们能够充分地享有立法者所赋予的权利和保护。①

著作权合同法对于弱势作者的保护,还体现在合同的解释上。

例如,依据《美国版权法》第201条第2款的规定,在雇佣作品和委托作品的情况下,版权归属雇主或委托方,除非双方当事人以明确的书面合同的方式做了相反的约定。而中国《著作权法》第18条规定,在一般情况下职务作品的著作权归作者享有,单位享有先用权;第19条规定,委托作品著作权的归属由委托方和受托方以合同的方式约定,合同未作明确约定或者没有订立合同的,著作权属于作者(受托人)。

又如,依据《德国著作权法》第31条的规定,著作权许可合同中没有明确列举的权利,视为作者没有授权给被许可方;作者仅仅向被许可方授予了与其使用目的相一致的权利,被许可方没有获得超出其使用目的的权利。《德国著作权法》第37条还规

---

① See Adolf Dietz, *Amendment of German Copyright Law in Order to Strengthen the Contractual Position of Authors and Performers*, IIC Vol. 33, 7/2002.

定,如果合同的双方当事人对于所授予的权利种类和程度有疑问,则视为作者保留了有关的权利。我国《著作权法》第 29 条也规定:“许可使用合同和转让合同中著作权人未明确许可、转让的权利,未经著作权人同意,另一方当事人不得行使。”这表明没有明确许可和转让的权利,仍然归作者或其他权利人所有。

再如,依据《德国著作权法》第 37 条的规定,作者在授予演绎权之后,只要合同中不明确或存有疑问,视为作者仍然就演绎作品中所体现的自己的作品享有权利,第三人在利用该演绎作品时不仅要获得演绎作者的许可,还要获得原作作者的许可。当作者授权他人复制自己的作品以后,只要合同中不明确或存有疑问,视为作者保留了制作音像制品的权利。

(三)著作权合同的登记

由于著作权是一种特殊的无形财产权,以及著作权合同所具有的特殊性,许多国家的著作权法还规定,著作权转让和许可的合同,尤其是著作权转让的合同,应当在国家的主管部门登记,否则不能对抗善意第三人。例如,《美国版权法》第 205 条的规定,所有版权转让和许可的合同都可以在版权局登记,并由版权局局长发给登记证书。如果存在两个以上内容冲突的版权转让合同,则登记在先的优先于登记在后的和没有登记的合同。如果非专有许可合同登记在先,优先于登记在后的版权转让合同。又如,《日本著作权法》第 77 条规定,著作权的转让合同,应当到文化厅著作权处登记,否则不能对抗第三方。此外,《德国著作权集体管理组织法》第 20 条的规定,当著作权集体管理组织与使用者组织达成有关授权使用的合同或协议后,应当到主管机关即德国专利局登记。

中国没有著作权转让或者许可合同登记的制度,国家版权局和地方版权管理部门也没有相应的登记机关。这种状况应当尽快改变,否则会造成实践中的混乱。例如,“老鼠爱大米”的歌曲作者,曾经以合同的方式将自己的作品转让给了几个买家,从而引发了谁是权利所有人和在后购买者是否侵权的混乱。

二、著作权转让合同

著作权的转让应当通过合同的方式进行。著作权转让的合同可以是书面的,也可以是口头的。但由于著作权转让的特殊性,一般都要签订书面合同。例如,我国《著作权法》第 27 条的规定,转让著作权法所规定的经济权利,应当订立书面合同。又如,《法国知识产权法》第 131 条之 3 的规定,著作权转让的合同应当写明转让的权利内容,并明确所转让的权利的范围、目的、地域和期限。

《民法典》关于合同的第 470 条的规定,合同的内容由双方当事人约定,一般包括以下条款:当事人的姓名或者名称和住所;标的;数量;质量;价款或者报酬;履行期限、地点和方式;违约责任;解决争议的方法。

在《民法典》有关合同规定的基础上,《著作权法》第27条根据著作权转让合同的性质和特点,规定著作权转让合同应当包括下列主要内容:

1. 作品的名称。由于作品是权利的客体,说明作品的名称就可以明确合同所转让的权利的客体,受让人也可以据此而以合同规定的方式使用有关作品。

2. 转让的权利种类、地域范围。例如,转让的是复制权还是表演权,是一项权利还是几项权利,是部分转让还是全部转让,等等。又如,由著作权的地域性所决定,转让的是在中国内地的著作权还是中国香港、澳门、台湾地区的著作权,转让的是中国的著作权还是美国的、法国的、澳大利亚的著作权等。或者说,受让人可以在哪个地区或者哪个国家的范围内行使有关的权利。

3. 转让价金。作者或其他著作权人转让著作权的目的就是获得一定的经济利益,而获得一定数量的价金正是这种目的具体体现。有关的价金,可以由当事人按照市场惯例确定,也可以参照国家著作权主管部门制定的标准。但无论如何,有关价金的确定,应当符合等价有偿和公平的原则。

4. 交付转让价金的日期和方式。交付价金,可以采取一次性付清的方式,也可以采取按比例从受让人所获利润中提成的方式。但由于按比例提成的方式难以执行,在绝大多数的情况下,都是采取一次性付清的方式。例如,《法国知识产权法》第131条之4列举了一些应当一次性付清的情形:在实际生活中不能确定按比例提成的基数;缺乏监督按比例提成的手段;计算及监督的费用与所要达到的结果不相称;作品只是被附带使用,不可能按比例提成;转让计算机软件的权利。

5. 违约责任。当事人如果没有履行合同的约定,应当承担责任。在涉及国际性著作权转让时,还应当约定在发生纠纷时适用哪一个国家的法律来解释合同。

6. 双方认为需要约定的其他内容。显然,这一规定也是非常重要的。因为上述内容都是著作权法认为在订立著作权转让合同时必须具备的内容,所以其他的一些必要内容则由当事人双方加以确定。而且,这一规定也为著作权转让合同的双方当事人留下了约定有关事项的空间。

三、著作权许可合同

我国《著作权法》第26条规定,使用他人作品应当同著作权人订立许可使用合同,本法规定可以不经许可的除外。其中的“本法规定可以不经许可的除外”是指法律规定的合理使用和法定许可等。

《著作权法》第26条还根据著作权许可合同的性质和特点,规定许可合同应当包括以下内容:(1)许可使用的权利种类;(2)许可使用的权利是专有使用权还是非专有使用权;(3)许可使用的地域范围、期间;(4)付酬标准和办法;(5)违约责任;(6)双方认为需要约定的其他内容。

由于著作权许可合同的内容与转让合同的内容大体一致,这里仅就几个不同的问题略做说明。

第一,许可使用的是专有使用权还是非专有使用权。如果是专有使用权,著作权人不仅不能再向第三人发放许可,就是著作权人自己也不能再行使有关的权利。而被许可人则可以依据被许可的权利,对抗包括著作权人在内的所有人。如果是非专有使用权,著作权人还可以向第三人发放同样的许可,著作权人自己也可以行使有关的权利。

第二,许可合同必须确定许可使用的期间,如 5 年、10 年、20 年等。一般说来,著作权的转让与作品受保护的期间一致,因而不必特别说明转让的期间。而著作权的许可则应当明确许可的期间,否则会产生不必要的麻烦。1991 年《著作权法》规定,著作权的许可使用合同最多不超过 10 年,合同期满可以续订。2001 年修改《著作权法》,删除了上述规定,可以由双方当事人自由约定。

第三,付酬的标准和办法。根据《著作权法》第 30 条的规定,使用作品的付酬标准可以由当事人约定,也可以按照国家著作权主管部门会同有关部门制定的付酬标准支付报酬。当事人约定不明确的,按照国家著作权主管部门会同有关部门制定的付酬标准支付报酬。目前,法定的付酬标准按照国家版权局颁布的《使用文字作品支付报酬办法》执行。当然,法定的付酬标准只是确立了一个最低的标准,当事人还可以约定高于规定标准的稿酬。

四、几种著作权许可合同

著作权许可使用合同有多种多样,大体可以以使用作品的方式或者许可的权利种类来划分,如出版(权)合同、表演(权)合同、演绎(权)合同和展览(权)合同等。其中的出版合同又可以分为图书出版合同和报刊出版合同;表演合同又可以分为舞台表演合同和机械表演(如广播组织的播放)合同;演绎合同又可以分为翻译合同、摄制电影合同、改编合同等。下面,仅就其中的图书出版合同、报刊出版合同、表演合同略做说明。

(一)图书出版合同

1. 出版合同概述

出版是复制和发行的结合。与此相应,作者所享有的出版权就是复制权和发行权的结合。当然,在那些只规定了复制权的国家,可以视为授予复制权就隐含了发行权的授予。

出版合同是指作者与出版者签订的,以一定的条件复制和发行自己作品的合同。根据出版合同,作者向出版者许可了复制权和发行权,由出版者使用作者的作品,并向作者支付一定的报酬。

由此看来,作者自己付费出版作品的合同、作者和出版者共同承担费用出版作品的合同,都不属于著作权法意义上的出版合同。例如,根据《法国知识产权法》第 132 条之 2 的规定,作者自己付费出版作品的合同,相当于劳务合同。即作者出钱,出版者提供劳务,复制和发行有关的作品。又根据《法国知识产权法》第 132 条之 3 的规定,作者和出版者分担费用出版作品的合同,相当于合伙关系。即双方分担出版发行某一作品的费用,并按照约定的比例分担经营的盈亏。由此看来,国内所盛行的作者出钱出版自己的作品,或者作者出一部分钱出版自己的作品(相当于作者和出版者分担费用),都不属于著作权法意义上的出版权(复制权和发行权)许可,由此而签订的合同也不属于出版许可合同。

出版合同是最古老和最常见的著作权合同。这显然是因为复制和发行复制品,是利用作品的最古老和最常见的方式。如前所述,出版合同又可以分为图书出版合同和报刊出版合同,这里先论述图书出版合同。

2. 图书出版合同

按照《著作权法》第 32 条的规定,图书出版者出版图书应当和著作权人订立出版合同,并支付报酬。

根据国家版权局提供的标准样式,以及目前各出版社使用的合同,图书出版合同应当主要包括以下内容:

(1)作品的名称和种类。其中的种类是指小说、诗歌、戏剧、散文、学术著作、美术作品等。

(2)作者的名称,包括署真名、假名、笔名等。

(3)作者的担保,即作者应当担保交付出版的稿件没有侵犯他人的权利,并在发生侵权时补偿出版者的损失。当然,出版者对于有关稿件是否侵犯了他人的权利,也负有"适当注意"的义务。

(4)出版者所获得的是专有出版权还是非专有出版权,出版者行使有关权利的地域范围,以及出版物所用的语言种类等。就语言种类来说,可能不仅涉及繁体汉字,还涉及外国语言文字。

(5)许可的期间,包括到期是否续签合同。

(6)作者交稿的日期及相应的违约责任。

(7)出版者出版作品的日期及相应的违约责任。

(8)报酬的标准和支付方式。作者和出版者可以通过合同约定支付报酬的方式,如稿酬或版税,以及稿酬的数量或版税的比例,等等。在必要时,还可以约定支付的币种,如美元、欧元等。

(9)首次出版的印数。

(10)作者的样书,如样书的数量、是否包括精装本或简装本等。

(11)一方终止合同的条件。这既可以是因为出版者的原因而终止,也可以是因为作者的原因而终止。例如,根据《著作权法》第34条的规定,图书脱销后,图书出版者拒绝重印、再版的,著作权人有权终止合同。又根据《著作权法实施条例》第29条的解释,著作权人寄给出版者的两份订单在6个月内未能得到履行,视为图书脱销。又如,作者未能如期交付稿件,出版者也可以终止合同。

(12)单行本与选集、文集、电子版的关系。这是指出版者在获得作品的专有出版权以后,是否还打算以出版选集、文集或电子版的方式利用该作品。根据国家版权局提供的标准样式,作者与出版者订立的合同如果就上述事项有约定,依合同约定;没有约定的,出版者应取得作者的再次许可,才能以选集、文集或电子版的方式利用同一作品。

(13)违约责任。

(14)争端解决方式,如申请仲裁、提起诉讼等。

(15)其他应当约定的事项。

在图书出版合同中,还有一个专有出版权的问题值得略做说明。根据1991年《著作权法》的规定,图书出版者对于作者交付出版的作品,在合同约定的期间内享有"法定"的专有出版权。即使双方没有约定,出版者也依据法律的规定对有关的作品享有专有出版权。显然,这在某种程度上剥夺了作者或其他权利人自由约定的权利。所以,2001年修改《著作权法》时,废除了"法定"专有出版权的规定。这样,出版者是否享有专有出版权,由作者和出版者以合同的方式约定。如果合同约定出版者享有专有出版权,则专有出版权受到法律保护,他人不得出版该项权利所涉及的有关作品。如果合同没有约定专有出版权,则作者还可以许可第三人以同样的方式使用有关作品。当然在事实上,出版者在与作者签订出版合同时,一般都约定了专有出版权。

出版者所享有的专有出版权,应当受到法律的有效保护。这对于规范出版市场具有非常重要的意义。按照法律的要求,在约定了专有出版权的情况下,第三人不仅不得出版相同的作品,还不得出版实质上相似的作品。因为第三人即使出版了实质性相似的作品,也会影响出版者的市场,侵蚀出版者的专有出版权。约定专有出版权也意味着作者在授予某一出版者以专有出版权以后,不得将自己的同一作品或实质性相似的作品许可给第三人出版。否则,就会违背专有出版权的约定。

（二）报刊出版合同

报刊出版是指报纸、期刊等定期出版物对于作品的登载。报刊出版也是出版的一种，是以报纸、期刊登载作品的方式出版作品，不同于以图书的方式出版作品。

报刊出版合同是作者与报刊出版者约定的登载作品和支付报酬的协议。

由于报刊出版具有周期短、时间性强等特点，世界各国的著作权法一般不要求订立书面合同。例如，我国《著作权法实施条例》第23条规定，报社和期刊社刊登作品，不必采用书面合同的方式。一般说来，报刊出版者发布征稿启事，已经约定了稿件使用的一系列条件。而作者向报刊出版者投稿，则视为接受有关的约定。

在我国，报纸、期刊的数量和种类越来越多，作者投稿的途径也越来越多。从报刊行业的惯例来看，一般不允许将同一稿件同时投给两家以上的报刊。但为了防止报刊出版者滥用此种惯例，无限期地拖延稿件的刊用，或者既不打算刊用，又不及时通知作者，以致延误了作品在其他报刊上登载的机会，也有必要对这种惯例作出限定。《著作权法》第35条的规定，著作权人向报社、期刊社投稿的，自稿件发出之日起15日内未收到报社通知决定刊登的，或者自稿件发出之日起30日内未收到期刊社通知决定刊登的，可以将同一作品向其他报社、期刊社投稿。双方另有约定的除外。显然，《著作权法》的这一规定既照顾了报刊业的一般惯例，又从维护作者权利的角度出发在一定程度上限制了这种惯例。

当然，按照《著作权法》第35条的规定，报刊出版者与作者还可以另行约定一些内容。例如，报刊出版者不要求作者在投稿时一定是独家刊用，或者作者在投稿时声明有关稿件是一稿多投，如果报刊予以刊登，则表明接受了要约。又如，《著作权法》虽然规定作者在发出稿件之后的30日内，没有收到期刊社的登载通知，可以将同一作品投向其他期刊社。但学术期刊出版者往往与作者约定，投稿之后的3个月内没有收到刊用通知，作者可以自行处理，包括投向其他期刊。此外，一些报刊出版者近年来还约定，一旦以书面的方式登载某一作品，还可以将有关作品上载到互联网上。这样，报刊出版者通过约定不仅获得了出版权的许可，还获得了“信息网络传播权”的许可。如果作者投稿，也视为接受了有关的要约。所有这些都属于双方约定的内容。

此外，由于报刊出版的时间性特点，以及报刊篇幅限制的特点，报刊出版者按照行业惯例还可以对有关的作品进行文字性的修改和删节。但如果对于内容进行修改，则应当经过作者的许可。当然在必要的时候，也可以由作者授权报刊出版者修改和删节自己的作品。这些就是《著作权法》第36条第2款的规定：“报社、期刊社可以对作品作文字性修改、删节。对内容的修改，应当经作者许可。”

(三)表演合同

表演合同是指作者授权演员或演出组织表演其作品并获得相应报酬的协议。在国外,表演合同可以由作者与某一表演者签订,也可以由作者与某一表演团体签订。在中国,原来主要是作者与表演团体或表演组织签订,近年来也出现了自然人表演者与作者签订合同,从事表演活动的情形。所以,中国《著作权法》第 38 条规定,“使用他人作品演出,表演者应当取得著作权人许可,并支付报酬”。其中的表演者,既包括表演团体,也包括个体表演者。在现实生活中,还存在非表演团体组织演出的情况。例如,某一大型活动的组委会组织文艺演出,某一企业组织商业性的文艺演出,等等。按照《著作权法》第 38 条的规定,在这种情况下应当由演出的组织者取得著作权人的许可,并支付相应的报酬。

中国的著作权法及其实施条例没有就表演合同作详细规定。但依据《法国知识产权法》第 132 条的规定,表演合同应当具有以下一些内容:表演合同以一定的期间和一定的次数为限;除非特别约定专有表演许可,表演合同不授予演出经营者以任何垄断经营权;戏剧作者授予的专有表演权的有效期不超过 5 年,如果连续 2 年中断演出则专有许可自动终止;非经作者或其权利继受人正式及书面同意,演出经营者不得转移合同权益。根据规定,表演合同不仅可以就已经完成的作品签订,还可以就未来作品签订。此外,演出经营者应在保证作者精神权利得到尊重的技术条件下,进行表演和演奏。

(四)其他合同

除了上述合同,著作权法还涉及了录音录像合同、播放合同,以及著作权质押合同。例如,录音录像制作者使用他人作品制作录音录像,应当取得著作权人的许可,并支付报酬。又如,广播电台、电视台播放他人未发表的作品,应当取得著作权人许可,并支付报酬。而关于质押合同,国家版权局于 1996 年还专门颁布了《著作权质押合同登记办法》,对著作权作为质权抵押进行了具体规定。但在实际生活中,以著作权作为质权进行抵押的事例并不多见。

思考题

1. 什么是著作权的转让?
2. 什么是著作权的许可?
3. 如何理解著作权的继承?
4. 为什么说著作权合同是一种特殊的合同?
5. 著作权许可合同应当包括哪些内容?

第七章

著作权集体管理

根据欧洲大陆法系学者的观点,著作权集体管理制度是广义著作权保护制度的组成部分之一。著作权集体管理是知识产权保护中非常特殊的一种制度。这种制度只产生于著作权保护领域。在专利、商标和其他知识产权领域没有这种制度。

与300年的世界著作权发展史相比,著作权集体管理制度的历史则更短,只有200多年。在我国,著作权集体管理制度更是一个全新事物。虽然我国第一部著作权法诞生于1910年,但是著作权集体管理制度直到1992年我国第一家著作权集体管理组织的出现才算初步建立。在我国著作权立法和理论研究的初期,立法人和学者对著作权集体管理制度的研究,同对著作权实体法、邻接权、国际著作权条约的研究相比,投入的力量更少。在国内既无理论也无实践经验可借鉴的条件下,建立中国的著作权集体管理制度,就不得不首先学习境外的成熟经验,其次再结合本国的实际情况,设计并建设同国际规则和惯例保持一致且基本符合国情的体系。

2001年修改后的《著作权法》第8条首次在单行法中就著作权集体管理制度进行了规定。根据该规定,国务院制定了《著作权集体管理条例》,并于2004年12月28日予以公布。经过十几年的实践与探索,2020年修改后的《著作权法》将原来的第8条扩充为4款。这些法律、法规不仅为建立我国著作权集体管理制度提供了重要的法律依据,而且对集体管理制度的运行予以规范和不断完善。

根据《著作权法》第8条的规定,著作权集体管理组织应当由著作权人或者与著作权有关的权利人授权成立,而不是由政府或者主管部门指定成立。就这点而言,我国的规定同大部分市场经济国家及地区的规定是一致的(可能只有意大利除外)。该规定的另一层意思是,权利人加入著作权集体管理组织是自愿的,而不是强制的。

著作权集体管理组织既包括著作权人的权利组织,如音乐作者集体管理组织,也包括与著作权有关的权利人的组织,如表演者集体管理组织或者音像制作者集体管理组织。

该条还规定了著作权集体管理组织的最关键的两项权利:以自己的名义为著作

权人和与著作权有关的权利人主张权利,并可以作为当事人进行涉及著作权或者与著作权有关的权利的诉讼、仲裁活动。

在实施法律方面,自 1992 年第一家著作权集体管理组织——中国音乐著作权协会成立起,尤其在 2005 年《集体管理条例》施行后,音像制品、文字作品、摄影作品以及电影制片人的著作权集体管理组织先后诞生。我国著作权集体管理制度的建设有了长足的发展。尽管如此,我们必须看到,由于历史原因,我国著作权集体管理制度的建设仍处于初级阶段,理论和实践方面的各种缺陷仍有待于完善。基于此,本章在介绍著作权集体管理制度时,既谈到我国的立法和实践,也同时涉及国外的信息。

本章以下的篇幅将就著作权集体管理制度产生的原因、历史,著作权集体管理组织的法律性质加以论述。本章除重点介绍《著作权法》第 8 条外,还就集体管理组织的设立、管理范围、组织结构、发放许可和收费以及分配、对集体管理组织的监督等专项问题介绍《集体管理条例》的内容。最后简介我国目前的著作权集体管理组织状况。

第一节　著作权集体管理概述

一、为什么要建立著作权集体管理制度

通常,著作权交易都是在作者或者著作权人与作品的使用人之间直接进行。最典型的例子是作者同出版社就某部作品达成出版协议,作者向出版社交付稿件,出版社向作者支付稿费。直接交易无论对于作者还是对于使用人,都是成本最节约、最能代表双方意思表示的方式。

但是,当某项权利是作者个人甚至某个单位无法单独实现的时候,就不能再以直接的方式进行著作权交易了。例如,各国著作权法都赋予作者表演权。作者个人不可能向每一个营业性表演其作品的人发放许可证,也没有能力掌握全国究竟有多少单位和个人在营业性表演其作品(关于表演权,可参见本书第十一章“国际著作权条约”第七节关于《版权条约》的介绍);从使用人的经济成本和人力成本考虑,也不允许为每部作品都去一一取得数量众多的作者的许可。在这种情况下,唯一可行的办法就是通过一家统一的、代表所有或者绝大部分权利人利益的组织向使用人发放许可证,为权利人收取使用费并将收取的费用再分配给权利人。这样的组织就是著作权集体管理组织。

通过著作权集体管理组织,虽然表面上看将著作权直接交易变成间接交易,加大

了交易的成本，但是，实际上在舍此之外，别无其他出路的情况下基本能够实现法律赋予作者的权利。从发达国家和中国香港特别行政区的成功经验看，如果一家著作权集体管理组织能够高效运行，带给作者的经济利益并不亚于其他领域通过直接交易为作者带来的利益。

总之，建立著作权集体管理制度是出于实际的需要，是市场经济的自然产物，不是为建立而建立。建立著作权集体管理组织的前提是作者享有个人无法实现的权利。这些权利在著作权界也被称为“小权利”，主要指表演权、广播权以及信息网络传播权等。凡是个人能够直接交易的权利，一般都没有必要建立著作权集体管理组织。这些权利也被称为“大权利”，如复制权、发行权、展览权等。

对此，《集体管理条例》第 1 条言简意赅地说明了为什么要建立著作权集体管理制度：“为了规范著作权集体管理活动，便于著作权人和与著作权有关的权利人（以下简称权利人）行使权利和使用者使用作品，根据《中华人民共和国著作权法》制定本条例。”

二、著作权集体管理组织产生的历史

1777 年，世界上第一家著作权集体管理组织，由著名作家博马舍领导的法国戏剧作家和作曲家协会（SACD），诞生于法国。1847 年，法国作曲家 PaulHenrion 和 Victor Parizot 以及作词家 Bourget 到巴黎的一家咖啡馆喝饮料。席间他们听到有人在演奏他们创作的乐曲。离开咖啡馆时，三人拒绝向咖啡馆付费。理由是咖啡馆靠作曲家的音乐招揽生意，但是没有向作曲家付费。因此，作曲家也拒绝为喝过的饮料付费。于是，咖啡馆和作曲家发生诉讼。1849 年，法院判决作曲家胜诉。理由是，如果咖啡馆向顾客提供音乐，至少应向作曲家支付报酬。胜诉后的作曲家借助法院的判决立即组织起来，于 1850 年成立了音乐作者的著作权集体管理组织（SACEM），集中管理音乐作品的表演权。

三、各国和地区著作权集体管理制度

随着 SACEM 的成立，欧洲各国的音乐家纷纷成立起自己的集体管理组织，如德国的音乐著作权集体管理组织（GEMA）、英国的音乐著作权集体管理组织（PRS）、意大利的著作权集体管理组织（SIAE）、荷兰的音乐著作权集体管理组织（BUMA）等。

这些组织有两个共同的特点：第一，都是代表音乐作者著作权的组织（意大利的 SIAE 以音乐作品的集体管理为开端，后扩大到所有的作品以及邻接权）；第二，每个组织只能在本国境内活动。众所周知，文学、艺术作品的使用是不受国界限制的，尤其是音乐作品更不受语言的限制。但是，囿于著作权集体管理组织只能在本国境内活动,音乐作者在国外的权利就得不到充分有效的保护。基于此,各国的著作权集体管理组织决定成立一个统一的国际组织。在这个组织下各著作权集体管理组织之间建立相互代表关系。这既能使作者在国外的权利也得到充分保护,也方便用户直接使用外国作品。1926年,终于在巴黎成立了这样的国际组织——国际作曲家作词家协会联合会(CISAC)。目前,该联合会的成员已经有228家著作权集体管理组织,覆盖120个国家,代表音乐、戏剧、文学、音像、美术和视觉艺术领域的200多万位作者,其中绝大部分是音乐作者的集体管理组织,但是也吸收了其他类作者的集体管理组织。

从世界各国和地区的情况来看,传统环境的著作权集体管理组织在欧洲国家、日本、加拿大、中国香港特别行政区等经济比较发达的国家和地区发展得比较成功;美国的集体管理组织收入虽然不低,但与全国人口相比,情况反而不如上述国家和地区(数字环境出现后是另一种情况)。这可能和美国将竞争机制盲目引入著作权集体管理制度有关。在其他国家和地区虽然大都建立了相应的组织,但是为权利人收取的报酬都十分有限。尽管如此,各国和地区的著作权集体管理组织都是非营利组织,即集体管理组织收到的收入在扣除少量佣金(例如,欧洲国家规定集体管理组织的佣金不得超过收入的15%)后,应将其余部分百分之百地分配给权利人。

如上所述,在多数国家和地区,著作权集体管理组织首先产生在音乐作品领域。随着著作权集体管理组织的不断发展与壮大,目前在国际上著作权集体管理已不仅限于音乐作品领域,而是扩大到文字作品、美术作品、电影作品、邻接权等领域。由于科学技术的飞速发展,特别是数字环境的出现,使用作品的方式越来越繁多,涉及的领域越来越宽广,同时也为作者个人控制作品,使用人取得许可和支付费用,以及集体管理带来极大的困难。目前,国际社会正在为数字环境就著作权集体管理组织如何为作者及邻接权人和使用人方便权利交易找到合理有效的出路积极探索,并且逐步取得进展。

第二节　著作权集体管理性质

著作权集体管理组织的法律属性,指根据民商法或者公司法成立的这类组织的具体法律形态。在比较各国著作权集体管理组织的法律性质时,会发现不同的法律制度产生不同法律形态的著作权集体管理组织,不同的历史时期也会改变传统的法律形态。在法律制度方面,可以分为英美法系国家及地区同大陆法系国家及地区的著作权集体管理组织;在历史时期方面,可以分为传统的和第二次世界大战以后成立的著作权集体管理组织。

一、英美法系国家

在英美法系国家及地区,著作权集体管理组织依据公司法或者竞争法建立。英美法所说的公司分营利性的和非营利性的两种。这两种虽然都属于营利性质,但是一种以营利为目的,另一种以非营利即公益性为目的。以英国音乐作品著作权集体管理组织(PRS)为例,其章程规定该组织为公益性机构。根据英国公司法,PRS 属于非营利性有限责任公司。根据版权有限转让的理论,权利人在一定时间内将权利转让给公司。由于英美法系国家及地区的版权法一般不涉及作者精神权利,所以著作权集体管理组织的活动在法律上也被看作经营性商业活动,组织的建立以及权利能力范围的确定当然适用公司法或者竞争法。另外,著作权集体管理组织的经营活动也同其他经营性活动一样具有风险性。采取有限责任公司形式,有助于作为会员的权利人避免遭受过大的经济风险。

二、大陆法系国家

大陆法系国家及地区的著作权集体管理组织分传统型的和现代型的两种。传统型的著作权集体管理组织多是约有 100 年或者更长历史的音乐作品著作权集体管理组织。

在民商法分立的国家,民法典中的法人分为社团法人和财团法人。在社团法人中又分为营利性和非营利性两种。营利性社团法人在实践中其实并不多见,典型的例子有为会员服务的合作社等少数机构。多数营利性社团法人由商法调整。对于民法典的营利性社团法人,须由国家通过审查和授权才能成立,即所谓国家许可制度。国家主要审查该社团是否根据单行法(例如,著作权集体管理组织根据著作权法或者专门的著作权集体管理法)取得权利能力,以及该社团根据其章程是否对债权人及其社员提供充分的保护。

传统型的著作权集体管理组织一般属于民法中的营利性社团法人。这种营利性社团法人同商法调整的公司、企业相比,一个最大的区别是不以营利为目的。各著作权集体管理组织的章程几乎都对此有明确规定。以德国的音乐著作权集体管理组织(GEMA)为例,该组织实际成立于 1903 年,1933 年至第二次世界大战结束之前名为 STAGMA。第二次世界大战后由于两德分立,也为了区别于纳粹时代,其更名为 GEMA。其章程第 1 条(名称与住所)规定,“音乐作品表演权和机械复制权协会 GEMA 为营利性社团法人,住所在柏林。其权利能力依据德国民法典第 22 条之国家许可”;第 2 条规定,“本社团旨在保护作者,并且在本章程范围内管理其权利。本社团之建立为公益性(uneigennuetzig),并且不以营利为目的”。关于营利性社团,《德国民法典》第22条(营利性社团)的规定,“1.以营利为目的的社团,如帝国(联邦)法律无特别规定时,得因邦(州)的许可而取得权利能力。2.许可权属于社团住所所在地的邦(州)”。《日本著作权法》第104条之3规定了著作权集体管理组织的设立、成立条件,其中包括:必须是“根据民法第34条(公益法人的设立)规定设立的法人”,“不以营利为目的”,等等。

现代型的著作权集体管理组织多是第二次世界大战后新成立的机构。一方面,随着科学技术的迅速发展,著作权保护的范围越来越宽,除了音乐作品,保护其他类作品的著作权集体管理组织也应运而生。另一方面,随着反垄断法的出现,那种一类作品只有一家著作权集体管理组织的局面也显得不适应自由竞争的反垄断要求。因此,在欧洲大陆国家也出现了以有限责任公司形式成立的著作权集体管理组织,甚至出现了在一类作品中出现两家以上著作权集体管理组织的现象。

三、发展趋势

第二次世界大战前,只有民间组织形式的著作权集体管理组织。官方或者半官方组织形式的著作权集体管理组织出现在第二次世界大战后的东欧国家,后来又出现在第三世界,特别是讲法语的非洲国家。在西欧国家也有半官方组织,如意大利的著作权集体管理组织。但是,无论是官方组织形式,还是民间组织形式,都应当接受政府的监督。近年来,西欧的新趋势是国家加强了对著作权集体管理组织的监督,德国、日本的著作权集体管理法即代表了这一趋势。

著作权集体管理组织无论以有限责任公司形式还是以民间组织形式出现,都不得以营利为目的。这一点不仅是所有的著作权集体管理组织章程的规定,而且在有关著作权集体管理的立法方面也有所规定。例如,《西班牙著作权法》第132条第2款的规定,“上款(著作权集体管理)组织不得具有营利目的”。

综上所述,不难看出,无论是英美法系,还是欧洲大陆法系,公益性是著作权集体管理组织的共同点,这一点也是著作权集体管理组织区别于一般的公司与团体的最大特点。基于这个特点,各国著作权集体管理组织几乎都在章程中规定,从收取的费用中拨出一定比例建立社会福利基金,以帮助生活贫困的作者,或者支持严肃艺术的发展,以及资助青年作者创作。

四、我国的规定

通过以上介绍可以看到,我国法律关于社团法人、事业单位、公司以及民营组织的规定,在概念上不同于英美法系,也不同于欧洲大陆法系,因此切不可以我国的法律概念去简单理解其他国家的法律规定。我国法人制度的不同为著作权集体管理组织的建立和运作带来了一定的困难。经过反复论证和认真思考,《著作权法》第 8 条明文规定“著作权集体管理组织是非营利法人”。《集体管理条例》第 3 条明确规定著作权集体管理组织是“社会团体”。法律法规的规定不仅明确了著作权集体管理组织的法律性质,而且为其建立提供了法律依据。

五、著作权集体管理与版权代理的区别

由于以上所说的原因,在我国著作权立法初期,关于著作权集体管理与版权代理的同异,存在错误认识。通过本章的介绍不难发现,两者的区别不在于著作权集体管理以信托管理权利为主,版权代理以代理为主,而在于两者的组织性质和运作方式截然不同。第一,著作权集体管理组织是著作权人自己的组织,而版权代理机构不是著作权人,而是著作权人与使用者之间的中介机构;第二,著作权集体管理组织是法人,不是个人,且只能是非营利性单位,而版权代理机构可以是法人,也可以是个人,可以是营利性的,也可以是非营利性的;第三,著作权集体管理组织分散收费、集中分配,通常,各国只为一类作品设立一家著作权集体管理组织,而版权代理机构则无作品类别和数量的限制,且各代理机构之间允许公平竞争;第四,著作权集体管理组织有比较固定的收入,即来自“小权利”的收入,而版权代理机构的收入是不固定的,且通常代理“大权利”;第五,著作权集体管理组织至少受政府监督,而版权代理是纯私权贸易,政府不干涉其业务。

第三节　著作权集体管理组织的设立

《集体管理条例》第 7 条、第 9 条、第 10 条、第 11 条和第 12 条是关于设立著作权集体管理组织及其地方分支机构的规定。这些规定包含以下一些主要内容。

一、须经主管部门批准

《集体管理条例》第 9 ~ 12 条规定,成立著作权集体管理组织以及其分支机构的申请,首先须经国务院著作权管理部门,即国家版权局的批准,获准后还应到国务院民政部门,即民政部登记。

著作权集体管理组织的设立与批准,在英美法系和欧洲大陆法系国家及地区是不同的。

如上所述,在英美法系国家及地区,著作权集体管理组织同一般从事经营活动的

经济实体相比,没有本质区别。因此,英美法系国家及地区的著作权法通常都不包含关于设立和批准著作权集体管理组织的专门章节或者条款(因著作权集体管理组织的收费标准而引起的版税仲裁争端解决机制除外),也没有关于著作权集体管理的专门立法。著作权集体管理组织的设立或者批准如同一般的公司或者企业应履行的程序,适用的法律是公司法或者竞争法。

如前所述,欧洲大陆法系的广义著作权由五部分组成:著作权实体法、著作权合同法、邻接权、著作权集体管理制度和法律的执行。① 也就是说,即使著作权集体管理组织以有限责任公司的形式出现,作为广义著作权一部分的著作权集体管理制度,也必须适用著作权法为之制定的某些专门规定。这些专门规定表现在立法上分为两种模式:一种是就著作权集体管理组织单独立法,如德国的著作权集体管理法和日本的著作权与邻接权管理业务法,还有中国台湾地区的"著作权中介团体条例"。另一种是将著作权集体管理的规定作为著作权实体法的一章或者专门的几条。这样做的国家有法国、意大利、瑞士、瑞典、西班牙、波兰、俄罗斯、斯洛文尼亚、爱沙尼亚等。

上文提到在欧洲大陆法系国家,著作权集体管理组织的设立和批准或者按照营利性社团,或者按照非营利性公司履行相应的程序,适用的法律或者是民法典,或者是公司法。例如,《德国著作权集体管理组织法》第 1 条(获得许可的义务)规定:"1. 凡为多名作者或者与著作权有关的权利人集体管理 1965 年 9 月 9 日著作权法(联邦法律公报 I 第 1273 页)产生的利用权、许可权或者获得报酬要求,以达到共同使用目的者,不论是否以本人或者他人名义集体管理,均须获得批准……3. 凡进行集体管理活动而未获得第 1 款之批准者,不得主张为集体管理而受托的权利与要求,不享有著作权法第 109 条规定的诉权……"第 2 条(批准之颁发)规定:"批准由监督机关[第 18 条第(1)款]根据书面申请颁发,申请应包括:(1)集体管理组织的章程;(2)根据法律或者章程代表著作权集体管理组织的合法人员的姓名、住址和国籍;(3)关于委托著作权集体管理组织管理其利用权、许可权或者获得报酬要求的人员数目的说明以及关于委托著作权集体管理组织管理的权利与要求的数目和经济意义的说明。"此外,法国、西班牙、日本的著作权法,以及中国台湾地区的有关规定都有形式不同但内容近似的规定。

二、按照作品的种类设立不同的组织

《集体管理条例》第 7 条规定,发起成立著作权集体管理组织的,必须是享有著作

① 参见阿道尔夫·迪茨:《关于修改中国著作权法的报告草案》,载唐广良主编:《知识产权研究》(第 10 卷),中国方正出版社 1999 年版,第 189 ~ 190 页。

权的中国人;此外,还规定了一些设立著作权集体管理组织的必要条件,其中规定申请成立的著作权集体管理组织不得“与已经依法登记的著作权集体管理组织的业务范围交叉、重合”。这条规定非常重要。立法人通过该规定表达了按照作品的种类设立不同的著作权集体管理组织,或者说,同一类作品只允许建立一家著作权集体管理组织的本意。这是出于降低著作权集体管理组织的行政成本,提高会员的收入,防止著作权集体管理组织之间发生恶性竞争的考虑,也是吸取境外同类组织正反面经验的结果。

从各国著作权集体管理组织的布局看,大部分国家按作品的类别分别成立协会,少数国家建立一个包括各创作领域的统一组织。但无论哪一个国家,主要的组织或单一组织工作的主题,是对音乐表演权的管理。因为这是作者最难单独管理的权利。没有著作权集体管理组织的有效工作,音乐作者的权利至少有一半是一纸空文。因此,即使在那些有八九个著作权集体管理组织的国家里,最重要的组织仍是管理音乐表演权的组织。如果这个组织工作不佳或停止活动,整个著作权集体管理制度就要垮台。

除俄罗斯、意大利等少数国家每个国家只设立一家著作权集体管理组织外,大部分国家基本上按照作品的种类分别设立相对垄断的著作权集体管理组织,即音乐作品的组织、文字作品的组织、美术和摄影等视觉艺术作品或者其他种类的作品的著作权集体管理组织。至于著作权集体管理组织是按照作品的类别设立,还是按照权利的类别设立(如设立复制权组织,或者广播权组织,或者表演权组织)的问题,有些国家的法律没有具体规定,有些国家有明确规定。例如,《瑞士著作权法》第 42 条规定,“通常,对每一种类型的作品,对邻接权的每一个种类,只许可成立一家著作权集体管理组织”。本章第一节曾说过,建立著作权集体管理组织是出于实际的需要,是市场经济的自然产物。在考虑这个问题的时候,必须注意,每一类作品都有自己最主要的使用方式。例如,音乐作品的主要使用方式是表演和广播,复制权中的制作唱片的机械复制权和音乐作品关系紧密,但是印刷出版复制对于音乐作品来说,就不是主要的使用方式;文字作品的主要使用方式可能就不是表演和广播,而是出版(复制);表演权对于美术和摄影等视觉艺术作品来说,可能大大不如复制权、发行权重要。如果都按照权利种类设立著作权集体管理组织,一名作者就要分别加入几家组织,其主要收入可能只来自其中的一家,其他组织虽然也向他支付报酬,但是可能微乎其微。然而,每家组织为收取和分配费用都要支付一定的成本,而这笔费用是要由作者承担的。这样一来,作者的负担势必加大,收入则势必受到影响。显然,这是行不通的。

在本章第一节还谈到,建立著作权集体管理组织的前提是作者享有个人无法实现的权利,即所谓“小权利”。也就是说,建立著作权集体管理制度的前提必须是法律规定了某种权利,而这种权利个人无法实现,只能由著作权集体管理组织帮助作者实现。因此,著作权集体管理组织的类别与法律规定的权利范围有直接的关系。例如,由于复印设备的普及影响了作品的发行,因此有的国家规定了影印权,即复印机、复印材料的销售收入中应扣除一部分补偿作者的损失。基于影印权,著作权集体管理组织就有了为作者收取和分配复印版税的法律依据。如果没有这项权利规定,著作权集体管理组织即使成立了,也无权收取这笔版税。由此可以得出结论:法律赋予作者的权利越多,建立著作权集体管理组织的必要性和可能性就越大。

目前各国家和地区著作权集体管理组织大体有以下几种类型:

1. 管理音乐作者表演权和广播权的著作权集体管理组织,这是最常见也是最主要的组织。

2. 管理音乐作者机械复制权的著作权集体管理组织,在某些国家和地区(如德国和我国),机械复制权不单独成立组织,而是与第一类的组织合在一起管理。

3. 管理文字作者小权利的著作权集体管理组织,这类组织的设立主要取决于国内法有类似教科书版税、私人复制权(指作者从录音、录像设备和空白磁带,复印设备和材料的售价中获得一定收入的权利)等个人无法实现的获得报酬权。

4. 管理戏剧作者著作权的著作权集体管理组织,这类组织并非每个国家都有,主要指由于历史原因而成立的组织,如法国的 SACD。

5. 管理作者"追续权"(指美术作品原件每出售一次,作者从售价中提取一定百分比回报的权利)的著作权集体管理组织,这类组织主要涉及美术作者以及摄影作者的利益。

6. 管理作者影印权的著作权集体管理组织。由于影印权主要涉及文字作者的利益,因此有些国家(如德国)是由文字作品著作权集体管理组织统一管理影印权。该组织根据与其他著作权集体管理组织的协议将收取的影印权收入按协议比例转付给其他著作权集体管理组织。

7. 管理表演者和录音制作者权利的著作权(严格地说应该是邻接权)集体管理组织,并非每个国家都有这类组织,这类组织的设立和存在取决于法律是否赋予表演者和录音制作者"小权利"。

8. 管理电影制片人邻接权的著作权集体管理组织,这类组织的设立和存在也取决于法律是否赋予电影制片人独立的邻接权(与我国的录音录像制作者的权利不同)。

9. 管理私人复制权的著作权集体管理组织。

10. 管理有线转播权的著作权集体管理组织,指传统的(通常是音乐作品的)著作权集体管理组织根据同仅从事同步的和不加改变地有线转播广播电视节目的组织的行业协会的协议，向转播人收取转播权报酬并将报酬分配给作者。

三、事实上的相对垄断性

《集体管理条例》第7条除规定申请成立集体管理组织不得“与已经依法登记的著作权集体管理组织的业务范围交叉、重合”，还规定应具备“在全国范围代表相关权利人的利益”的能力。同该条规定的其他条件相比，这两项条件是成立著作权集体管理组织必要条件的核心部分，不仅反映出一类作品只成立一家组织的立法意图，也反映出建立我国著作权集体管理制度的一条主要原则：在依法经营的前提下，应保障著作权集体管理组织具备事实上的相对垄断性，而不盲目引进自由竞争机制。这也是立法人在充分比较世界各国和地区的成败经验后作出的正确选择。

在其他国家和地区，除了意大利著作权法明确规定SIAE是该国唯一有资格从事著作权集体管理的组织，各国和地区一般都不规定著作权集体管理组织是垄断机构。但是，实际情况是，法律虽然不禁止垄断，大部分国家和地区的著作权集体管理组织却事实上占据垄断地位。只有美国、中国台湾地区是例外。各国和地区的正反面经验证明，著作权集体管理组织需要相当程度的垄断性，以求得工作的有效性。如果一国或者一个地区的同一类作品（如音乐）有几家集体管理组织，就会造成互相之间盲目竞争，重复管理，效率必然降低，成本必然增加，作者所得必然减少。对于作品使用者来说，必须多头联系许可、多头支付报酬，不仅加大工作成本，而且十分不便。因此，大部分国家和地区的主管部门在审批成立著作权集体管理组织的申请时，司法部门在审理涉及著作权集体管理组织的案件时，都有意识地维护现存著作权集体管理组织事实上的垄断性，或者促成其事实上的垄断。

美国和中国台湾地区的情况从反面证明，在著作权集体管理方面不宜盲目引进自由竞争机制。美国在音乐作品方面有三家著作权集体管理组织，其工作效率和带给作者的利益，都不能和欧洲大陆以及日本、中国香港特别行政区以及澳大利亚的相比。中国台湾地区在音乐作品方面一度有多个著作权集体管理组织，最后大部分经营不下去，不得不解散。

既然著作权集体管理组织具有事实上的垄断性，就存在滥用权利的可能。为防止其滥用权利，妨碍作品的正常使用和传播，许多国家通过立法对著作权的集体管理组织加以监督管理和限制。这一点尤其反映在欧洲大陆国家的著作权立法或者著作权集体管理的专门立法中。这些法律一般规定，著作权集体管理组织应定期公布账目，每年还要将年度结算报告送监督机关（一般是政府著作权管理部门）审查。著作权集体管理组织的收费标准要适当合理，分配规则应透明公正。使用者在支付合理报酬的情况下，著作权集体管理组织不得拒绝使用者使用作品。收费标准应当明确，使用者应按规定支付报酬。当著作权集体管理组织与作品的使用者就收费标准不能达成一致时,需要提交专门的机构仲裁或者准司法裁判(有的国家依法设立版税裁判所,有的国家的主管部门承担此项工作)。在分歧未解决之前,使用传播者可暂时先使用作品,但必须按照著作权集体管理组织的收费标准先行支付报酬,在裁定作出后再按裁定的结果多退少补。

我国立法人也注意到,在赋予著作权集体管理组织相对垄断地位的同时,还应加强对著作权集体管理组织的监督,以防止其滥用权利。这一点将在以下章节中详细介绍。

第四节 与权利人的关系

《集体管理条例》第 17 条和第 18 条是关于著作权集体管理组织的内部机构设置,以及召集会员大会的程序、会员大会的权限、理事会的设立和产生的规定。这些规定属于著作权集体管理组织章程的内容,本章不赘述。

《集体管理条例》第 2 条、第 19 条、第 21 条、第 22 条和第 47 条是关于著作权集体管理组织与会员及权利人的关系的规定。第 2 条规定,"著作权集体管理组织经权利人授权"。这条规定与第 19 条第 1 款"权利人可以与著作权集体管理组织以书面形式订立著作权集体管理合同,授权该组织对其依法享有的著作权或者与著作权有关的权利进行管理"的规定,体现了《著作权法》第 8 条"权利人可以授权著作权集体管理组织行使著作权或者与著作权有关的权利"的原则,即著作权集体管理组织的权利来自权利人的授权,权利人加入著作权集体管理组织是自愿的,而非法律强制的。第 2 条关于著作权集体管理组织"集中行使权利人的有关权利并以自己的名义进行活动"的规定,重现了《著作权法》第 8 条著作权集体管理组织"被授权后可以以自己的名义为著作权人和与著作权有关的权利人主张权利,并可以作为当事人进行涉及著作权或者与著作权有关的权利的诉讼、仲裁、调解活动"的原则,即著作权集体管理组织是以行纪或信托方式管理权利人授予的权利。第 19 条第 1 款"权利人符合章程规定加入条件的,著作权集体管理组织应当与其订立著作权集体管理合同,不得拒绝"的规定,体现了著作权集体管理组织对待加入人的非歧视原则。第 20 条规定,权利人在签订"著作权集体管理合同后,不得在合同约定期限内自己行使或者许可他人行使合同约定的由著作权集体管理组织行使的权利",即通常所说的,一旦与权利人签约,著作权集体管理组织便取得合同期间排除包括权利人在内的任何第三人的独占许可权。第 21 条规定:"权利人可以依照章程规定的程序,退出著作权集体管理组织,终止著作权集体管理合同。但是,著作权集体管理组织已经与他人订立许可使用合同的,该合同在期限届满前继续有效;该合同有效期内,权利人有权获得相应的使用费并可以查阅有关业务材料。"该条从不同角度规定了权利人即会员的权利与义务:在退会方面,权利人有相当大的自由度;但是,退会之前著作权集体管理组织与第三人签订的合同的继续履行不受影响。同样,尽管权利人已退会,但在合同有效期间仍有权获得著作权集体管理组织取得的收益,并可查阅有关业务材料。这样,既赋予权利人随时退会的自由,也保证著作权集体管理组织与第三人的交易稳定。第 22 条规定了外国权利人与中国的著作权集体管理组织的关系,即外国人的权利是通过境外同类组织与中国的著作权集体管理组织订立的相互代表协议由后者管理的。这也是各国著作权集体管理组织普遍实行的惯例。第 47 条规定,依照《著作权法》关于法定许可的规定使用他人作品,未能向权利人支付使用费的,应当将使用费连同邮资以及使用作品的有关情况送交管理相关权利的著作权集体管理组织,由该著作权集体管理组织将使用费转付给权利人。在此需要指明的是,只有在某些法定许可情况下,而不是非法定许可和广播权法定许可情况下,著作权集体管理组织才有义务向权利人转付使用费。著作权集体管理组织没有权利也没有义务为非会员收取和分配许可证费。

外国的著作权集体管理组织同权利人的关系可以分为:第一,行纪或者信托关系。例如,德国音乐作品著作权集体管理组织 GEMA 的章程第 2 条第 2 款规定,"本社团有责任行纪(也可译为信托)管理(treuhaenderische Verwaltung)会员和第三人为集体管理目的通过多边或者双边协议向本社团转让的权利"。第二,代理关系。例如,《日本著作权与邻接权管理事务法》第 2 条规定,"1. 本法所称'管理委托契约',指下列任何一种契约……(1)委托人向受托人转让著作权或邻接权(以下称'著作权等'),后者受托授予作品等的使用许可或进行著作权等的其他管理的信托契约;(2)委托人委托受托人作为代表或代理人授予作品等的使用许可,并相应进行著作权等管理的委托契约"。

在实践中,著作权集体管理组织根据具体情况选择行纪(在英美法系中为信托)或者代理关系的适用。通常,当涉及多名或者全体权利人的利益,采取行纪(信托)管理形式;如果只涉及个别权利人的利益,则不一定采取行纪(信托)形式,往往适用代理关系。著作权集体管理组织以行纪(信托)还是代理方式管理权利,取决于该组织同权利人签订的著作权集体管理合同。也有个别著作权集体管理组织只以代理形式提起诉讼的,如美国广播音乐公司(BMI)。

关于著作权集体管理组织同权利人的关系,法律一般规定得比较笼统,大多数情况下只规定到著作权集体管理组织代表权利人主张权利。例如,以上提到的《德国著作权集体管理组织法》第 1 条就规定了“凡为多名作者或者与著作权有关的权利人集体管理 1965 年 9 月 9 日著作权法(联邦法律公报 I 第 1273 页)产生的利用权、许可权或者获得报酬要求,以达到共同使用目的者,不论是否以本人或者他人名义集体管理,均需取得批准”。著作权集体管理组织同权利人的关系,更多地反映在该组织的章程以及该组织同作者签订的著作权集体管理合同中。

第五节　管 理 范 围

一、综述

正如本章开头所言,如果作者能够自己主张权利,这类权利一般由作者自己保留。著作权集体管理组织管理的范围,一般是著作权人自己无法或难以主张和实现的权利。

著作权集体管理组织在向使用人发放许可时,一般采用一揽子许可和单项许可两种方式。所谓一揽子许可,指著作权集体管理组织同使用人签订一项一揽子合同,根据这项合同,使用人可以随意使用该组织所管理的全部作品,使用人每年根据约定的标准和使用情况向该组织支付一次到两次使用费。一揽子许可通常适用于表演权和播放权的许可。单项许可即每次使用前向著作权集体管理组织取得许可,通常适用于机械复制权的使用。

著作权集体管理组织收取的使用费,原则上应当根据作品使用的情况,按照固定的标准分配给各个权利人。在扣除必要的行政开支以及留存的各种社会福利基金后,剩余的应百分之百地分给权利人。

概括地讲,著作权集体管理组织的管理范围包括:取得权利人的授权,监督、检查作品被使用的情况,代表权利人同使用作品的人谈判并发放许可证,收取使用费,将收取的使用费合理分配给各个权利人,以本机构的名义为权利人进行诉讼。

二、管理的权利

著作权集体管理组织管理的最典型的权利是广播权和公开表演权。这里需要纠正一种误解。有人对公开表演权的理解是以营利与否为界限。《伯尔尼公约》第 11 条第 1 款强调的是“公开表演和演奏其作品”“公开播送其作品的表演和演奏”,而不论这种表演是否以营利为目的。德国联邦最高法院 1956 年有一著名判例:德国音乐作品著作权集体管理组织 GEMA 发现一乡村教堂唱诗班未经许可,演唱了 GEMA 会员的作品,事后也拒付报酬,理由是教堂乃宗教机构,是为上帝服务的,且听众皆免费进入教堂。GEMA 于是诉至法院。经三审,联邦最高法院判决教堂败诉。理由如下:如果为上帝服务可以免费使用音乐作品,一切物品,包括修建教堂的一砖一瓦,装饰教堂的家具、乐器都应免费供应。如不是,音乐也应同等对待。此判例影响非常大,被以后很多国家法院审判时援引。

除广播权和公开表演权外,著作权集体管理组织的管理范围还包括:音乐作品的机械复制权(制作录音制品的权利)、美术作品的追续权、公共借阅权(指发达国家规定的图书馆因出借图书而向著作权人支付的补偿)、包括影印复制权在内的私人复制权(如《德国著作权法》第 54 条规定的空白磁带和录制设备版税和第 54 条 a 规定的影印版税),还有表演者和录音制作者的邻接权等。有的国家的著作权集体管理组织还管理其他方面的权利。例如,根据《德国著作权法》第 47 条规定的教科书版税(类似于我国《著作权法》第 25 条规定的为 9 年义务教育出版教科书的法定许可制度),第 49 条规定的出版报刊文摘的版税(与我国《著作权法》第 35 条第 2 款规定的报刊转载,性质完全不同),第 54 条 f 规定的加倍征收不履行进口申报义务的版税,第 54 条 g 规定的加倍征收不履行交易告知义务的版税等,这些权利和要求只能由著作权集体管理组织主张。

各国著作权集体管理组织除了管理本国权利人的权利,还根据同外国同类著作权集体管理组织签订的相互代表协议保护该国作品在本国使用的利益。

总之,从目前掌握的材料看,各国的著作权集体管理组织管理的范围只限于著作权的财产权,而且是著作权人自己无法或难以主张和实现的权利,一般不涉及精神权利。如果某个著作权集体管理组织的章程有所规定,或者著作权集体管理合同有所约定,也不排除管理精神权利的可能。

《集体管理条例》第 4 条规定:“著作权法规定的表演权、放映权、广播权、出租权、信息网络传播权、复制权等权利人自己难以有效行使的权利,可以由著作权集体管理组织进行集体管理。”如前所述,上述各项权利中,表演权、广播权、出租权是最典型的个人无法有效主张的权利,属于著作权集体管理组织管理范围,较易理解。关于放映权、复制权和信息网络传播权,当著作权人有能力独自有效管理时,原则上不授予著作权集体管理组织管理。但是,个别情况下,如制作录音制品必然涉及复制权,互联网传播必然涉及信息网络传播权,也不排除著作权集体管理组织管理这三项权利的可能,前提应是“权利人自己难以有效行使”。在这种情况下,如果权利人自愿,法律也不禁止授予著作权集体管理组织管理。

著作权集体管理组织管理的另一类权利是《著作权法》第 25 条、第 35 条第 2 款、第 46 条第 2 款,《信息网络传播权保护条例》第 8 条(制作远程教育课件)和第 9 条

(扶助贫困地区)所谓法定许可规定的获酬权。由于法定许可情况下,使用人无须经过权利人许可只需按规定支付报酬便可方便地使用作品,因此权利人实际上不了解其作品被使用的情况,使用人也无能力大海捞针似的寻找权利人。对此,立法人提供了一套可行的解决办法:《集体管理条例》第 47 条规定,依照上述法定许可规定使用他人作品,未能向权利人支付使用费的,应当将使用费连同邮资以及使用作品的有关情况送交管理相关权利的著作权集体管理组织,由该著作权集体管理组织将使用费转付给包括非会员在内的权利人。

三、诉权

为了有效、便捷地行使作者转让或者委托管理的权利,著作权集体管理组织必须具备以本组织名义起诉的权利。这是各国著作权集体管理制度的一个共同点。著作权集体管理组织取得诉权的法律依据源于两方面。

第一,来自法律直接规定。例如,《德国著作权集体管理组织法》第 1 条(取得许可的义务)第 1 款规定,“凡为多名作者或者与著作权有关的权利人集体管理 1965 年 9 月 9 日著作权法(联邦法律公报Ⅰ第 1273 页)产生的利用权、许可权或者获得报酬要求,以达到共同使用目的者,不论是否以本人或者他人名义集体管理,均须取得批准”。这里所说的“以本人……名义”,包含了著作权集体管理组织有单独起诉的权利。又如,《法国文学艺术产权法》第 321—1 条规定,“这些按规定组成的民法社团有权进行诉讼以维护其章程规定的权利”。再如,《西班牙著作权法》第 132 条规定,“要求以自身名义或他人名义为各类作者或其他知识产权权利人管理使用权或其他财产权的依法组成的组织应得到文化部的批准,批准在国家官方公报上公布”。

第二,来自同作者签订的著作权集体管理合同。如上所述,著作权集体管理组织是以自己名义行使诉权,还是以被代理人身份代理诉讼,视具体情况而定。然而,由于著作权集体管理组织每天都面对大量的侵权行为,还面临大量的同使用人之间的合同纠纷,如果著作权集体管理组织不具有独立的诉权,对于其开展工作、实施权利人的权利、对付各种侵权行为都是极为不利的,也是同国际上形成的通行惯例不一致的。

现行《著作权法》第 8 条规定,著作权集体管理组织“可以作为当事人进行涉及著作权或者与著作权有关的权利的诉讼、仲裁、调解活动”。《集体管理条例》第 2 条规定,“……著作权集体管理组织……以自己的名义进行的下列活动:……(四)进行涉及著作权或者与著作权有关的权利的诉讼、仲裁等”,说明我国著作权集体管理组织的诉权直接来源于立法。此外,目前,国内 5 家著作权集体管理组织签订的著作权集体管理合同也都要求加入人将诉权授予该组织。也就是说,我国著作权集体管理组织的诉权也来自与会员签订的著作权集体管理合同。

第六节 收费与分配

一、综述

收费与分配是著作权集体管理组织的最主要的工作。可以说,没有这两项工作,著作权集体管理组织就失去存在的意义。因此,过去对著作权集体管理组织的称呼是"版税征集协会"(license royalty collecting society)。但是,这种称呼有过分强调经济属性之嫌,引起很多著作权集体管理组织的反感。他们认为著作权集体管理组织的任务不只是收钱与分钱,还致力于弘扬优秀的文学艺术作品、扶持年轻作者的创作、改善作者社会福利待遇等事业。因此,正确的称呼应该是"集体管理"(collective management)。

尽管如此,收费与分配仍然是著作权集体管理组织最主要的工作,因为直接涉及著作权人的经济利益。对于这项工作,大部分国家和地区的著作权法规定得比较原则。例如,法国著作权法虽然有一章集体管理组织的专门规定,但是没有专门涉及收费与分配的条款。其原因如下:第一,法律一旦规定著作权集体管理组织有权管理作者的权利后,具体的收费与分配问题通过著作权集体管理组织与使用人的自由协商和著作权集体管理组织的章程规定解决。第二,收费与分配实际上是非常具体的财务工作,不宜由法律规定。相比之下,《德国著作权集体管理组织法》、2000 年的《日本著作权与邻接权管理事务法》和 1997 年的我国台湾地区"著作权中介团体条例",对于收费和分配则有相对具体的规定。因篇幅所限,以下仅以德国的立法和实践为例,予以说明。

二、德国立法

以《德国著作权集体管理组织法》为例。根据该法第 6 条和第 11 条的规定,著作权集体管理组织有义务按照适当标准向任何使用人授予使用权,使用人不同意付酬标准的,先按标准支付,同时可到法院起诉。标准是否适当,最后由法院裁定。这条规定与我国民事诉讼法规定的先行给付相似。

根据《德国著作权集体管理组织法》第 13 条的规定,收费标准由著作权集体管理组织制定,在联邦法律公报上公布,收费标准对使用人没有约束力,使用人如果不同意,可向法院起诉。法院在判断收费标准是否合理时,参考两个因素:第一,著作权集体管理组织的监督机关德国专利局是否同意这个标准;第二,该标准是否被大多数人接受。

《德国著作权集体管理组织法》第13条还规定,著作权集体管理组织有义务与使用人的联合组织签订一揽子合同,只有使用人人数过少,不可能签订一揽子合同时,才排除著作权集体管理组织的这项签约义务。实践中,一揽子合同分两种:第一种,"真正的一揽子合同",由著作权集体管理组织与使用人的联合组织签订,对单个使用人均有约束力。例如,录音录像设备制造人根据《德国著作权法》第54条应当支付版税。德国录音录像设备制造人协会与著作权集体管理组织的联合组织签订了支付版税的一揽子合同,各录音录像设备制造企业就应按照合同约定支付报酬。这类合同很少。第二种,更为普遍的是纲要合同,只规定纲要条件。根据纲要合同,著作权集体管理组织再与具体使用人逐一签订单项的合同。合同约定的付酬标准代替著作权集体管理组织自己制定的标准。

根据《德国著作权集体管理组织法》第7条的规定,著作权集体管理组织必须按固定规则分配,即按分配计划分配所得收入,不得任意分配。分配计划的原则是鼓励杰出的文学、艺术和科学作品的创作。分配计划必须在章程中阐明。在分配当中有些收入可按作品的实际使用情况分配,如广播权的收入;有些无法明确计算,如录音、录像设备和空白磁带版税,只能按照估算的方法,再参考其他因素,如广播权的分配标准分配。

根据《德国著作权集体管理组织法》第13条a的规定,演出举办人有义务在举办活动后将使用的作品的清单提供给著作权集体管理组织,作为分配的依据。这项义务不适用于再次利用录音制品和利用无线电播放的节目,因为可以从录音制品销售和广播组织提供的节目表中得到分配收入的依据。

三、德国实例

为了清楚起见,也为了了解著作权集体管理组织的实际运作情况,尤其是对其分配的复杂性能有初步的感性认识,特以德国的两家著作权集体管理组织为例,简介如下:

(一)德国音乐作品表演权和机械复制权协会(GEMA)

GEMA授予使用权一般通过两种形式:第一,与具体的使用人单独签订合同,如某家餐厅临时举办营业性演出,餐厅向著作权集体管理组织单独取得许可,并缴纳许可证费用;第二,同使用人的联合组织签订一揽子协议。这里的使用人联合组织一般指饭店的联合会、各超市的协会等使用音乐作品的企业联合会。著作权集体管理组织和使用人的联合组织签订一揽子协议,指签订协议的各个企业在协议期限内可以随意使用该著作权集体管理组织管理的音乐作品，只需按照协议一年交一次费用，而且这笔费用不是按使用的次数缴纳，而是按照协议约定的数额缴纳。广播权、机械表演权和非戏剧的演员表演权都是通过一揽子协议收费的。第二种形式是 GEMA 所希望的。通过这种一揽子协议，使用人按照 GEMA 制定的收费标准付酬，除了可任意使用 GEMA 管理的作品，还可享受比一般合同低 20% 的优惠。

经常表演音乐节目的使用人应在使用作品前向 GEMA 申报，内容包括收费标准中涉及的一切情况，如票价、场地面积、演员表演还是播放录音制品等。偶尔使用音乐作品的，可事后 3 日内补报。

GEMA 的另一项任务是替其他著作权集体管理组织代收版税。例如，为邻接权集体管理组织代收播放录音制品、电台电视节目的版税，为文字作品著作权集体管理组织代收再次利用电台电视节目的版税。因为上述收入中也有 GEMA 应得的一部分，为减少环节，由 GEMA 代收，再按比例分给几家著作权集体管理组织。

《德国著作权集体管理组织法》规定，使用人必须将使用的作品列出清单提交著作权集体管理组织，不交清单的，要承担双倍付费的责任，只有再次利用作品的广播电视节目例外，因为 GEMA 可以从录音制品的发行和电台电视台提供的节目单中得到必要的信息。

对于不同的使用方式，GEMA 有不同的收费标准。例如，对于演员表演娱乐音乐有三种收费标准：第一，对于演员表演，曲目、场地面积和门票价格是计酬的依据；第二，对于经常进行的娱乐音乐表演，演员的人数和表演的天数是计酬的依据；第三，对于经常进行的杂耍、杂技、马戏中的音乐表演，场地面积、观众席位、票价、举办地的居民人数是计酬的标准。

GEMA 取得的收入在减去杂项开支后，按照分配计划分给权利人。分配计划的原则是按固定规则分配，禁止任意分配，鼓励优秀作品的创作。（演员和机械，现场和远程）表演权（连同广播权）的收入同机械复制权的收入分别计算并分别分配。

（演员和机械，现场和远程）表演权和广播权的收入中先扣除 10% 用于社会福利基金。剩下的部分，2/3 分给作曲家、作词家、改编人，1/3 分给音乐出版社。

严肃音乐与娱乐音乐有不同的分配指数。首先统计出每部作品一年内的表演次数，再用每部作品的总表演次数乘以分配计划中的指数，将全部作品的指数相加，再除以总分配额，就得出单位指数的报酬额，最后就可以算出每部作品应得的报酬。

对于广播权的收入、图书馆版税的收入、机械复制权的收入、电影作品的复制权收入和租借权的收入等都有具体的分配计划。

GEMA 在促进优秀作品创作方面的做法是：第一，上面提到的（演员和机械，现场和远程)表演权、广播权的收入中的10%用于作者的社会福利事业,其中一部分用于支持青年作曲家的创作;第二,分配计划中严肃音乐的指数普遍高于娱乐音乐,实际上是从娱乐音乐的收入中拿出一部分用于严肃音乐的分配。

(二)德国文字作品著作权集体管理组织(VG – WORT)

VG – WORT负责管理语言(文字)作品的附属权(出租、出借、影印、录制、教科书汇编、公开再现、报刊转载等)。VG – WORT于1958年成立。1975年科学作品集体管理组织同VG – WORT合并。VG – WORT负责收取公共图书馆版税,原"科学"部分收取科技图书馆版税,分配时两者也分开分配。VG – WORT是社团法人,由作者和出版人组成,分6个组:第一组,文学和戏剧作品的作者、译者;第二组,记者、科普作品的著译者;第三组,科技作品的著译者;第四组,文学和科普作品的出版人;第五组,戏剧出版人;第六组,科技作品出版人。

从理论上讲,VG – WORT可通过签订单个合同向使用人授予使用权。但是实践中绝大部分是通过同使用人的联合组织签订一揽子合同来授权的。VG – WORT管理的权利主要有以下几种:

1. 出租出借权

根据《德国著作权法》第27条的规定,图书馆应向作者支付版税。这笔版税不是从一个个图书馆中单独收取的,而是由VG – WORT和美术作品著作权集体管理组织、GEMA共同组成的"图书馆版税中心",同联邦政府及各州政府签订的一揽子协议,由各级政府拨一笔钱给ZBT,VG – WORT替美术作品著作权集体管理组织和GEMA代收这笔版税,再按三家协商的比例分配。VG – WORT分得的图书馆版税由两部分组成:一部分是综合性图书馆版税;另一部分是科学图书馆版税。两部分版税在分配时有不同的标准。对于综合图书馆版税,各州每年要向德国图书馆协会呈递一定数目的图书馆作为抽样图书馆。VG – WORT对这些图书馆每年进行两次14日以上的调查,记录下这14日中出借的每一本图书的作者、出版社姓名,由此推算出德国全国图书馆的出借情况,再根据推算出的情况计算出每本图书的出借点数,最后算出每个作者应得的版税。科技图书馆版税按照每本科技图书都被借出过的假设分配,条件是原版科技书和新版科技书应在VG – WORT制定的申报卡上登记,VG – WORT按照登记分配。

根据《德国著作权法》第27条的规定,VG – WORT还收取期刊租阅版税和录像带租借版税。期刊租阅版税通过VG – WORT同德国期刊租阅协会签订的一揽子合同,由协会向会员收集版税,统交VG – WORT。以上两种版税的分配依据主要是权利人的申报。

2. 复印版税

根据《德国著作权法》第 54 条第 2 款的规定，制作进口复印设备的人和经营复印业的人都有义务向著作权人交付版税。这笔版税必须由著作权集体管理组织代收。VG – WORT 同各种企业联合会签订了一揽子合同，按照不同的方式每年付给 VG – WORT 一笔复印版税。分配时这笔版税也分别按一般作品分配计划和科学作品分配计划分配。按照科学作品的分配计划，作者和出版社各得 50%。在作者分配的部分还要加上科学图书馆版税中的 15% 一起分配。作者个人要向 VG – WORT 申报他的文章在哪些科技期刊上刊登过，作为分配的依据。

3. 报刊转载版税

根据《德国著作权法》第 49 条的规定，刊登在报刊上的有关政治、经济、宗教的文章，作者没有保留声明的，可在其他报纸上转载，但须支付适当报酬。该规定与《著作权法》第 35 条第 2 款规定的报刊转载，性质完全不同。《德国著作权法》第 49 条规定属于《伯尔尼公约》第 10 条之 2 第 1 款的规定情况，相当于我国《著作权法》第 24 条第 1 款第 4 项的规定。根据《伯尔尼公约》和我国著作权法的规定，如果作者没有声明保留，媒体可自由转载有关政治、宗教、经济的文章，即通常所说的合理使用。根据德国著作权法的规定，媒体可以自由转载这类文章，但是应当向作者支付报酬，即通常所说的非自愿许可。VG – WORT 与联邦政府和各大党派都签订了这种报刊转载支付版税的合同，将转载物分成 5 类。转载人有义务向 VG – WORT 提供转载物，VG – WORT根据转载的实际情况向权利人分配收到的版税。

4. 教科书版税

根据《德国著作权法》第 46 条第 1 款的规定，教科书如果汇编他人作品，可不经著作权人许可，但应支付适当报酬。VG – WORT 同德国作家协会和德国教科书出版社协会达成协议，对报酬标准作出了规定。VG – WORT 根据教科书出版社的申报，将收入分给有关的作者和出版社。

5. 小广播权

小广播权指 10 分钟以内的电视播放和 15 分钟以内的电台播放。根据德国电视一台、电视二台和德国文学、科学出版人签订的协议，德国电视一台、二台被许可在电台播放 20 分钟的文字作品，在电视播放 30 分钟的文字作品，但需支付报酬。VG – WORT 代收这笔报酬。超过上述时间限度的播放，须由电台、电视台单独向权利人取得许可。戏剧作品也不在小播放权之列。各个州的电台、电视台为小播放权承担付酬义务，标准同德国电视一台、二台的不同。VG – WORT 根据电台、电视台提供的节目单将报酬分给各个权利人。

VG – WORT 除管理上面几项主要权利外，还管理一些其他权利，如朗诵权、电影放映配音权等。由于经济意义不大,对此不详细介绍。

与 GEMA 相同,VG - WORT 也抽出一部分钱成立了一些社会福利基金:第一,1976 年成立了作者养老基金,用于作者人寿保险、医疗保险;第二,成立了社会基金,用于救济生活困难的作者;第三,成立了资助科学基金,用于补助生活困难的科学作者和促进科学与研究,特别用于资助科学作品的印刷费用。

四、我国的规定

《著作权法》第 8 条规定,著作权集体管理组织根据授权向使用者收取使用费。使用费的收取标准由著作权集体管理组织和使用者代表协商确定,协商不成的,可以向国家著作权主管部门申请裁决或者向人民法院提起诉讼。著作权集体管理组织应当将使用费的收取和转付、管理费的提取和使用、使用费的未分配部分等总体情况定期向社会公布,并应当建立权利信息查询系统,供权利人和使用者查询。这是 2020 年《著作权法》新增加的内容,可见立法人对著作权集体管理组织的收费与分配工作的重视。

此外,我国立法人在详细了解各国立法和实践的基础上,结合我国的国情,在《集体管理条例》第 13 ~ 14 条、第 23 ~ 29 条制定了我国著作权集体管理组织关于发放许可、收费和分配的具体规定。其内容涉及:著作权集体管理组织制定使用费收取标准的依据;制定使用费转付办法即分配的原则;发放许可的形式要件,只能发放非专有许可,不得歧视使用者,以及 2 年许可期限;著作权集体管理组织建立供权利人和使用者查询的信息查询系统;著作权集体管理组织应当根据国家版权局公告的使用费收取标准与使用者约定使用费具体数额;两个以上著作权集体管理组织向同一使用者统一收取使用费的建议;使用者应当提供使用情况的义务;著作权集体管理组织管理费的来源;著作权集体管理组织应当将收取的使用费在扣除必要的管理费后全部转付给权利人的分配原则等十分具体的问题。显然,立法人在考虑了著作权集体管理制度在我国是全新事务,我国经济环境还处于不发达的初级阶段这些客观因素后制定出上述规定。

第七节 监 督

一、为什么要监督

对著作权集体管理组织进行监督的原因有:

第一,如上所述,虽然法律没有禁止垄断,但是在大部分国家和地区,一类作品通常只存在一家著作权集体管理组织,这样,无形中著作权集体管理组织事实上处于一种垄断地位。这种垄断对于著作权保护有其有利的一面,但是也存在滋生官僚主义、滥用职权的潜在危险。为了防止出现对垄断权的滥用,大部分国家和地区建立了政府监督著作权集体管理组织的制度。

第二,基于第一点,凡建立政府监督机制的国家和地区都在著作权法的相关章节或者关于著作权集体管理的专门立法中作出相应的规定,从履行法律义务的角度要求著作权集体管理组织接受政府的监督,要求政府相关部门切实履行监督义务。例如,法国、意大利、西班牙、瑞士等国的著作权法和德国、日本以及中国台湾地区关于著作权集体管理的机关规定都有相关的规定。

第三,著作权集体管理组织在向使用人发放许可和收取费用时不是代表某一位作者,而是代表某类作品的全体作者。与著作权集体管理组织进行交易的使用者,也往往不是某个特定的企业,而是某类企业的行业协会。因此,著作权集体管理组织的经营活动不同于一般的民事代理或者行纪或者信托行为,交易双方已经远远超出一般民事代理或者行纪或者信托行为的当事人的概念范围。不仅如此,著作权集体管理组织与使用人的交易结果还直接涉及消费者和广大公众的利益。也就是说,著作权集体管理组织的经营活动已经不仅仅是一般的民营或者私营企业的行为,而是可能同时涉及社会公众利益的行为。因此,对于著作权集体管理组织的活动就不能简单适用一般交易所适用的贸易自由、契约自由等原则,在必要的时候,国家要对其进行干涉。

二、监督的范围

欧洲大陆法系国家的著作权法或者关于著作权集体管理的专门法一般都明确规定了政府对著作权集体管理组织的监督内容,英美法系国家的版权法一般不具备这项内容。在规定政府监督内容的法律条文中,有的国家和地区规定得比较笼统,有的规定得比较具体。德国、日本著作权集体管理法和中国台湾地区相关规定对政府监督内容都有比较具体的规定。

《日本著作权与邻接权管理事务法》第 19 ~ 21 条是关于政府监督著作权集体管理组织的规定。第 19 条规定,日本文化厅是实施政府监督权的机构,文化厅长官可以在必要限度内,要求著作权集体管理组织报告其业务或财产状况,或命令该厅工作人员进入著作权集体管理组织的业务处所检查其业务状况或账簿、材料及其他物品,或向有关人员提问。第 20 条规定,文化厅长官认为有事实证明著作权集体管理组织的业务经营损害委托人或使用者的利益时,可以在保护委托人或使用者的必要限度内,命令该著作权集体管理组织变更管理委托契约条款或使用费规则,或采取其他任何必要的措施,以改进其业务经营。第 21 条规定,著作权集体管理组织属于下列任何一种情况时,可以注销其登记或命令其将著作权集体管理业务全部或部分中止不超出 6 个月的期限:(1)违反本法或依本法下达的命令或据此给予的处罚;(2)用不正当手段获得登记;(3)违反登记程序规定的情况。文化厅长官认为著作权集体管理组织获得登记后一年内未经营著作权集体管理业务,或连续一年以上未经营著作权集体管理业务时,可以注销其登记。

《德国著作权集体管理组织法》第 18 ~ 20 条是关于政府监督的规定。第 18 条规定,德国专利局是政府监督机关。第 19 条规定,监督机关应当注意著作权集体管理组织是否按规定履行本法规定的义务。监督机关可随时要求著作权集体管理组织提供关于全部营业活动的情况并且出示营业账簿和其他业务文件。监督机关有权派一名代表参加著作权集体管理组织的会员大会。如果事实证明,著作权集体管理组织的业务领导不具备为进行营业活动而必备的可信性,监督机关可规定一个期限召回此人,在期限结束前,可禁止此人继续进行营业活动。与日本的规定不同,该法第 20 条又从著作权集体管理组织的角度提出应履行告知的义务:著作权集体管理组织必须将其组织业务领导的任免情况通知监督机关。著作权集体管理组织还应将章程的变更、报酬标准的制定和变更、一揽子协议的制定和变更、与国外著作权集体管理组织签订的相互代表协议、会员大会以及所有委员会的决议、年度决算和营业报告以及审计报告、涉及该组织的法院判决或者行政裁决立即抄送监督机关。

总之,政府对著作权集体管理组织的监督是全方位的。从另一角度也说明,既然著作权集体管理组织是公益性质,其所有活动就应当公开、公平和透明。

我国立法人也充分认识到对著作权集体管理组织进行监督的重要性与必要性。《著作权法》第 8 条规定,“国家著作权主管部门应当依法对著作权集体管理组织进行监督、管理”。这也是 2020 年《著作权法》第 8 条新增的第 2 项内容。

此外,《集体管理条例》第五章“对著作权集体管理组织的监督”第 30 ~ 38 条又将对著作权集体管理组织进行监督的规定具体分为组织内部监督、政府监督和社会监督三重监督机制。第 30 ~ 32 条是关于著作权集体管理组织建立内部监督机制的规定,要求著作权集体管理组织建立财务、会计制度和资产管理制度,接受国家版权局和民政部的监督;在每个会计年度结束时制作财务会计报告;委托会计师事务所审计。第 33 ~ 36 条是关于社会监督的内容,规定权利人、使用者,甚至权利人和使用者以外的公民、法人或者其他组织认为著作权集体管理组织违法的,都可以向国家版权局检举。第 37 ~ 38 条是关于政府监督的内容,规定国家版权局可以检查著作权集体管理组织的业务活动,核查其会计账簿、年度预算和决算报告等;派员列席著作权集体管理组织的会员大会、理事会等重要会议。

第八节　争端解决机制

无论是英美国家，还是欧洲大陆国家的著作权法，一般都为著作权集体管理组织涉及的纠纷建立了仲裁（arbitration）或者准司法裁判（tribunual）机制。根据部分国家的规定，著作权集体管理组织与作者或者与被许可使用作品的使用人发生争议的，可以通过法院的民事诉讼解决，也可以通过依法建立的仲裁或者准司法裁判机构解决，而不要求仲裁或者准司法裁判作为必经程序。例如，《西班牙著作权》法第 134 条规定，“有关当事人向委员会申诉应自愿提出”。也有的国家规定，凡著作权集体管理组织为一方当事人的著作权纠纷，必须先仲裁或者经准司法裁判机构裁决，对仲裁或者准司法裁判结果不服的，可以通过法院诉讼解决，例如，《德国著作权集体管理组织法》第 16 条规定，“经过仲裁机构的仲裁程序后才可通过起诉方式主张要求”。

关于仲裁庭及准司法裁判庭的组成、仲裁及准司法裁判程序的适用、裁决结果的效力（终审权在法院）等问题，与我国仲裁法规定的内容大体相近，不赘述。

在争端解决机制方面，《集体管理条例》没有专门规定，也就是说，一旦发生争议，只能通过司法途径解决。这说明立法人不认为为著作权集体管理组织设立专门的仲裁或者准司法裁判制度，特别是仲裁或准司法裁判作为诉讼的前提是必要的。随着我国著作权集体管理制度的不断发展与完善，在争端解决机制方面引进仲裁或者准司法裁判制度，特别是将仲裁或者准司法裁判作为诉讼的前提并非完全不可能。

第九节　发 展 趋 势

随着信息技术和通信技术的发展，作品的使用范围和受众范围被显著拓宽，而作者个人直接与使用人进行交易的可能性却越来越小。同时，数字复制技术的发明与普及大大降低了复制的成本，加快了复制的速度，简化了复制的难度，并使复制品的质量与原件几乎没有差别。这种科学技术上的进步无疑也为盗版提供了更好的机会。面对几乎无所不在的盗版，作者仅凭个人的力量是无论如何对付不了的。在这种情况下，著作权集体管理组织为了适应新技术的发展也在不断变化和拓展。

如前所述，各国最初出现的几乎都是管理音乐作品的著作权集体管理组织。复印技术，家庭录制技术、有线电视与卫星电视转播技术的出现与普遍应用，都直接影响了作者、出版社、唱片公司、电影制片人的利益。这些在今天看来不算什么的，在当时就是新技术。面对这些新技术引起的问题,在立法方面,一般采取在经济上补偿作者和其他权利人损失的措施,即非自愿许可制度;在执法方面,则由著作权集体管理组织扮演具体实现法律新赋予作者的获得报酬权的角色,即通过以上介绍的诸如文字作品、美术和摄影作品、邻接权、电影作品等著作权集体管理组织替作者和其他权利人收取及分配使用费。

由著作权集体管理组织的发展轨迹不难看出,其发展与演变的重要原因或者说动力之一是技术的发展。每当技术发展到一定程度的时候,著作权集体管理组织都责无旁贷地要发挥其应有的作用,以解决新技术为传统的著作权保护带来的问题。以互联网为代表的数字环境的出现,同样为传统的著作权保护包括著作权集体管理制度带来新的挑战。各国著作权集体管理组织及 CISAC 在探寻应对挑战的解决方案方面遇到各种困难,归纳起来有以下几点:第一,互联网传播跨国界跨地区,且不仅涉及传统的非交互式,而且具有传统传播所不具备的交互式的技术特性,使著作权集体管理的地域范围仅限于一国的传统模式不能适合于新的数字环境。第二,理论上,只要一家著作权集体管理组织就可以解决任何一部作品在全球的管理。换个角度讲,权利人和使用人也不希望有两家以上的著作权集体管理组织管理全球的事务。那么,全球众多集体管理组织谁有资格胜任这个角色。第三,目前,各国的著作权集体管理组织历史长短不一,规模各异,在 120 个国家的 200 多家集体管理组织之间选出一家能够管理全球事务的机构,或者说在它们中间寻找一个平衡点,是一个非常艰巨的任务。第四,著作权集体管理组织每年向本国政府的纳税是一笔可观的数额。虽然著作权在数字环境的创汇潜力无法预料,但其逐渐超过传统环境的趋势是显而易见的。中国音乐著作权协会 2020 年的许可证费收入超过一半来自数字环境证明了这一点。因此,数字环境的著作权集体管理也直接涉及国家的税收。第五,著作权在数字环境的丰厚利益已经引起国内外资本的注意。如果企业而非著作权集体管理组织插手数字环境的著作权集体管理,以上各章所述的适用于集体管理组织的各种规定,如非营利性、高效透明、受社会各界的监督等,恐怕不能适用于企业。总之,自从互联网诞生,各国和国际著作权集体管理组织就一直在探索和协调中,但是进度很慢。

第十节　我国著作权集体管理组织现状

一、中国音乐著作权协会

中国音乐著作权协会是我国成立的第一家著作权集体管理组织,是专门维护作曲者、作词者和其他音乐著作权人合法权益的非营利性机构。该组织由中国音乐家协会和国家版权局共同发起，于1992年12月17日成立，截至2020年年底，有会员11,356名，主要为曲作者和词作者，以及少量的出版社会员，权利来自会员的授权和与海外同类协会签署的相互代表协议，管理会员的音乐作品的表演权、广播权和复制权，管理世界范围内300多万位词曲作者的超过1400万首音乐作品的著作权。此外，经国家版权局授权，承担音乐作品法定许可使用费的收转工作，1994年加入国际作曲家作词家协会联合会（CISAC），与70多个国家和地区的80家同类组织签订了相互代表协议，并将会员名单和作品资料分别汇入IPI（国际权利人数据信息系统）和ISWC（国际标准音乐编码），一旦中国作品在海外被使用，其权益便可及时得到保护。

根据该协会的章程，协会的最高权力部门是会员代表大会。会员代表大会选举产生协会的名誉主席、理事会、常务理事会、主席和总干事。总干事和常务副总干事负责协会的日常工作。协会总部设在北京，在总干事领导下，下设会员部——主要负责吸收会员并为之服务；作品资料部——负责管理会员的音乐作品及相关资料；许可证部——负责向使用人发放许可证，由于许可范围非常广泛，如出版音像制品、制作电脑卡拉OK机等，举办现场演出，在餐厅、酒吧、宾馆、歌厅、飞机客舱、火车车厢等公共场所播放背景音乐，广播电台、电视台演播音乐作品以及通过网络使用音乐作品等，均在协会许可范围，因此又分为复制权业务部、表演权业务部及新业务部；法律部——负责为会员提供各种法律服务，对外宣传、交流及学术研究；分配与技术部——负责确认会员的每一笔收入是否准确，并负责协会的网络、通信等技术支持；财务与总务部——负责协会的财务工作和后勤工作。近50名工作人员拥有法律、音乐、市场营销、IT等多种不同专业背景。此外，协会在20个省、市设立办事处。

通过以下两份协会年报，可以看出该协会在我国的发展状况。

2008年协会的收入为3600余万元，其中800余万元来自复制权；2200余万元来自表演权；230余万元来自所谓"新业务"，即互联网、手机铃声下载等业务；境外同类组织转付的收入300余万元。值得一提的是广播权的收入为零，原因是"由于著作权法中规定的应由国务院制定的广播权法定许可（不包括专有许可）收费标准尚未出台"。分配总额为4000余万元，其中付给境外同类组织近800万元。行政开支为700万元左右，约占全部收入的19%。

2020年协会的收入为4.08亿元，其中3%来自复制权；29%来自表演权；11%来自广播权，54%来自数字网络，即互联网、手机铃声下载等业务；3%来自境外同类组织转付的收入。分配总额为2.24亿元，付给境外同类组织的占分配总额的25.45%。行政开支约占全部收入的16.55%。

该协会经过多年的努力，取得现在的成绩是很不容易的。但是，该组织的实际收人与应得到的收入差距还很大,特别是音乐作者的主要收入——广播权报酬还远未达到应到的标准。发达国家著作权集体管理组织的成功经验证明,音乐作者为社会创造的经济价值远远超出一般人的想象。以仅有700余万人口的我国香港特别行政区为例,其音乐作品著作权集体管理组织CASH虽然只管理广播权和表演权(不包括机械复制权),但每年收入就达1.4亿港元(这项纪录已维持至少30年)。因此,正如中国音乐著作权协会主席所说,“我不想提及已取得的成就,因为与将行的征途与广阔的前程相比,还是刚刚迈出第一步”。

二、中国音像著作权集体管理协会

中国音像著作权集体管理协会成立于2008年5月28日,是经国家版权局正式批准成立、民政部已登记备案的我国唯一音像集体管理组织。其宗旨是维护会员的合法权利,规范音像节目的合法使用。其权利来源为会员授权和通过与海外同类协会签署的相互代表协议获得的海外音像制品的权利。其业务范围包括:(1)依法与会员签订音像著作权集体管理合同;(2)向使用者发放许可证并收取使用费;(3)向会员分配收取的使用费;(4)对侵权行为申请行政处罚或提起法律诉讼及仲裁等;(5)与海外同类组织签订相互代表协议;(6)为权利人和使用者提供有关的业务咨询和法律服务,向国家立法机关和著作权管理部门提出建议。管理的权利种类包括:音像节目表演权;放映权;广播权;出租权;信息网络传播权;复制、发行权等。

根据该协会2008年的年报,会员有83家,全部为录音录像制作者。由于刚刚起步,2008年协会只就音像节目表演权开展许可和收费工作,至2008年年底共向900多家卡拉OK经营场所颁发音像著作权使用许可证,收费6100万元。

2020年,该协会实现版权使用费收入2.38亿元,其中VOD收入962万元,卡拉OK2.2167亿元,互联网收入475万元,其他收入223万元;会员总数达到357家,涉及841家权利人;卡拉OK授权曲目达18.8万余首,新增曲目5.2万余首,取得了在疫情影响情况下难能可贵的成绩。同时,该协会与中娱协联合出台措施,支持歌舞娱乐行业复工复产,为经营场所减免著作权使用费9100余万元。

值得一提的是该协会能在成立的当年就收取6000余万元的机械表演权使用费,是同该协会采取各种依法维权活动分不开的。2008年10月17日至12月31日,该协会起诉上百家卡拉OK营业厅的41起案件中,26件被告以缴纳使用费为前提,与该协会和解;15起案件全部以该协会胜诉告终;单个被告最高赔偿额为18万元。2020年,该协会继续加大打击侵权卡拉OK场所的力度,促成和解案件1367件,收取著作权使用费4765万元,占本年度收取著作权使用费总额的20.71%。

三、中国文字著作权协会

中国文字著作权协会是经国家版权局批准并在民政部注册的著作权集体管理组织，由著名作家和中国作家协会、中国科学院、中国工程院、中国社会科学院、国务院发展研究中心、中国文联、中国科协、北京大学、中国人民大学、中国记协、中国版权协会和中国版权保护中心等文字著作权人非常集中的机构共同发起成立，主要对文字作品复制权、信息网络传播权、广播权、表演权等作者难以单独行使或控制的权利进行集体管理，同时负责教科书以及报刊转载作品等"法定许可"情形下著作权使用费的收取和转付工作。该协会按照《著作权法》和《集体管理条例》的规定而成立，将首先开展法律赋予协会的报刊、教科书法定许可报酬收转工作，遏制报刊转载不付费的情况，切实维护文字作品著作权人的有关权益。

最后，成立于2005年的中国电影著作权协会和成立于2008年的中国摄影著作权协会，由于会员发展情况、许可证颁发、使用费收取及分配等信息不详，不再介绍。

思考题

1. 简述建立著作权集体管理制度的必要性。
2. 著作权集体管理组织不同于一般的公司和社团的区别是什么？
3. 著作权集体管理组织的主要任务是什么？
4. 政府是否有必要监督著作权集体管理组织？谈谈你的看法。
5. 简述我国著作权法关于著作权集体管理的规定内容。

第八章

相关权

广义的著作权包括相关权(related rights)。所以,在保护相关权的国家,基本上是在著作权法中设定专门的部分,规定对于相关权的保护。与此相应,与著作权有关的一些原则和制度,如自动保护、合理使用、以合同转让和许可权利等,只要没有特殊规定,都适用于相关权。当然,相关权不同于著作权,只是与著作权密切相关而已,所以世界各国的著作权法也对相关权保护中的一系列问题做了特别的规定。

本章将论述相关权的概念,以及中国著作权法所规定的表演者权、录制者权、广播组织权和出版者就其版式设计所享有的权利。

第一节 相关权的概念

一、相关权的概念

相关权是指作品的传播者就其传播作品的过程中付出的创造性劳动和投资所享有的权利。其中的作品的传播者,包括表演者、录音制作者、广播组织。在我国,作品的传播者还包括出版者。其中的创造性劳动和投资是指在作品的传播过程中,传播者所付出的创造性劳动和投资,以及由此而获得的成果。

相关权又称邻接权。"邻接权"译自法文和英文,是指与著作权邻接的权利。显然,这个术语直观地反映了这种权利与著作权的关系。而在德文中,这类权利则被称为"相关权",即与著作权相关的权利。在《TRIPs 协定》中,这类权利也被称为"相关权"。在中国著作权法中,邻接权被称为"与著作权有关的权利",其也是"相关权"的意思。例如,《著作权法》第 49 条规定"为保护著作权和与著作权有关的权利,权利人可以采取技术措施";第 52 条规定"……其他侵犯著作权以及与著作权有关的权利的行为"。

不过,关于这类权利的更准确的提法,似乎应当是"作品传播者权"。一般说来,当作者创作出作品以后，总是希望作品能够最大限度地在公众中传播，从而获得最大的经济利益。然而，传播作品需要某些特殊的技能，以及与传播技能相关联的创造性劳动和投资。例如，表演作品需要特殊的技能和表演者的创造性劳动。又如，制作录音和通过广播电视传播作品，不仅需要特殊的技能和创造性的劳动，还需要大量的投资。无论是作品的表演者，还是录音制作者和广播组织，在传播作品的过程中都付出了一定的创造性劳动和投资，应当对此享有权利并得到法律的保护。正是由于表演者、录音制作者和广播组织的创造性劳动和投资，作品才得以广泛传播，而传播者也在传播作品的过程中就自己的创造性劳动和投资享有了一定的权利。所以，相关权的准确含义就是"作品传播者权"。

作品的传播者通过创造性的劳动所获得的成果，不同于作者通过智力创作而获得的成果。作者通过自己的创造性劳动所创作出来的是作品，所获得的权利是著作权。而传播者通过创造性劳动和投资所创造出来的是"媒体产品"，如表演活动、录音和广播信号，所获得的权利是邻接权。媒体产品不是作品，它不是对于思想观念的表述，只是将作品呈现给社会公众的一种方式或形态。通过这种方式或形态，社会公众可以更好地了解和接受作品。当然，传播者在将作品改变为媒体产品时，也附加了自己的劳动和投资，并就此享有了权利。此外，作者创作的作品必须具有著作权法所要求的独创性，而"媒体产品"则不需要具备这样的独创性。我们甚至可以说，媒体产品只是就作品附加了一些易于为公众所接受的方式或形态。

由于媒体产品与作品密切相关，相关权与著作权也存在密切关系。首先，先有作品和著作权，才会有"媒体产品"和相关权。所以，作品的传播者在使用他人作品时，应当获得著作权人的许可，除非法律有其他规定。这在中国著作权法的有关条文中都有明确的规定。其次，由于"媒体产品"源于作品，邻接权源于著作权，作品的传播者在行使自己权利的时候，不得侵犯他人的著作权。例如，《法国知识产权法》第 211 条规定，相关权不得损害著作权，有关相关权的任何规定不得解释为限制著作权人行使自己的权利。

著作权由作者的精神权利和经济权利构成，既具有精神权利的特征，又具有经济权利的特征。而相关权所具有的特征，则要比著作权复杂得多。一方面，某些相关权既具有精神权利的特征，又具有经济权利的特征。这主要是指表演者的活动以及表演者就其表演活动所享有的权利。另一方面，大多数相关权仅具有经济权利的特征，保护的是作品的传播者对媒体产品的技能性贡献和投资，不具有任何精神权利的特征。这主要是指录音制作者和广播组织所享有的权利。

二、相关权的产生

正如本书第一章考察著作权与科学技术的关系时所说的那样,著作权制度是作品传播技术的产物,并随着科学技术的不断发展而发展。同样,相关权制度也是作品传播技术的产物,随着科学技术的发展而不断发展。

如果按照国际上通行的说法,把相关权的享有者定义为表演者、录音制作者和广播组织,那么在著作权制度产生之时就已经有表演者的存在,如戏剧作品的表演者、音乐作品的表演者等。但是,在当时的情况下,并没有提出保护表演活动或表演者权利的问题。例如,一部戏演完后、一场音乐会结束后,演员和演奏者的表演活动也就结束了。如果有人还想看这戏,或者还想听同样的音乐会,则必须再去剧院或音乐厅买票入场。然而,随着留声机、无线电广播以及电视的发明和广泛运用,有关的表演活动却可以被固定在唱片、磁带、胶片等物质媒体上,可以通过广播和电视被广泛使用和反复使用。在这种情况下,很多社会公众不必再去剧院或音乐厅就可以看到或听到有关的表演,表演者的经济利益遭受了严重的损害。于是,如何保护表演者的权利就突出地摆在了社会公众的面前,表演者权也成了相关权中的第一个权利。当然,在一开始,对于表演者权利的保护是就录音而言的,因为表演者的活动主要被录制在录音中。

技术的发展不仅使表演者的活动可以固定在唱片、磁带等媒体上,而且使唱片、磁带的复制和翻录非常容易发生,一些非法复制和翻录的录音制品充斥市场。这虽然也对表演者的利益造成了损害,但更重要的却是对录制者的经济利益造成了极大的损害。合法的录制者在录制唱片、磁带的过程中,不仅投入了大量的劳动和资金,还必须取得著作权人和表演者的许可,并支付大量的报酬。而非法的复制者或翻录者,既没有投入大量的劳动和资金,也没有取得著作权人和表演者的许可,仅仅花费微小的成本就可以大量地非法复制或翻录,并在市场上牟取巨额利润,给合法的录制者造成了巨大的损失。这样,保护录音制作者的合法利益又突出地摆在了社会公众的面前,录制者权也成了相关权中的第二个权利。最初,录制者权所保护的是以留声机工业为代表的录音制作者的权利。

广播组织权是随着广播技术和电视技术的发展而产生的权利。大体说来,广播组织编排和播放节目,要付出两方面的投资和劳动。一方面,广播组织要使用他人制作的和自己制作的大量录音。其中,使用他人的录音要支付相应的使用费,而自己制作录音也要投入大量的人力和资金。另一方面,广播组织又要投入大量的人力和劳动,竭尽全力组织稿件和编排节目,以求最大限度地吸引听众和观众。然而,一些“海盗式”的电台和电视台,却可以不花费任何投资和劳动,截取广播信号而转播他人播放的节目。这样,如何保护广播组织的投资和劳动,以及由此而来的经济利益,也突出地摆在了社会公众面前。很多广播组织提出,对于自己播放的节目信号至少应该享有许可他人转播或重播的权利。一开始,广播组织权仅仅涉及随无线电传播技术而产生的广播信号。后来,随着电视传播技术的产生和发展,广播组织权又涉及了电视信号。近年来,随着卫星广播电视的发展,广播组织权还涉及了卫星广播信号。

随着录音技术的发展,一些国家的著作权法开始涉及对于表演者和录音制作者的保护。例如,德国著作权法早在1910年就涉及了对于表演者的保护。英国在1925年还颁布了一部单行法,即《戏剧、音乐表演者保护法》。到了1936年,奥地利和意大利进一步把保护表演者扩大为保护录音制作者。与此同时,早在1928年修订《伯尔尼公约》时,一些国家也提出了要在公约中增加保护表演者的内容,但未能达成一致意见,只是在有关文件中提出了"鼓励各成员国通过国内法保护表演者权"的主张。1948年修订《伯尔尼公约》时,鉴于表演者权、录音制作权和广播组织权已经比较成熟,许多人提出应当把这三项权利纳入公约,但仍然未能取得一致意见。①

随后,一些国际组织开始尝试就这三种权利缔结一个单独的国际公约,提供对于相关权的国际性保护。直到1961年,在联合国劳工组织、联合国教科文组织和世界知识产权组织的共同主持下,才在意大利的罗马缔结了《罗马公约》。根据规定,只有参加了《伯尔尼公约》或《世界版权公约》的国家才能够参加《罗马公约》。《罗马公约》就表演者、录音制作者和广播组织的权利,比照《伯尔尼公约》的基本原则进行了规定,其中的主要内容已经纳入《TRIPs协定》。中国虽然到目前为止尚未加入《罗马公约》,但由于《罗马公约》中有关相关权保护的主要内容已经纳入《TRIPs协定》,可以说中国已经大体上遵守了《罗马公约》。

《罗马公约》的参加者必须首先参加《伯尔尼公约》或《世界版权公约》,带有很大的封闭性,不利于相关权的保护,尤其是不利于对于录音的保护。在《罗马公约》缔结后的数年里,国际上擅自复制和销售他人录音的活动有增无减。为了使对于录音的保护更具广泛性和灵活性,一些国家又于1970年在日内瓦缔结了《日内瓦公约》。这是一个专门针对录音制品保护而缔结的国际公约。根据规定,任何国家都可以参加《日内瓦公约》,不以是否加入了某一国际公约为前提。而且,该公约只要求成员国保护录音制品,而不论这种保护是民事性质的还是刑事性质的。中国已经在1993年4月加入了《日内瓦公约》。

随着数字化技术和国际互联网络的迅速发展,如何在网络环境中保护表演者和录音制作者的权利,又摆在了各国政府和国际社会面前。1996年12月,在世界知识

① 参见郑成思:《版权法》(修订本),中国人民大学出版社1997年版,第50~51页。

产权组织的主持下,各国政府的代表缔结了《表演和录音条约》,就网络环境中表演者权和录音制作者权的保护作出了一系列的规定,赋予权利人享有"向公众提供权",并就相关的技术措施和权利管理信息的保护作出了规定。中国已经在2007年加入《表演和录音条约》,并在2001年《著作权法》和2006年《信息网络传播权条例》中规定了网络环境中表演和录音的保护。

三、相关权的种类

传统的相关权,或者说国际上公认的邻接权,是指表演者权、录音制作者权和广播组织权。然而,从作品传播者权的角度出发,尤其是从媒体产品的角度出发,相关权似乎又可以不仅仅局限于上述三种权利。事实上,正是从媒体产品的角度出发,一些国家的著作权法不仅规定了上述三项邻接权,还规定了另外一些相关权。

例如,在中国,在20世纪80年代制定《著作权法》时,出版发行是作品的主要传播方式。再加上《著作权法》的很多制定者长期从事出版工作,所以在相关权中不仅规定了表演者权、录音录像制作者权和广播组织权,还规定了出版者权。当然就现在看来,出版者权主要是出版者就其版式设计所享有的权利。从传播作品的角度来看,图书报刊的出版者无疑是作品的传播者,应当就自己在作品传播过程中的劳动和投资享有权利。不过,这种权利的范围过于狭窄,很少有国家将版式设计的保护纳入相关权的范围。从某种意义上说,将版式设计的保护纳入不正当竞争法的范围似乎更合适。

在对相关权的保护上,德国的规定非常特殊。德国现行著作权法的全称是"关于作者权和相关权的法律",这表明德国将相关权的保护放在了非常重要的地位上。《德国著作权法》第二部分是关于邻接权的规定,不仅包括了国际上公认的三种邻接权,还包括了一些德国特有的规定。根据有关规定,德国著作权法中大体有以下7种相关权。①

1. 表演者权。其不仅包括作为自然人的表演者的权利,还包括表演活动组织者的某些经济权利。

2. 录音制作者权。其不仅包括关于独创性作品之表演的录制,还包括对于任何声音的录制。

3. 制片人权。按照德国著作权法,电影作品的著作权以法律推定的方式转让给制片人行使。但是,邻接权中的电影制片人权则不是指这种推定转让的著作权,而是

---

① 以下内容,参见《德国著作权和邻接权法》第70~87条,以及International Copyright Law and Practice, Germany, 2001。

指制片人单独享有的因为投资和组织电影拍摄而产生的权利。换句话说，电影制片人因为投资和组织电影的拍摄而享有相关权。而且，这里的电影，不仅是指构成作品的电影，还包括其他的对于形象、声音的记录，诸如政治新闻、体育活动、自然景观等的拍摄。由此看来，德国著作权法中的“制片人”，不仅包括电影作品的制片人，而且包括录像的制作者。

4. 广播组织权。广播组织权是指广播组织就其广播节目（信号）所享有的权利。

5. 摄影者权。一般所说的摄影，不仅包括具有独创性的摄影作品，还包括那些简单的不具有独创性的、不构成作品的摄影。就前者来说，摄影者就其作品享有著作权；就后者来说，摄影者虽然不能享有著作权，却可以就其摄影享有相关权。因为对于这类不构成作品的摄影，摄影者付出了一定的劳动和投资。

6. 某些版本的出版者权。这与中国的版式设计权不同。在德国不存在关于已出版作品的版式设计的相关权。这里所说的某些版本的出版者权包括两种情况。第一种情况是，某些作品或文本已经超过了著作权保护期或从来没有受到过著作权法的保护，但重新出版这类作品的版本又体现了某种学术性或科学性的分析，从而显著不同于以前的版本，则出版者对这类版本享有权利。这可以叫作“语言文献权利”（philogical right），主要涉及原有的文字、音乐作品的重构性或批评性版本。第二种情况是，某些作品虽然已经过了保护期，但又从来没有出版过，则第一次出版这类作品的出版者享有专有的权利，其他的出版者在权利保护期之内不得以同样的方式利用。这可以叫作“出版者权”（publisher’s right）。

7. 数据库制作者权。这是将数据库视为媒体产品或文化产品，从而赋予数据库的制作者以相关权。这与《欧盟数据库保护指令》赋予数据库制作者以“特殊权利”（sui generis right）略有不同。

《法国知识产权法》第二卷为“著作权之邻接权”，不仅规定了艺术表演者的权利、录音制作者的权利和广播组织的权利，而且单独规定了录像制作者的权利和卫星播放者及有线转播者的权利。当然我们可以说，录像制作者可以纳入录音制作者的范围，卫星播放者和有线转播者可以纳入广播组织的范围。所以从大体上说，法国仍然是保护了国际上公认的三种相关权，即表演者权、录音制作者权和广播组织权。

在对相关权的保护上，美国是另一个特例。美国版权法没有相关权的概念，但这并不表明美国不保护表演者权和录音制品制作者权。这是因为《美国版权法》所列举的受保护作品中有“录音作品”，从中可以解释出邻接权或相关权的一些内容来。例如，在一部录音中，很多情况下必然含有表演者的表演、录音制作者的劳动。这样，保护“录音作品”就在事实上提供了对于表演者和录音制作者的保护。美国众议院关于1976年版权法的报告说：“录音中可获版权保护的因素，通常（虽然并不总是）既涉及了表演者的创作活动,即他们的表演活动被录制;又涉及了录音制作者的创作活动,即他们负责确定录制的时间,录制和以电子方式处置各种声音,并且汇编和编辑使之成为最终的录音。当然,在某些情况下,录音制作者的贡献可能非常少,表演是作品中唯一可获版权保护的因素;而在另一些情况下,如录制鸟叫、赛车声等,则只有录音制作者的贡献可以获得版权保护。”①

美国版权法没有提供对于广播组织权的保护。大体说来,美国版权法采纳了一个较低的独创性标准,认为表演者和录音制作者都是录音作品的“创作者”,从而把录音纳入了作品的范畴。与此相应,几乎所有的无线电广播,都可以作为“录音作品”获得保护。同样,按照美国版权法所采纳的较低的独创性标准,几乎所有的视听(电视)广播节目,都可以构成版权法所保护的作品。一方面,广播组织广播的电影或者其他视听作品显然属于版权法保护的作品。另一方面,即使对于体育赛事和其他社会活动的转播,按照较低的独创性标准,也可以构成版权法保护的作品。在这方面,美国众议院对于 1976 年版权法的一个说明很能说明问题。根据这个说明,一场足球比赛正在进行,球场上摆放了 4 架摄像机,从不同的角度拍摄足球赛事的进行。与此同时,一位导演坐在演播室内,将来自 4 架摄像机的画面进行选择或者切换,通过电视广播出去,就构成了具有独创性的作品。②按照较低的独创性标准,无论是无线电广播节目,还是电视广播节目,不构成作品的具体节目几乎是不存在的。由于广播信号中所包含的具体节目都可以构成作品,都可以从作品的角度加以保护,对广播信号再加以保护也就失去了意义。与此相应,当其他广播组织未经许可盗用广播信号的时候,虽然相关的广播组织不能从广播信号的角度主张权利,但具体节目的版权所有人却可以从作品的角度主张权利。这样,美国版权法就从作品的角度提供了对于广播组织的保护。

不仅美国版权法对广播组织做了上述的规定,《TRIPs 协定》第 14 条也在某种程度上反映了美国版权法的精神。根据规定,成员可以不提供对于广播组织权的保护。但在这种情况下,成员应当保障作品的版权所有人享有权利,在必要的时候可以制止其他广播组织的转播。

理解著作权法体系和版权法体系在相关权保护方面的不同做法,关键是要理解两个法系在作品独创性标准上的不同。表面看来,无论是著作权法体系还是版权法体系,都要求受保护的作品应当具有独创性或原创性。然而在事实上,两个法系对于作品独创性的标准又是不同的。按照版权法体系,只要相关的作品“来自”作者,属于

---

① H. R. Report, No. 94 - 1476, 94th Cong. , 2d Sess. (1976), for Section 102.

② See H. R. Report, No. 94 - 1476, 94th Cong. , 2d Sess. (1976), for Section 102.

作者的独创或者原创,就满足了受保护的要求。这样,即使是电话号码簿(1991 年美国“费斯特”一案之前)、足球赛事转播一类的东西,由于是“来自”作者,属于作者的独创或者原创,就可以受到保护。而按照著作权法体系,只有作为自然人的作者才可以创作作品,而且作者在创作作品的过程中,投入了相当程度的精神劳动。与此相应,作品是作者精神状态的外化,应当带有作者精神或者人格的印迹。仅仅来自作者,不一定满足原创性或者独创性的要求。按照这个标准,电话号码簿、足球赛事转播显然不是作者精神状态的外化,显然不带有作者精神或者人格的印迹,从而不能作为作品受到保护。

事实上,著作权法体系和版权法体系在独创性标准上的不同,也反映在了对于相关权的保护上。按照版权法体系,表演者、录音制作者都是“录音作品”的创作者。录音制作者投入一定的劳动,将表演的声音、自然界的声音和人类的声音录制下来,已经构成了作品。其中,表演者对于他人作品的表演活动,也属于创作“录音作品”的一个部分。而依据著作权法体系,表演者仅仅是表演作品,而不是创作作品;录音制作者仅仅是将表演活动录制下来,也不是创作作品。至于广播组织播放的节目或者信号,更谈不上是作品的创作。所以,在对于表演者和录音制作者提供保护方面,基于自然人创作作品、作品应当带有自然人的精神或者人格印记的基本精神,大陆法系提供了邻接权或者相关权的保护。

值得注意的是,相关权保护的是创造性的劳动和投资。由此出发,不仅传播作品的创造性劳动和投资可以得到保护,如表演活动、录音和广播信号;而且其他的劳动和投资,如录像、不构成作品的摄影和版本等,都可以获得相关权的保护。事实上,《德国著作权法》规定的制片人权、录像制作者权、摄影者权、某些版本的出版者权和数据库制作者权等,都是从保护创造性劳动和投资的角度而规定的。此外,欧盟在相关指令中规定的制片人权、摄影者权、录像制作者权和数据库的特殊权利,也是从保护媒体产品和投资角度而规定的。

虽然国际上承认的相关权有表演者权、录音制作者权和广播组织权,但并非所有的国家都保护这三类相关权。例如,瑞士和阿根廷等国只保护表演者权和录音制作者权,不保护广播组织权。又如,澳大利亚、新西兰和新加坡等国只保护录音制作者权和广播组织权,不保护表演者权。当然,像法国、德国、日本和中国一类的国家,不仅保护上述三类相关权,还保护了另外的一些相关权。其中,中国不仅提供了对于表演者权、录音制作者权和广播组织权的保护,还保护录像制作者权和出版者就其版式设计所享有的权利,等等。

第二节 表 演 者 权

一、表演者

表演者是指表演文学艺术作品的自然人。根据《罗马公约》第 2 条的规定,表演者包括表演文学艺术作品的一切演员、歌唱家、演奏者、舞蹈者等。《法国知识产权法》将表演者称为“表演艺术家”,具体定义为表演、演唱、演奏、朗诵文学艺术作品的人。

表演者所表演的作品,可以是仍然受到著作权法保护的作品,也可以是已经进入公有领域的作品。表演他人的仍然受到保护的作品,应当获得授权,并支付相应的报酬。表演已经进入公有领域的作品,或者从来没有受过著作权法保护的作品,如莎士比亚的作品、曹雪芹的作品,则不必寻求授权和支付报酬。在某些特殊的情况下,还会出现作品的作者和表演者为同一个人的现象。例如,杨丽萍是《孔雀舞》的作者,又是《孔雀舞》的表演者。又如,某些表演艺术家的即兴表演,既包含作品,又包含对作品的表演。

表演者是表演文学艺术作品的人,只有那些表演了文学艺术作品的人,才是著作权法意义上的表演者。由于田径和球类运动员是在从事竞技活动,没有表演文学艺术作品,因此他们都不能被称为“表演者”。《法国知识产权法》第 212 条将杂耍演员、马戏演员和木偶戏演员也纳入表演者的范围,是对表演者的一种扩大解释。然而,依据法国的判例法,即使是杂耍演员、马戏演员和木偶戏演员,如果作为著作权法意义上的表演者,其表演活动也应当具有一定的独创性,不能仅仅局限于竞技性的内容。[①] 而独创性又是对于文学艺术作品的要求。这似乎表明无论是何种情况,表演者都应当是对原创性作品的表演。这样,在杂耍、马戏和木偶戏本身不构成作品的情况下,有关的演员只能视为竞技表演者,而不能视为文学艺术作品的表演者。中国 2001 年修改的《著作权法》中有对于“杂技作品”的保护。既然是杂技“作品”,就要求必须是符合著作权法所要求的独创性,构成了作品。否则,有关的表演只是杂技竞技。

表演者是否可以包括法人?按照《罗马公约》的有关规定,表演文学艺术作品的只能是自然人。世界上绝大多数国家的著作权法也规定表演者是自然人。显然,就像创作作品的只能是自然人一样,表演作品的也只能是自然人。表演作品,需要表演

① See International Copyright Law and Practice, France, 2001.

者对作品进行理解和阐释,需要表演者的智力判断,以及通过表演活动将表演者内在的精神状态外化出来。法人不可能具有这样的智力阐释和判断,不可能具有内在的精神状态。即使有人说某个乐团或剧团在演出,但表演作品的仍然是作为自然人的演奏者或演员。所以,表演者只能是自然人。当然,也有一些国家的著作权法确实将法人纳入了表演者的范围。例如中国,《著作权法实施条例》第5条规定,“表演者,是指演员、演出单位或者其他表演文学、艺术作品的人”。其中的演出单位就是非自然人。严格说来,将法人或其他非自然人纳入表演者的范围,其含义是说法人或单位是法律上认可的表演者权的享有者,而不是具体表演文学艺术作品的人。文学艺术作品必须由演出单位中的自然人表演,而有关的权利则可以归属于演出单位。这与表演者只能是自然人的说法并不矛盾。

二、表演者权的客体

表演者权的客体是表演活动。表演活动则是指表演者通过自己对作品的理解和阐释,以声音、动作、表情等将作品的内容传达出来,或者借助一定的工具如乐器、道具等将作品的内容传达出来。

表演者的表演活动,只有在录音技术发明和广泛运用之后,才成了受保护的客体。在录音技术发明和运用之前,社会公众要想观看或聆听某一作品的表演,只能亲临表演现场。随着表演活动的结束,表演者的表演也只是或多或少地留存在观看者的记忆之中。如果观看者还想再次观看或聆听有关的表演,就必须再次亲临表演现场。而在录音技术发明和运用之后,其有可能将表演活动中的声音部分录制下来,让社会公众不必亲临表演现场就可以听到有关的表演声音。当然,在运用电影技术将表演活动拍摄下来的时候,还可以形成电影作品或录像,让观众足不出户就可以看到和听到有关的表演。这样,对于表演活动的保护、对于表演者权的保护就成了法律必须面对的问题。

说表演活动只有在录音以后才成为受保护的对象,并不意味着表演者权的客体是录音。录音是录制者权的保护客体,而非表演者权的客体。表演者权的客体仍然是表演活动,是录制在录音中的表演活动。这样,作为一件录音,其中就至少包括了三个受保护的对象,即被表演的作品、表演者的表演活动、录音制作者的录制。与此相应,一件录音中也至少含有了三个权利,即作者的权利、表演者的权利和录音制作者的权利。

表演者权的客体是表演活动,但不是被表演的作品或“节目”。例如,莎士比亚的戏剧是作品,虽然从来没有受到过著作权法或版权法的保护,但可以由不同国家和不同时代的表演者进行表演,并且就其表演活动享有表演者权。又如,中国的舞剧《红色娘子军》《白毛女》,中国的话剧《雷雨》《茶馆》,中国的音乐《梁祝》《二泉映月》等,曾经有许多个"表演版本"和"表演",表演者对于每一个"表演版本"或每一次"表演活动"都享有表演者权。这种状况甚至发生在同一个表演者对同一个作品的数次表演上。例如,杨丽萍曾经多次表演《孔雀舞》,她就自己每一次的表演活动都享有权利,绝非仅仅对自己的第一次表演享有权利,而对随后的表演活动就不享有权利。如果将表演者权的客体定义为被表演的作品,就有可能发生表演者仅在作品受保护期间就其表演活动享有权利,而在作品保护期届满以后就对其表演活动不享有权利的误解。甚至在某些从来没有受到过著作权法或版权法保护之作品的情况下,如莎士比亚的作品、曹雪芹的作品,得出表演这些作品不享有表演者权的荒谬结论。如果将表演权的客体定义为"节目",就可能发生让表演者仅仅对第一次的表演活动享有权利,而否认表演者对后来的表演活动享有权利的误解。例如,在《红色娘子军》《二泉映月》等作品的情况下,得出错误的结论说,表演者仅对第一次的表演活动享有表演者权,对以后的表演不享有权利。

严格说来,表演者权的客体是表演者的每一次表演活动,而不论这种表演活动是对同一作品的表演,还是对不同作品的表演,也不论这种表演活动是表演专有领域中的作品还是公有领域中的作品。

三、表演者权的内容

表演者权是指表演者许可或禁止他人利用自己的表演活动的权利。其中的利用自己的表演活动,可以是对表演活动录音,可以是从现场直播和公开传送有关的表演活动,还可以是通过互联网络向公众传播有关的表演活动。表演者权不同于表演权。表演权是作者就作品享有的权利,是作者许可或禁止他人表演自己作品的权利。而表演者权则是表演者就其表演活动享有的权利,是表演者许可或禁止他人利用自己的表演活动的权利。当然,表演者权与表演权也有一定的联系。就某一些具体的表演活动来说,表演者必须先获得表演权的许可,才能够表演有关的作品,才能够发生自己的表演活动。

表演者权由表演者的精神权利和经济权利构成。

(一)表演者的精神权利

由于表演文学艺术作品的表演者是自然人,表演者在表演有关作品时融入了自己对于作品的理解和阐释,并在表演的过程中将自己的内在精神状态外化在了表演活动中,所以表演者应当像作者一样享有一定的精神权利。

在对于表演者精神权利的保护方面,国际上一直存在争论。一般说来,英美法系国家的版权法没有规定对于表演者精神权利的保护，一些大陆法系国家也没有规定对于表演者精神权利的保护。鉴于此种情形，《罗马公约》仅规定了对于表演者经济权利的保护，没有规定对于表演者精神权利的保护。直到1996年12月缔结的《表演和录音条约》，才改变了国际公约中不保护表演者精神权利的状况。《表演和录音条约》第5条规定，表演者对于其现场表演或以录音录制的表演，有权要求确认其表演者的身份；有权反对任何对其表演进行有损其声誉的歪曲、篡改或其他修改。而且，表演者的上述权利不依赖于表演者的经济权利而独立存在，甚至在经济权利转让之后表演者仍然享有上述权利。

而在十分强调作者精神权利的法国和德国，不仅同样强调表演者的精神权利，而且很早就规定了对于表演者精神权利的保护。例如，《法国知识产权法》第212条之2规定，表演艺术家对自己的姓名、表演身份及表演活动享有受尊重的权利。其中对姓名和表演身份的尊重，相当于表演者表明自己身份的权利；对表演活动的尊重，相当于保护表演活动不受歪曲篡改的权利。《法国知识产权法》第212条还规定，上述权利与表演者的人身密切相关，不可剥夺，不因诉讼时效等原因而丧失。《德国著作权法》第83条也规定，表演者有权禁止他人歪曲和篡改自己的表演，以免给自己的名誉和声望带来损害。

与强调表演者精神权利的法国和德国一样，中国《著作权法》早在1991年就规定了对于表演者精神权利的保护，从而为表演者提供了高于《罗马公约》水平的保护。根据《著作权法》第39条的规定，表演者享有以下两项精神权利：

1. 表明表演者身份的权利。这类似于作者所享有的署名权。这项权利的行使也因表演活动传播的方式不同而有所不同。例如，剧院的演出可以把表演者的姓名印在海报和节目单上，由电视台转播的表演可以让表演者的姓名出现在字幕上，而由录音制品传播的表演活动则可以将表演者的姓名印在说明材料上。在有众多表演者表演的情况下，甚至可以只列举其中的一两位表演者的姓名，而不必列举所有的表演者的姓名。

2. 保护表演形象不受歪曲的权利。这类似于作者所享有的保护作品完整权。根据这项权利，表演者有权禁止他人歪曲和篡改自己的表演形象，以免给自己的名誉和声望带来损害。如果录音制作者为了录制的技术需要而对表演活动作出必要的剪辑，或者从某一个角度突出某一个声音，都不属于表演者禁止的范围。换句话说，只要有关的改动无损于表演者的名誉和声望，就不属于歪曲表演者的形象。

根据《著作权法》第41条的规定，对于上述两项对表演者精神权利的保护，不受时间的限制。这与作者精神权利的保护期间没有限制是一样的。

(二)表演者的经济权利

对于表演者的经济权利给予保护,在国际上没有争议。有争议的仅在于表演者享有哪些经济权利。例如,《罗马公约》规定,表演者享有三项权利:许可他人广播或向公众传播其表演;许可他人录制其未被录制过的表演;许可他人复制录有其表演活动的录音制品。《罗马公约》规定的上述三项权利已经纳入《TRIPs 协定》。这表明,凡是世界贸易组织的成员,都必须保护表演者的上述三项基本权利。

根据《著作权法》第 39 条的规定,表演者享有以下四项经济权利:

1. 许可他人从现场直播和公开传送其现场表演,并获得报酬。其中的从现场直播是指通过广播电台、电视台直接播放表演者的现场表演。其中的公开传送是指通过扬声器、大屏幕等机械设备同步向公众传播现场表演。现场直播和公开传送不同于经过录音录像以后的播放和传送。当然,如果电台和电视台不仅直接播放有关的现场表演,表演活动的组织者不仅公开传送有关的现场表演,而且将该现场表演同时录制下来,还应该从表演者那里获得录音录像的许可。

2. 许可他人录音录像,并获得报酬。这相当于作者所享有的复制权。

3. 许可他人复制、发行、出租录有其表演的录音录像制品,并获得报酬。其中的"出租权"是 2020 年修改《著作权法》时增加的。这是因为《表演和录音条约》规定了表演者应当就其录制在录音中的表演活动享有出租权,而原来的《著作权法》中没有。在中国于 2006 年加入了《表演和录音条约》的情况下,增加表演者享有出租权,只是一个时间的问题。

一般说来,表演者在许可他人录音录像的时候,都会同时许可他人复制、发行录有其表演的录音录像。否则,被许可人仅仅获得录音录像的权利,仍然无法将有关的录音录像制品推向市场。然而,许可他人录音录像和许可他人复制、发行有关的录音录像制品,毕竟是表演者享有的三项权利。例如,表演者可以许可第二人录音录像,并许可第二人复制、发行录有其表演的录音录像制品。如果第三人未经许可而复制、发行了由第二人录制的录音录像制品,或者第三人发行了他人非法复制的录音录像制品,表演者就可以依据复制权或发行权提起针对第三人的侵权诉讼。

4. 许可他人通过信息网络向公众传播其表演,并获得报酬。这是 2001 年修改《著作权法》时,依据互联网络的发展而增加的一项权利。这一规定不仅使表演者享有了一项新的权利,而且使中国著作权法与《表演和录音条约》的有关规定一致了。

《著作权法》第 41 条规定,表演者经济权利的保护期限为 50 年,截至该表演活动发生后第 50 年的 12 月 31 日。这一规定与世界上绝大多数国家的规定相同。

按照中国《著作权法》的规定,除了许可他人通过信息网络向公众传播其表演,表演者仅享有“第一次利用”其表演的权利。例如，表演者许可他人从现场直播和公开传送其现场表演，表演者许可他人录音录像、复制和发行录有其表演的录音录像制品。但如果有人合法购买了有关的录音录像制品以后，在电台、电视台、娱乐场所播放，虽然要向作者支付作品使用费，但不必向表演者支付表演活动的使用费。

而依据欧洲一些国家的著作权法，表演者就其表演活动的第二次利用，仍然享有获得报酬的权利。例如，《德国著作权法》第 78 条规定，就播放录音录像制品等对于表演的“第二次利用”，表演者仍然享有获得报酬的权利。而且，德国著作权法所说的“播放”录音录像制品，不仅包括电台、电视台等广播组织的播放，还包括酒吧、饭店、舞厅等使用扬声器等设备的播放。此外，表演者还可以从录音录像制品的出租、出借中分享一定的报酬；从空白磁带和录像带所征收的费用中分享一定的份额。① 这些做法都不见于中国著作权法和有关的法律法规中，表明中国在对于表演者权利的保护方面，与欧洲国家仍有一定的差距。

第三节　录音录像制作者权

一、录音录像制作者权的主体与客体

录音录像制作者权可以简称为录制者权。录制者权的主体是制作录音录像的人。制作录音录像，虽然也需要自然人的操作和一定的录制技巧，但更多的是一种资金、人力和物力的投入。制作录音录像，不需要像作者那样将自己的精神状态外化在作品中，也不需要像表演者那样将自己对于作品的理解和自己的精神状态外化在表演活动中。所以，录制者既可以是自然人，也可以是法人。对于录制者权的保护，也不存在保护自然人的精神权利的问题。与此相应，保护录制者权，主要是保护录制者的创造性劳动和投资。

说到录制者权的客体，情况就有些复杂了。在一开始，对表演者的表演活动加以录制的，是录音制作者。所以，在录制者权的客体方面，首先提出应当受到保护的是录音，以及录音制作者就其录音享有的权利。当 1961 年制定《罗马公约》、1971 年制定《日内瓦公约》时，录像技术虽然已经发明，但还不是很普及，所以两个公约仅仅规定了对于录音的保护。与此相应，参加了《罗马公约》和《日内瓦公约》的大多数国家，也只在著作权法或版权法中规定了对于录音的保护，而没有规定对于录像的保

① See International Copyright Law and Practice, Germany, 2001.

护。直到1996年12月缔结的《表演和录音条约》,仍然是仅仅规定了对于录音的保护,没有提及录像。

再来看录像制作者权的客体。从字面上看,当人们用录像的方式,将表演者的表演活动记载下来以后,所产生的就是录像。录像制作者权的客体,就是这种录像。例如,中国早在1991年实施《著作权法》之前,就在1982年由原广播电视部发布了《录音录像制品管理暂行规定》,将录音和录像给予同等的保护。1991年的《著作权法》也是将录音和录像放在一起予以保护。2001年修改的《著作权法》仍然将两种客体放在邻接权中予以保护,并增加了出租权和信息网络传播权。

然而,具体到什么是录像,录像与电影作品的区别是什么,又不是一个很容易说清楚的问题。我们知道,电影技术的产生,甚至早于录音技术。早期的拍摄电影是将有关的作品记载于胶片之上。后来,随着技术的发展,电影作品开始被记载于磁带之上。现在甚至出现了将电影作品记载于数字载体(光盘、内存、优盘)上的技术。如果现在有一个电影摄制组,根据某一文学名著改编而摄制一部电影,或者依据一定的电影脚本而摄制电影,人们会毫无异议地称之为电影作品。然而,当人们用摄制电影的方式,将舞台上的表演活动拍摄下来以后,或者将都市风光、田园风光或自然景观拍摄下来以后,所产生的究竟是电影作品还是录像,就有可能产生争议了。

美国版权法没有关于录像的规定。不过,除了保护录音作品,美国版权法还保护"电影和其他视听作品"。在美国版权法中,电影和其他视听作品是同一类客体的不同表述,相当于《伯尔尼公约》中的"电影和以类似摄制电影的方法创作的作品"。根据《美国版权法》第101条的规定,电影是指由一系列的相关形象所构成的音像作品。其中的系列形象可以与伴音(假如有的话)一起连续播放,或者传达出某种动态的感觉。又根据《美国版权法》第101条的规定,视听作品是指含有一系列相关形象的作品,这些形象可以与伴音(假如有的话)一起,通过机器或任何设施加以播放,而不论作品所固定的物质载体的性质是什么,如固定在胶片上或是磁带上。由此可见,美国的"电影和其他视听作品"可以简称为电影。

又根据美国版权法和相关的判例,作品的独创性要求非常低,只要具有最低限度的创造性,就可以受到版权法的保护。例如,根据1976年《美国版权法》,就正在进行的一场体育比赛来说,如果一位导演指挥几位摄像师,从不同的角度加以拍摄,然后以一定的顺序转播给公众,就构成了可以受到保护的作品。因为导演和摄像师对于不同角度、形象和顺序的选择,已经构成了版权法所要求的独创性。而与转播同时进行的录制,又构成了版权法所要求的固定。① 这样,通过现场转播和录制活动而形成

① See H. R. Report, No. 94－1476, 94th Cong., 2d Session (1976), for Section 102.

的作品,就是可以受到版权法保护的“电影和其他视听作品”(motion pictures)。按照这样一个推理,对正在进行的舞台表演的录制,对政治性事件、都市风光和自然景色的拍摄,也都属于“电影和其他视听作品”。因为这其中都有可能体现了版权法所要求的独创性,或者最低限度的创造性。

以上是有关美国版权法的情形。而在大陆法系的很多国家,除了保护电影作品,还规定了对于录像的保护。因为在关于作品的原创性标准方面,著作权法体系采纳了一个高于版权法体系的标准。按照这个标准,作品(包括电影作品)应当体现作者的精神状态或者人格印迹。与此相应,达不到这个标准的现场转播活动,对政治性事件、都市风光、自然景色的简单拍摄,就只能作为录像来加以保护。根据德国版权学家迪茨的观点,电影作品和录像的区别在于,前者是具有独创性的作品,而后者则是不具有独创性的录像。例如,对政治性事件、体育活动和自然风光的日常性拍摄,只要没有创造性的投入,都属于录像。[1] 与此相应,著作权法体系的很多国家,尤其是欧洲国家,也提供了对于录像的保护。例如,《法国知识产权法》第215条规定了“录像制作者权”。根据规定,首次录制有伴音或无伴音的一组画面的自然人或法人为录像制作者。录像制作者享有复制、发行、出租等权利。又如,《德国著作权法》第95条保护录像制作者的权利。根据规定,录像是指不能作为电影作品来保护的连续图像或连续性音像。

应该说,电影作品和录像在技术层面上没有本质的区别。例如,二者都是由有配音的系列画面或无配音的系列画面构成,而且在播放时可以产生连续的画面或动感的形象。同时,拍摄电影的手段与拍摄录像的手段也没有本质的区别,可以用传统的胶片摄像机,也可以用现代的磁带摄像机和光储存摄像机。而且,拍摄下来的电影作品和录像,可以固定在胶片上,也可以固定在磁带或者光盘、内存、优盘上。这样,电影作品和录像的区别,只是从著作权法(而非版权法)的角度来说的。具体说来,二者的区别就在于,有关的客体是否具有著作权法所要求的独创性。如果具有独创性,则有关的系列画面或者伴有配音的系列画面就是电影作品;如果不具有独创性,没有体现作者的精神状态或者人格印迹,有关的系列画面或者伴有配音的系列画面就是录像。

中国《著作权法》属于大陆法系的著作权法,不仅在受保护的作品种类中规定了“视听作品”,还在相关权中规定了对于录像的保护。显然,根据我们以上的讨论,区别视听作品和录像的关键,仍然在于有关的客体是否具有独创性。

2004年,中国发生了一系列有关音乐电视(MTV)的诉讼。大体说来,许多卡拉

---

① See International Copyright Law and Practice, Germany, 2001.

OK厅或者歌舞厅，以商业性的方式使用了他人的MTV，结果MTV的权利人向法院提起了一系列侵权诉讼。在诉讼中，权利人一方认为，MTV属于电影（视听）作品，或者准确地说属于“以类似摄制电影的方法创作的作品”，所以诸多被告未经许可使用了自己的作品，构成了侵权。而诸多被告则认为，MTV属于录像，录像制作者只享有复制和发行的权利，不享有放映权；自己只要向词曲作者支付使用费就可以了，而不必向录制者支付费用。与此相应，自己没有侵犯MTV制作者的权利。然而，法院的裁定都认为，MTV属于电影（视听）作品，或者说以类似摄制电影的方法创作的作品。

显然，关于这个问题的探讨，必须回到是否具有独创性的标准之上。或者说，视听作品与录像的区别，在于有关的客体是否具有著作权法所要求的独创性，而不在于它们在拍摄技术上有什么不同，也不在于它们是被叫作电影作品还是录像制品。就MTV来说，如果录制者在录制的过程中忠实记载了有关的表演，没有加入录制者的创作性劳动，或者没有将导演、摄影、美工、剪辑者的精神状态或者人格印迹融入最后的结果之中，那就属于录像。如果录制者在录制的过程中，在背景中加入了蓝天、白云、大海，加入了城市和乡村的风光，在灯光、色彩、角度等方面有独特的选择，在演员服饰、表演动作的设计方面有独特的构思，在后期的剪接方面有独特的考虑，或者说最后拍摄的结果中体现了很多演职人员的精神状态或者人格印迹，那么由此所形成的就是电影作品，而不是录像。与此相应，这里所说的录制就相当于是在拍摄视听作品。应该说，至少是在2004年，市场上所见的MTV都具有上述特征，都属于电影（视听）作品，或者说以类似摄制电影（视听）的方法创作的作品。当然，这里所说的视听作品或者作品是从著作权法意义上来说的，而不是从艺术的角度或者一般人的看法来说的。就像在诗歌、小说作品中，有些诗歌、小说具有很高的艺术性，但有的诗歌和小说却是质量平平，甚至艺术性很低。然而从著作权法的角度来说，无论是艺术性高的还是低的，只要具有独创性，就可以成为著作权法保护的作品。

此外，在拍摄城市风光、田园风光或者自然风光的情况下，在拍摄正在发生的新闻事件、体育比赛的情况下，甚至在拍摄朋友聚会和家庭生活的情况下，也都存在是构成视听作品还是录像的问题。显然，如果有关的拍摄具有独创性，包括角度、光线的刻意选择，文字说明的编配，以及后期剪辑制作的创造性劳动，那就属于视听作品；如果有关的拍摄不具有独创性，只是一种日常式的拍摄，没有独创性的投入，那就属于录像。

在说到录制者权的客体时，还有一点值得略做说明。一般说来，邻接权是作品的传播者所享有的权利。所以，应当是先有文学艺术作品的创作，然后有表演者对文学艺术作品的表演，再有录音录像制作者将有关的表演活动记录下来。这样，录制者在制作有关的录音录像时，必须获得作者的许可和表演者的许可。然而，从世界各国的著作权法或版权法的规定来看,录制者所录制的录音录像,并不仅仅局限于对表演者活动的记录。例如,录音制作者可以对自然界和人类社会的各种声音加以录制,如鸟鸣声、潮汐的声音、雷电的声音、风的呼啸声和都市的喧嚣声等。又如,录像制作者可以录制自然景观、正在发生的新闻事件、体育比赛,以及日常的对于聚会、家庭生活的录制等。由于这类录音录像是忠实地记录有关的声音或画面,不具有作品所要求的独创性,因此录制者不能享有著作权,只能享有相关权。如果有关的录音或录像具有了作品所要求的独创性,构成了作品,则可以作为作品受到保护。当然,在这种情况下,我们仍然要注意著作权法体系的独创性标准与版权法体系独创性标准的不同。按照版权法体系构成作品的录音、录像, 不一定构成著作权法意义上的作品。

从 2002 年《著作权法实施条例》第 5 条的规定中,也可以看出著作权法对于录音录像制作者权的保护,不仅涉及了对于表演活动的录音录像,而且涉及了对各种自然或人为声音的录音,以及对自然景观、新闻事件等的录像。因为 2002 年《著作权法实施条例》第 5 条第 2 项规定:“录音制品,是指任何对表演的声音和其他声音的录制品。”其中的“其他声音”,显然是指自然界和人类的各种声音,而没有局限于表演者对作品进行表演的声音。又根据 2002 年《著作权法实施条例》第 5 条第 3 项的规定,录像制品是指视听作品以外的“任何有伴音或者无伴音的连续相关形象、图像的录制品”。其中的“任何有伴音或者无伴音”的形象和图像,显然不仅仅局限于表演者对作品的表演,而且包括了各种自然景观、新闻事件、体育比赛等的形象和图像。

二、录音录像制作者权的内容

《罗马公约》规定,录音制作者享有复制权,可以允许或禁止他人复制其录音。《TRIPs 协定》对录音制作者规定了同样的权利。除此之外,《TRIPs 协定》还规定,录音制作者对其录音享有出租权。1996 年 12 月缔结的《表演和录音条约》系统规定了录音制作者享有的权利,包括复制权、发行权、出租权和通过互联网络向公众提供权。当然,无论是《罗马公约》还是《TRIPs 协定》,抑或《表演和录音条约》,都没有提及录像。

根据《著作权法》第 44 条的规定,录音录像制作者对其制作的录音录像,享有以下四项经济权利:

1. 复制权。需要说明的是,这里所说的录音录像,是指录音录像的原始制品,也即通常所说的“母带”(master recording),而不是通过“母带”制作的复制品。所以,录制者就其“母带”享有复制权,可以许可或禁止他人复制录音录像,并获得相应的报酬。

依据德国的有关判例,虽然他人可以“合理使用”录音中的小部分,但不得从已经存在的若干录音中“抽取”一些成分,然后合成为新的录音。这在实践中被称为“扒带”(the remixes of preexisting recordings)。这种“扒带”,可以看作是对录制者复制权的侵犯,也可以看作是对类似于“演绎权”的侵犯。[①]

2. 发行权。在一般情况下,许可他人复制自己的录音录像,已经隐含了发行权的许可。但著作权法就录制者规定了单独的发行权,所以被许可人在获得复制权许可的时候,还应当同时获得发行权的许可。这与著作权中的复制权和发行权的情形相似。

3. 出租权。《罗马公约》没有规定录音制作者的出租权,而《TRIPs 协定》则规定了录音制作者的出租权。这表明世界贸易组织的成员都应当赋予录音制作者以出租权。所以,中国 1991 年《著作权法》虽然没有规定录制者就其录音录像享有出租权,但在 2001 年修改《著作权法》时依据《TRIPs 协定》,规定录制者就其录音录像享有出租权。

规定录制者享有出租权,对于录音录像制作者具有非常重要的意义。因为在现代传媒技术的条件下,社会公众对于录音录像的利用,已经越来越多地通过租借而非购买。如果录制者不享有出租权,就会丧失很大一部分经济利益。

4. 通过信息网络向公众传播权。随着国际互联网络的发展和广泛普及,录音录像可以在网上传输和为社会公众所利用。所以,1996 年缔结的《表演和录音条约》规定,录音制作者享有通过互联网络向公众提供录音的权利。而依据中国著作权法,这项权利不仅赋予了录音制作者,而且赋予了录像制作者。

根据《著作权法》第 44 条的规定,录制者所享有的上述四项权利的保护期限为 50 年,截至有关的录音录像首次制作完成后第 50 年的 12 月 31 日。

除此之外,《著作权法》第 45 条还赋予录音制作者以获得报酬的权利。具体说来,“将录音制品用于有线或者无线公开传播,或者通过传送声音的技术设备向公众公开播送的,应当向录音制作者支付报酬”。这是 2020 年《著作权法》增加的规定。按照原来的规定,向公众播放已经出版的录音制品,仅仅需要向词曲作者支付费用,而不必向表演者和录音制作者支付费用。然而,按照 2020 年新增加的第 45 条,向公众播放录音制品,不仅应当向词曲作者支付费用,而且应当向录音制作者支付费用。这样,在向公众传播录音制品的过程中,就只有表演者不能获得报酬了。而在很多欧洲大陆国家,如德国,在播放录音制品的情况下,词曲作者、表演者和录音制作者都可以依据法律获得一定的收益。而且,德国著作权法所说的“播放”录音录像,不仅包括

---

① See International Copyright Law and Practice, Germany, 2001.

电台、电视台等广播组织的播放，还包括酒吧、饭店、舞厅等使用扬声器等设备的播放。[①]

第四节　广播组织权

一、广播组织与广播信号

广播组织是指通过载有声音、图像的信号而传播节目的电台、电视台等组织。早期的广播组织仅指无线电台一类的组织。后来，随着电视技术的发明和普及，又包括了电视台一类的组织。近年来，随着卫星广播技术和电缆广播技术的普及，广播电视组织又包括了卫星广播组织和电缆广播组织。

广播组织权的客体是广播信号。例如，《罗马公约》在涉及广播组织权的客体时，使用了“广播”(broadcasting)一词。根据世界知识产权组织的解释，这里的“广播”，是指供公众接收的声音或声音和图像的无线电信号，而非信号所承载的内容。[②] 广播信号不同于广播的内容，后者包括享有和不享有版权的作品，如音乐作品、电影作品、文字作品、美术作品。广播内容还包括电台、电视台的汇编作品，如选择、编排有关的文学艺术作品，电影、音乐、美术作品，形成自己的节目。从这个意义上说，广播组织播出的节目内容，包括享有版权的作品和不享有版权的作品，而节目在形成广播信号之后，就成了广播组织权的客体。

在广播组织权的客体方面，中国著作权法走过了一个曲折的道路。1991 年《著作权法》将广播组织制作的广播、电视节目，当作了广播组织权的客体。这显然是错误的。因为广播组织制作的节目，如广播剧、电影、电视剧、风光片、新闻片等，本身就构成了受著作权法保护的作品，制作者可以就有关的作品享有著作权。到了 2001 年修改《著作权法》，才改而规定广播组织权的客体是广播电视组织“播放的广播、电视”。显然，“播放的广播、电视”具有更为广泛的含义，不仅包括了广播组织制作的节目(作品)，还包括了广播组织获得许可使用的作品。

不过，2001 年修改的《著作权法》并没有界定“播放的广播、电视”。根据《著作权法实施条例》第 26 条的规定，“广播电台、电视台对其播放的广播、电视节目享有”权利。这样，著作权法所说的“播放的广播、电视”，就是指广播电视组织播放的“节

---

① See International Copyright Law and Practice, Germany, 2001.

② See WIPO Standing Committee on Copyright and Related Rights, *Protection of Broadcasting Organizations*, SCCR/7/8, Apr., 2002.

目”。如何理解“节目”?一是可以将“节目”理解为广播组织播出的节目内容,包括由具体作品所形成的汇编作品;二是将“节目”理解为广播信号,即有关的节目播出后形成的,可以供社会公众接收的电磁信号。正是由于“节目”的含义不甚明确,建议在进一步修改著作权法或者实施条例的时候,明确将广播组织权的客体规定为“广播信号”。关于这个问题,国家版权局于2012年12月提交国务院审议的《著作权法(修订草案送审稿)》,将广播组织权的客体规定为“载有声音或者图像的信号”。然而,这个方案没有为2020年修改的《著作权法》所接受,而是采用了“播放的广播、电视”。

二、播放他人作品或受保护客体的授权

广播组织播放节目,要使用大量的文学艺术作品和录音录像,应当获得有关的著作权人、表演者和录制者的授权,支付相应的报酬。下面分别予以叙述。

(一)关于著作权的许可

广播组织播放他人享有著作权的作品,应当获得著作权人的许可并支付相应的报酬。这是作者行使著作权中的播放权的必然结果,也是世界各国著作权法或版权法的通例。按照《著作权法》第46条的规定,广播组织播放他人未发表的作品,应当取得著作权人的许可并支付报酬。但如果播放他人已发表的作品,可以不经著作权人的许可,但应当支付报酬。后一种情况属于法定许可。不过,根据《著作权法》第48条的规定,这里所说的“他人已发表的作品”,不包括视听作品。

(二)关于音乐作品的许可

从理论上说,广播组织播放已经出版发行的录音,应当获得授权并支付报酬。由于在一件录音中可能同时存在三个权利,即音乐作品的著作权、表演者的权利、录制者的权利,所以从理论上说广播组织应当获得上述三种权利人的许可,并支付报酬。这又有三种情形。第一种情形是广播组织在获得上述三种权利人的许可后才播放有关的录音。第二种情形是广播组织在获得音乐作品作者和录制者授权后播放有关的录音,而不必获得表演者的许可。第三种情形是仅获得著作权人的许可,并支付相应的报酬。这是世界上绝大多数国家的做法,也是中国目前的做法。此外,上述三种许可可以是通过合同的许可,也可以是通过著作权集体管理组织的许可,还可以是通过法律规定的许可。

在获得录音的许可方面,德国属于上述的第一种情形,即广播组织播放录音,应当获得著作权人、表演者和录制者的许可。不过,这种获得许可和支付报酬都是通过

集体管理组织的一揽子协议完成的,操作起来非常简便。

在广播组织播放录音的许可上,中国走过了一段弯路。1991 年《著作权法》第 43 条规定,广播电台、电视台使用他人已经出版的录音制品,可以不经著作权人、表演者、录音制作者许可,并且不支付报酬。应该说,这在当时的世界上是一个绝无仅有的规定。姑且不论表演者和录音制作者,因为毕竟有一些国家的著作权法或者版权法规定,广播组织使用已经出版的录音,可以不必经过表演者和录音制作者的许可。最关键的是,这个规定不仅剥夺了著作权人发放使用许可的权利,而且剥夺了著作权人获得经济利益的权利,相当于以法律规定的形式拿走了著作权人的财产。这不仅在国际上遭到了批评,也在国内遭到了著作权人的强烈反对。2001 年修改《著作权法》,终于修改了有关的规定,规定广播组织播放已经出版的录音,"可以不经著作权人许可,但应当支付报酬"。这就意味着广播组织播放已经出版的录音,采取法定许可、支付报酬的做法。2020 年修改《著作权法》,又将这一规定合并到了第 46 条第 2 款。根据规定,广播电台、电视台播放他人已发表的作品,可以不经著作权人许可,但应当按照规定支付报酬。其中的"他人已发表的作品",也包括体现在了录音中的音乐作品或者其他作品。其中的"按照规定支付报酬",则是由国务院另行制定支付报酬的办法。这样,在广播组织播放他人的录音上,中国著作权法就在某种程度上与国际社会一致了。

当然,按照现行《著作权法》的有关规定,广播组织播放已经出版的录音,仍然不必获得表演者和录音制作者的许可,也不必向他们支付报酬。这一规定与德国等欧洲国家的做法不同,而与美国的做法相同。

(三)关于视听作品和录像的许可

广播组织播放他人的视听作品和录像,应当获得有关权利人的许可并支付报酬。就一件录像而言,其中所包含的权利可能有三个,即作者就其作品享有的著作权、表演者就其表演活动享有的权利、录制者就其录制的录像享有的权利。从理论上说,广播组织播放一件录像,也应当取得作者、表演者和录像制作者的许可,并支付相应的报酬。其中也有三种情形,即取得作者、表演者和录像制作者的许可;取得作者和录像制作者的许可;仅取得作者的许可。同时,上述的许可和支付报酬,可以通过合同约定,也可以通过集体管理组织许可,还可以由法律规定许可。

《著作权法》第 48 条规定,电视台播放他人的视听作品,应当取得视听作品著作权人的许可,并支付报酬;广播组织播放他人的录像制品,应当取得录像制作者和著作权人的许可,并支付报酬。根据这一规定,广播组织播放录像制品,不必获得表演者的许可,也不必向表演者支付报酬。

当然,在广播组织是视听作品著作权人或者录音录像制作者的情况下,由于著作权人与广播组织、录制者与广播组织为同一个人,取得许可的情形会简单得多。

三、广播组织权的内容

根据《罗马公约》,广播组织权所享有的权利有三项:许可或禁止同时转播其广播节目,许可或禁止他人将其广播节目加以固定,以及许可或禁止他人复制固定后的节目载体。《TRIPs 协定》大体规定了与《罗马公约》相同的内容。

根据《著作权法》第 47 条的规定,广播电台、电视台有权禁止未经其许可的下列行为:

1. 将其播放的广播、电视转播。这可以叫作广播组织的"转播权",相当于《罗马公约》规定的第一项权利。

2. 将其播放的广播、电视录制在音像载体上以及复制音像载体。这相当于《罗马公约》规定的第二项和第三项权利。

3. 将其播放的广播、电视通过信息网络向公众传播。

值得注意的是,2020 年修改的《著作权法》,不仅规定了广播组织的转播权、固定权和复制权,而且规定了广播组织的信息网络传播权。在这方面,1996 年缔结的《表演和录音条约》,仅仅将表演和录音的保护延伸到了网络环境,但没有涉及广播信号。在这方面,无论是日本 1997 年、1998 年修订其著作权法,还是欧盟于 2001 年发布《信息社会版权指令》,都不仅将表演、录音的保护延伸到了网络环境,而且把广播信号的保护也延伸到了网络环境。至于中国于 2001 年修改《著作权法》、2006 年制定《信息网络传播权保护条例》,都没有将广播信号延伸到网络环境。这又造成了一些广播组织竭力要把体育赛事直播画面界定为"视听作品"。所以,2020 年修改《著作权法》,将广播信号的保护延伸到网络环境,不仅堵塞了这个问题上的法律漏洞,而且有助于广播信号获得更为广泛的保护。

《著作权法》第 47 条还规定,广播电视组织享有的上述权利,保护期为 50 年,截止于该广播、电视首次播放后第 50 年的 12 月 31 日。

第五节　出版者的版式设计权

《著作权法》第四章是规定邻接权的章节,涉及了出版、表演、录音录像和广播。然而,在规定图书报刊出版的 6 个条文中,前 5 个条文都是与图书期刊的出版合同相关,只有最后一个条文即第 37 条规定了图书期刊的版式设计权。这似乎表明出版者所享有的邻接权是非常有限的。事实正是如此。

出版者是指出版图书和期刊的出版社或杂志社。《著作权法》第 37 条第 1 款规定:“出版者有权许可或者禁止他人使用其出版的图书、期刊的版式设计。”依据这一规定,出版者对其出版的图书、期刊的版式设计享有专有权利。

版式设计是指印刷品的版面格式的设计,包括对版心、排式、用字、行距、标题、引文、标点等版面因素的安排。版式设计是在利用作品的基础上产生的,其目的是更好地将作品传播给社会公众。所以,版式设计是由出版者在传播作品的过程中创设的,属于邻接权保护的范畴。同时,版式设计是出版者的专有权,他人未经其许可,不得使用其出版物的版式设计。

根据《著作权法》第 37 条的规定,版式设计权的保护期限为 10 年,截至使用该版式设计的图书、期刊首次出版后第 10 年的 12 月 31 日。

将出版者纳入邻接权享有者的范围,这是中国著作权法的独特之处。这与《著作权法》制定之时,作品的利用方式主要是出版发行有关。既然邻接权是作品的传播者所享有的权利,以及出版者是作品的传播者,出版者理所当然应当享有一定的邻接权。然而,出版者权的内容是什么,应当包括哪些内容,却并不是一个容易说清楚的问题。

1991 年《著作权法实施条例》第 36 条曾经规定,与著作权有关的权益,包括“出版者对其出版的图书和报刊享有的权利”;第 38 条又规定,“出版者对其出版的图书、报纸、杂志的版式、装帧设计,享有专有使用权”。这样,按照 1991 年《著作权法实施条例》,出版者所享有的邻接权,包括版式设计权和装帧设计权。然而,装帧设计是对报纸、杂志和图书的装潢设计,包括封面、开本、书脊、封里和扉页等印刷物外观的设计。在绝大多数情况下,装帧设计本身就构成了著作权法保护的作品。书刊杂志社从事装帧设计的人,所创作出来的装帧设计往往属于职务作品。根据《著作权法》的规定,作者享有署名权,著作权的其他权利由单位享有。因而,将装帧设计作为出版者享有的邻接权是不恰当的。所以,2001 年修改的《著作权法》第 35 条,将出版者享有的相关权限定在了版式设计上,而没有再提装帧设计。与此相应,2002 年颁布的《著作权法实施条例》第 26 条也规定,与著作权有关的权益,就图书出版者来说,“是指出版者对其出版的图书和期刊的版式设计享有的权利”。

在 1991 年《著作权法》实施的年代里,除了将版式设计和装帧设计纳入出版者权保护的范围,有些人还将出版社依据当时的《著作权法》所享有的 10 年期的专有出版权也纳入了“出版者权”的范围。显然,这也是不恰当的。专有出版权是通过出版社与作者的合同约定而产生的,不是出版社通过作品的传播而产生的。甚至在作品尚未出版之前,出版社就依据与作者的合同的约定和法律的规定,获得了 10 年的专有出版权。而到了2001年修改的《著作权法》,又取消了10年专有出版权的规定,一切由作者与出版者约定。这也表明10年期的专有出版权绝非出版者享有的“相关权”。

思考题

1. 什么是相关权?相关权有哪些内容?
2. 什么是表演者权?表演者权有哪些内容?
3. 什么是录制者权?录制者权有哪些内容?
4. 什么是广播组织权?广播组织权有哪些内容?
5. 什么是出版者的版式设计权?

第九章

著作权的侵权与救济

著作权是一种排他性权利,只能由权利人行使。如果他人未经著作权人的许可而行使了应当由著作权人行使的权利,就属于侵犯著作权。由于广义的著作权既包括作者的精神权利和经济权利,还包括作品传播者的权利,因此本章所说的侵犯著作权,不仅涉及作者的精神权利和经济权利,在某些情况下也涉及侵犯邻接权。

侵犯著作权有直接侵权、第三人责任、违约侵权和仅仅侵犯作者的精神权利等。如果著作权人发现他人侵权,可以请求著作权主管部门查处,也可以向法院提起诉讼。如果法院经过审理确定被告侵权,侵权人应承担民事责任,构成犯罪的还应承担刑事责任;如果著作权主管部门经过查处确定侵权,也可以给予侵权人以程度不同的行政处罚。

本章讨论著作权的侵权与救济,主要涉及著作权侵权的种类、侵犯著作权和其他权利的行为、民事侵权诉讼、民事侵权责任、行政查处与刑事制裁等问题。

第一节　著作权侵权种类

一、直接侵权

直接侵权是指他人未经著作权人的许可,以复制、发行、演绎、表演、展览等方式直接利用了有关的作品。因为著作权是权利人关于作品所享有的权利,是权利人控制作品的使用方式的权利,所以直接侵权又可以说是他人未经许可从事了应当由著作权人从事或控制的行为,或者说他人未经许可而使用了有关的作品。依据中国著作权法,侵犯著作权就有侵犯复制权、发行权、出租权、展览权、表演权、放映权、广播权、信息网络传播权、摄制权、改编权、翻译权、汇编权等。如果再加上侵犯邻接权,又有侵犯表演者权、录制者权、广播组织权和出版者的版式设计权等。

侵犯著作权,一般是从侵权人的角度来说的,即侵权人未经著作权人的许可而以复制、发行、演绎、表演或展览等方式利用了有关的作品。然而在具体的司法实践中，当审判者确定侵权与否的时候，又是从作品的角度来分析的，即被告的作品是否侵犯了原告作品的著作权。或者说，被控侵权的作品是否复制了或来源于原告的作品，两部作品之间是否存在表达上的相同或实质性相似。

法院在确定被控侵权的作品侵犯了原告作品的著作权时，可能出现两种情况。第一种情况是被控侵权的作品与原告的作品完全相同或部分相同。被控侵权的作品与原告的作品完全相同，大体是指被告原封不动地复制、发行、表演、展览了原告的作品，或者说被告原封不动地使用了原告的作品。被控侵权的作品与原告的作品部分相同，大体是指被告复制或抄袭了原告作品中的某些部分。一般说来，两部作品在表达上完全相同或相似，或者部分表达完全相同或相似，就可以断定被告复制或抄袭了原告的作品，构成了侵权。第二种情况是被控侵权的作品与原告的作品不是完全相同或部分相同，只是在表达上具有实质性的相似。例如，被告对原告的作品进行了改头换面的使用，或者使用了原告作品中的一些章节、片段，或者使用了原告作品的基本情节，等等。一般说来，在这种情况下判定侵权与否，要比第一种情况困难。

即使被控侵权的作品与原告作品具有某些部分的相同，也不一定构成侵权。例如，被告可能是合理引用原告的作品，被告作品和原告作品的某些相同片段都是源于第三人的作品等。至于被告作品与原告作品在表达上的“实质性相似”，也因为作品性质的不同而不同。例如，如果原告的作品是原创性较高的文学艺术作品，被告作品构成侵权的可能性就比较大。但如果原告的作品是对于某些事实的记载、研究，被告作品构成侵权的可能性就较小，因为两部作品可能同样取材于公有领域或第三人的作品。

在两部作品存在实质性相似的判定中，区分思想观念与思想观念的表达是非常重要的。因为著作权法只保护思想观念的表达，不保护思想观念本身，所以被控侵权的作品与原告作品的实质性相似必须是表达上的相似，而非思想观念上的相似。说被控侵权的作品复制或抄袭了原告的作品，都是就作品的表达而非作品所反映的思想观念而言的。①

一般说来，按照世界各国著作权法的惯例，在追究侵权人的民事责任时，侵犯著作权的构成不需要考虑侵权人的主观状态。也就是说，直接侵犯著作权的民事责任的归责原则是无过错原则，即使侵权人没有主观上的故意或过失，只要在客观上造成了侵犯他人著作权的事实，就构成了侵权。在这里，还要特别注意，在民事侵权构成上适用无过错原则，并不等于在民事责任的承担上也完全适用无过错原则。

---

① 参见本书第二章第一节“表达”。

民事侵权责任主要有停止侵权和损害赔偿。从侵权人承担停止侵权的角度来看,只要侵权人造成了侵犯他人著作权的客观事实,就应当承担停止侵权的责任。这是从无过错原则而言的。否则,如果法院已经判定被告侵权,被告仍然继续侵权,则不仅属于故意侵权,而且属于藐视法庭。而在损害赔偿责任的承担上,则应当考虑侵权人的主观状态。如果侵权人是无过错而侵权,法院可以不判或少判损害赔偿金;如果侵权人是过失而侵权,法院一般会减轻损害赔偿的数额;如果是故意侵权或者恶意侵权,则侵权人不仅要赔偿权利人的所有损失,还可能承担 1 ~ 5 倍的损害赔偿金。

二、第三人责任

第三人责任是指有关的责任人虽然没有直接侵犯他人(第一人)的著作权,但由于他协助了第二人的侵权,或者由于他与第二人之间存在某种特殊的关系,应当由他承担一定的侵权责任。按照大陆法系的说法,第三人责任通常称为"共同侵权",即第三人通过实施侵权行为,与第二人共同直接侵犯了他人的权利。按照英国和澳大利亚等英美法系国家的说法,第三人责任叫作"授权侵权"(infringement of authorization),其基本含义是说第三人虽然不享有著作权,但是通过教唆、引诱等方式允许第二人侵权,因而应当承担相应的法律责任。同样是英美法系的美国,在继承英国传统的基础上,将第三人责任细化为"帮助侵权"和"替代责任"两种。

世界各国一般不在著作权法或版权法中规定第三人责任的问题,但法院可以在具体案件的审理中裁定,让没有直接实施侵权行为的第三人为第二人的侵权行为承担责任。所以,有关第三人责任的法律规则,尤其是英美法系的授权侵权、帮助侵权和替代责任等规则,一般都是见于具体的司法判例之中。

由于中国著作权法中没有关于第三人责任的规定,司法实践中有关这方面的判决也不很成熟,下面仅以美国的有关判例为例,说明第三人责任中的"帮助侵权"和"替代责任"。

帮助侵权(contributory infringement)是指第三人通过引诱、教唆和提供物质手段的方式,促使第二人侵犯他人的著作权。帮助侵权的构成要件有两个:一是"知道",即帮助侵权者有主观上的故意。二是以引诱、促使或以提供物质手段的方式帮助第二人侵犯了他人的著作权。

美国第九巡回上诉法院于 1996 年判决的"弗诺维萨"一案,是一个关于帮助侵权的典型判例。在该案中,原告是音乐唱片的版权所有人。被告则是一个跳蚤市场的管理者,将摊位出租给各种各样的小商贩。当有些承租的小商贩销售了侵犯原告版权的录音作品后,原告诉被告帮助侵权。关于"知道",法院认为原告已经充分证明了被告知道侵权活动。例如,当地的司法官员曾突击搜查过跳蚤市场,收缴过 3.8 万多张侵权录音制品;当地司法官员还向市场管理人通报过那里的侵权活动,要求市场管理人收集有关情况;原告也曾经到跳蚤市场检查过侵权活动,并将有关情况通报给市场的管理者。关于"物质帮助",法院认为,被告向直接侵权者提供了一系列服务,诸如场地、公用事业设备、停车场、广告、巡查和顾客等。如果没有被告提供的场地、设施和服务等,根本就不可能发生规模如此巨大的侵权活动。法院最后得出结论,被告的行为符合帮助侵权的两个要件,已经构成了帮助侵权。①

替代责任(vicarious liability)是指在某种特殊的相互关系中,第三人应当为第二人的侵权行为承担责任。一般说来,替代责任存在于代理关系中。例如,雇员在其职责范围内、代理人在其代理范围内侵犯了他人的著作权,雇主或被代理人都应承担侵权责任。但是,著作权侵权中的替代责任又远远不止于此。

1963年由美国第二巡回上诉法院判决的"夏皮罗"一案,是一个关于替代责任的典型判例。在该案中,被告是一个大连锁商店的主人,他的一个承租者销售了侵权的录音制品。在判决中,法院将通常的代理关系向前推进了一步,让事实上没有雇佣直接侵权者但又从直接侵权者的行为中获得了经济利益的第三人,承担侵犯版权的责任。根据该案,判定替代责任的标准有两个:一是承担替代责任者有能力制止侵权活动;二是承担替代责任者通过侵权者的侵权活动获得了直接的经济收益。法院在判决中指出,连锁店与承租者签订有出租合同,规定承租者应当遵守连锁店所制定的所有管理规则和规定,这说明连锁店主人有能力管理和控制承租者。此外,根据出租合同,承租者应当将销售录音制品之收益的10% ~12%缴纳给连锁店,这说明连锁店主人从他人的侵权活动中获得了直接的经济收益。这样,即使连锁店主人不知道承租者的侵权行为,也应该承担侵权责任。

在"夏皮罗"一案中,美国第二巡回上诉法院还就替代责任区分了两种类型的案件。第一类是"房东—房客"类案件(landlord - tenant cases)。在这类案件中,由于房东已将房屋完全交给了房客占有,他不可能知道房客的侵权行为,也不能控制已经出租了的房屋,因而他不为房客的侵权行为负责。第二类是"舞厅"类案件(dance hall cases)。在这类案件中,由于娱乐场所的管理者能够直接控制房屋设施,管理者从他人的侵权活动中直接获得了收益,即观众为观看侵权表演而支付了费用,所以他对侵权表演负有责任。②

一般说来,按照世界各国的著作权法或版权法的惯例,第三人侵权责任的构成,应当考虑侵权者的主观状态。例如,在帮助侵权的构成中,第三人应当具有主观上的

---

① See Fonovisa, Inc. v. Cherry Auction, Inc. 37 USPQ2d 1590 (9th Cir. 1996).

② See Shapiro, Bernstein and Co. v. H. L. Green Co., 316 F. 2d 304 (2d Cir. 1963).

故意，即在“知道”的情况下，以引诱、促使或以提供物质手段的方式帮助他人侵权，并造成了他人侵权行为的实现。又如，在替代责任的构成中，第三人具有主观上的过失，即第三人应当知道代理人或其他人的侵权活动，并且从他人的侵权活动中受益。

追究第三人的侵权责任而非直接侵权者的责任，为权利人提供了诉讼上的便利。一般说来，权利人选择起诉第三人，往往是因为直接的侵权者难以追究，或者即使追究了也难以获得足够的损害赔偿金。例如，在上述“弗诺维萨”一案中，录音作品的版权人很难对销售侵权复制品的一个个摊位承租者提起诉讼，而且即使诉讼获胜也很难获得足额的损害赔偿金。又如，在“夏皮罗”一案中，如果录音作品的版权人起诉连锁店的承租者，最后也将面临不能获得足额赔偿金的问题。所以，让权利人在某些情况下可以追究第三人的责任，包括侵权帮助者和替代责任承担者的责任，就在事实上为权利人提供了另外一个选择，有利于权利人从不同的角度出发更有效地维护自己的利益。

三、违约侵权

有关著作权的违约是指著作权合同的双方当事人没有按照合同的约定履行义务，或者没有完全履行义务。例如，涉及著作权许可合同的，出版者在出版了他人的作品后，没有按照合同的约定向作者支付报酬，或者没有及时支付报酬。又如，作者没有按照许可合同的要求向出版者交付作品，或者在约定专有出版权的情况下又将作品交给了其他出版者。在涉及著作权转让合同时，转让人违约又将有关权利转让给第三人，或者受让人没有按照约定支付合同的价金，或者没有足额支付合同的价金，等等。按照世界各国的著作权法或其他法律，违反与著作权有关的合同，应当按照合同法或其他相关的民事法律加以解决。《著作权法》第 61 条也规定，当事人不履行合同义务或者履行合同义务不符合约定条件的，应当依照有关法律规定承担责任。

然而，著作权合同中的违约又可能不仅仅是违约，还会发生因为违约而侵犯著作权的问题。例如，在著作权许可合同中，著作权人与某一剧团签订合同，许可该演出剧团表演自己的作品。但如果剧团除了表演该作品，还将该作品复制、发行，则剧团不仅违反了许可合同，而且侵犯了作者的复制权和发行权。又如，作者与某一出版社签订合同，许可出版社以本国文字出版自己的作品。如果该出版社在出版本国文字的同时还翻译出版了外文版本，则该出版社不仅违反了合同，而且侵犯了作者的翻译权。此外，在著作权转让合同中，作者或著作权人只转让了特定的一项或若干项权利，而受让人未经许可还使用了其他的权利内容，等等。根据世界各国的著作权法或版权法，许可合同中没有明确许可的权利，转让合同中没有明确转让的权利，包括签订许可合同或转让合同时未知的作品使用方式，都归属于作者或权利人所有，被许可人或受让人未经授权不得使用。例如,《著作权法》第 29 条即规定,许可使用合同和转让合同中著作权人未明确许可、转让的权利,未经著作权人同意,另一方当事人不得行使。

因为违约而侵犯他人的著作权,违约者有两个责任,即违约责任和侵权责任。其中的违约责任可以依据合同法和其他民事法律进行追究,其中的侵权责任则可以依据著作权法进行追究。许多国家的法律规定,违约同时又构成侵犯著作权的情况下,受害人可以或依据合同法要求赔偿,或依据著作权法要求赔偿。

著作权合同中的违约侵权,属于直接侵犯著作权的行为,因而适用无过错原则。

四、侵犯作者的精神权利

虽然著作权主要是一种经济权利,大多数侵犯著作权的行为也是侵犯了他人的经济权利,但毕竟存在一些仅仅侵犯了作者精神权利的情形,或者既侵犯了经济权利又侵犯了作者精神权利的情形。按照中国著作权法的规定,作者享有的精神权利包括发表权、署名权、修改权和保护作品完整权。因而,侵犯作者的精神权利也是就这几种权利而言的。下面,仅就侵犯作者的发表权、署名权和保护作品完整权略做说明。

由于作者的发表权通常与经济权利的行使密切联系在一起,所以未经作者的同意而发表有关的作品,不仅会侵犯作者的发表权,而且会侵犯作者的经济权利。例如,某一出版者未经作者同意而出版了作者尚未创作完成的作品,就在侵犯作者发表权的同时侵犯了作者的复制权和发行权。又如,某一表演者未经作者许可而表演了作者创作完成但尚未发表的作品,也是既侵犯了作者的发表权,又侵犯了作者的表演权。在判定侵犯发表权的情形下,还要特别注意发表权是一项“一次性使用”的权利。如果作者以许可复制、发行的方式,或者以许可他人表演的方式公开自己的作品,就行使了发表权。如果他人未经许可而复制、表演、演绎该作品,都是侵犯了作者的经济权利,而没有侵犯作者的发表权。

侵犯作者的署名权,是现实生活中较为常见的一类案件。例如,未经合作作者许可,将自己与他人合作创作的作品,当作自己单独创作的作品来发表。又如,没有参加作品的创作,为了谋取个人名利,在他人创作的作品上署名。此外,制作、出售假冒他人署名的作品,从某种程度上也属于侵犯了他人的署名权。

歪曲、篡改他人的作品,属于侵犯作者的保护作品完整权的行为。但是,行为人的所作所为必须是损害了作者的声誉,才构成侵权。如果只是就作品进行了文字性的修改,或者就作品进行了一些技巧性的调整,就不属于侵犯作者的保护作品完整权。此外,在视听一类的作品中,为了整部作品的完整性和剧场效果,可以对相关的文字、音乐、剧本、美工等作品做必要的删节、修改,只要没有对有关作者的声誉造成较大的损害,也不属于侵犯了作者的保护作品完整权。

侵犯作者的精神权利,一般都会获得法院下达的禁令,即侵权人不得继续侵犯作者的精神权利。但是,在能否获得损害赔偿的问题上,大陆法系和英美法系的做法却不尽相同。一般说来,在侵犯作者精神权利的情况下,英美法系仅下达禁令,不判给损害赔偿。例如,《英国版权法》第 103 条是关于侵犯精神权利的法律救济,但是该条只规定了禁令的救济,没有规定损害赔偿的救济。又如,美国版权法基本没有规定对于作者精神权利的保护,因而也没有规定侵犯作者精神权利的法律救济。根据反不正当竞争法和其他法律,在侵犯作者精神权利的情况下,权利人一般可以获得禁令的救济,但不能获得损害赔偿,或只能获得名义性损害赔偿。例如,在 1990 年的"瓦吉纳"一案中,法院依据纽约州的"艺术家权利法"裁定,被告肢解了原告的美术作品,严重损害了原告的声誉。但法院只是责令被告散发相应数量的更正性资料,并判处了 1 美元的名义性损害赔偿金。① 法院一般认为,作者的精神损失难以用金钱衡量。

在侵犯作者精神权利的情形下,大陆法系国家在下达禁令的同时,一般还会依据具体情况判给损害赔偿。例如在法国,民事诉讼中的制裁措施包括禁令和损害赔偿两种。在侵犯著作权的案件中,无论是侵犯了作者的精神权利还是经济权利,都可以适用禁令和损害赔偿。② 又如,《德国著作权法》第 97 条规定,在作者和表演者的精神权利遭到侵犯的情况下,即使他们没有因此而遭受经济上的损失,也可以获得法院判给的损害赔偿。显然,这与德国的著作权法理论密切相关,即作者的精神权利有助于实现其经济权利,而经济权利的充分实现又有助于提高作者的声誉。所以,损害作者的精神权利必然造成作者经济利益上的损失,因而法院在适当的情况下完全可以判给损害赔偿。③

第二节　侵犯著作权的行为

一、著作权侵权行为

世界各国的著作权法或版权法,一般都是详尽规定作者和其他权利人,如表演者、录制者和广播组织所享有的各项权利,包括作者和表演者的精神权利;然后规定,

---

① See Wojnarowicz v. American Family Association, 17 USPQ2d 1337 (S. D. N. Y. 1990).

② See International Copyright Law and Practice, France, 2001.

③ See International Copyright Law and Practice, Germany, 2001.

凡是未经作者、表演者、录制者、广播组织许可而从事有关的行为,都属于侵权,应当受到法律的制裁。按照这种立法体例,凡是著作权人或邻接权人有权利控制的行为,就是他人未经许可不得从事的行为;凡是著作权人或邻接权人享有的权利,就是他人不得侵犯的东西。一般说来,著作权法不需要在规定了权利内容之后再次罗列哪些行为是侵权行为。

然而,中国著作权法却在详尽规定著作权人和相关权人所享有的各项权利的同时,又在《著作权法》第 52 条和第 53 条详细罗列了 19 种侵犯著作权、相关权和其他应当予以制止的行为。尽管其中的侵权行为大体可以(并非完全可以)与法律所规定的各项权利对应起来,法律还是依据行为的危害程度的不同和接受制裁的不同,分别在两个条文中对 19 种侵权行为和其他应当予以制止的行为做了规定。应该说,这是中国著作权法的一个特殊之处。根据规定,从事了《著作权法》第 52 条所列侵权行为的,只承担停止侵害和赔偿损失等民事责任;而从事了第 53 条所列侵权行为的,则不仅要承担民事责任,还可以由行政机关给予行政处罚,构成犯罪的还要追究刑事责任。也就是说,《著作权法》第 53 条所列侵权行为的损害程度较大。

而且,正如下面的讨论所显示的那样,第 53 条所列的 8 种侵权行为中,又有 4 种不属于侵犯著作权和相关权的行为。这似乎意味着《著作权法》第 53 条所说的侵权行为,不仅包括了侵犯著作权和相关权的行为,还包括了一些其他的应当予以制止的行为。这与《著作权法》第 52 条仅规定侵犯著作权和相关权的行为有所不同。

目前,在中国的著作权保护司法实践中出现了一个误区,即当事人总是在争论到底侵犯了著作权中的哪一项权利。在这个误区之下,无论是原告还是被告,无论是法官还是律师,往往都在侵犯了复制权、发行权、放映权、广播权的问题上争执不休。例如,在一个有关网络侵权的案件中,被告未经许可在网络上播放了原告的一部电影作品,于是原告诉被告侵犯了自己的信息网络传播权。而被告则辩解说,按照信息网络传播权的定义,公众中的任何人可以在自己选定的时间和地点获得相关的作品。但是在网络播放中,公众并不能在自己选定的时间和地点获得作品,因为网上的广播不以公众的意志为转移。与此相应,自己没有侵犯原告的信息网络传播权。在这种情况下,审理案件的法官也陷入了迷茫,不知如何处理为好。当然,基于著作权保护的原理,法官总是想方设法寻找依据,保护权利人的利益。

理解这个困境有两个途径。第一,网络是一个巨大的空间。就网络环境下侵犯著作权的行为而言,可能有复制、演绎、表演、展览、广播等。并非网络环境中所有的使用作品的行为都可以纳入信息网络传播权的范畴。第二,也许是最根本的,我们的当事人、律师和法官应当接受一种新的理念,即未经许可使用他人享有著作权的作品,只要不属于权利的限制和例外,只要不属于合理使用,就应当属于侵权。因为著作权是关于作品设定的权利。在没有著作权保护以前，只要作品一经公开，任何人都可以使用。而在著作权制度产生之后，就在作品之上设定了作者享有的权利，如复制权、演绎权、表演权等。他人使用享有著作权的作品，应当获得作者或者权利人的许可，否则就会构成侵权。当然，著作权法在保护作者权利的同时，还规定了权利的限制和例外，或者对于作品的合理使用。

在说到著作权的具体内容如复制、演绎和表演时，还要注意这些权利所对应的都是作品的使用方式。例如，作品可以复制和发行，因而有了复制权和发行权。又如，作品可以表演和展览，因而有了表演权和展览权。再如，作品可以通过演绎的方式加以利用，也就有了演绎权。事实上，著作权法不可能预见所有的利用作品的方式，因而也不可能完整地规定作者应当享有的权利。这在作品传播技术不断创新的今天，尤其如此。正是基于这样的原因，很多国家的著作权法或者版权法都有一个兜底的条款，如作者应当享有的其他权利。事实上，在1999年处理王某等6作家诉北京世纪互联公司一案中，北京市海淀区法院就是采用兜底条款，判定被告未经许可而在互联网络上传播原告的作品，侵犯了原告的著作权。

在明白了著作权是在作品上设定的权利之后，在明白了著作权法不可能预见所有的作品使用方式，因而规定了兜底条款“作者应当享有的其他权利”之后，在认定著作权侵权方面，最简洁的同时也是最符合著作权保护基本原理的，恐怕就是我们反复强调的那句话：“只要未经许可而使用了他人享有著作权的作品，又不属于权利的限制和例外，不属于作品的合理使用，就属于侵权”。显然，按照这样的思路审理著作权的侵权纠纷，无论是原告和被告，还是律师和法官，都会省却很多不必要的概念之争，从而把审理的焦点放在是否侵权的问题上。

《著作权法》在第52条和第53条中分别规定侵权行为，或者仅仅追究民事责任，或者既追究民事责任又给予行政处罚，甚至追究刑事责任，有其特定的历史原因。在20世纪80年代制定《著作权法》之时，很多人头脑中的作品都是文字、美术、音乐、戏剧等。这些作品的创作主要涉及知识界，很多人认为追究侵权者的刑事责任没有必要。但在同时，立法者又感到某些严重的侵权行为，仅仅追究民事责任尚不足以威慑或者惩戒，因而将之纳入第53条。按照规定，发生了《著作权法》第52条所列之侵权行为，不仅应当追究民事责任，还可以在必要时给予行政处罚。然而，正是这样一种规定方式，又造成了很大的误解，使很多人认为，为了套用《著作权法》第52条或者第53条的规定，不得不说清楚被告究竟是侵犯了哪一项著作权，应当承担第52条规定的法律责任，还是第53条规定的法律责任。显然，在著作权意识深入普及的今天，我们应当改变侵权责任的规定方式。

尽管我们陈述了著作权侵权行为的含义，但在目前法律规定的情形之下，仍然有必要针对《著作权法》第52条和第53条所列的侵犯著作权、相关权和其他权利的行为,分别加以说明。

二、《著作权法》第52条所列侵权行为

《著作权法》第52条共列举了11种侵犯著作权的行为,其中包括一个弹性条款,即“其他侵犯著作权以及与著作权有关的权利的行为”。大体说来,这11种侵权行为又可分为四类,即侵犯作者精神权利的、侵犯经济权利的、侵犯相关权的以及其他的侵权行为。其中关于侵犯视听作品、计算机软件和录音录像的出租权的行为,又可以细分为侵犯著作权的行为和侵犯相关权的行为,因而累积起来可以说有12种侵权行为。

(一)侵犯作者精神权利的行为

1. 未经著作权人许可,发表其作品的。这是侵犯作者发表权的行为。

2. 未经合作作者许可,将与他人合作创作的作品当作自己独立创作的作品发表的。这是侵犯他人署名权的行为。

3. 没有参加创作,为谋取个人名利,在他人作品上署名的。这也是侵犯他人署名权的行为。而且,这一规定把构成侵权的条件限定在了“为谋取个人名利”上。这样,如果他人不是为了谋取个人名利而在他人作品上署名,甚至某一名人应不太出名的作者的邀请而在有关作品上署名,都不属于侵犯他人署名权。

4. 歪曲、篡改他人作品的。这是侵犯作者保护作品完整权的行为。如前所述,这里的歪曲、篡改他人作品,必须是达到了有损他人声誉的地步,而不是一般性的文字修改或技术处理。

5. 剽窃他人作品的。剽窃他人的作品,将他人的创作成果据为己有,既具有侵犯作者精神权利的特征,又具有侵犯作者经济权利的特征。当然,这里的剽窃是指剽窃他人对于思想观念的表达,而非“剽窃”思想观念本身。剽窃他人的思想观念,如观点或者看法,属于学术道德规范的行为,而非著作权法规范的行为。

以上5种侵权行为都是侵犯作者精神权利的行为。然而,与《著作权法》对于作者和表演者精神权利的规定相对比,我们就会发现至少缺了两方面内容。一是没有规定对于表演者精神权利的侵犯,如侵犯表演者表明自己身份的行为,以及歪曲表演者的表演形象的行为。这样,在他人侵犯表演者精神权利的时候,表演者就只能依据其他条款,如专门规定表演者精神权利的条款来主张权利了。二是没有规定侵犯作者修改权的行为。虽然从保护作品完整性的角度来看,修改权是保护作品完整权的另一个方面,但对于侵犯作者修改权的行为没有明确加以禁止,仍然是一种缺憾。当

然,这种缺憾仅仅是就《著作权法》第52条和第53条列举了一系列的侵权行为而言的。

按照《著作权法》第52条的规定,侵犯作者的精神权利,侵权者仅承担民事责任,如停止侵害、赔偿损失、消除影响和赔礼道歉等。在侵犯作者精神权利的情形中,侵权者不必受到行政处罚和承担刑事责任。应该说,这一规定与世界各国著作权法或版权法的规定是完全一致的。因为世界各国的著作权法或版权法都没有规定侵犯作者精神权利的刑事责任或行政处罚。

(二)侵犯作者经济权利的行为

1. 未经著作权人许可,以展览、摄制视听作品的方法使用作品,或者以改编、翻译、注释等方式使用作品的,《著作权法》另有规定的除外。这大体是侵犯展览权和演绎权的行为,即未经许可展览他人作品或以他人作品为基础创作演绎作品。

2. 使用他人作品,应当支付报酬而未支付的。使用他人作品,使用者一般都要与著作权人签订许可使用的合同,并规定相应的报酬。所以严格说来,使用他人的作品而不支付报酬,属于违约的行为。当然,使用他人作品而不支付应当支付的报酬,又使著作权人不能实现自己的经济权利,所以也可以纳入侵犯著作权的范畴。

3. 未经视听作品、计算机软件的著作权人许可,出租其作品的,《著作权法》另有规定的除外。

(三)侵犯相关权的行为

1. 未经录音录像制作者许可,出租其录音录像制品的,《著作权法》另有规定的除外。

2. 未经出版者许可,使用其出版的图书、期刊的版式设计的。

3. 未经表演者许可,从现场直播或者公开传送其现场表演,或者录制其表演的。

(四)其他侵权行为

根据《著作权法》第52条第11项的规定,承担民事责任的还有"其他侵犯著作权以及与著作权有关的权利的行为"。这是一个弹性条款,可以理解为具有两层含义。第一层含义是,《著作权法》明确规定了著作权和相关权的具体内容,如果发生了侵犯著作权和相关权的某些内容的行为,而这些侵权行为又不见于上述10种(或11种)侵权行为时,权利人和司法机关就可以依据"其他"条款追究行为人的责任。例如,侵犯表演者的精神权利就属于这类情况。第二层含义是,发生了法律没有预见到的侵权行为,或者法律没有明确规定的侵权行为,权利人和司法机关也可以依据"其他"条款追究行为人的责任。例如,在帮助侵权和替代责任的情况下,以及在著作权法规定“信息网络传播权”以前未经许可将他人作品在互联网上传播的,都属于这类情形。

三、《著作权法》第 53 条所列侵权行为

《著作权法》第 53 条共列举了 8 种侵权行为。在发生了这 8 种侵权行为的情况下,侵权人首先应当承担民事责任;同时损害公共利益的,还要受到行政机关的处罚;构成犯罪的,则要依法追究刑事责任。值得注意的是,与《著作权法》第 52 条相比,第 53 条没有属于弹性条款的“其他侵权行为”。这表明除了承担民事责任还要受到行政处罚,甚至有可能追究刑事责任的行为,仅指第 53 条明确规定的 8 种行为。如果发生了第 53 条以外的侵权行为,权利人只能追究侵权者的民事责任,而不能由行政机关给予行政处罚,也不能追究刑事责任。

中国在制定 1991 年《著作权法》时,没有制定有关刑事制裁的条款。立法者普遍认为,著作权法主要涉及知识界,从一开始就规定刑事制裁的条款,恐怕不利于《著作权法》的实施。立法者同时又考虑到,有些较为严重的侵犯著作权的行为,仅仅让侵权人承担民事责任,尚不能有效地加以制止。所以,1991 年《著作权法》又规定,对于某些严重的侵权行为,在追究民事责任的同时还可以处以行政处罚。可以说,当时《著作权法》规定的在追究民事责任的同时还可以给予行政处罚的那些行为,本来是可以追究刑事责任的。只是由于顾虑刑事制裁过于严重,才代之以行政处罚。而在 1994 年 7 月全国人民代表大会常务委员会作出《关于惩治侵犯著作权的犯罪的决定》后,尤其是 1997 年 3 月将上述决定的有关内容纳入刑法典之后,对严重的著作权侵权者追究刑事责任,已经不再有法律上的障碍。与此同时,对那些构不成犯罪的严重侵权行为适用行政处罚,也延续了下来。

此外,《著作权法》第 53 条所规定的侵权行为种类,在 1991 年《著作权法》和 2001 年修改后的《著作权法》中也有不同。1991 年《著作权法》在相应的条款中规定了 7 种侵权行为,在追究民事责任的同时还可以适用行政处罚。在 2001 年修改《著作权法》时,则将其中的“剽窃、抄袭他人作品的”纳入第 46 条,并改为了“剽窃他人作品的”。也就是说,对“剽窃他人作品的”行为只追究民事责任,不再适用行政处罚。与此同时,2001 年修改的《著作权法》除了对其他 6 种侵权行为做了必要的修改,又依据网络环境中保护著作权和邻接权的必要性,增加了规避技术措施和破坏权利管理信息等两种违法行为。同时规定,对严重的侵权行为还有可能追究刑事责任。这样,侵权人既要承担民事责任又可能受到行政处罚甚至刑事制裁的行为,就成了 8 种。2020 年修改《著作权法》,将原来的第 46 条更改为第 52 条,将原来的第 47 条更改为第 53 条,并且做了必要的文字修改。例如,将原来的“电影作品和以类似摄制电影的

方法创作的作品”,修改为“视听作品”。

大体说来,现行《著作权法》第53条规定的8种侵权行为,可分为四类,即侵犯著作权的行为、侵犯邻接权的行为、与信息网络有关的违法行为以及其他侵权行为。

(一)侵犯著作权的行为

这里所说的侵犯著作权的行为,是指未经著作权人许可,复制、发行、表演、放映、广播、汇编、通过信息网络向公众传播其作品的行为,《著作权法》另有规定的除外。对应于《著作权法》第10条所规定的经济权利,这里没有涉及的权利内容有出租权、展览权、摄制权、改编权和翻译权5项。由于侵犯这5项权利的行为已经见于《著作权法》第52条,因而只能追究行为者的民事责任。

(二)侵犯相关权的行为

1. 未经表演者许可,复制、发行录有其表演的录音录像制品,或者通过信息网络向公众传播其表演的,《著作权法》另有规定的除外。

2. 未经录音录像制作者许可,复制、发行、通过信息网络向公众传播其制作的录音录像制品的,《著作权法》另有规定的除外。

3. 未经许可,播放、复制或者通过信息网络向公众传播广播、电视的,《著作权法》另有规定的除外。这里所说的广播、电视,是指广播电台和电视台发射的信号。其中的“通过信息网络向公众传播”是2020年修改《著作权法》时增加的内容。这与《著作权法》第47条将广播组织权的保护延伸到互联网络领域是一致的。

(三)其他侵权行为

1. 出版他人享有专有出版权的图书的。严格说来,侵犯他人的专有出版权不属于侵犯邻接权。因为专有出版权是出版者通过与著作权人签订的合同而获得的,而非出版者就作品传播过程中的创造性劳动或投资而享有的权利。出版他人享有专有出版权的图书,无非有两种情形。第一种情形是著作权人违约,在许可某一出版者以专有出版权以后,又许可另一家出版者出版自己的图书。这可以由享有专有出版权的出版者追究著作权人的违约责任。第二种情形是其他出版者未经著作权人许可而出版有关的图书,这既可以由著作权人追究侵权责任,也可以由享有专有出版权的出版者作为利害关系人追究侵权责任。

2. 制作、出售假冒他人署名的作品的。在1991年《著作权法》中,这一侵权行为仅限于制作、出售假冒他人署名的“美术作品”。至2001年修改《著作权法》,删除了“美术”二字,从而将这一侵权行为延伸到了所有的作品种类,不再局限于美术作品。

制作、出售假冒他人署名的作品,一般多是冒充著名或知名作者的署名。将著名作者或知名作者的名字署在作品上,让公众误以为该作品是由某一(或某几个)著名作者或知名作者创作,可以说是侵犯了该作者的精神权利。然而,制作、出售假冒他人署名的作品,相当于制作、出售假冒产品,更多地具有欺骗消费者和进行不正当竞争的特征。所以,即使没有著作权法的规定,权利人也可以依据反不正当竞争法制止这类行为。应该说,制作、出售假冒他人署名的作品,尤其是假冒他人署名的美术作品,更多地具有欺骗消费者和不正当竞争的特征,而非侵犯作者精神权利的特征。也正是从这个意义上说,侵犯作者的精神权利,按照世界各国著作权法的惯例,都是只追究侵权者的民事责任。而制作和出售假冒他人署名的作品,在一般情况下可以追究民事责任,情节严重构成犯罪的还可以追究刑事责任。

(四)与信息网络有关的违法行为

大体说来,著作权保护的客体是作品,邻接权保护的客体是表演、录音录像和广播电视信号。假设在没有著作权法的情况下,作品、表演、录音录像和广播电视信号一旦产生出来,就会处于公有领域之中,人人可得以自由利用。而在有著作权法的情况下,作者可以就有关的作品享有著作权,表演者、录制者和广播组织可以就有关的客体享有邻接权。如果他人未经权利人的许可而使用了作品和其他受保护客体,权利人就可以诉其侵权,并通过司法机关或其他机关来维护或实施其权利。可以说,著作权法赋予作者、表演者、录制者和广播组织以著作权或邻接权,让他们就作品和其他受保护客体享有权利,并通过诉讼或其他途径来维护或实施自己的权利。

在数字化和网络环境下,法律也赋予著作权人和邻接权人以新的权利,让他们控制作品和其他受保护客体在网络中的传播。这就是信息网络传播权。然而在网络环境下,著作权人和邻接权人仅仅享有信息网络传播权还不足以保护有关的作品和其他受保护客体。为了有效地保护和实现信息网络传播权,作品和其他受保护客体还必须由某些技术措施加以保护,如控制访问的措施,控制复制的措施等。尽管技术措施可以保护作品和其他受保护客体,可以维护或实施著作权和邻接权,但技术措施本身又可以被其他行为和其他技术措施所规避。如果著作权制度不禁止各种各样的规避行为,在新的互联网络的环境中,享有著作权的作品和享有邻接权的客体就难以得到切实的保护。这样,为了切实而有效地保护作品和邻接权客体,著作权制度不得不开始保护那些保护着作品和邻接权客体的技术措施。

权利管理信息是指表明作品或其他受保护客体、表明作者或其他权利所有人的信息,以及关于使用该作品或该受保护客体的条件的信息,包括代表这些信息的数字或代码。权利管理信息在互联网络的环境中具有非常重要的意义,它有助于作品和邻接权客体的广泛传播和使用。在互联网络的环境中,著作权人或邻接权人应当使用权利管理信息,并通过权利管理信息而授权他人使用其作品或受保护客体。尽管权利管理信息非常重要,但在网络环境中,以电子形式出现的权利管理信息又很容易被他人删除或篡改。因而,为了保障授权使用作品或其他受保护客体的可靠性,保障权利人的合法权益,有效地保护权利管理信息就是极为必要的。

关于技术措施和权利管理信息的保护,2001 年修改的《著作权法》,仅仅在有关侵权的条文(当时的第 47 条)中做了简单规定。到了 2006 年制定的《信息网络传播权保护条例》,则在第 4 条详细规定了对于技术措施的保护,在第 5 条详细规定了对于权利管理信息的保护。其第 26 条还具体定义了"技术措施"和"权利管理电子信息"。在此基础之上,2020 年修改的《著作权法》,又以三个条文规定了对于技术措施和权利管理信息的保护。

关于技术措施,《著作权法》第 49 条第 1 款规定,"为保护著作权和与著作权有关的权利,权利人可以采取技术措施";第 2 款规定,"未经权利人许可,任何组织或者个人不得故意避开或者破坏技术措施,不得以避开或者破坏技术措施为目的制造、进口或者向公众提供有关装置或者部件,不得故意为他人避开或者破坏技术措施提供技术服务。但是,法律、行政法规规定可以避开的情形除外";第 3 款规定,"本法所称的技术措施,是指用于防止、限制未经权利人许可浏览、欣赏作品、表演、录音录像制品或者通过信息网络向公众提供作品、表演、录音录像制品的有效技术、装置或者部件"。

在此基础之上,《著作权法》第 50 条又规定了技术措施保护的例外。其中的第 1 款规定:"下列情形可以避开技术措施,但不得向他人提供避开技术措施的技术、装置或者部件,不得侵犯权利人依法享有的其他权利:(一)为学校课堂教学或者科学研究,提供少量已经发表的作品,供教学或者科研人员使用,而该作品无法通过正常途径获取;(二)不以营利为目的,以阅读障碍者能够感知的无障碍方式向其提供已经发表的作品,而该作品无法通过正常途径获取;(三)国家机关依照行政、监察、司法程序执行公务;(四)对计算机及其系统或者网络的安全性能进行测试;(五)进行加密研究或者计算机软件反向工程研究。"其中的第 2 款规定:"前款规定适用于对与著作权有关的权利的限制。"

除了技术措施的保护,2020 年修改的《著作权法》第 51 条还规定了对于权利管理信息的保护:"未经权利人许可,不得进行下列行为:(一)故意删除或者改变作品、版式设计、表演、录音录像制品或者广播、电视上的权利管理信息,但由于技术上的原因无法避免的除外;(二)知道或者应当知道作品、版式设计、表演、录音录像制品或者广播、电视上的权利管理信息未经许可被删除或者改变,仍然向公众提供。"

正是基于上述规定,《著作权法》第53条规定了相应的违法责任。(1)未经著作权人或者与著作权有关的权利人许可,故意避开或者破坏技术措施的,故意制造、进口或者向他人提供主要用于避开、破坏技术措施的装置或者部件的,或者故意为他人避开或者破坏技术措施提供技术服务的,法律、行政法规另有规定的除外。(2)未经著作权人或者与著作权有关的权利人许可,故意删除或者改变作品、版式设计、表演、录音录像制品或者广播、电视上的权利管理信息的,知道或者应当知道作品、版式设计、表演、录音录像制品或者广播、电视上的权利管理信息未经许可被删除或者改变,仍然向公众提供的,法律、行政法规另有规定的除外。

以上两种违法行为,可以分别叫作"规避技术措施"和"破坏权利管理信息"。根据规定,从事上述违法行为,行为人首先应当承担民事责任;同时损害公共利益的,还要受到行政机关的处罚;构成犯罪的,则要依法追究刑事责任。

尽管保护技术措施和权利管理信息在网络环境中非常重要,但是技术措施和权利管理信息都不属于著作权或邻接权的范畴。依据中国著作权法,在网络环境中,著作权人和邻接权人只获得了一项"信息网络传播权",并没有获得所谓的"技术措施权"和"权利管理信息权"。著作权是基于作品的创作而产生的,相关权是基于作品的传播而产生的。技术措施虽然可以有效地保护相关的作品或受保护客体,但它不是基于作品的创作或传播而产生的,因而不属于著作权和相关权的范畴。它只是在新的互联网络的环境中有利于维护或实施著作权和邻接权的,产生于技术发展的措施。权利管理信息也不是基于作品的创作和传播而产生的,它只是网络环境中有利于作品和相关权客体被他人知道、被他人利用的一系列信息。事实上,"规避技术措施"和"破坏权利管理信息"不属于侵犯著作权或邻接权的行为,而是另一种意义上的违法或者侵权。如果用英文来表示,侵犯著作权和相关权叫作 infringement,而规避技术措施和破坏权利管理信息则叫作 tort。虽然这两个英文单词翻译成汉语都可以叫作"侵权",但在英文中的含义却是不同的。

第三节 民事侵权诉讼

著作权人或邻接权人在自己的权利受到侵犯后,可以通过数种途径解决侵权纠纷,如调节、仲裁、向著作权主管部门投诉,或者向人民法院起诉。在向人民法院提起诉讼的时候,权利人应当注意诉讼管辖和诉讼时效的问题,应当充分了解诉前的临时措施,并在必要的时候运用这些措施保护自己的权利。此外,在原告满足了指控侵权的举证义务以后,被告也可以提出证据,证明自己没有侵权,或者虽然侵权但应当不承担或少承担损害赔偿。如果法院裁定侵权成立,侵权人还要承担相应的法律责任。

下面分别叙述解决侵权纠纷的途径、诉讼管辖与诉讼时效、诉前的临时措施和被告的辩解。

一、解决侵权纠纷的途径

根据中国著作权法的有关规定,在发生侵犯著作权的纠纷以后,权利人可以选择数种途径,以解决有关的纠纷并维护自己的权利。

(一)著作权人或邻接权人可以选择调节的途径解决纠纷

著作权的侵权纠纷,可以由各地的著作权主管部门调解,也可以由其他机构或个人调解。各地著作权主管部门的职责之一就是调解著作权侵权纠纷。根据1991年《著作权法》的规定,著作权的侵权纠纷可以调解,调解不成或者调解达成协议后一方反悔的,可以向人民法院起诉。当事人不愿意调解的,也可以直接向人民法院起诉。2001年《著作权法》虽然没有作如此详细的规定,但仍然规定著作权纠纷可以调解。现行《著作权法》第60条规定,“著作权纠纷可以调解”。事实上,著作权侵权纠纷通过调解处理,包括通过律师或其他机构的调解处理,是世界各国的通行做法。然而,《著作权法》将调解规定为解决侵权纠纷的一种方式,是中国著作权法的一个特色。

(二)著作权人或邻接权人可以选择仲裁的途径

根据《著作权法》第60条的规定,著作权纠纷也可以通过仲裁加以解决。根据规定,如果当事人在侵权纠纷发生后达成了书面仲裁协议,或者原来签订的著作权合同中有仲裁的条款,可以依据仲裁协议或仲裁条款向仲裁机构申请仲裁。当事人没有书面仲裁协议,也没有在著作权合同中订立仲裁条款的,可以直接向人民法院提起诉讼。

仲裁是一种由独立的争端解决机构裁定纠纷的做法,其程序类似于司法程序,但又比司法程序简单快捷。根据仲裁法的有关规定,仲裁采取“一裁终局”的做法,即由专业的仲裁员在充分考虑事实和证据的基础上,一次性作出有关是非的裁定。裁决作出后,当事人就同一纠纷不得再申请仲裁或者向人民法院起诉。即使当事人提起了申请或诉讼,仲裁机构或者人民法院也不予受理。对于仲裁机构作出的仲裁决定,当事人必须履行。如果当事人不服仲裁决定,可以向人民法院起诉。不起诉又不履行仲裁决定的,另一方当事人可以请求人民法院强制执行。

目前,各省、自治区和直辖市的人民政府所在地,以及一些较大的地级市,都设有仲裁委员会。在北京,除北京市仲裁委员会外,还设有“中国国际经济贸易仲裁委员会"等仲裁机构,主要受理涉外的经济贸易的纠纷仲裁。而且,北京、上海等大城市的仲裁委员会和"中国国际经济贸易仲裁委员会",都聘请了多名具有知识产权专业知识,包括著作权法知识的仲裁员,可以高水平地裁决知识产权方面的纠纷案件。当然,通过仲裁程序解决著作权侵权纠纷,必须是双方当事人达成了仲裁协议,或者在原来签订的著作权合同中有仲裁条款,表明双方当事人愿意通过仲裁解决有关纠纷,并接受仲裁裁决的约束。

仲裁虽然是一种比较节省费用和时间的争端解决方法,但到目前为止,通过仲裁解决著作权侵权纠纷的事例还比较少见。显然,社会公众还不太了解有关的侵权纠纷可以通过仲裁加以解决。

(三)著作权人或邻接权人可以选择行政查处的途径

根据《著作权法》和《著作权法实施条例》的相关规定,著作权人或邻接权人在权利受到侵犯的时候,可以向著作权行政管理部门进行投诉,要求查处。除了向法院提起侵权诉讼,权利人在发生侵权的时候还可以向行政机关投诉,这是中国著作权法的独特规定。按照这种规定,著作权人和邻接权人就多了一条解决侵权纠纷的途径。当然,按照著作权法的相关规定,行政机关可以在确定侵权后给予行政处罚的,仅限于《著作权法》第 53 条规定的 8 种侵权或者违法行为。

此外,按照《TRIPs 协定》第 49 条的规定,在以行政程序确认案件的是非,并责令侵权人承担民事责任时,有关的程序必须符合民事程序的原则。

(四)著作权人或邻接权人可以选择诉讼的途径

这里的诉讼是指民事侵权诉讼而非刑事诉讼。因为权利人自己提起的侵权诉讼,只能是民事诉讼。如果是刑事诉讼,则应当由国家的公诉机构代表国家提起。通过向人民法院提起诉讼而解决著作权侵权的纠纷,是现实生活中最为常见的侵权纠纷解决方式。

二、诉讼管辖与诉讼时效

如果著作权人或邻接权人选择了向人民法院提起诉讼,以解决有关的著作权或邻接权纠纷,首先应当注意的问题就是诉讼管辖和诉讼时效。

先来看诉讼管辖。根据民事诉讼法的有关规定,著作权人或邻接权人应当向被告所在地或者侵权行为发生地的人民法院提起诉讼。就被告所在地来说,侵犯有形财产权和侵犯无形财产权的情形是大体一致的。也就是说,被告的所在地是相对确定的。就侵权行为发生地来说,侵犯有形财产权和侵犯无形财产权的情形就大不相同了。侵犯有形财产权,有形财产在哪里,侵权行为发生地就在哪里。而在侵犯无形财产权的情况下,侵权行为则可能发生在很多地方。例如,有人未经著作权人和邻接权人许可,在广州制作盗版光盘,又将盗版光盘销售到了上海、南京、北京、哈尔滨等地,则不仅广州是侵权行为发生地,上海、南京、北京和哈尔滨等地也都是侵权行为发生地。又如,有人未经著作权人许可,在某一个小城市制作了盗版的书籍或画册,又将盗版的书籍或画册销往全国的许多城市。在这种情况下,不仅复制地是侵权行为发生地,而且所有的盗版书籍或画册的销售地都是侵权行为发生地。这样,著作权人或邻接权人在考虑提起诉讼的法院时,就有了多种选择。

到目前为止,很多知识产权案件,包括与著作权侵权纠纷有关的案件,都是由北京、上海的法院审理和判决的,原因之一就是权利人通过侵权行为发生地的规定,选择了向北京或上海的法院提起诉讼。例如,在 1997 年由北京市第一中级人民法院判决的"景阳冈酒厂"一案中,被告山东省阳谷县景阳冈酒厂,未经许可而在商标中使用了他人的绘画作品,原告在北京提起了侵犯著作权的诉讼。被告在诉讼中辩解说,自己的住所地是阳谷县,侵权行为地也是阳谷县,原告不应当在北京提起诉讼。而实际的情形是,被告将带有自己商标的白酒销售到了全国很多城市,包括北京市。该案的原告就是在北京的一个商场买了两瓶带有被告商标的白酒,并开具了发票,作为被告侵犯自己权利的证据。这样,侵权行为地就不仅是在阳谷县,而且发生在了北京市。由此出发,北京市的法院就可以管辖本案。

事实上,著作权侵权诉讼管辖中的上述情况,不仅发生于中国,也发生于西方发达国家。例如,在德国,侵犯著作权纠纷的案件一般都由柏林和慕尼黑的法院受理,而柏林和慕尼黑的法院中也因此而有了一些高水平的专门审理著作权侵权纠纷案件的法官。正是由于这样的原因,北京和上海从事知识产权侵权审判的法官人数较多,专业素质也相对较高。

再来看诉讼时效。按照《民法典》的规定,诉讼时效的期间为三年,自权利人知道或者应当知道自己的权利受到侵犯之日起计算。但是,在侵犯无形财产权的情况下,时效期间的计算方式也与有形财产权的情况不同。例如,侵权人可能是未经授权,先复制了原告的作品,又销售了非法复制的作品。又如,侵权人销售未经许可而复制的作品,或者未经许可而表演他人的作品,可能长达几年之久。那么,两年的诉讼时效期间,究竟是从非法复制开始计算,还是从非法销售开始计算?究竟是从第一次非法销售或表演开始计算,还是从最后一次非法销售或表演开始计算?或者说,将每一次的非法复制、每一次的非法销售或表演,都作为一个不同的起算点?

应该说,正确的时效期间的计算方式是把侵犯著作权视为连续侵权,把连续侵权中的每一个侵权行为分别视为一个起算点,只追究自起诉之日起往前推的三年之内的侵权行为,而不追究更远的侵权行为。例如,在 1997 年北京市第一中级人民法院判决的"景阳冈酒厂"案中,被告山东省阳谷县景阳冈酒厂未经许可将他人的绘画作品修改后放入自己的商标中,并且在国家商标局获得了注册。在诉讼中,被告提出,自己从 1980 年就开始使用原告的作品,1989 年 11 月又获准注册,而原告直到 1996 年才起诉,早已超过了当时规定的两年的诉讼时效。然而法院在判决中指出,被告自 1980 年至 1996 年原告起诉时一直在使用原告的作品,其行为是连续性的,权利人的权利也一直处于被侵害的状态。法院还指出,权利人可以在知道或者应当知道自己的权利受到侵害两年内主张权利;权利人知道或者应当知道权利遭到侵害而在两年内不主张的那部分侵权,应当认定超过诉讼时效。依据这样的推理,法院仅追究了自原告提起诉讼之日起往前推算两年内,被告所从事的侵犯著作权的活动,而没有追究更远的侵权行为。①

将侵犯著作权的行为视为连续侵权,把连续侵权中的每一个侵权行为分别视为一个起算点,不仅适用于著作权侵权,也适用于专利权和商标权等知识产权的侵权。时效期间的这种计算方式,是由知识产权所具有的无形特征所决定的。在有形财产权的情况下,侵权人非法拿走他人的财产,如偷走他人的小汽车、电视机,是一次性行为,时效期间的计算方式自然是从权利人知道或者应当知道自己的权利受到侵害之日开始计算。而在无形财产权的情况下,侵权人对于他人财产权的侵害,具有连续侵权的特点。比如,就侵犯复制权来说,尽管是一部作品,每复制一次就是一次侵权。就侵犯发行权来说,每卖出去一件复制品就是一次侵权。就侵犯表演权来说,每表演一次(无论是舞台表演还是机械表演)就是一次侵权。就景阳冈酒厂未经许可而使用他人的作品来说,自 1980 年以来其一直在进行一次又一次的侵权。可以说,酒厂每复制一次含有他人作品的商标标识,就是一次侵权;每在市场上卖出一瓶带有其商标标识的酒,就是一次侵权。正是依据这样的特点,侵犯知识产权的时效期间的计算,是以每一个侵权行为作为一个起算点,而不是以第一个或最后一个侵权行为作为起算点。

此外,在说到诉讼时效时还应当特别强调,著作权是一种实体性权利,具有法定的保护期。即使权利人没有在某一侵权行为发生后的三年之内提起诉讼,也不会因此而导致著作权的丧失。权利人所丧失的,仅仅是请求法院保护的程序性权利。或者说,权利人因为诉讼时效的原因,不能就诉讼提起之日起三年以前的侵权行为追究责任,但他不会因此而丧失仍然有效的著作权。如果侵权人所从事的是连续侵权行为,只要有关的著作权仍然处于法律保护的期限之内,著作权人就可以随时提起诉

---

① 参见郑成思主编:《知识产权研究》(第 5 卷),中国方正出版社 1998 年版。

讼,要求法院责令被告停止正在进行的侵权行为。当然在损害赔偿的问题上,著作权人只能追究自诉讼提起之日起向前推三年内的侵权行为,并就此获得损害赔偿。

关于这一点,最高人民法院于2002年10月发布的《关于审理著作权民事纠纷案件适用法律若干问题的解释》第28条就有明确的规定。根据规定,侵犯著作权的诉讼时效为两年,自著作权人知道或者应当知道侵权行为之日起计算。权利人超过两年起诉的,如果侵权行为在起诉时仍在持续,在该著作权保护期内,人民法院应当判决被告停止侵权行为;侵权损害赔偿数额应当自权利人向人民法院起诉之日起向前推算两年计算。到了2020年12月,最高人民法院重新发布《关于审理著作权民事纠纷案件适用法律若干问题的解释》,依据《民法典》的相关规定,将侵犯著作权的诉讼时效,由原来的两年改为三年。与此相应,计算损害赔偿的期间,就是自权利人提起诉讼之日起,向前推算三年计算。

三、诉前的临时措施

诉前的临时措施是指权利人在提起诉讼之前,经法院核准而采取的维护自己权利的措施。根据《TRIPs协定》第50条的规定,为了制止侵犯知识产权的行为,以及为了保存与侵权有关的证据,各成员的司法当局可以下令采取及时有效的临时措施,以保障知识产权所有人的合法权益。与此相应,司法当局可以下令采取的临时措施也有两类,即制止侵权行为的措施和保全证据的措施。

根据《TRIPs协定》第50条的规定,在侵权行为有可能对权利人造成不可弥补的损失,或者侵权证据有可能被销毁的情况下,法院在开庭以前可以依据一方当事人的请求,采取必要的临时措施。但采取有关措施要符合以下条件:申请人确实是有关的权利持有人;有关的侵权活动正在发生或即将发生;申请人提供了相应的保证金或担保。其中的保证金或担保有两个作用:一是保护被告,一旦在日后的审理中确定被告没有侵权,被告可以获得相应的补偿;二是防止原告滥用权利,不负责任地申请临时措施。又根据规定,法院在核准临时措施后,应当及时通知当事人各方(至少是在有关措施执行之后应当通知其他当事人),并给予其他当事人以请求复审的机会,以决定是否修改、撤销或确认有关的临时措施。在临时措施采取以后,申请人应当在合理的期间内提起判决是非的诉讼。否则,法院可以应被告的请求而解除有关的临时措施,或中止其效力。此外,如果临时措施被撤销,或者事后发现不存在侵权或侵权的威胁,法院可以应被告的要求责令申请人赔偿相应的损失。

按照《TRIPs协定》的有关规定,2001年修改的《著作权法》针对著作权的侵权行为,规定了诉前的责令停止侵权和诉前的保全证据。与此同时,2001年修改的《著作权法》还依据民事诉讼法的有关规定,规定了诉前的财产保全。这样,中国著作权法所规定的诉前的临时措施就有了三项,而非《TRIPs 协定》所规定的两项。2020 年修改的《著作权法》延续了有关诉前的责令停止侵权、诉前的财产保全、诉前的保全证据。关于诉前的责令停止侵权和保全证据,最高人民法院于 2002 年 10 月发布《关于审理著作权民事纠纷案件适用法律若干问题的解释》,对有关的适用条件做了规定。不过,这个解释并没有具体规定临时措施的适用条件,而是在其第 30 条中规定,人民法院采取诉前措施,参照 2002 年 1 月最高人民法院发布的《关于诉前停止侵犯注册商标专有权行为和保全证据适用法律问题的解释》的规定办理。2018 年,最高人民法院发布了《关于审查知识产权纠纷行为保全案件适用法律若干问题的规定》,针对诉前的责令停止侵权、诉前的财产保全、诉前的保全证据做了详细规定。显然,采取这些措施有利于及时制止侵犯著作权和邻接权的行为,有利于权利人在诉讼中获得相应的赔偿,有利于权利人获取与侵权有关的证据,这对于权利人维护和实施自己的权利具有积极的意义。

(一)诉前的责令停止侵权

根据《著作权法》第 56 条的规定,著作权人或邻接权人有证据证明他人正在实施或即将实施侵犯其权利的行为,而且不加以及时制止将会使其合法权益受到难以弥补的损害的,可以在起诉之前向人民法院提出申请,采取责令停止有关行为的措施。

根据最高人民法院 2018 年发布的《关于审查知识产权纠纷行为保全案件适用法律若干问题的规定》,知识产权所有人申请诉前责令停止侵权的,应当向被申请人住所地具有相应知识产权纠纷管辖权的人民法院或者对案件具有管辖权的人民法院提出。向人民法院申请行为保全,应当递交申请书和相应证据。申请书应当载明下列事项:申请人与被申请人的身份、送达地址、联系方式;申请采取行为保全措施的内容和期限;申请所依据的事实、理由,包括被申请人的行为将会使申请人的合法权益受到难以弥补的损害或者造成案件裁决难以执行等损害的具体说明;为行为保全提供担保的财产信息或资信证明,或者不需要提供担保的理由;其他需要载明的事项。人民法院裁定采取行为保全措施前,应当询问申请人和被申请人,但因情况紧急或者询问可能影响保全措施执行等情形除外。人民法院裁定采取行为保全措施或者裁定驳回申请的,应当向申请人、被申请人送达裁定书。向被申请人送达裁定书可能影响采取保全措施的,人民法院可以在采取保全措施后及时向被申请人送达裁定书,至迟不得超过 5 日。

根据规定,人民法院审查行为保全申请,应当综合考量下列因素:申请人的请求是否具有事实基础和法律依据,包括请求保护的知识产权效力是否稳定;不采取行为保全措施是否会使申请人的合法权益受到难以弥补的损害或者造成案件裁决难以执行等损害；不采取行为保全措施对申请人造成的损害是否超过采取行为保全措施对被申请人造成的损害；采取行为保全措施是否损害社会公共利益；其他应当考量的因素。申请人申请行为保全的，应当依法提供担保。申请人提供的担保数额，应当相当于被申请人可能因执行行为保全措施所遭受的损失，包括责令停止侵权行为所涉产品的销售收益、保管费用等合理损失。在执行行为保全措施过程中，被申请人可能因此遭受的损失超过申请人担保数额的，人民法院可以责令申请人追加相应的担保。申请人拒不追加的，可以裁定解除或者部分解除保全措施。

人民法院裁定采取行为保全措施的，应当根据申请人的请求或者案件具体情况等因素合理确定保全措施的期限。裁定停止侵害知识产权行为的效力，一般应当维持至案件裁判生效时止。人民法院根据申请人的请求、追加担保等情况，可以裁定继续采取保全措施。申请人请求续行保全措施的，应当在期限届满前 7 日内提出。当事人不服行为保全裁定申请复议的，人民法院应当在收到复议申请后 10 日内审查并作出裁定。有下列情形之一的，应当认定属于民事诉讼法规定的“申请有错误”：申请人在采取行为保全措施后 30 日内不依法提起诉讼或者申请仲裁；行为保全措施因请求保护的知识产权被宣告无效等原因自始不当；申请责令被申请人停止侵害知识产权或者不正当竞争，但生效裁判认定不构成侵权或者不正当竞争；其他属于申请有错误的情形。当事人申请解除行为保全措施，人民法院收到申请后经审查符合民事诉讼法相关规定的，应当在 5 日内裁定解除。申请人撤回行为保全申请或者申请解除行为保全措施的，不因此免除民事诉讼法规定的赔偿责任。

此外，根据最高人民法院的有关司法解释，著作权人和邻接权人在提起诉讼时或提起诉讼后，也可以请求法院作出先行停止侵权的裁定。这就是《关于审查知识产权纠纷行为保全案件适用法律若干问题的规定》第 2 条的规定，知识产权纠纷的当事人在判决、裁定或者仲裁裁决生效前，依据民事诉讼法申请行为保全的，人民法院应当受理。有关申请、证据提交、担保、裁定的执行和复议等，与诉前责令停止侵权的申请相同。这相当于西方国家中侵权诉讼提起后的临时性禁令。

英美法系国家的版权法中没有诉前的责令停止侵权，但有诉讼提起后的“临时性禁令”（preliminary injunction）。例如，在美国，权利人在提起诉讼的同时，可以请求法院下达临时性禁令，责令被告停止侵权，以免对自己造成进一步的损害。应该说，在侵犯版权的诉讼中，美国法院发布临时性禁令的频率较高。其原因为：一方面，市场对于某类或某种作品的需求往往来去很快。另一方面，版权的侵权诉讼又往往耗费时日，少则几个月，多则好几年。如果法院不能及时应权利人的要求发布临时性禁令，等待耗费时日的审判，必然会使版权人遭受不可挽回的损失。

在美国，申请临时性禁令的，既可以是原告，也可以是被告。比如被告认为原告的权利主张没有依据,或者自己根本就没有侵犯原告的权利等。当然,申请临时性禁令的大多数还是主张权利的原告。根据有关的判例,美国法院在下达临时性禁令以前,一般要考虑以下几个要素:

第一,具有胜诉的可能性。原告只要同时说明自己是版权所有人,以及有非法复制自己作品的行为存在,即可满足这一要求。

第二,不可挽回的损失。一般说来,只要销售侵权物品的行为构成了与版权所有人的竞争,就可以判定版权所有人遭受了不可挽回的损失。这里的不可挽回的损失,不是指实际上已经遭受的损失,而是指存在不可挽回损失的可能性。

第三,权衡双方当事人的损失。一般说来,在胜诉可能性很大或侵权证据强有力的案件中,版权所有人很容易满足这一要求。而在胜诉可能性不大或侵权证据微弱的案件中,版权所有人则难以通过这一检验标准。如果版权所有人胜诉的可能性很大,即使侵权人辩解说,禁令会破坏自己的商业销售,会使自己无法履行合同,或者会使自己的信誉受损,都不会影响法院发布禁令。因为法律保护的首先是版权人的利益;权衡双方的得失,仅仅是其中的一个因素。

第四,公共利益。只要版权所有人确立了胜诉的可能性,公共利益自然是倾向于保护他的权利。

应该说,在有关发布临时性禁令的四个因素中,最主要的是胜诉的可能性和不可挽回的损失。因为公共利益首先是维护版权人的权益,而权衡双方当事人的损失,也只是依赖于版权人是否具有很强的胜诉可能性。

值得注意的是,美国版权法中的临时性禁令是在侵权诉讼提起后由权利人申请,然后由法院根据各种因素决定后下达的。而中国著作权法中的"诉前的责令停止侵权",则是权利人在诉讼提起之前就可以向法院申请,经法院核准后实施的。应该说,"诉前的责令停止侵权"能够更有效地保护著作权人和邻接权人的合法权益。当然,根据最高人民法院的有关司法解释,著作权人和邻接权人即使是在提起诉讼的同时或之后,如果认为有必要采取责令被告停止侵权的措施,也可以向人民法院提出申请。这表明"诉前的责令停止侵权"并不排除诉讼提起之时或诉讼提起之后的责令停止侵权。

(二)诉前的财产保全

根据《著作权法》第 56 条,著作权人或邻接权人有证据证明他人正在实施或即将实施侵犯其权利的行为,而且不加以及时制止将会使其合法权益受到难以弥补的损害的,可以在起诉之前向人民法院提出申请,采取财产保全的措施。人民法院在处理有关财产保全措施的申请时,适用《民事诉讼法》第 104 ~ 108 条和第 111 条的规定。

根据民事诉讼法的有关规定，利害关系人因情况紧急，不立即申请财产保全将会使其合法权益受到难以弥补的损害的，可以在起诉前向人民法院申请采取财产保全措施。申请人应当提供担保，不提供担保的，驳回申请。人民法院在接受申请后，必须在48小时内作出裁定。裁定财产保全措施的，应当立即开始执行。申请人在人民法院采取保全措施后15日内不起诉的，人民法院应当解除财产保全。财产保全限于请求的范围，或者与本案有关的财物。财产保全采取查封、扣押、冻结或者法律规定的其他方法；人民法院冻结财产后，应当立即通知被冻结财产的人；财产已被查封、冻结的，不得重复查封、冻结。被申请人提供担保的，人民法院应当解除财产保全。申请有错误的，申请人应当赔偿被申请人因财产保全所遭受的损失。当事人对财产保全的裁定不服的，可以申请复议一次。复议期间不停止裁定的执行。

（三）诉前的证据保全

《著作权法》第57条规定，为制止侵权行为，在证据可能灭失或者以后难以取得的情况下，著作权人或者邻接权人可以在起诉前向人民法院申请保全证据。根据最高人民法院2018年发布的《关于审查知识产权纠纷行为保全案件适用法律若干问题的规定》，知识产权所有人申请诉前的证据保全，其适用条件和程序，与诉前的责令停止侵权大体相同。例如，著作权人和邻接权人申请诉前保全证据的，应当向被申请人住所地具有相应知识产权纠纷管辖权的人民法院或者对案件具有管辖权的人民法院提出。向人民法院申请证据保全，应当递交申请书和相应证据，并载明相关的事项。又如，申请人申请诉前保全证据可能涉及被申请人财产损失的，人民法院可以责令申请人提供相应的担保。申请人不提供担保的，驳回申请。再如，申请人在人民法院采取证据保全措施后30日内不起诉的，人民法院应当解除证据保全措施。

四、被告的辩解

权利人在提起侵权诉讼时，应当提供证据，证明自己是权利人，证明被告侵犯了自己的权利。这叫作“谁主张，谁举证”。一般说来，原告的举证责任并不繁重，只要证明自己是权利人，证明被告接触过自己的作品，被告的作品与自己的作品完全相同或者实质上相似，就完成了举证责任。在此之后，举证责任就转移到了被告一方，由被告证明自己没有侵权，或者即使侵权也不应当承担损害赔偿，等等。

面对原告的侵权主张，被告应当认真调查和分析，然后提出相应的辩解。当原告提出了侵犯著作权或邻接权的主张以后，绝不意味着被告就应该束手就擒，丝毫不加辩解。可以说，绝大多数原告提出侵权的主张，都是自己的权利受到了侵犯，都是为了维护自己的权利。但是，这并不排除某些原告提起诉讼的目的是恶意骚扰被告，甚至不是权利人而冒充权利人提起了诉讼。此外,原告即使是真正的权利人,即使是善意地提起诉讼以维护自己的权利,但由于认识上的原因,也有可能把本来不属于侵权的行为误认为是侵犯了自己的权利。因此,无论出现何种情况,被告都应该认真调查和分析原告的诉讼主张,同时反思和分析自己的有关行为或活动,然后在此基础上提出自己未侵权的辩解,或虽然侵权但不应当承担损害赔偿,或者只应当支付少量的损害赔偿金。

如果说原告提起侵权诉讼是为了维护自己的权利,被告在研究和分析有关情况的基础上提出未侵权的辩解,或者提出不承担或少承担损害赔偿的辩解,也是为了维护自己的权益。《著作权法》第 52 条和第 53 条在规定一系列侵权行为的时候,大多规定有“本法另有规定的除外”。这实际上意味着被告完全可以用著作权法的其他规定,如权利的限制与例外等,抗辩原告的侵权指控。况且,被告是否真的侵权,并不仅仅取决于原告的看法或主张,而要由法院依据双方提供的证据和材料作出判断。从这个意义上说,被告所提出的辩解和相关的证据就是非常重要的。司法的公正,只有在原告和被告双方充分辩论的基础上才有可能达到。仅仅有原告的指控而没有被告的辩解,只会造成在维护权利旗帜下掩盖的司法不公正。

大体说来,根据民事诉讼法、著作权法和其他法律的规定,被告可以提出的没有侵权、虽然侵权但可以不承担或少承担损害赔偿责任的辩解,主要有以下几种:

第一,被告可以就原告的诉讼资格提起质疑。如原告不是著作权人或邻接权人;原告虽然曾经是权利人或被许可人,但受让权利或被许可的期间已经届满;在中国特殊的情况下,被告还可以提出原告只是一般许可合同中的被许可人,原告没有资格提起诉讼。

第二,自己的商业活动与原告的作品或受保护客体毫无关系,原告是恶意提起诉讼,其真实目的是骚扰自己正常的商业活动。

第三,原告的作品不属于著作权法保护的客体。例如,有关的作品属于法律、法规、政策文件,或者属于单纯时事消息,或者属于历法、通用数表、通用表格和公式,等等。

第四,原告的作品受著作权法保护的期限已经届满,或者被告使用的是处于公有领域中的作品。

第五,自己的作品虽然与原告的作品相似,但属于独立创作,自己没有见过而且也不可能见到原告的作品。或者说,自己的作品和原告的作品均来自第三人的作品,或者来自公有领域中的作品,不存在自己抄袭原告作品的问题。

第六,自己虽然使用了原告的作品或其他受保护的邻接权客体,但有关的使用属于著作权法规定的合理使用,或者属于权利的例外和限制。

第七,原告没有及时提起侵权诉讼,有些侵权行为已经超过了诉讼时效,被告只应当就诉讼提起以前三年以内的侵权行为承担赔偿责任。

第四节　民事侵权责任

根据欧美国家的著作权法或版权法,如果法院认定侵权成立,可以下达停止侵权的禁令,可以责令被告支付损害赔偿金,还可以在必要的时候判令被告向原告支付律师费和诉讼费。此外,法院还可以扣押和处置侵权物品,以求有效地制止被告的侵权。

根据中国著作权法,法院如果认定侵权,可以责令侵权人停止侵害、赔偿损失、赔礼道歉和消除影响,在必要的时候还可以责令被告支付原告的律师费,以及没收非法所得、侵权复制品和进行违法活动的财物。

一、责令停止侵权

依据《著作权法》第52条和第53条的规定,如果法院判定侵权成立,侵权人应当承担停止侵害的责任。应该说,著作权人或邻接权人在诉前和诉讼提起后申请的责令停止侵权的临时措施,也属于责令停止侵权的一种。事实上,法院应权利人的申请而裁定责令停止侵权的临时措施,已经考虑了案件的基本情形,已经得出了被告侵权可能性极大的结论。否则,法院就不会裁定责令停止侵权的临时措施。当然,这种侵权可能性极大的结论还需要经过进一步的审理而得到证实。

在欧美国家,一般将责令停止侵权的禁令分为临时性禁令和永久性禁令两种。其中的临时性禁令,大体相当于中国著作权法中的诉前和诉讼提起后,由原告申请的责令停止侵权的措施;其中的永久性禁令,相当于中国著作权法中法院判定侵权成立后的责令停止侵权。不过在欧美国家,法院下达临时性禁令较多而下达永久性禁令很少。这是因为下达临时性禁令可以及时制止有关的侵权行为,以免对权利人造成进一步的损失。而一旦法院判决侵权成立,绝大多数被告都会尊重法院的判决,不再侵犯著作权人或邻接权人的权利。只有在原告证明被告还有可能在将来再次侵犯自己权利的时候,或者被告有侵权的前科,并且还有可能再次侵权时,法院才会下达永久性禁令,责令被告永远不得侵犯原告的著作权或邻接权。

二、赔偿损失

赔偿损失的基本含义是说,让权利人从侵权人那里得到足够的赔偿,以弥补权利人因为他人侵权而造成的损失,使他处在一个侵权似乎没有发生过的地位上。这就是一般所说的“填平原则”。然而,现代的损害赔偿制度已经有了进一步的发展。例如,侵权人不仅要“填平”权利人因为自己的侵权行为而遭受的损失,而且要“填平”权利人因为追究侵权行为而付出的费用,包括律师费和诉讼费等。在知识产权的侵权诉讼中,律师费的支出是相当可观的。在欧美国家的专利侵权案件中,在很多情况下律师费的数额甚至远远超过损害赔偿的数额。这表明知识产权的诉讼是花费巨大的诉讼,这种花费在某些特定的情况下应当由侵权人或者诉讼中的败诉一方承担。否则,权利人可能面临胜了官司而赔了钱的困境,不利于调动权利人维护自己合法利益的积极性。

此外,在欧美国家,为了惩罚故意侵权者和屡次侵权者,或者为了惩罚恶意骚扰他人而提起诉讼的原告,法院还可以判罚2~3倍的损害赔偿金。向权利人或胜诉方支付两倍或三倍的损害赔偿金,虽然仍然属于“损害赔偿”的范畴,但已经远远超出了“填平原则”的范围。中国自2013年至2020年修订的《商标法》、《专利法》、《著作权法》和《反不正当竞争法》,不仅规定了惩罚性损害赔偿,而且规定了一到五倍的赔偿数额。

根据中国著作权法,损害赔偿金的计算方式有五种。

(一)权利人的实际损失

权利人的实际损失,即著作权人或邻接权人因为被告的侵权行为而遭受的损失,或者说,如果没有侵权人的行为权利人可以获得的收益。这适用于原告与侵权人是市场上的直接竞争者的情形。在这种情况下,可以假定侵权人每销售一件侵权物品,权利人就会有一个相应的损失。依据最高人民法院于2002年发布的《关于审理著作权民事纠纷案件适用法律若干问题的解释》第24条,权利人的实际损失,可以根据权利人因侵权所造成复制品的发行量减少,或者侵权复制品销售量与权利人发行该复制品单位利润的乘积计算。发行减少量难以确定的,按照侵权复制品的市场销售量确定。尽管这个司法解释于2020年12月重新发布,但有关这一问题的规定没有变化。显然,这一规定系针对权利人与侵权人是市场上的直接竞争者而言。其中的按照侵权复制品的市场销售量确定,又涉及了下面所要讨论的侵权人的违法所得。

(二)侵权人的违法所得

侵权人的利润所得,即侵权人因为侵权而获得的收益。在确立侵权所得的过程中,原告必须首先举证,说明侵权人的总收入。总收入是指用侵权销售的总数乘以侵权复制品的单价。但由于原告难以获得被告的销售记录和其他资料,他在说明侵权人的总收入上会有许多困难。一旦原告证明了被告的总收入,举证的责任即转移到了被告头上。被告必须说明哪些费用不属于侵权利润,应当从总收入中减去。在司法实践中,应当减去的费用包括材料费、运输费、租金、设备折旧费等。这种计算和证明也是非常烦琐和困难的,双方当事人往往会在一些计算方法上争执不下。

(三)权利使用费

《著作权法》第 54 条规定,权利人的实际损失或者侵权人的违法所得难以计算的,可以参照该权利使用费给予赔偿。权利使用费适用于原告与侵权人不是市场上的直接竞争对手。在这种情况下,权利人所丧失的是发放许可证和获得许可使用费的机会,或者说侵权人未经权利人许可而使用了相关的作品或受保护客体,使权利人不能获得相应的许可使用费。如果权利人曾经向第三者发放过许可证,则许可使用费反映了权利人的实际损失。如果权利人没有向他人发放过许可证,则可以用市场价值的方法来计算他的实际损失。即根据市场惯例和合理条件,权利人会要求多少使用费,或者说一般的被许可人愿意出多少使用费。

(四)法定损害赔偿

无论是采取权利人实际损失或者侵权人违法所得的方式,还是采用权利使用费的方式,计算权利人的实际损失都存在一些难以计算或难以估价的问题。正是由此出发,著作权法规定了一个法定损害赔偿的计算方法。法定损害赔偿,即由法律规定一个赔偿额度,由法庭依据侵权的具体情况,在此额度内确定一个合理的赔偿数额。例如在美国,法定赔偿金的额度,最低为 750 美元,最高为 3 万美元。中国于 2001 年修改《著作权法》,规定法定赔偿金的额度为 50 万元以下。2020 年修改的《著作权法》,又在其第 54 条规定,法定赔偿金的额度为最低 500 元,最高 500 万元。规定法定损害赔偿,为著作权人或邻接权人提供了一个有利的选择。当他认为自己的实际损失和侵权者的利润所得难以证明或者不能证明时,或者认为要求实际损失和侵权利润赔偿对自己不利时,就可以选择法定损害赔偿。

按照美国版权法的有关规定,版权人在诉讼中可以选择自己的实际损失,也可以选择侵权人的利润所得,还可以选择法定损害赔偿。而且从时间上来看,只要法庭尚未作出最终判决,原告就可以随时选择法定损害赔偿。这样,即使原告在诉讼中先选择了实际损失或侵权利润的赔偿,但如果感到难以证明或者有可能对自己不利时,也可以在最终判决作出以前改为要求法定损害赔偿。应该说,这是便利于权利人的选择方式。而依据《著作权法》第 54 条“权利人的实际损失、侵权人的违法所得、权利使用费难以计算的,由人民法院根据侵权行为的情节,判决给予五百元以上五百万元以下的赔偿”的规定,这似乎给人一个感觉,法院首先应当考虑实际损失、违法所得或者权利使用费,然后才可以诉诸法定赔偿。这样,在损害赔偿的选择上就似乎有了一个先后的顺序,显然不利于权利人有效地维护自己的利益。

法定赔偿金虽然为当事人提供了获得赔偿的方便,也为法院的自由裁量留有了余地,但在事实上,当事人却不能随心所欲地在法律所划定的范围内要求赔偿的数额,法院也不能随心所欲地在法律划定的范围内确定赔偿数额。根据美国的有关判例,法院在确定赔偿数额时仍然要考虑和估计原告的实际损失,或者侵权人的利润所得。例如,在 1984 年的一个判例中,审理该案的美国地方法院即指出:“毫无疑问,估价法定赔偿金,应当与实际损失具有某种关系。但由于法定赔偿金通常是在实际损失不能精确计算的情况下使用的,就不能希望两者准确一致。”[①]这个判例仅涉及权利人的实际损失,所以法院在判决书中有法定赔偿金与实际损失的关系的说法。在法定赔偿金与侵权人的违法所得的关系上,情形也大体相同。

又根据最高人民法院《关于审理著作权民事纠纷案件适用法律若干问题的解释》第 25 条,人民法院在依据法定赔偿金的规定确定赔偿数额时,应当考虑作品的类型、合理使用费、侵权行为的性质和后果等情节,并在此基础上加以确定。由此看来,尽管著作权法为方便权利人而规定了法定赔偿金,尽管权利人因为自己的实际损失和侵权人的非法所得难以计算而选择了法定赔偿金,但法院在估价法定赔偿额时,仍然要考虑权利人的实际损失和侵权人的非法所得,以及与侵权有关的其他一些因素。当然,法院依据法定赔偿金的规定确定具体的赔偿数额,又不必强求有关的赔偿数额与权利人的实际损失或侵权人的非法所得相符。

此外,最高人民法院《关于审理著作权民事纠纷案件适用法律若干问题的解释》第 25 条还规定,当事人按照权利人的损失、侵权人的违法所得或者法定赔偿的规定,就赔偿数额达成协议的,人民法院应当准许。应该说,权利人因侵权而损失的数额,或者侵权人因侵权而获得的利润,双方当事人都是心中有数。所以,他们就赔偿数额达成的协议应当得到充分的尊重。

(五)损害赔偿的倍数

在《著作权法》中,关于损害赔偿的计算方式,在一开始只是笼统地规定了支付损害赔偿。到了 2001 年修改《著作权法》,则在第 48 条规定了具体的计算方式,包括权利人的实际损失、侵权人的违法所得和法定损害赔偿。到了 2020 年修改《著作权法》,则单独增加了权利使用费和损害赔偿的倍数。事实上,即使是在 2001 年《著作

---

① RSO Records, Inc. v. Peri, 596 F. Supp. 849, 225 USPQ 407 (S. D. N. Y. 1984).

权法》实施的年代里，也可以从权利人实际损失的角度，将权利使用费纳入进去。因为当权利人与侵权人是市场上的直接竞争者时，权利人的损失主要是指非法复制、发行、表演等行为对自己造成的损害。而当权利人与侵权人不是市场上的直接竞争者时，侵权人未经许可使用权利人的作品，权利人损失的就是许可费用。

关于损害赔偿的倍数，2020 年《著作权法》第 54 条规定，对于故意侵犯著作权或者邻接权，情节严重的，可以在权利人的实际损失、侵权人的非法所得、权利使用费的基础上，确定一倍以上五倍以下的赔偿数额。学术界和实务界将这个规定称为“惩罚性损害赔偿”。从表面上看，惩罚性损害赔偿加大了对故意侵权者的打击力度，有利于维护著作权人的利益。然而，如何界定法律规定中的“故意”和“情节严重”，尤其是其中的“情节严重”，则是一个应当由法院依据具体的案情和证据加以酌定的问题。

三、消除影响、赔礼道歉

根据《著作权法》第 52 条的规定，侵犯著作权，除了承担停止侵害和赔偿损失的责任，还要承担“消除影响”和“赔礼道歉”的责任。其中的消除影响是指侵权人因为自己的侵权活动而对权利人造成了不良的影响，应当采取某些必要的措施，以消除有关的不良影响。其中的赔礼道歉是指侵权人以适当的方式公开或不公开地向权利人表示歉意，如在报刊等媒体上发布致歉的声明，或者在私下里向权利人表示歉意。

在具体案件中，消除影响和赔礼道歉往往合并在一起适用。一般说来，责令侵权人承担消除影响、赔礼道歉的责任，大多是在侵犯作者精神权利的案件中。例如，侵犯了作者的署名权，擅自篡改或肢解了作者的作品，对作者的声誉造成了不良的影响或损害。关于消除影响和赔礼道歉，《民法典》第 179 条规定了“消除影响、恢复名誉”。针对侵犯作者精神权利的特殊需要，《著作权法》则规定了“消除影响、赔礼道歉”。所以，在侵犯作者精神权利的情况下，侵权人往往是既承担消除影响的责任，又承担赔礼道歉的责任。当然，在不仅侵犯了作者的精神权利，而且侵犯了作者的经济权利的情况下，消除影响和赔礼道歉还可以与其他的民事责任，如停止侵害、赔偿损失和支付律师费等合并适用。

消除影响和赔礼道歉，并非中国著作权法中特有的民事责任制度。一般说来，在注重作者的精神权利的大陆法系国家，尤其是将作者的精神权利和经济权利放在同等重要地位的国家，也有类似于消除影响、赔礼道歉的民事责任制度。例如，《德国著作权法》第 103 条规定，在著作权侵权案件中，胜诉的权利人可以在某些情况下获准在媒体上发表法院的判决书，发表的费用由侵权人承担。这种发表判决书的做法，类似于中国著作权法所规定的消除影响和赔礼道歉的做法。

四、律师费

《著作权法》第54条还规定,确定损害赔偿的数额,还应当包括权利人为制止侵权行为所支付的合理开支。在具体的司法实践中,"合理开支"包括诉讼费、律师费、取证费用等。根据最高人民法院《关于审理著作权民事纠纷案件适用法律若干问题的解释》第26条的规定,"合理开支"包括权利人或者委托代理人对侵权行为进行调查、取证的合理费用。人民法院根据当事人的诉讼请求和具体案情,可以将符合国家有关部门规定的律师费用计算在赔偿范围内。其中的国家有关部门,具体是指司法部,即按照司法部公布的律师费用计算方法来确定律师费。这样,损害赔偿的数额,除了权利人的实际损失或侵权人的非法所得,还包括了调查取证的费用和律师费。

与中国著作权法相比,欧美国家著作权法或版权法都没有单独规定调查取证费,仅仅规定了律师费。这是因为在欧美国家的绝大多数侵犯著作权的案件中,也包括在其他的知识产权案件中,调查、取证的工作都是由律师来完成的,所以调查取证费大体可以归入律师费的范畴之内。

在侵权人所承担的民事责任方面,除了律师费,欧美国家一般还规定有诉讼费,即如果权利人胜诉,侵权人还应当承担案件的诉讼费用。中国著作权法和有关的实施条例、司法解释均没有对此作出明确的规定。

这里仅以美国版权法为例,对律师费和诉讼费的适用情形加以说明。《美国版权法》第505条规定,法庭在其裁量权的范围内,可以判给任何一方当事人以诉讼费和合理的律师费。但在美国政府或其官员为诉讼之一方时,则不得判给他们或由他们支付上述费用。一般说来,无论是原告还是被告,只要胜诉即可免交诉讼费,法庭也不必考虑其他因素。但在判给律师费上,法庭却要考虑败诉方是否具有恶意。如果被告是故意或有意侵权,如果原告小题大做,其真实目的是骚扰被告,都会构成判给对方律师费的恶意。同时,法律所规定的是"合理的律师费",而非全部律师费。至于合理的律师费是多少,法院又要依据具体情况进行考虑。

五、没收非法所得、侵权复制品以及进行违法活动的财物

《著作权法》第58条规定,人民法院在审理有关案件中,对于侵犯著作权或邻接权的,可以没收非法所得、侵权复制品以及进行违法活动的财物。这一规定是2001年修改《著作权法》时新增的条款,并且为2020年《著作权法》所延续。除此之外,《著作权法》第54条还规定,人民法院审理著作权纠纷案件,应权利人请求,对侵权复制品,除特殊情况外,责令销毁;对主要用于制造侵权复制品的材料、工具、设备等,责令销毁,且不予补偿;或者在特殊情况下,责令禁止前述材料、工具、设备等进入商业

渠道，且不予补偿。这是2020年修改《著作权法》时增加的规定。这样，将《著作权法》第54条和第58条的规定结合起来，就会发现这与《TRIPs协定》第46条的规定完全一致。根据《TRIPs协定》的规定，为了对侵权活动造成有效的威慑，司法当局可以在不进行任何补偿的情况下，将已经发现的正处于侵权状态的商品排除在商业渠道之外；在不违背宪法的前提下责令销毁侵权商品；将主要用于制作侵权商品的原料与工具排除在商业渠道之外。

没收非法所得和侵权物品，见于世界许多国家的著作权法或版权法中，也是司法机关经常采取的一项制止侵犯著作权和邻接权的措施。例如，《美国版权法》第503条规定，在诉讼的过程中，如果法院认为有必要，可以下令扣押侵权复制品和用于制作侵权复制品的工具，如印版、模型、字模、唱片的负片、磁带和电影底片等。由于没收非法所得和侵权物品是法院在案件审理中采取的一项措施，一些国家的著作权法也将这项措施纳入法院所下达的禁令救济。

对于没收来的侵权复制品和用于侵权活动的工具，法院可以责令销毁或者以其他方式加以处置。一般说来，侵权的复制品由于质量低劣，应该予以销毁。用于侵权活动的工具或财物，则可以变卖或以其他方式处置，以其价金冲抵损害赔偿金。

第五节 行政查处与刑事制裁

一、行政查处

根据《著作权法》及其实施条例的相关规定，著作权人或邻接权人在权利受到侵犯的时候，可以向著作权主管部门进行投诉，要求查处。在目前阶段，著作权主管部门主要是从维护公共利益的角度处罚，主动查处一些重大的侵权案件。《著作权法》第53条规定，侵犯著作权或者邻接权的行为，同时损害公共利益的，由主管著作权的部门予以查处。根据《著作权法实施条例》，国务院著作权主管部门查处在全国有重大影响的著作权侵权案件，地方著作权主管部门查处本行政区域的侵权行为，对于同时侵犯著作权和危害社会经济秩序的行为，给予行政处罚。

侵权人受到行政处罚的行为，是《著作权法》第53条明确列举的8种行为。根据《著作权法》第53条的规定，适用行政处罚的前提条件是，有关的行为在损害了权利人利益的同时，还损害了社会公共利益。这表明在发生了《著作权法》第53条所述8种行为的情况下，侵权人或者违法人首先应当承担的仍然是民事责任，如停止侵害、消除影响、赔礼道歉、赔偿损失等。由于这些侵权或者违法行为同时还损害或者严重损害了社会公共利益,因而可以由著作权主管部门给予行政处罚。

《著作权法》第53条规定,上述8种侵权或者违法行为“同时损害公共利益的,由主管著作权的部门责令停止侵权行为,予以警告,没收违法所得,没收、无害化销毁处理侵权复制品以及主要用于制作侵权复制品的材料、工具、设备等,违法经营额五万元以上的,可以并处违法经营额一倍以上五倍以下的罚款;没有违法经营额、违法经营额难以计算或者不足五万元的,可以并处二十五万元以下的罚款”。据此,著作权主管部门可以给予的行政处罚有以下几种:

1. 责令停止侵权行为,包括予以警告。这类似于民事责任中的责令停止侵权。

2. 没收违法所得。

3. 没收、销毁侵权复制品。

4. 没收主要用于制作侵权复制品的材料、工具、设备等。

5. 罚款。

又根据《著作权法》第55条的规定,主管著作权的部门对涉嫌侵犯著作权和邻接权的行为进行查处时,可以询问有关当事人,调查与涉嫌违法行为有关的情况;对当事人涉嫌违法行为的场所和物品实施现场检查;查阅、复制与涉嫌违法行为有关的合同、发票、账簿以及其他有关资料;对于涉嫌违法行为的场所和物品,可以查封或者扣押。主管著作权的部门依法行使前款规定的职权时,当事人应当予以协助、配合,不得拒绝、阻挠。

著作权主管部门作出的行政处罚决定,具有法定的强制力。一经作出,被处罚人应当执行。如果当事人对行政处罚决定不服,可以依据行政复议法申请行政复议,也可以依据著作权法向人民法院起诉。不执行行政处罚决定,又不向人民法院起诉的,著作权主管部门可以申请人民法院强制执行。

二、刑事制裁

对于严重侵犯著作权和邻接权,同时又对社会公共利益造成了严重损害的,或者对社会经济秩序造成了严重危害的,可以追究侵权人的刑事责任。这就是《著作权法》第53条规定的,“构成犯罪的,依法追究刑事责任”。对严重的侵权者适用刑事制裁,是打击著作权侵权行为的最严厉措施。世界各国的著作权法或者与著作权有关的刑事法律,都规定了应当受到刑事制裁的严重侵权行为,以及相应的制裁措施。

对严重的著作权侵权行为追究刑事责任,是因为这类侵权行为严重损害了社会公共利益,或者对社会的经济秩序造成了严重危害。然而,任何侵犯著作权的行为,包括那些严重的侵权行为,首先都是对于著作权人或邻接权人的利益的侵犯。所以,在追究严重侵权者的刑事责任的时候,还应该同时追究侵权者的民事赔偿责任,以补偿权利人因为侵权活动而遭受的损失。

中国在制定1991年《著作权法》时，没有关于刑事制裁的条款。到了1994年7月，全国人民代表大会常务委员会通过了《关于惩治侵犯著作权的犯罪的决定》，对刑法作出补充规定，追究某些侵犯著作权和邻接权的犯罪者的刑事责任。1997年3月，全国人民代表大会修订《刑法》，将上述决定中的有关内容纳入《刑法》。现行《刑法》关于著作权犯罪和相应的刑事制裁措施，规定于第217条、第218条和第220条三个条文中。

根据《刑法》第217条的规定，以营利为目的，有下列侵犯著作权或者与著作权有关的权利的情形之一，违法所得数额较大或者有其他严重情节的，处3年以下有期徒刑，并处或者单处罚金；违法所得数额巨大或者有其他特别严重情节的，处3年以上10年以下有期徒刑，并处罚金：(1)未经著作权人许可，复制发行、通过信息网络向公众传播其文字作品、音乐、美术、视听作品、计算机软件及法律、行政法规规定的其他作品的；(2)出版他人享有专有出版权的图书的；(3)未经录音录像制作者许可，复制发行、通过信息网络向公众传播其制作的录音录像的；(4)未经表演者许可，复制发行录有其表演的录音录像制品，或者通过信息网络向公众传播其表演的；(5)制作、出售假冒他人署名的美术作品的；(6)未经著作权人或者与著作权有关的权利人许可，故意避开或者破坏权利人为其作品、录音录像制品等采取的保护著作权或者与著作权有关的权利的技术措施的。

《刑法》第218条规定的犯罪行为是销售侵权复制品，以营利为目的，销售明知是《刑法》第217条规定的侵权复制品，违法所得数额巨大或者有其他严重情节的，处5年以下有期徒刑或者拘役，并处或者单处罚金。

此外，《刑法》第220条还针对单位犯罪的情形做了具体的规定。根据规定，单位犯有《刑法》第217条和第218条所列之罪的，对单位判处罚金，并对其直接负责的主管人员和其他直接责任人员，依照上述各条的规定追究刑事责任。

关于以上三个条款，还有必要结合最高人民法院和最高人民检察院于2004年和2007年发布的两个司法解释予以说明。

根据最高人民法院和最高人民检察院2004年12月发布的《关于办理侵犯知识产权刑事案件具体应用法律若干问题的解释》，就《刑法》第217条的规定来说，违法所得数额3万元以上属于"违法所得数额较大"，非法经营额5万元以上或者非法复制品数量1000件以上，属于"有其他严重情节"。"违法所得数额巨大"是指违法所得数额15万元以上，"其他特别严重情节"是指非法经营数额25万元以上，或者非法复制品数量在5000件以上。就《刑法》第218条来说，违法所得数额在10万元以上的，属于"违法所得数额巨大"。

2007年4月,最高人民法院和最高人民检察院又发布了《关于办理侵犯知识产权刑事案件具体应用法律若干问题的解释(二)》。就《刑法》第217条来说,非法复制品数量500件以上属于“有其他严重情节”,2500件以上属于“其他特别严重情节”。这样,2007年的司法解释就再次降低了追究盗版者刑事责任的门槛。

关于中国追究盗版者刑事责任的门槛制度,已经得到了世界贸易组织争端解决机构的肯定。2007年4月,美国向世界贸易组织争端解决机构提出请求,认为中国知识产权法律制度中存在若干不符合《TRIPs协定》的规定,要求与中国磋商。其中之一就是追究盗版者刑事责任的门槛制度。例如,盗版者违法所得数额3万元以上才追究刑事责任,非法经营额5万元以上或者非法复制品1000件以上才属于“其他严重情节”等。2009年1月,争端解决小组作出裁定,认为中国有关刑事责任门槛的规定并没有违反《TRIPs协定》的相关规定。World Trade Organization, WT/DS362/R, 26 January 2009. 应该说,追究严重侵犯著作权者的刑事责任,是《TRIPs协定》的要求,也是各个成员方的法律规定。这样,中国的刑事法律通过具体的数量、数额等门槛制度,追究严重侵犯著作权者的刑事责任,属于具体操作层面上的东西,也有利于落实有关法律规定的精神。

思考题

1. 著作权的侵权有哪些种类?
2. 中国著作权法所规定的侵权行为有哪些?
3. 如何理解著作权侵权中的侵权行为发生地?
4. 什么是诉前的临时措施?
5. 什么是侵犯著作权的民事责任、行政处罚和刑事责任?

第十章

计算机软件的法律保护

在计算机技术出现之前,知识产权领域对工业产权和文学艺术产权的划分已经基本定型。一般来说,工业产权保护工商领域的智力创造成果;文学艺术产权,即著作权保护的范围通常不涉及工业领域(注意,此处说的是通常,而非绝对不涉及工业领域)。随着计算机技术的面世,这种工业产权与著作权相对严格划分的局面被打破。计算机硬件和软件本身就是技术的产物,且带有强烈的实用色彩,如果按照传统的思维去划分,理应属于工业产权调整的范围,但是,最后保护软件的最主要法律却是著作权法。

对于为什么要保护软件,我国政府对保护软件的重视态度,本章做了简要的叙述。本章还将简介软件法律保护的演变过程,以及其他保护软件的法律途径。有的学者认为,要研究软件的法律保护,必须对软件涉及的一些技术概念有初步的了解,因此很多专著都用了大量篇幅讲解技术概念。本章认为,对技术概念的初步了解是必要的,但是不能因此过分夸大软件的技术与实用特征,或者说被其技术与实用特征蒙住眼睛。研究软件的法律保护,重点应落在分析、研究软件引起的新旧法律关系上。因此,本章未对技术概念设专节解释,只是在需要之处单独说明。对于我国《计算机软件保护条例》的基本内容,如保护的客体、主体、权利内容、权利归属、限制以及法律责任的阐述,占了本章的主要篇幅。特别值得一提的是,本章将软件和硬件都视为企事业单位的资产。这个概念对于很多人来说可能需要改变一下观念才能接受,因为有些人认为计算机硬件必须花钱才能购得,属于单位资产当然毫无疑问;至于软件,则无须花钱购买,只要从朋友或者熟人那儿拷贝一个就行了,既如此,谈何资产? 最后简介软件的登记。

第一节　计算机软件保护概述

一、保护计算机软件的意义

尽管计算机软件在著作权保护的客体中是较年轻的一类,但是相信今天没有人会否认软件在我们经济生活、文化生活中举足轻重的地位。软件如同所有的文学、艺术和科学作品一样,是人类智力劳动的结晶。软件不仅需要投入大量的人类智力劳动,而且需要投入大量的资金。不保护计算机软件,只知一味地在亲朋好友间拷来拷去,就会竭泽而渔,就会出现没有人再为软件开发进行人力资源与物力资源的投入,社会的发展、文明的进步就要停顿。这是最简单的道理。

软件产业作为国家基础性、战略性产业,在促进国民经济和社会发展中具有重要地位和作用。我国在向小康社会的发展中能否保持经济增长的高速度,取决我国的经济结构是否能够成功地向高新技术附加值、高智力附加值,即通常所说的知识经济的产业领域调整。软件作为信息产业的灵魂,对今后我国经济结构的调整和我国经济持续性高速发展将起到非常重要的作用。

从发展我国自己的软件业角度看,也必须加强对软件的保护。如果盗版的情况没有实质性改善,虽然国外的软件企业也受到侵害,但是国内的软件企业受到的打击却是致命性的,因为国内企业的市场主要在国内,外国企业虽然在我国受到损失,但是其投入可以从国外市场收回。

保护软件的另一重要意义在于改善我国的投资环境。改革开放以来我国吸引大量外资,今后引资将朝着技术含量高、原材料消耗低、不污染环境的方向倾斜。而这类外资项目多为知识经济型投资或者企业,需要良好的法律环境。软件保护的好坏,将直接影响我国对外资的吸引力。

软件不同于传统的有形物。传统的有形物除了受法律保护,物主在占有财物期间就可以保证其财物不受他人侵害。软件却无法通过物主对财物的占有得到保护,因为软件的特点是极容易复制、成本极低、复制速度极快、复制件与被复制件在质量上几乎没有区别。这些特点为各种形式的盗版,包括每个用户自觉不自觉地盗版带来了极大的方便,也使法律成为保护软件的唯一手段。

总之,保护计算机软件与保护其他文学艺术作品一样,不仅是为了保证软件的研发和投资能够得到合理的回报,也是与建立和维护公平竞争的经济秩序、发展我国自己的软件产业、防止大量国家税收的流失、改善我国投资环境,乃至建立和改善我国良好的法律环境密不可分的。

二、软件法律保护的发展变化

确切地说,本章所述的计算机软件的法律保护应当是计算机程序的法律保护,因为根据《计算机软件保护条例》,计算机软件包括程序和文档两部分,文档属于文字作品或者图表作品,受著作权法保护的问题早就解决了。而程序的法律保护是在 20 世纪 60 年代随着计算机技术的普及才提出的新问题。

由于计算机程序具有明显的实用特性，所以美国等一些国家起初试图以专利法保护计算机程序。但是后来发现，如果要求软件也必须具备专利保护的三性，则绝大部分软件达不到三性，特别是创造性条件。此外，专利审查通常时间都很长，而软件的寿命都很短，专利的审查周期不符合软件的要求。还有，专利法规定，必须将发明的思想公布于世，而这是很多软件企业不能接受的。因此，1965 年成立的美国总统专利制度委员会于 1965 年发布报告，主张对计算机程序不给予专利保护。

对软件究竟给予什么保护更合适，美国人将目光转向版权法。1964 年，美国版权局认为，计算机程序是否具有版权尚不能确定，但是美国版权局可以根据 1909 年《美国版权法》接受计算机程序的版权登记，程序版权是否有效由法院通过对个案的审判决定。

1969 年，美国 IBM 公司将计算机硬件和软件分别出售，使人认识到软件的价值。1976 年，美国制定了新版权法，明确对软件给予著作权保护。

美国的司法实践对于最后形成以版权法保护软件，也作出了巨大的贡献。到目前为止，计算机软件的版权保护在美国已经经历了所谓三个阶段：第一阶段，主要解决计算机程序是否受版权保护，如果适用版权保护，属于何种作品，哪些属于计算机程序等问题。结论是，计算机程序属于文字作品，受版权保护，程序的源代码、目标代码、操作系统和固化在只读存储器中的程序都是受版权保护的程序。第二阶段，主要解决计算机程序的保护范围，根据著作权只保护思想的表达而不保护思想本身的原则，这一阶段将程序的“结构、顺序和组织（SSO）”判定为程序作品的表达，而不是思想，因此受版权保护。第三阶段，随着保护计算机程序的研究与实践的深入，又对第二阶段的结论做了修正，提出了比较科学合理的判断规则。其一，计算机程序同其他作品相比，其功能性更强，思想与表达的混合性也更强。其二，在对比两个程序是否实质相同时，必须将程序分解为各级构成层次，从具体的程序代码到最高层次的功能设计，层次越高，受版权保护的表达成分就越少，不受保护的思想成分就越多。其三，程序被分解为不同层次后，各层次都有一个“结构”，而这个“结构”未必就是版权保护的表达。因此，判断程序的结构是否受版权保护，关键在于是否属于版权保护的表达。

在对计算机程序的法律保护没有形成国际统一的模式之前，还有一些国家做过以著作权法以外的法律保护程序的尝试。日本出于本国利益，最初反对用著作权法保护计算机程序，并且已经起草了保护程序的单行法，但是后来迫于美国的压力，不得不改用著作权法保护程序。

德国学者 Dietz 教授在其《计算机软件国际保护》的学术论文中认为，美国急于用著作权法保护软件，是因为软件业急需一种现成的法律，而著作权法可以省去立法的起草时间,且有可能通过国际著作权条约得到国际保护。他认为,对软件给予著作权保护将从根本上破坏著作权的基础,比较合适的办法是给予软件邻接权保护。其理由是:第一,著作权保护的主体是作者,软件保护的主体主要是开发者和企业,这点正符合邻接权的特点;第二,邻接权的保护期较短,这也符合软件的特点;第三,许多国家已经有现成的邻接权立法,同样可以省去立法时间;第四,邻接权的国际公约同样可以解决软件的国际保护问题。

但是,日本的做法和德国学者的思想都没有被国际社会接受。1991 年 5 月 14 日,欧共体发布了保护计算机程序的指令,以著作权保护程序,但是不排除专利、商标、反不正当竞争法的保护。关于程序的独创性,只要求是“作者本人的智力创作”。关于程序的权利内容与著作权法的一般规定无异。值得一提的是,该指令规定,计算机程序的接口基础思想和原理不受保护,为达到产品的兼容目的,允许为达到互用性目的进行反向工程,但条件是:第一,必须合法取得程序;第二,取得的必要信息在此之前未发表;第三,反向工程行为仅限于为实现互用性所必需的部分。通过反向工程获得的信息,不得用于独立创作的计算机程序的互用性以外的其他目的;不得提供给他人,除非是独立创作的计算机程序的互用性所必需的;不得用于开发、生产或者销售与被反向编辑的程序实质相似的计算机程序或者用于其他侵犯前者著作权的行为。该指令只允许用户改错、备份,改编、翻译、整理,不允许为其他目的复制,即使为私人或家庭目的也不允许。

在国际法方面,世界知识产权组织、联合国教科文组织等国际组织也曾研究制定保护计算机程序的国际公约,并试图让相当数量国家的国内法首先解决保护计算机程序的问题。为此,1978 年世界知识产权组织公布了《保护计算机软件示范条款》,旨在指导各国软件立法。1983 年,世界知识产权组织提出了《计算机软件保护条约》草案,内容与《保护计算机软件示范条款》相似。但是,各成员国认为,仅就软件著作权保护缔结新的国际条约难度较大,如果各国都承认著作权保护软件的趋势,不如直接将软件列为已有国际著作权条约的保护客体。因此,这一条约草案实际上被搁置。①

真正将计算机程序纳入国际著作权条约保护客体的是 1994 年 4 月 15 日通过、1995 年 1 月 1 日生效的《TRIPs 协定》。《TRIPs 协定》第 10 条规定,计算机程序作为文字作品受著作权保护;第 11 条规定,计算机程序享有独立于发行权以外的出租权。1996 年通过的《版权条约》也作了相同的规定。

在美国的影响下,以著作权法保护软件的共识在其他国家也逐渐形成。从目前

---

① 参见郑成思:《计算机软件与数据库的法律保护》,法律出版社 1987 年版。

各国的立法情况看,绝大多数国家的著作权法都将软件列为保护的客体,采取的也基本上是著作权立法,而不是专为软件再单独立法的形式。

三、保护软件的其他法律途径

虽然目前世界上大多数国家主要采用著作权保护方式,但是,保护软件的法律途径并不止著作权法一种可能,还有以下一些途径:

(一)专利法

以上曾提到,美国曾试图通过专利法保护计算机软件,但是后来转向著作权保护。随着软件技术的不断发展和司法实践的不断深入,美国的司法保护又逐渐转回到专利保护途径。

众所周知,专利保护的要件是发明或者实用新型必须具备三性,即所谓"新颖性"、"创造性"和"实用性"。《美国专利法》第 102 条、第 103 条对新颖性、非显而易见性(我国《专利法》规定的创造性)和实用性进行了规定,内容与我国《专利法》的规定大同小异。

《美国专利法》第 101 条规定,凡发明或者发现任何新而有用的方法、机器、产品或者物质的组合,或者由此而做的任何新而有用的改进并符合专利的要件的,可获得专利。也就是说,如果发明的硬件与软件结合在一起,只要具备专利的要件,软件同硬件可以一起获得专利。我国专利保护在这一点上也是如此。

如果软件和硬件不是结合在一起,如一台个人电脑和储存在电脑硬盘上的应用软件,按照传统的思维,该软件就不能获得专利保护。但是,人们发现,对于这种纯粹的软件只给予著作权保护是不充分的,因为著作权只保护思想的表达,不保护思想本身。随着编程技术的发展,软件的核心转向设计思想或者技术方案。如果一家软件公司得到另一家公司的软件技术方案,即使得不到第一家公司的程序,也可以轻而易举地编出相应的程序。专利虽然不保护思想,但是某种思想如果变成可以实施的技术方案,则受专利保护。另外,著作权虽然不需要注册、保护期长,但是对作品独创性的要求非常低,排他性相对弱,对于相同和雷同的作品,只要符合独立创作的要件,就允许并存。这使某些软件企业感觉到著作权保护不能达到对市场的独占和充分有效的保护目的,而专利则有可能达到这种目的。因此,美国的软件企业近年来逐渐形成寻求专利保护的趋势。法院确认专利保护软件的案例也达到一定数量。此外,日本的司法实践也有相当数量的以专利保护软件的案例。

虽然在美国和日本的司法实践中,以专利保护软件的案例越来越多,但是,从总的数量看,仍然以著作权保护的占绝大部分。其原因就在于以上谈到的软件很难达到专利的三性要求,另外就是专利审查时间较长,不符合企业市场要求。

(二)商标法

软件还可以通过商标注册得到保护。《TRIPs 协定》第 15 条规定,“任何一种能够将一个企业的商品或者服务区别于其他企业的商品或者服务的标记或者标记的组合均应能够构成商标”。由此可以看出,商标法主要保护商品或者服务的标记或者标记的组合,而不涉及商品或者服务的内容。因此,以商标法保护软件,只能保护到软件产品的标记或者标记的组合,至于软件的内容只能由别的法律保护。

(三)商业秘密法

我国 1993 年颁布的《反不正当竞争法》虽然提到了禁止侵犯商业秘密,但是没有解释什么是商业秘密。《TRIPs 协定》第 30 条虽然未提到“商业秘密”一词,但是,从规定受保护的未披露的信息的构成要件看,主要指商业秘密。这些条件有:第一,这些信息必须从未公开过;第二,这些信息因保密才具有商业价值;第三,权利人为使信息保密已经采取了措施。

商业秘密保护一方面调整合同关系,即雇主与雇员之间的纵向合同关系和供应商与购买人之间的横向合同关系;另一方面调整商业秘密权利人与任何第三人的物权关系,即任何人不经许可,不得披露他人的商业秘密。

商业秘密保护与专利权、著作权保护的一大区别在于,前者要求提供的信息始终处于保密状态,后者则要公开其智力创作成果。因此,寻求商业秘密保护,同时意味着放弃专利或者著作权保护。反之,以专利或者著作权保护软件的,就意味着放弃商业秘密保护。

第二节　涉及软件保护的著作权法律法规和其他规定

我国保护计算机软件的法律、法规以及其他行政规章非常丰富,反映了我国立法部门、政府部门对保护软件的重视程度。

一、刑法和著作权法律法规

我国 1997 年《刑法》对于侵犯他人著作权的罪行,规定了刑事责任。《刑法》分则第三章第七节的题目是“侵犯知识产权罪”,其中第 217 条、第 218 条和第 220 条对各种盗版行为规定了刑事责任。

自 1998 年起，最高人民法院、最高人民检察院为贯彻落实刑法的上述规定，多次发布了关于审理侵犯知识产权包括侵犯软件著作权刑事案件具体应用法律若干问题的司法解释，其中规定了构成“侵犯著作权罪”的条件，即“违法所得数额较大”指多大的数额，“有其他严重情节”指哪些具体情节，还就“复制发行”行为的构成等进行了规定。

此外，《著作权法》《计算机软件保护条例》从民事、行政的角度专门对软件保护进行了规定，在本章中将详细介绍。

2006 年，国务院制定并颁布的《信息网络传播权保护条例》虽然以规制网络环境下的行为为主，但也涉及对软件著作权的保护，特别是关于禁止规避技术保护措施和禁止删改权利管理信息的规定，补充并完善了其他法律法规不包括但是对于软件著作权极为重要的内容。

二、其他法规和部门规章

除了以上提到的法律、法规，还有大批的行政法规、司法解释、部门规章涉及软件的法律保护。因篇幅有限，仅就其中比较重要的内容简介如下：

1999 年，国务院办公厅转发了《国家版权局关于不得使用非法复制的计算机软件的通知》，要求各企事业单位不得使用未经授权的软件，即盗版软件和超过许可证允许范围的软件。

2000 年 6 月 24 日，国务院印发了《鼓励软件产业和集成电路产业发展的若干政策》（国发〔2000〕18 号，以下简称 18 号文），内容涉及发展我国信息产业的宏观政策、投资和融资政策、税收政策、产业技术政策、知识产权保护等 12 个方面。国务院在印发该文的通知中，将发展信息产业，特别是软件产业和集成电路产业当作我国目前和今后一段时间内的重要任务。其中，第十章的标题为“知识产权保护”，第 32 条规定，规范和加强软件著作权登记制度，鼓励软件著作权登记，并依据国家法律对已经登记的软件予以重点保护；第 33 条规定，任何单位在其计算机系统中不得使用未经授权许可的软件产品；第 34 条规定，加大打击走私和盗版软件的力度，严厉查处组织制作、生产、销售盗版软件的活动。

2001 年，国务院办公厅下发了《关于政府应带头使用正版软件的通知》（57 号文），要求国务院各部门带头使用正版软件，不得使用盗版软件。

2002 年 10 月 12 日，最高人民法院通过并公布了《关于审理著作权民事纠纷案件适用法律若干问题的解释》，其中第 21 条规定：“计算机软件用户未经许可或者超过许可范围商业使用计算机软件的，依据著作权法第四十七条第（一）项、《计算机软件保护条例》第二十四条第（一）项的规定承担民事责任。”

为认真贯彻落实18号文,国务院信息化工作办公室会同有关部门制定了《振兴软件产业行动纲要(2002年至2005年)》。该纲要于2002年9月18日发布,对振兴软件产业的指导思想和目标、软件产业的发展思路和工作重点、扶持软件产业发展的主要政策措施又进行了具体规定。

此后,由国家版权局牵头,原国务院机关事务管理局、原信息产业部、财政部联合发文并检查国务院各部门使用正版软件的情况,不合格的一律限期购买更换。

2004年5月31日,国务院办公厅下发了《关于地方人民政府使用正版软件的通知》(国办函〔2004〕41号),要求省及省级以下各级政府及其下属部门必须使用正版软件,并规定了完成此项工作的程序和时间表。

这项工作完成后,2007年国务院批复,"同意建立由国家版权局牵头的推进企业使用正版软件工作部际联席会议制度",将软件正版化工作推向企业。

现在,软件正版化已成为常项工作。国家版权局会同部际联席会议的其他成员每年都要发布相关文件,开展软件正版化的培训和检查工作。

第三节 《计算机软件保护条例》

关于计算机软件的法律保护,我国的立法部门很早就开始思考并着手起草法律的准备工作,但是,起初并未打算采取著作权保护,而是准备采取单独立法的模式,并且也按照这种思路进行立法起草工作。这和当时国际上对于软件保护究竟适用何种法律没有形成统一的认识有关。随着关贸总协定乌拉圭回合谈判的启动,知识产权有被纳入世界贸易范围的可能,计算机程序受著作权法保护也逐渐形成趋势。1989年,乌拉圭回合关于知识产权的谈判信息,特别是计算机程序受著作权法保护的信息传递到国内。鉴于我国正在努力恢复关贸总协定中的合法地位,当时的立法部门决定,将软件保护纳入著作权保护的框架之下。但是,由于著作权法和软件立法的起草工作是分头进行的,著作权法草案与软件法律草案都已经成型,要将两部分头制定,且在体例、立法思想、实体内容上都相差很远的草案合在一起,将加大立法的工程量,时间上也不允许。另外,考虑到软件保护确实有其特殊的一面,当时的《著作权法》第53条(现行《著作权法》第64条)规定,计算机软件的保护办法由国务院另行规定。

在《著作权法》于1990年颁布,1991年6月1日生效后,国务院制定了《计算机软件保护条例》,并于1991年6月4日颁布,同年10月1日实施。

《计算机软件保护条例》的立法目的与著作权法的大体相同,即《计算机软件保护条例》第1条的规定:"保护计算机软件著作权人的权益,调整计算机软件在开发、传播和使用中发生的利益关系,鼓励计算机软件的开发与流通,促进计算机应用事业的发展。”但是,由于《计算机软件保护条例》保护的主体不同于著作权法,其立法目的与著作权法的立法目的也有细微的差别(详见以下“二、权利主体”)。

《计算机软件保护条例》的制定与实施为我国软件产业的发展和保护起到了积极、重要的作用。然而,《计算机软件保护条例》颁布后,我国的经济、社会、法律、科技方面发生了很大的变化,特别是我国由计划经济向市场经济的转变,加入世界贸易组织步伐的加快,以及世界经济一体化的趋势和信息技术、通信技术日新月异的发展与变化,要求必须更新、修改原来的著作权法和《计算机软件保护条例》。在这种背景下,随着著作权法的修改,《计算机软件保护条例》也进行了修改,并于 2001 年 12 月 20 日由国务院审议通过。

修改后的《计算机软件保护条例》在立法目的方面,与原《计算机软件保护条例》相比,没有大的变化。值得一提的变化是,修改后的《计算机软件保护条例》第 1 条对原有的立法目的修改为“促进软件产业和国民经济信息化的发展”内容。这种调整同 18 号文所反映的国家对产业政策进行调整的精神是一致的。

一、权利客体

《计算机软件保护条例》保护的客体是计算机软件。《计算机软件保护条例》第 2 条规定:“本条例所称计算机软件(以下简称软件),是指计算机程序及其有关文档。”接着,《计算机软件保护条例》第 3 条又对什么是程序,什么是文档进行了解释:“计算机程序,是指为了得到某种结果而可以由计算机等具有信息处理能力的装置执行的代码化指令序列,或者可以被自动转换成代码化指令序列的符号化指令序列或者符号化语句序列。同一计算机程序的源程序和目标程序为同一作品”;“文档,是指用来描述程序的内容、组成、设计、功能规格、开发情况、测试结果及使用方法的文字资料和图表等,如程序设计说明书、流程图、用户手册等”。

正如本章第一节开头所说,文档属于文字作品或者图表作品,本身就受著作权法保护。如果只考虑文档,没有必要单独立法。《计算机软件保护条例》保护的真正客体是计算机程序。该程序是 20 世纪 60 年代以后被提出的新问题。

《计算机软件保护条例》所说的源程序,指人读的,非经转化则不能被计算机识别的自然语言符号或者形式化语言符号;目标程序,指计算机直接识别并执行的信息代码,即通常所说的二进制代码。任何程序在装入计算机之前,都必须转换成二进制代码,否则机器无法识别,也无法运行。

源程序与目标程序的二者关系,是计算机程序不同于其他文学、艺术作品的一个显著特征。例如,一般的文字作品必须以人能够识别的文字和语言表达,不存在人读和机读这两种语言的问题。一部用中文表达的文字作品要提供给英语地区的读者，必须由中文翻译成英文。翻译后的英文也是人直接理解的语言，且不同的人翻译，可能就有不同的译本，说明翻译过程具备译者发挥创造力的独创空间。因此，英文的译本由于具备独创性，相对于中文原作是一部新作品。当源程序向目标程序转换时，却不发生不同人翻译就有不同译本的情况，因为源程序转换为目标程序通常都是计算机自动完成，转换的方式也十分有限，不存在翻译作品才有的发挥创造性的空间。因此，《计算机软件保护条例》第 3 条规定："同一计算机程序的源程序和目标程序为同一作品。"

关于《计算机软件保护条例》不保护哪些，第 6 条规定，"本条例对软件著作权的保护不延及开发软件所用的思想、处理过程、操作方法或者数学概念等"。这不仅是软件著作权保护的原则，也是其他文学、艺术和科学作品的著作权保护原则。应当说，这与著作权保护思想的表达，不保护思想的基本原则是一致的。例如，《TRIPs 协定》第 9 条第 2 款规定，"著作权保护应延及表达，而不延及思想、过程、操作方法或数学概念本身"。1996 年年底通过的《版权条约》第 2 条也有相同的规定。

与这一原则相关的是《计算机软件保护条例》第 29 条的规定："软件开发者开发的软件，由于可供选用的表达方式有限而与已经存在的软件相似的，不构成对已经存在的软件的著作权的侵犯。"虽然第 29 条对于"可供选用的表达方式有限"条件下开发出的软件仍然认为具有著作权("已经存在的软件的著作权")，但是，笔者认为，即使这种条件下的表达或者开发的软件名义上有著作权，也没有任何实际意义，因为任何人只要证明表达方式有限，就不会因其表达(包括软件)与他人的相同或者雷同而承担侵权责任。换个角度分析，如果表达思想的方式只有一种或者有限的几种，就不可能向表达人提供任何独创的空间，在这种情况下对某一思想的表达本身就不具备独创性，因此也不构成著作权保护的作品。这种逻辑推理与思维方式，基本源于欧洲大陆的法学理论，姑且称之为"独创性创作空间论"。其实，《著作权法》第 3 条的规定也包含类似的思想："本法所称的作品，是指文学、艺术和科学领域内具有独创性并能以一定形式表现的智力成果。"可见，不具备独创性的表达，不构成作品。因此，"由于可供选用的表达方式有限"而出现的相同或者近似，其实应当是著作权法不保护的不具备独创性的表达。

对于"由于可供选用的表达方式有限而与已经存在的软件相似"的问题，美国多起电脑程序纠纷案的判决，都引用一条著名原则：当程序的某种功能只能通过一种途径去设计，该途径属于不受保护的"思想"本身。换言之，根据所谓"思想和表达二分法"，版权只保护表达，不保护思想。但是当思想与表达融为一体无法区分时，此时的表达即思想，当然不受版权保护。美国法院在思考问题时的角度，不同于前文提到的

"独创性创作空间论",而是依据"著作权保护不延及思想"或者"思想和表达二分法"的原则,但是,其却与"独创性创作空间论"殊途同归,即唯一或者有限方式的表达不构成作品,不受著作权保护。

由于软件本身具有强烈的实用特征和技术特征,在程序编写中出现的这种不具备独创性的表达,尤其普遍。但是,从程序设计的普遍规律看,这种不受著作权保护的表达多指业内通用的功能单一的简短程序。例如,一些常用三角函数计算机程序,在程序设计中经过反复实践的结果表明,限于计算效率方面的要求,可供选用的表达往往只有一两种;而功能比较复杂的程序,特别是数百行甚至数千行的程序,则不可能出现这种不具备独创性表达的机会,因为可供选用的表达方式肯定不是一种或者有限的几种,不同的编程人员编写的程序肯定是不同的。

二、权利主体

《计算机软件保护条例》规定的基本主体是软件开发者。根据《计算机软件保护条例》第 3 条的规定,"软件开发者,是指实际组织开发、直接进行开发,并对开发完成的软件承担责任的法人或者其他组织;或者依靠自己具有的条件独立完成软件开发,并对软件承担责任的自然人"。从这条定义性质的规定看,软件开发者首先是法人或者其他组织,然后才是自然人。关于何为"开发",《计算机软件保护条例》没有再作解释,但是,从开发者的上述定义看,开发行为不是创作行为,而是不同于创作的其他行为。因此,开发者不是创作计算机程序的作者。相比之下,著作权法保护的基本主体是创作作品的作者。关于什么是作者,《著作权法》第 11 条第 2 款规定,"创作作品的自然人是作者"。公民当然只是自然人,不可能是法人或者其他组织。

《计算机软件保护条例》和著作权法在保护的主体方面所出现的差异,反映出以上介绍的软件立法史给现行法造成的影响。我国著作权法基本按照国际通行惯例制定,即以作者为最基本的权利单位。对于特殊的作品,如电影作品或者职务作品,再在权利归属上进行特殊规定。但是,作者是作品的创作人这一事实始终没有改变。而 30 多年前制定《计算机软件保护条例》时的立法思想却与著作权法的不太一样。立法人主要考虑软件开发涉及的人员众多,投资巨大,软件的财产权意义明显重于人身权,以及软件的实用性不需要著作权那样长的保护期等因素,致使《计算机软件保护条例》出现了与著作权法的上述不同。

但是,无论是著作权立法,还是软件立法,其宗旨都是鼓励文学、艺术和科学作品的创作与传播。软件尽管同其他文学、艺术作品有很多不同之处,但是同一切知识产权成果一样,软件也是智力活动的成果,也需要法律保护。

《计算机软件保护条例》保护的第二类主体是通过继承或者继受取得软件著作权

的人。《计算机软件保护条例》虽然没有对这类主体进行规定，但是根据继承法和著作权法，这两类人也应当受到《计算机软件保护条例》的保护。

《计算机软件保护条例》第18～22条规定，通过许可使用合同取得软件使用权的人，以及通过合同受让取得软件著作权的人也是《计算机软件保护条例》保护的主体。

关于主体，《计算机软件保护条例》第5条还从中国人和外国人的角度分别予以规定，并且与《著作权法》第2条的规定内容基本相同。

三、权利内容

《计算机软件保护条例》第8条规定了软件著作权包含哪些内容。与著作权法相似，软件的著作权也分为人身权和财产权。

关于人身权，如上所述，立法人认为对于软件的重要性远逊于财产权。因此，软件的人身权只有两项，而不像著作权法规定了四项。

第一项人身权是发表权。从《计算机软件保护条例》对发表权的定义看，其与著作权法的定义相同。

第二项人身权是署名权。与著作权法不同，这是表明开发者身份，而不是表明作者身份的权利。对于软件而言，虽然人身权一般来讲不像财产权那样重要，但是，署名权对软件的重要性不亚于哪项财产权。与署名权密切相关的《计算机软件保护条例》第9条第2款规定："如无相反证明，在软件上署名的自然人、法人或者其他组织为开发者。"这一款是2001年的《计算机软件保护条例》新增加的条款。据说很多人对于增加这一款很不理解。这一款是各国著作权立法和国际著作权立法无一不出现的推定权利人资格的基本规定。其意义在于，由于著作权自动产生，不需要履行任何手续，因此在确定作者身份、权利归属以及认定侵权责任时，当事人特别是著作权人应履行什么样的举证义务，成为著作权人能否充分有效地保护自己的权利，同时又无须付出过大代价的关键。由此可以说，署名权的意义绝非仅限于维护作者的人身利益，同时也影响到作者的财产利益。

财产权包括修改权、复制权、发行权、出租权、信息网络传播权、翻译权。其中复制权、发行权、出租权、信息网络传播权的定义和解释见以上解释著作财产权的章节，不赘述。

根据《计算机软件保护条例》的规定，软件修改权是指对软件进行增补、删节，或者改变指令、语句顺序的权利。这项权利与著作权法规定的修改权名称虽然相同，但是内涵不完全一样。前者属于著作财产权，"修改"一词来源于业界的约定俗成，多指为了用户需要对已开发的软件进行改动的权利，改动的程度有可能构成实质性的，也有可能不构成实质性的，但无论哪种情况，仅涉及对作品的使用，与著作人身权无关。

后者基本上指非实质性的改动,即修改后的作品同修改前的作品相比,不构成一部新作品。如果构成实质性的改动,则属于改编创作。但即使不构成实质性改动,亦可能对修改前作品的原意造成歪曲或者篡改,以致影响权利人的人身利益,因此属于人身权范畴。

根据《计算机软件保护条例》的规定,翻译权是指将原软件从一种自然语言文字转换成另一种自然语言文字的权利。同著作权法对翻译权的定义相比,《计算机软件保护条例》强调的是从一种自然语言到另一种自然语言的转换,这是因为计算机程序的源代码与目标代码的转换是由计算机自动进行的,这种转换不是人类自然语言的翻译过程,不构成创作活动。除此以外,《计算机软件保护条例》规定的翻译权与著作权法规定的没有实质上的差别。

在许可使用权、转让权和获得报酬权方面,《计算机软件保护条例》的规定与《著作权法》的规定没有不同,不再赘述。

四、权利归属

《计算机软件保护条例》第 9 ~ 13 条是关于软件著作权归属的规定。

《计算机软件保护条例》第 9 条第 1 款规定:"软件著作权属于开发者,本条例另有规定的除外。"这是一条关于软件著作权归属的一般性规定,相当于《著作权法》第 11 条第 1 款的规定"著作权属于作者,本法另有规定的除外",后者是著作权归属的一般原则。显然,在权利归属问题上,最常见、最主要的软件主体是开发者。

《计算机软件保护条例》第 10 条就合作开发的软件著作权的归属作了规定。根据这条规定,合作开发的软件著作权,由合作者通过书面合同约定。对于可以分割使用的软件,没有约定或者约定不明的,各开发者对自己开发的部分享有著作权,在行使著作权时不得扩展到合作开发的整体软件。对于不可分割使用的软件,著作权由全体合作者共同享有,行使著作权应协商一致,任何一方不得无故阻止其他方行使著作权,但是所得收益应合理分配给所有合作开发者。

《计算机软件保护条例》第 11 条关于委托开发的软件著作权归属的规定,与《著作权法》第 19 条关于委托作品著作权归属的规定是一致的。

《计算机软件保护条例》第 12 条规定:"由国家机关下达任务开发的软件,著作权的归属与行使由项目任务书或者合同规定;项目任务书或者合同中未明确规定的,软件著作权由接受任务的法人或者其他组织享有。"这条规定与委托开发的软件的规定的原则基本相同,即权利归属由合同约定,合同没有约定的,权利属于受托人。与委托开发的软件的规定不同之处在于委托开发关系下,受托人可以是法人,也可以是自然人;而第 12 条规定的接受任务的只能是法人或者其他组织。这可能是因为目前有能力接受国家机关下达任务的只能是单位,不可能是个人。但是,随着我国向市场经济的深入转变,将来个人也可能具备这种能力。

关于软件职务作品,《计算机软件保护条例》第 13 条规定,"自然人在法人或者其他组织中任职期间所开发的软件有下列情形之一的,该软件著作权由该法人或者其他组织享有,该法人或者其他组织可以对开发软件的自然人进行奖励:(一)针对本职工作中明确指定的开发目标所开发的软件;(二)开发的软件是从事本职工作活动所预见的结果或者自然的结果;(三)主要使用了法人或者其他组织的资金、专用设备、未公开的专门信息等物质技术条件所开发并由法人或者其他组织承担责任的软件"。

根据上述规定,软件职务作品仅指自然人开发者在任职期间开发的软件,不包括法人或者其他组织开发者开发的软件。

软件职务作品的著作权由作为工作单位的法人或者其他组织享有,这一点与著作权法的规定是一致的。

至于什么是软件职务作品,《计算机软件保护条例》又将其细化为三种情况。第一种即所谓"针对本职工作中明确指定的开发目标所开发的软件",指开发的软件必须与从事的工作一致。这一点同职务作品必须是完成单位工作任务的结果是相同的。第二种是"开发的软件是从事本职工作活动所预见的结果或者自然的结果",同样指的是开发的软件必须与从事的工作一致,只是第一种说的是有明确具体的工作任务,而第二种通常没有具体的工作任务,但是开发出的软件同本单位的业务范围有直接的关系。第三种软件职务作品不一定与单位的工作任务或者业务范围有关,但是开发者"主要使用了法人或者其他组织的资金、专用设备、未公开的专门信息等物质技术条件",且所开发的软件由法人或者其他组织承担责任。《计算机软件保护条例》规定的第三种软件职务作品的要件不同于著作权法的规定。前者只强调是否使用了法人或者其他组织的资金、专用设备、未公开的专门信息等物质技术条件,且开发出的软件是否由法人或者其他组织承担责任,而不论该软件是否与单位的工作任务有关;后者在规定职务作品时首先强调的要件是作品必须是完成单位的工作任务的结果。《计算机软件保护条例》对软件职务作品的这种规定,是由于软件的开发通常都离不开巨大的投资和专门的设备和信息,而资金、设备和信息提供人的利益需要法律保障。

在介绍软件著作权中的署名权时曾提到《计算机软件保护条例》第 9 条第 2 款新增的重要规定:"如无相反证明,在软件上署名的自然人、法人或者其他组织为开发者。"这条规定的重要意义就在于,没有反证的情况下,根据软件上的署名就可以推定开发者身份、权利归属以及认定侵权责任。然而,根据署名去推定只是一种初步证明,这种证明在有证据力更强的相反证据情况下是可以被推翻的。由于这是初步举证,因此法律不要求举证责任人提供过于复杂的证据,证据的简单甚至只要能证明其系“在作品上署名的人”即可。在实际操作中,根据“谁主张,谁举证”的原则,首先应由投诉人,通常是著作权人初步举证,即按照“如无相反证明,在作品上署名的人推定为开发者”的程序和程度举证;下一步的举证责任则应由复制或者发行侵权制品的人承担。复制或者发行人能够举出反证且证据力强于投诉人的,举证责任再转移到投诉人。举证责任不断相互转移,直至出现最有力的证据。被诉侵权的人不能举出相反证据的,就推定其负有侵权责任。

五、保护期与继承

《计算机软件保护条例》第 14 条是关于软件著作权保护期的规定。该条第 1 款规定:“软件著作权自软件开发完成之日起产生。”这与《著作权法实施条例》第 6 条规定的“著作权自作品创作完成之日起产生”的精神是一致的。值得注意的是,在分析“作品创作完成”或者“软件开发完成”时,不可狭义理解成作品或者软件的最终完成,不是一定要等到作品或者软件停止创作或者开发才是“作品创作完成”或者“软件开发完成”;而应广义理解成只要创作的作品或者开发的软件已经构成作品,就应当得到著作权保护。例如,报纸上连载的小说,每天刊载的部分都应当视为“创作完成”的作品;调试期的软件,虽然同最终投放市场的产品有一定差距,但是也应当视为“开发完成”的软件。

该条还对自然人、合作开发人、法人或者其他组织的软件著作权保护期进行了规定,内容与著作权法相同,不赘述。

《计算机软件保护条例》第 15 条对于软件著作权的继承、法人或者其他组织变更后的权利转让进行了规定,内容与著作权法相同,不赘述。

六、权利的限制

修改后的《计算机软件保护条例》对软件著作权的限制重新作了调整,删除了原《计算机软件保护条例》中与《伯尔尼公约》《TRIPs 协定》明显不一致的规定。

1. 删除了修改前的《计算机软件保护条例》第 22 条规定①。该条款不仅与《伯尔尼公约》等直接冲突,而且与《计算机软件保护条例》中的其他条款不协调。例如,修

① 修改前的《计算机软件保护条例》第 22 条规定:“因课堂教学、科学研究、国家机关执行公务等非商业性目的的需要对软件进行少量的复制,可以不经软件著作权人或者其合法受让者的同意,不向其支付报酬。但使用时应当说明该软件的名称、开发者,并且不得侵犯著作权人或者其合法受让者依本条例所享有的其他各项权利。该复制品使用完毕后应当妥善保管、收回或者销毁,不得用于其他目的或者向他人提供。”

改前的《计算机软件保护条例》第 21 条规定,只有合法持有软件复制品的人才有权将软件装入计算机[①]。也就是说不是合法持有人无权这样做,否则便是侵权;而修改前的《计算机软件保护条例》第 22 条却规定,为教育、科研目的和国家机关执行公务等非商业性目的,可以不经著作权人许可免费少量复制其软件。显然,这两条规定体现的原则是不一致的,前者严格的程度甚至到了禁止任意在计算机上安装软件复制品;后者却极为宽松地允许少量复制他人的软件。

2. 修改了原《计算机软件保护条例》第 31 条的规定。修改前的《计算机软件保护条例》第 31 条规定:"因下列情况之一而引起的所开发的软件与已经存在的软件相似,不构成对已经存在的软件的著作权的侵犯:(一)由于必须执行国家有关政策、法律、法规和规章;(二)由于必须执行国家技术标准;(三)由于可供选用的表现形式种类有限。"

修改前的《计算机软件保护条例》第 31 条规定的三种情况中,前两种情况如果作为免除两个先后开发的软件间存在侵权关系的条件,则属于对软件权利的限制。根据《伯尔尼公约》和《TRIPs 协定》,这两种情况都不在法律允许的限制著作权的范围。因此,修改后的《计算机软件保护条例》第 29 条只保留了第三种情况。而这种情况不仅适用于软件保护,也适用于所有的文学、艺术作品保护,从法律性质上来讲,不属于对权利的限制(详见以上"一、权利客体")。

3. 修改后的《计算机软件保护条例》第 16 条在修改个别字词的情况下,保留了修改前的《计算机软件保护条例》第 21 条的规定。第 16 条的内容包括以下几个方面:

其一,适用的主体是"软件的合法复制品所有人",而不再是修改前的《计算机软件保护条例》所规定的"复制品持有人",两者的区别在于前者必须是对复制品有处分权的财产权人,而后者则不一定必须是财产权人。在介绍著作权的部分已经谈到,作品和固定作品的载体是不同的权利客体,固定作品的载体的转移,不视为作品著作权的转移。软件也是如此。将"复制品持有人"改为"复制品所有人"的意义在于堵住了规避法律的漏洞,使软件合法持有人但不是合法所有人的人不能适用该条款,即实践中的本应安装在一台计算机的正版软件却安装在多台计算机的行为不再是合法行为。

---

① 修改前的《计算机软件保护条例》第 21 条规定:"合法持有软件复制品的单位、公民,在不经该软件著作权人同意的情况下,享有下列权利:(一)根据使用的需要把该软件装入计算机内。(二)为了存档而制作备份复制品。但这些备份复制品不得通过任何方式提供给他人使用。一旦持有者丧失对该软件的合法持有权时,这些备份复制品必须全部销毁。(三)为了把该软件用于实际的计算机应用环境或者改进其功能性能而进行必要的修改。但除另有协议外,未经该软件著作权人或者其合法受让者的同意,不得向任何第三方提供修改后的文本。"

其二,该条款是追究所谓“软件最终用户”侵权责任的最直接依据,因为根据该规定,只有合法软件复制品的所有人才有权将软件装入计算机,也就是说,不是合法所有人无权这样做,否则便是侵权。软件最终用户,指购买软件只用于本人或者本单位的学习、研究、工作、经营活动,而不是用于再次复制、发行所购买的软件的人。从《计算机软件保护条例》行文看,最终用户既包括企、事业单位,也包括个人,但是执法部门在具体执行时,负侵权责任的软件最终用户仅定位在企事业单位,对于个人用户,根据我国的国情以正面教育为主。

其三,软件的合法复制品所有人为了防止复制品损坏而制作备份、不得向他人提供该备份,并在软件复制品所有权发生转移时销毁该备份。这部分与上一部分内容是一致的,即如果没有另外约定,一份软件只能安装一台计算机。为了保证这一点,软件复制品所有人在丧失所有权的同时也失去继续使用该软件的权利,否则,就可能发生一份软件安装在两台计算机以上的情况。这一点的真正意义在于现实中的所谓“二手软件”经营实际上是违反《计算机软件保护条例》规定的,因为“二手软件”意味着该软件在二次出售前已经被出售人安装过,但是,没有任何机制可以保证出售人确实销毁了其计算机中的备份。

其四,软件的合法复制品所有人为了实际应用,可以对软件进行必要的修改,但是,不得擅自向任何第三方提供修改后的软件,合同另有约定的除外。该条款的意义不是很大,因为软件具有实用性,任何合法购买软件的人,为实际应用而修改软件,都是理所当然的。只要修改后的软件不公开发行,就不会产生侵犯他人著作权的后果。这种情况就像消费者购买了文学、艺术作品后进行修改,只要不将修改后的作品发表,就不侵犯他人著作权。在这一点上,修改同安装不同。前者的行为不产生侵犯著作权人利益的后果,后者却会产生损害著作权人利益的后果。从侵权责任的四要件出发,将前者认定为侵权是没有根据的,而后者则可能具备侵权的要件。相反,《计算机软件保护条例》的现行规定导致以下结果:如果法律不做专门规定,购买人就不得擅自修改软件,甚至合同也可做禁止性约定。

总之,《计算机软件保护条例》第 16 条是一条非常重要的规定,其重要性尤其在于规定了软件最终用户责任问题。综观知识产权的所有法律,追究消费者或者最终用户的责任的法律似乎唯此一家。为什么要追究软件最终用户的责任,甚至很多法学家都百思不得其解。[①] 原因在于软件在两方面不同于一般的文学、艺术作品。第一,软件具有实用功能。用户特别是企业用户使用软件可提高工效几十倍甚至更多,如果最终用户的产品受到法律保护,而用户所使用的软件却是盗版的,法律不予追

---

① 参见寿步、方兴东、王俊秀主编:《我呼吁》,吉林人民出版社 2002 年版。

究,这是极不公平的。第二,软件的投资巨大,同时极易复制,不需要复杂的技术,每个用户都可以进行。其他文学、艺术作品的情况却不同。比如,个人要复制一本书,不如买一本成书更经济、更省事。而软件则不然,一张光盘轻而易举地就可以安装在多台计算机上。用户在安装软件时实际上就在复制该软件,只不过没有意识而已。目前的国情是,盗版图书一般都由个别不法分子所为;而对软件的侵害,一方面来自少数盗版分子,另一方面则来自无意识的用户。因此,为了保护软件版权,除了打击少数盗版分子,还必须要求用户遵守法律,不得使用盗版软件。

此外,对软件施行不同于其他知识产权产品的更为严格的保护,是基于我国经济发展与经济格局调整的需要,是落实党的十六大以来多次提出的"建设创新型国家"战略的具体措施。发展软件产业的重要性,在本章开头已有论述。这也是解释以上问题的一个重要原因。

《计算机软件保护条例》第 17 条是修改后新增加的条款,也是除第 16 条以外,限制软件著作权的另一条规定。根据该规定,为了学习和研究软件内含的设计思想和原理,通过安装、显示、传输或者储存软件等方式使用软件的,可以不经著作权人许可,不向其支付报酬。

《著作权法实施条例》第 21 条规定:"依照著作权法有关规定,使用可以不经著作权人许可的已经发表的作品的,不得影响该作品的正常使用,也不得不合理地损害著作权人的合法利益。"这也是《TRIPs 协定》第 13 条规定的著名的"三步检验标准"的内容。对比《著作权法实施条例》第 21 条的规定,不难发现,修改后的《计算机软件保护条例》对软件著作权的限制是严格按照国际著作权条约的规则修改的。

七、执法措施与法律责任

(一)综述

根据我国民法的规定,对于侵犯软件著作权的侵权责任的认定,同著作权侵权的一般原则相同,也适用我国民法关于构成侵害他人民事权利的责任要件:第一,行为具有违法性;第二,有损害事实的客观存在;第三,行为和损害事实有因果关系;第四,行为人主观上有过错。其中,尤其是行为人主观上有过错,是执法实践中特别重要的因素。

在行政执法的程序中,认定行为人的行为是否侵权,也应当首先适用民法的过错责任原则。除此之外,著作权法还对于应当给予行政处罚的侵权行为规定了"同时损害社会公共利益"的要件。

《计算机软件保护条例》第 30 条还规定:"软件的复制品持有人不知道也没有合

理理由应当知道该软件是侵权复制品的，不承担赔偿责任；但是，应当停止使用、销毁该侵权复制品。如果停止使用并销毁该侵权复制品将给复制品使用人造成重大损失的，复制品使用人可以在向软件著作权人支付合理费用后继续使用。”这里的“不知道也没有合理理由应当知道该软件是侵权复制品的”人，即通常所说的善意第三人。

首先，适用《计算机软件保护条例》第30条的主体仅指无过错第三人，有过错的行为人不能适用该条。

其次，在介绍著作权法法律责任的章节中曾经谈到，各类民事责任的性质其实不同。停止侵害、销毁侵权复制品是包括无过错第三人在内的任何人对权利人应承担的义务。赔偿责任则取决于行为人是否具有过错。有过错的，承担赔偿责任；无过错的，则不承担赔偿责任。《计算机软件保护条例》第30条亦出于同一原则。

最后，《计算机软件保护条例》第30条第2句是有利于无过错第三人利益的例外规定。适用该规定必须具备以下要件：第一，适用该规定的人必须是无过错第三人；第二，如果无过错第三人履行停止使用和销毁侵权复制品的责任，将给本人造成重大损失；第三，无过错第三人必须先向被侵权人支付合理费用，然后才可继续使用。《计算机软件保护条例》的这项规定是修改后新增加的内容，除《集成电路布图设计保护条例》外，在其他知识产权法律、法规中是不多见的。《计算机软件保护条例》增加这项新的内容的原因是软件产业通常涉及大量的人力、资金投入。在立法时必须充分考虑各方面的利益平衡。如果要求包括无过错第三人在内的任何侵权人都必须无条件地履行停止使用、销毁侵权复制品的责任，势必要影响无过错的善意第三人的先期投入，其应履行的义务和为履行义务付出的代价则不相当，这是不公平的。基于此，在符合上述三个要件的前提下，使本处于非法状态下的复制品合法化，对于被侵权人和侵权人都不无益处。

（二）举证责任

在认定某种行为是否侵权时，应将民法的“谁主张，谁举证”原则和《著作权法》第59条及《计算机软件保护条例》第28条的“举证责任倒置”原则结合运用，即在实际操作中应由原告先举证。如上所述，原告的举证责任非常有限，只需证明其系著作权人并证明其作品受到侵害。但是，这只是初步举证责任。在原告初步举证之后举证责任转移到被告，被告负主要举证责任。这不仅是我国著作权法的规定，也是《TRIPs协定》和绝大部分国家著作权法的规定。

《计算机软件保护条例》第28条规定：“软件复制品的出版者、制作者不能证明其出版、制作有合法授权的，或者软件复制品的发行者、出租者不能证明其发行、出租的复制品有合法来源的，应当承担法律责任。”《著作权法》第59条有内容相同的规定。

这是软件著作权侵权纠纷中被告应承担举证责任的原则性规定。但是,由于行为的类型不同,举证责任的范围和程度也不同。例如,不应要求仅从事销售等发行行为的发行者也承担复制者应承担的类似出示著作权授权合同的举证责任。发行者未参与软件复制,而仅从事发行的,其举证责任应当仅限于证明其发行的产品有合法的进货来源、合法的销售渠道,或者其他证明其交易合法的文件。

然而,被告尽到举证责任,只能证明其已尽到应尽的义务,并不能证明系争软件在其他过程,特别是发生在先的复制过程中是否涉及侵犯他人著作权。因此,以发行为例,当发行的软件发生著作权纠纷时,发行者没有能力为软件的复制举证的,则应当停止发行;发行者希望继续发行的,应当由供货方证明其提供的产品是合法复制的。发行者既不证明复制行为的合法来源,又不停止发行的,则应当承担共同侵权的风险。

此外,《计算机软件保护条例》第26条和第27条(关于诉前保全)的内容与《著作权法》修改前的相关规定相同,不赘述。《计算机软件保护条例》第25条(关于损害赔偿)是否适用《著作权法》的新规定,取决于《计算机软件保护条例》是否进一步修改。①

(三)民事责任和行政责任

《计算机软件保护条例》第23条和第24条对于各种侵权行为规定了民事责任,内容与著作权法的规定相同,不赘述。

《计算机软件保护条例》第24条对5种侵权行为进行了规定,侵权人除承担相应的民事责任外,侵权行为同时损害社会公共利益的,由著作权主管部门给予行政处罚。关于行政处罚的内容与著作权法的规定相同,不赘述。

值得一提的是,什么叫作"损害社会公共利益"?有人问,既然法律规定,只有同时损害社会公共利益的侵权行为,才能给予行政处罚,就肯定有不损害社会公共利益的侵权行为,比方说,侵权制品数量很少、价值很低或者情节轻微等。这种思维方式是企图从不损害社会公共利益入手,反面解释什么叫作"损害社会公共利益"。但是,这种思维经不起从另一个角度提出的反问:"《著作权法》第53条和《计算机软件保护条例》第24条的侵权行为有哪些不损害社会公共利益?"关键是如何理解"损害社会公共利益"。损害社会公共利益,应当指侵权行为不仅侵害了某些特定人的权利,而且损害了非特定人的利益以及与非特定人利益相关的经济秩序。基于此,盗版行为和与盗版行为类似的盗播、盗映、通过信息网络向公众传播,以及破坏电子环境下安

---

① 《著作权法》第54条关于损害赔偿的规定做了很大的修改,参见本书第九章的介绍。

全措施等行为都应当属于典型的“同时损害社会公共利益”的行为。因为这些行为不仅侵害了某些特定的著作权人和邻接权人的权利，更主要的是扰乱了公平竞争的市场经济秩序，伤害每个社会成员的利益，而不应认为盗版制品受消费者欢迎，所以不损害社会公共利益。如果不这样理解，著作权主管部门在查处案件中扣押的证据（如一本书或者一张光盘），明明是侵权复制品，却因数量或者价值不大，非但不构成“损害社会公共利益”，反而必须返还给被查处人，这样的结果岂不荒唐！

（四）刑事责任

《计算机软件保护条例》第 24 条规定，侵权行为“触犯刑律的，依照刑法关于侵犯著作权罪、销售侵权复制品罪的规定，依法追究刑事责任”。对软件的刑事保护，与对其他作品的相同，参见本书第九章的介绍。

第四节　软件著作权纠纷案例

在知识产权诸领域中，著作权以法律关系复杂而著称。软件则更因其强烈的技术特征而显得比一般文学、艺术作品更为复杂。在软件著作权纠纷中，权利的归属、侵权的认定、侵权的排除、举证规则等问题是非常不容易把握的。本节简述一些著名的软件纠纷案例，以期达到帮助读者提高分析能力的目的。

一、Apple 公司诉 Franklin 公司案

Apple 公司研制出 Apple Ⅱ型个人电脑，并极为畅销。该公司还开发出 150 余种程序，用于 Apple Ⅱ型电脑运行。公司对市场的占有导致其他型号的个人电脑只有与 Apple Ⅱ型电脑兼容，才能有销路。Franklin 公司开发的程序 ACE100 能够与 Apple Ⅱ型电脑兼容，但是在主程序中复制了 Apple Ⅱ型电脑的 14 个操作系统程序和编译程序的目标码。1982 年 5 月，Apple 公司向美国宾夕法尼亚州东部地方法院起诉 Franklin 公司侵权，并向法院提出发布临时禁止令的申请。被告不否认复制了原告的程序，但是不认为侵权，理由是除原告外，其他人不可能自己再开发与 Apple Ⅱ型电脑兼容的操作系统。庭审中，原告证明其他人也可以自己开发这种操作程序。由于法院不同意发布临时禁止令，原告向美国联邦第三巡回上诉法院提起上诉。

上诉法院裁定撤销地方法院的决定，发回重审。地方法院经过重审，判决 Franklin 公司侵权，向原告赔偿 250 万美元。

该案是美国司法审判史上以版权保护电脑程序的里程碑。在一审中，法院认为

操作系统程序不同于应用程序,前者用于电脑处理内部工作,是机读的程序;后者以高级语言写成,可为一般使用者所了解并使用。因此,应用程序受版权保护,而操作系统程序不受版权保护。该法院认为,不论是源程序,还是目标程序,都是文字作品,都受版权保护,只读存储器中的内容也受版权保护。1980年《美国版权法》反映鼓励电脑程序的开发与创新的立法精神。因此,操作系统程序也受版权法保护。

本章第一节第二部分谈到美国对计算机程序的司法保护经历了所谓三个阶段。本案属于第一阶段的典型案例,主要解决计算机程序是否受版权保护,如果适用版权保护则属于何种作品,哪些属于计算机程序等问题。结论是,计算机程序属于文字作品,受版权保护,程序的源代码、目标代码、操作系统和固化在只读存储器中的程序都是受版权保护的程序。

二、Whelan联合公司诉Jaslow公司案

美国Whelan联合公司发现Jaslow公司开发的软件在结构、功能等方面与本公司开发的软件相同,有抄袭之嫌,于是诉至法院。1985年,美国宾夕法尼亚联邦地方法院判决,被告仅仅在程序的结构、功能等方面与原告的相同,不构成侵权。原告不服,提出上诉。

1986年,第三上诉巡回法院在二审中推翻了一审的判决,其认为:

第一,计算机程序由于具有“实用性”,不同于一般的传统文学、艺术作品,对于程序中的“思想”不应做过宽的解释,对其受版权保护的“表达”不应做过窄的解释。

第二,程序为完成一定的任务或者实现一定的功能,可能有多种不同的设计途径,各种设计途径应被理解为受版权保护的“思想的表达”,而不是不受保护的“思想”本身。当设计某种功能的途径只有一种的时候,该途径才属于不受保护的“思想”。

第三,被告程序的结构和功能与原告的相同,而达到这种功能的“结构”有很多,并非只能利用原告程序的结构,故可以认定原告程序的结构受版权保护,被告构成侵权。

第四,至少在计算机程序领域,结构、顺序、组织(SSO)是受版权保护的。

虽然被告想向美国最高法院上诉,但未得到受理,故第三上诉巡回法院的判决成为终审判决。

此案在美国软件业和法律界引起轰动。大软件公司欢迎判决所做的结论,但是法律界的看法不尽相同。争论的焦点在于:

第一,该判决否认反向工程在软件领域是合法行为,而根据美国半导体芯片保护法是允许反向工程的;

第二,认定“结构、顺序、组织”受版权保护,冲击了传统的版权保护原则,至少对于其他文学、艺术作品不适用;

第三,软件的发展离不开对前人成果(包括结构、顺序、组织)的使用,保护结构、顺序、组织,必将妨碍软件技术的进步;

第四,上诉法院的判决有引入工业产权保护原则和越权审判之嫌。

对于判决中的其他内容,特别是当设计某种功能的途径只有一种的时候,该途径属于不受保护的“思想”的论断,未引起争议,因为这是版权保护的基本原则。

本案属于美国对计算机程序进行司法保护的第二阶段,主要解决计算机程序的保护范围,将程序的“结构、顺序和组织”认定为程序作品的表达,而不是思想。

三、国际联合公司诉阿尔泰公司案

1988 年前,原告开发了“CA 调度程序”。被告在同年开发的“奥斯卡 3.4 程序”中拷贝了原告 30% 的内容,被判侵权。1989 年,被告在进一步开发原来的 3.4 程序时,特别注意删除及更改原属侵权的内容,即以所谓“重新组织设计”(Orchestrated Rewrite)方式,开发出 3.5 程序,但是,在结构(包括总流程图)、组织(包括模块之间的关系、参数表、宏指令等)上,仍旧不免与原告的有相同之处。为此,原告指控 3.5 程序也侵权。

纽约联邦地区法院一审判决认为,被告的程序与原告的在组织和结构上相同,不构成侵权。原告不服,提起上诉。

美国联邦第二巡回上诉法院维持了一审法院的判决。原告继续向最高法院上诉,而最高法院至今未受理。

美国联邦第二巡回上诉法院的判决认为,19 世纪下半叶最高法院的“贝克”案判例中确认的划分“思想”与“表达”的传统原则,应适用于计算机程序纠纷。美国联邦第二巡回上诉法院认为:“‘Whelan 联合公司诉 Jaslow 公司’判例在计算机程序领域重新划分‘思想’与‘表达’的那种理论,过于形而上学,却没有对实际予以足够的考虑。”如果按照“Whelan 联合公司诉 Jaslow 公司”判例的原则处理版权纠纷,就好像第一个进门的人回手把门锁上,将所有其他开发程序的人关在大门之外。这等于赋予著作权人一种垄断的权力(而非权利)。

美国联邦第二巡回上诉法院的判决还认为,一审法院将“贝克”判例运用到计算机程序纠纷和其他文学艺术作品中,提出了“三段论侵权确认法”,是值得肯定并有重要意义的。

所谓“三段论侵权确认法”,是指在判断某一程序的结构、顺序、组织是否侵犯他人程序的版权时,应分三个步骤进行,而不能简单认为,只要是结构、顺序、组织相同,就构成侵权。

第一步,“抽象法”,即从原、被告程序的“思想的表达”中排除不受版权保护的“思想”成分。如果只是创作思想或者设计思想相同,即使这种相同表现为结构的相同,也不构成版权侵权。

第二步,“过滤法”,是指原、被告程序中的相同部分虽然属于“思想的表达”,不属于“思想”,但其公有领域的内容,也应排除,如程序的“内部功能”“外部事实”等成分。

第三步,“对比法”,是指在“抽象”和“过滤”之后,对原、被告程序的相同或者实质相同部分进行对比,进而认定是否侵权。

这一判决修正了“Whelan 联合公司诉 Jaslow 公司”判决中的观点,得到法律界的普遍承认。

通过对本案的介绍,我们会联想到美国对计算机程序的司法保护的第三阶段,其贡献在于修正了第二阶段的结论。总之,判断程序的结构是否受版权保护,关键在于是否属于版权保护的表达形式。

四、Lotus 公司诉 Borland 公司案

1982 年,美国 Lotus 公司开发一种集表格处理、数据库管理、绘图等功能于一身的程序 Lotus1 - 2 - 3,且用户很广,几乎覆盖全世界。1987 年,美国 Borland 公司开发出程序“Quattro”,力图超过 Lotus1 - 2 - 3。为了惯于使用 Lotus1 - 2 - 3 程序的用户能够很方便地转用“Quattro”,Borland 公司在其程序中复制了 Lotus1 - 2 - 3 程序的菜单,这样,用户在使用“Quattro”时就像使用 Lotus1 - 2 - 3 一样方便。Lotus 认为 Borland 侵权,并于 1990 年诉至法院。

1992 年 7 月,联邦地区法院作出判决:被告侵犯原告程序菜单的版权,理由为:原告在设计程序菜单中的用语时,所供选用的表达方式不是“唯一选择”,如仅“复制”这个命令就可以有“copy”“clone”“ditto”“duplicate”“imitate”“mime”“replicate”“reproduce”等多种选择,因此原告设计的程序菜单,具有独创性,受版权保护。被告承认利用了原告的菜单,旨在使原告的用户很方便地转用被告的程序,这是不正当利用他人已经取得的市场优势,是“搭便车”行为。

被告不服,于同年向美国联邦第一巡回上诉法院上诉。

1995 年 3 月,上诉法院作出判决,认定 Borland 公司不侵犯 Lotus 公司的程序版权,理由如下:

第一,Lotus1 - 2 - 3 作为整体,无疑是版权保护的作品,但是其中菜单及菜单上的命令,不仅仅是一种表示该程序具备哪些功能的“表达”,还是操作程序的方法。法

院首次提出以下重要原则:"在并非'唯一表达形式'的用语(即特定用语)本身又在操作着某个程序时,该用语就是操作方法的一部分。因此,菜单是操作方法;而'操作方法'是被排除在版权保护之外的。"法院举例说,如果 Lotus 公司首先在菜单中选择"Print"一词来指示程序打印,其后的程序开发人便无权再使用同一术语进行操作,这将妨碍技术的发展与应用。况且将"Print"用于程序中的打印命令,在 Lotus 公司使用之前,已在社会上广为其他程序设计所用了。

第二,菜单上的命令,如同键盘上的某个键,实质是都属于操作方法。如果赋予菜单的结构版权保护,就如同赋予键盘的按键结构版权保护。但是,事实上打字键盘从未获得过版权保护,因为它属于"操作方法"。"并非唯一表达"可以使思想的"表达"享有版权,但是"并非唯一的操作方法"却不能使操作方法获得版权。

第三,如果 Lotus 公司对其程序菜单享有类似专利权的独占权,不仅对其他程序开发者不公平,而且对广大用户也不公平。用户已经习惯于使用 Lotus1 - 2 - 3。如果有更优秀的程序提供,而用户无法很方便地使用新程序,对用户则是不利的。从市场竞争来讲,如果 Borland 公司凭借其优秀的程序夺走了 Lotus 公司的老用户,占领了 Lotus 公司原有的市场,是完全公平合理的。如果 Borland 公司的程序没有这样的吸引力,市场则仍然属于 Lotus 公司。法律不应不合理地授予某种独占权来限制这种公平竞争。Borland 公司的程序复制 Lotus1 - 2 - 3 程序菜单,不过是为了向用户提供更多的选择,且无须改变已经熟悉的操作方法,因此应看作合理的行为。

Lotus 公司不服,向美国联邦最高法院上诉。1996 年 1 月,最高法院法官以 4∶4 的比例,最终确认第一巡回上诉法院的判决,但并未作出自己的判决。

第五节　软件的资产管理

随着社会工业化以及后工业化进程的加快,现代化管理不仅是保证现代企业正常运行的必不可少的机制,也是各种非企业单位,包括政府部门、学校、科研部门、医疗机构等所有企事业单位能够正常工作的保障。在现代化管理制度中,与人力资源管理同样重要的是物力资源管理,即资产管理。长期以来,人们习惯于将看得见的财物理解成资产。甚至墨水、铅笔、橡皮这类所谓"低值易耗品"虽然进不了单位资产之堂,但是至少在财务账面上是有记载的。其原因很简单,低值易耗品也需要资金采购。而软件则可能在很多单位既不属于资产,也不属于低值易耗品。其原因也很简单,在很多人看来,软件和空气、阳光一样,是不需要花钱买的。

本章在介绍计算机软件保护的问题时,特意增加"软件的资产管理"一节,目的就在于提醒人们注意,软件不是空气和阳光,不可能免费从大自然获得。软件和其他看得见的财物一样,也是有价物。作为单位资产的软件能否纳入单位资产管理范围,能否成功地管理,是判断一个单位是否以现代化管理手段进行管理的标准之一。

一、软件的资产属性

软件具有资产属性。一方面,必须花费一定的资金才能购买软件。软件的产生需要大量人类的智力投资和物力投资。这些投资一般只能通过用户购买正版软件收回。软件的"投资—回报—再投资—再回报"的不断的循环往复过程与其他产品所经历的经济过程是一样的,这是非常简单的道理。从国际上的一般情况看,一个单位的办公自动化建设的投资中,购买软件的花费平均占到25% ~50%的比例。另一方面,单位购置任何资产都希望其发挥应有的作用并创造效益。软件也是如此。尤其在信息社会,软件的使用涉及单位的工作效率、经济效益和成本核算。从这一点讲,软件也应当融入单位的资本运作与核算。

二、软件资产管理的必要性

软件资产管理的必要性表现在以下三个方面:

1. 确保使用合法软件。所谓合法软件,是指:(1)经软件著作权人许可发行的正版软件。盗版软件当然不是合法软件。(2)指根据购买协议安装使用的软件。如果协议明确规定一份软件只能安装一台计算机,合法安装该软件的计算机就只有一台,用户擅自在第二台计算机上安装该软件,即使安装的是正版软件,也不是合法软件。这一点不仅在《计算机软件保护条例》里有所规定,而且在以上提到的各种法规、规章中都有明确的禁令。确保使用合法软件是进行软件资产管理的最重要的必要性之一,因为任何单位的资产管理的最基本前提是所有资产必须是合法财产。如果一个单位的资产中有一部分是非法性质(如购置了赃车),而单位又因此被告到法庭,该单位除承担相应的法律责任外,其信誉将受到沉重打击。

2. 有效控制软件费用。从单位运营的经济成本核算角度讲,有效控制软件费用是进行软件资产管理的另一重要必要性。第一,单位根据需要编制软件采购预算,可以尽量避免采购不必要的软件。第二,通过对程序、数据、文件的统一管理,可以降低软件的升级、替换成本,并达到资源共享的目的,还可通过定期删除不必要的软件,腾出存储器的空间,提高硬件的使用效率。

3. 提高软件的利用率和单位的工作效益。这是从技术角度论证实行软件资产管理的必要性。有效地进行软件资产管理,可以避免非法拷贝软件带来的病毒或者缺陷。单位的各部门之间出现的应用软件兼容性问题,也可以通过单位对软件的整体技术管理予以解决。技术上的改进可以使软件潜在的不利影响减至最小，最大限度地发挥软件资源。

软件资产管理还可以使工作人员具备高效工作的工具，同时培养了员工的各种素质。

三、如何管理软件资产

通常，管理软件资产包括以下三项内容：

1. 创造良好的保护环境。第一，从单位的领导到每一个员工都应当明了保护软件的必要性和使用合法软件的必要性；第二，每个员工都应当理解对软件实行资产管理的意义；第三，软件管理的主管部门要在单位内部定期分发更新软件与授权使用软件的目录；第四，单位应设置一个储存柜，专门存放购买软件的主磁盘、光盘和所有软件许可证、软件文档、发票以及管理过程中产生的信息；第五，制定并贯彻软件采购程序。

2. 软件盘存，即对单位内所有使用中的计算机所装的软件进行清点盘查，以获取单位现有软件拥有状况。

3. 采取行动，通常分为两个部分：第一，发现有违法安装软件的行为，要及时纠正。此外，对每一个新进单位的职工要事先告知不得使用非法软件。第二，单位应当进行经常性的预防与监督管理工作，力争达到有一个良好的管理环境，及时进行软件盘存，有效控制软件采购的目的。

第六节　计算机软件登记

修改前的《计算机软件保护条例》规定，权利人应向软件登记管理机构办理软件著作权的登记，登记是给予软件行政与司法保护的前提。但是，在实际执行中并非如此。1993 年 12 月 24 日，最高人民法院在《关于深入贯彻执行〈中华人民共和国著作权法〉几个问题的通知》中明确规定，凡当事人以计算机软件著作权纠纷提起诉讼的，经审查符合《民事诉讼法》第 108 条的规定，无论其软件是否经过有关部门登记，人民法院均应予以受理。1992 年，国务院制定的《实施国际著作权条约的规定》第 7 条明文规定："外国计算机程序作为文学作品保护，可以不履行登记手续，保护期为自该程序首次发表之年年底起五十年。"

修改后的《计算机软件保护条例》完全按照《TRIPs 协定》的规定，将软件作为文字作品保护，不要求履行任何手续，保护期为开发者个人终生及死亡后 50 年。同时，

《计算机软件保护条例》将原来的强制性登记变为自愿性登记制度,即国家提供登记服务,是否登记由企业或者个人自己决定,登记与否不影响对软件的保护。

将强制性登记变为自愿性登记制度,不仅是《计算机软件保护条例》规定的内容,也是我国发展软件产业的长期政策。2000 年 6 月 24 日,国务院印发了《鼓励软件产业和集成电路产业发展的若干政策》,其中第 32 条要求国务院著作权行政管理部门要规范和加强软件著作权登记制度,鼓励软件著作权登记,并依据国家法律对已经登记的软件予以重点保护。

既然软件作为文字作品保护,无须履行任何手续,为什么还要保留登记制度?这是因为虽然理论上软件作为文字作品保护,无须履行任何手续,但是在执行法律的过程中则是另一种情况。由于软件的发表不同于其他作品的出版形式,在司法保护或者行政保护中,当事人要取得权利资格的证明往往需要付出巨大的代价,这无形中增加了权利人主张权利的困难,实际上不利于软件著作权的保护。此外,在软件交易过程中,为了保证权利交易的安全,交易双方都希望有一种能够证明软件权利合法来源的法律文书。如果软件事先在国家认定的机关进行过登记,至少能够说明该软件在登记之日就已经存在,在无反证的情况下,法院或者行政机关就可以依登记文件确认事实乃至权利的归属。同时,登记机关颁发的证书也能为软件交易的安全提供初步的保证。实践证明,自新修订的《计算机软件保护条例》执行以来,到登记部门进行登记的软件数量直线上升。这说明越来越多的企业或者个人出于自身利益的考虑,主动去登记中心登记。

因此,《计算机软件保护条例》和国务院的相关规定,并不是朝着与国际趋势相反的方向发展,而是为了加强软件著作权保护而提出的实施措施,其立法本意在于降低权利人提起诉讼与行政请求的成本,增强软件著作权的保护效力,加快司法与行政程序的执行,为市场经济环境下的软件正常交易提供方便。

思考题

1. 计算机软件著作权保护的客体是什么?
2. 计算机软件著作权的内容有哪些?
3. 如何理解计算机软件著作权的权利限制?

第十一章

国际著作权条约

第一节　国际著作权条约概述

由于知识产权的地域性，一国赋予作者的著作权保护的效力仅限于本国。而作品的使用范围却远远超出一国的领域。在第一部国际著作权条约出现之前，一部分国家通过签订双边协定解决本国作品在外国受到保护的问题。随着科学技术的发展，传播文学、艺术作品的方式越来越先进，单靠签订双边协定的方式已经不能满足一部作品在世界范围受到保护的要求。在这种条件下，国际著作权条约应运而生。

本章将简要介绍国际著作权条约产生的历史和各公约适用的原则，还将略微详细地介绍目前主要的几个国际著作权条约的实体法内容和各自的特点，它们分别是《伯尔尼公约》、《世界版权公约》、《罗马公约》、《录音制品公约》、《TRIPs 协定》、1996 年通过的《版权条约》（WCT）和《表演和录音条约》（WPPT），以及 21 世纪通过并生效的《马拉喀什条约》和《北京条约》。除此之外，自 1997 年起，世界知识产权组织（WIPO）致力于著作权领域的两部条约——《数据库条约》和《广播组织条约》，虽然它们都未最终完成，但在一定程度上代表了国际著作权保护的发展趋势，本章也附带简要介绍。

一、国际著作权条约历史

1878 年，在法国成立了国际文学艺术协会，其名誉主席是著名文学家维克多·雨果。该组织在 1884 年大会上提议建立一个保护各国文学艺术作品著作权的国际公约，并草拟了公约的草案，草案共 5 条。在取得瑞士联邦议会的同意后，1884 ~ 1886 年在瑞士召开了三次各国参加的外交会议。1886 年 9 月 9 日，比利时、德国、法国、英国、海地、意大利、利比里亚、瑞士、西班牙、突尼斯 10 国在瑞士首都伯尔尼签署了世界上第一个保护著作权的国际公约——《伯尔尼公约》。

二、国际组织

目前,不同的国际著作权条约由不同的国际组织管理。情况如下:

1886 年成立的伯尔尼联盟受瑞士联邦政府监督,1893 年伯尔尼联盟与保护工业产权巴黎联盟合并,1967 年变为 WIPO。WIPO 管理多项知识产权国际条约,包括《伯尔尼公约》。

1952 年签订的《世界版权公约》由联合国教科文组织管理。

1961 年缔结的《罗马公约》由 WIPO、UNESCO 和世界劳工组织共同管理。

1971 年缔结的《日内瓦公约》由 WIPO 管理。

1994 年通过的《TRIPs 协定》由 WTO 管理。

1996 年通过的《版权条约》和《表演和录音条约》由 WIPO 管理。

2012 年通过的《北京条约》由 WIPO 管理。

2013 年通过的《马拉喀什条约》由 WIPO 管理。

三、各公约间的关系

除本章介绍的国际著作权条约外,目前国际上还有一些涉及著作权保护的公约、条约。因篇幅关系,本章不一一介绍。这些国际著作权条约同时并存,必然相互间发生一定影响。这些影响归纳起来有以下几点:

1. 各个条约或者公约,无论保护的范围是否相同(如《伯尔尼公约》和《世界版权公约》都保护文学、艺术和科学作品的著作权;《伯尔尼公约》保护作者的权利,而《罗马公约》保护邻接权人的权利),互相之间都承认其他公约或者条约的效力,有的甚至要求以参加其他公约为加入本公约的条件。例如,《罗马公约》规定,加入该公约的条件是必须已经加入《伯尔尼公约》或者《世界版权公约》。

2. 凡属于邻接权保护的国际条约,一般都实行邻接权保护不影响著作权保护的原则。例如,《罗马公约》第 1 条规定:“本公约给予之保护将不更动也决不影响文学和艺术作品的版权保护。因此,本公约的条款不得作妨碍此种保护的解释。”

3. 在众多的公约和条约中,《伯尔尼公约》是历史最久、影响力最大的国际著作权条约。《伯尔尼公约》的巨大影响力不在于其悠久的历史,而是国际著作权保护的最基本原则大都源于该公约。因此,很多国际著作权条约都以《伯尔尼公约》的原则为依据,或者以执行该公约的实质规定为基础。例如,1996 年通过的《版权条约》第 1 条就规定了该条约与《伯尔尼公约》的关系。《TRIPs 协定》第 9 条也有类似规定。

第二节　《伯尔尼公约》

《伯尔尼公约》因1886年在瑞士首都伯尔尼签署而得名。1886年后,该公约先后2次增补,5次修订,最后一次是1971年在巴黎的修订。我国于1992年批准加入《伯尔尼公约》1971年巴黎文本,同年10月15日公约在我国生效,1997年7月1日起在中国香港特别行政区生效,1999年12月20日起在中国澳门特别行政区生效。

《伯尔尼公约》是迄今为止最重要的国际著作权条约,具有最广泛的代表性。截至2022年2月,其成员国(签约方)已达18个。

《伯尔尼公约》共38条,1个附件;第1~21条为实质条款,第22~38条为行政条款;附件是1967年在斯德哥尔摩修订公约时增加(1971年在巴黎再次修订)的所谓有利于发展中国家的规定。

一、基本原则

(一)国民待遇原则

《伯尔尼公约》第5条第1款规定了所谓国民待遇原则,即公约成员国的作者的作品在其他成员国享有其他成员国授予本国国民的保护,以及本公约所授予的特别权利。这里包括两个方面的保护:第一,各成员国要像保护本国国民一样保护其他成员国的作品;第二,如果对其他成员国作品的保护达不到公约规定的最低要求,必须按照公约的规定保护。这两种保护是有区别的。第一种保护指各成员国的国内法。这里不仅有著作权法,还涉及民法、民诉法、刑法、刑诉法等。由于各成员国著作权法的具体规定不一致,如有的国家以著作权法保护实用艺术作品,有的国家不以著作权法而以专利法保护实用艺术作品,因此第一种保护的出入很大。为了防止各成员国的保护低于公约的要求,第二种保护规定了最低保护要求,以约束各成员国的保护不得低于公约规定的下限。例如,公约规定的表演权包括远程表演作品的权利。如果某成员国不保护远程表演的权利,作者则有权到该国主张其权利。根据国民待遇原则,不保护远程表演权的国家有义务保护作者的这项权利。因为这属于"公约所授予的特别权利"。再如,有的国家授予追续权,即美术、摄影作品的原件或者文字、音乐作品的手稿首次转让后,作者或者其继承人、受遗赠人对原件或者手稿的所有人通过拍卖方式转售该原件或者手稿所获得的增值部分,享有分享收益的权利,有的国家未授予这项权利。如果未授予这项权利的受益人到授予该项权利的国家主张追续权,根据国民待遇原则,应当得到该国的保护。反之,授予这项权利的国家的受益人到未授予这项权利的国家主张权利,则得不到保护。因为这不属于"公约所授予的特别权利"。

(二)自动保护原则

《伯尔尼公约》第5条第2款规定,在对其他成员国国民实行国民待遇原则时,不要求履行任何手续,如无须注册、登记,无须交纳样书,无须在作品上加注任何保留权利的标记等。这种规定被称为自动保护原则。

与自动保护原则一致的是《伯尔尼公约》第3条第1款(a)项,根据该规定,成员国国民的作品无论是否出版,都受到保护。自动保护原则,即著作权自动产生的原则,是未出版的作品也受著作权保护的理论依据。

公约虽然确立了自动保护原则,但是在其第2条第2款又允许成员国国内立法决定作品如果不固定下来是否给予保护。这表现出公约立法时的灵活性,因为加入公约的国家适用不同的法律制度,在某些问题上不采取妥协的态度,就很难在各国之间达成一致。要求作品必须固定在一定物质载体上,否则就不予保护的,主要是美国及英联邦国家,在这些国家不保护口头作品和即兴创作的作品。

(三)著作权独立性原则

同自动保护有关,《伯尔尼公约》第5条第2款还规定了著作权独立性原则,即在遵循国民待遇原则时,不依赖于作品在来源国受到的保护。著作权独立性原则包含两层意思:第一,著作权的保护适用被要求保护的成员国的国内法,即所谓的"权利要求地法";第二,作品在成员国是否受到保护,受到何种保护,都不影响其在其他成员国得到公约最低要求的保护。关于第二层意思,涉及三种情况:

1. 某些成员国要求本国国民的作品须履行手续才予以保护,公约对此并不禁止。但是,该国国民的作品无论有无履行手续,都不影响其在其他成员国得到保护,其他成员国不能以该作品没有在其本国履行手续而不予以保护。

2. 某成员国国内法规定某种利用作品的方式是合法的,到另一成员国却可能不合法。另一成员国在认定此种利用方式是否违法时,不以作品起源国的国内法为依据。例如,有的国家对录音权实行法定许可制度,该国的录音公司如果到另一国家仍旧不经许可录制他人的音乐作品,而另一国家不实行录音权法定许可制度,另一国家就会认为该录音公司的行为是非法的。

3. 当作品来源国的保护低于公约规定的最低水平时,被要求保护的其他国家不能因为来源国的保护低于公约规定的水平而对该国作品给予低于公约最低水品的保护。

与“公约所授予的特别权利”相比,公约保护的文学、艺术和科学作品则是另一种情形。《伯尔尼公约》第2条第6款规定:“上述作品得在本联盟所有成员国内享受保护。此种保护应为作者及其权利继承人的利益而行使。”这意味着该条未列举的作品是得不到公约的保护的。例如,有的国家的著作权法保护杂技艺术作品,有的国家不保护。保护杂技艺术作品的国家的作者到不保护的国家主张权利,或者反之,不保护杂技艺术作品的国家的作者到保护杂技艺术作品的国家主张权利,都得不到保护,因为杂技艺术作品不是“上述作品”。

如果某类作品属于“上述作品”,尽管该作品在其“来源国”可能得不到著作权保护[参见本节“二、其他实体规定”的“(三)作品来源国”的介绍],但是在公约其他成员国仍然可以得到保护。例如,某实用艺术作品在其本国不受著作权法保护,而是受工业产权如外观设计法保护,但是由于实用艺术作品是公约明确保护的作品,因此其他保护实用艺术作品的国家仍然应当保护该实用艺术作品。反之,以著作权法保护实用艺术作品的国家的作者到不以著作权法而是以外观设计法保护实用艺术作品的国家主张权利,只能寻求外观设计法保护。如果适用著作权法,可能得不到支持。

(四)最低保护原则

以上介绍多次提到公约规定的“最低保护”和公约成员国在执行国民待遇原则时不得低于“最低保护”的问题。其实,公约并没有哪一具体条文有“本公约的规定为最低保护,任何成员国都不得保留”的规定。“最低保护”是公约体现的一种原则,其精神散见于不同的条款,或者说,是从不同的条款中抽象出的保护原则。要将这些条款的内容以及各条款之间的关系说清楚,需要从《伯尔尼公约》第30条第1款规定入手。

该款规定:“除本条第二款、第二十八条第一款b项、第三十三条第二款以及附件允许的例外以外,批准或加入就当然意味着接受本公约的一切条款并享有本公约规定的一切利益。”

首先,我们先看一看“本条第二款、第二十八条第一款b项、第三十三条第二款以及附件允许的例外”指的是哪些情况。然后,在此基础上,其余的规定自然就属于“批准或加入就当然意味着接受本公约的一切条款”,也就是所谓的“最低保护”规定。

第一,第30条的“批准或者加入”(《伯尔尼公约》1971年巴黎文本)是指不同的国家。“批准”,指1971年巴黎文本生效前已经加入公约的国家,这些国家不存在“加入”公约的问题,但是面临是否批准和适用巴黎文本的问题。“加入”,指1971年巴黎文本生效后才加入公约的国家。

第二,根据《伯尔尼公约》第 28 条第 1 款和第 34 条的规定,以前加入公约的国家,在 1971 年巴黎文本生效前可以选择批准 1971 年巴黎文本,还是继续适用原来的文本,如 1948 年布鲁塞尔或者 1967 年斯德哥尔摩文本。1971 年巴黎文本生效后,以前的成员国只能批准巴黎文本,新加入的国家只能加入 1971 年巴黎文本。

第三,《伯尔尼公约》第 30 条第 2 款的内容必须与附件第 5 条第 2 款以及第 3 款和其他有关条款联系起来阅读。其内容指的是批准或者加入《伯尔尼公约》1971 年巴黎文本的国家声明援用翻译权强制许可规定的程序规定。

从以上介绍不难看出,《伯尔尼公约》第 30 条第 1 款排除的例外都是程序性规定(或曰行政条款),不涉及实体规定(第 1 ~ 21 条)。联系《伯尔尼公约》第 19 条的规定:"本公约的规定不妨碍要求本联盟某一成员国法律可能提供的更广泛的保护",就不难得出《伯尔尼公约》第 1 ~ 21 条的实体规定是保护作者权利的最低标准的结论。

二、其他实体规定

公约的上述原则贯穿于每条实体规定。以下就其他实体规定涉及的问题进行简述。

(一)客体

公约保护的客体是文学、艺术和科学作品,而不是对作品的表演或者录制。表演者的表演和录音制作者的录音制品是《罗马公约》保护的客体。为了说明什么是文学、艺术作品,《伯尔尼公约》列举了作品的具体表现形式,如口述、文字、音乐、舞蹈、戏剧、摄影、电影、地图、设计图和示意图及模型作品,以及实用艺术作品等。根据已有作品进行改编、翻译、汇编产生的作品,为演绎作品。演绎作品同原作品一样受到保护,原作者对演绎作品始终享有权利。

从行文来看,文学、艺术和科学作品是公约保护的客体。但是,文学、艺术和科学作品只是一个抽象的概念,公约又以列举的方式说明文学、艺术和科学作品的具体形式大体有哪些。列举并非列尽,如果出现没有列举到的作品形式,随着科学技术的发展与应用,可能还会出现新的作品种类,也就是说,为将来可能出现的新类型的作品留有余地。从作品种类的非详尽列举与另一方面又不得不列举两者之间的关系看,不能仅看到非详尽列举这层意思,还应看到另一层意思:"公约的措辞只是想把它们全部包括在内,'文学和艺术作品'这一表述必须理解为包括一切能够受到保护的作品。为了说明这一点,第 2 条第(1)款对作品进行了列举。使用'诸如'二字,表明这一列举完全是一种示例,而不是详尽的;它只是给各国立法者提供若干指导。但实际上作品的主要种类全部都列举出来了”①。从 1971 年的《伯尔尼公约》最后一次修订到现在，尽管 50 多年来全球的科学技术有了实质性的发展与变化，但是国际著作权条约保护的作品种类也只增加了计算机程序，而且计算机程序也未形成单独的作品种类，而是作为文字作品受到保护。

此外，在国民待遇方面，“公约所授予的特别权利”与公约“所提到的作品”适用的原则是不一样的[参见本节“一、基本原则”的“(一)国民待遇原则”和“(三)著作权独立性原则”的介绍]。对于作品的国民待遇，离不开列举的作品种类。因此，认为著作权法无须列举作品种类，只要声明某客体属于文学、艺术和科学作品的说法，尚经不住推敲。

《伯尔尼公约》第 15 条第 4 款是关于民间文学艺术作品的规定。根据公约的规定，民间文学艺术作品由以下要件构成：第一，作者的身份不明，但又不同于不具名、匿名作者；第二，有充分理由推定该作者是某一成员国国民，所谓有充分理由推定，其实是根据作品的特征可以大概确定作品来自哪个国家或者地区；第三，这种作品必须是没有出版过的。成员国是否有必要立法保护民间文学艺术，由各成员国自己决定。

《伯尔尼公约》第 2 条第 4 款规定，成员国国内立法决定，立法、行政性质的官方文件及其官方译本、纯消息性质的新闻报道、政治演说、法庭辩护词等不受著作权法保护。该条第 8 款规定，著作权保护不适用于具有纯粹消息报道性质的日常新闻。该条第 7 款规定，成员国得国内立法决定，以专门法保护工业品外观设计和实用艺术作品，没有专门法的，这类作品必须作为艺术作品受著作权法保护。

(二)主体

关于权利主体，公约使用的术语是国民。“国民”一词可以理解成自然人，也可以理解成法人。从公约的其他规定看，公约保护的主体一般情况下为作者。关于作者是自然人还是法人，欧洲大陆法系和英美法系的看法是不同的，前者认为作者只能是自然人，后者认为法人也可以是作者，特别是在职务创作和委托创作情况下更是以法人为作者。公约没有就作者的属性作出回答。但是，从保护期的规定看，除了电影作品、摄影作品、实用艺术作品，其他作品的保护期都以自然人作者的有生之年计算。正因如此，《TRIPs 协定》第 12 条专门做了保护期不以自然人有生之年计算的规定。另外，从公约的结构(只保护作者的权利，不保护表演者、录音制品制作者的权利)、客体(只保护作品，不保护录音制品)、权利(只规定复制权，没有规定发行权)，再加上

---

① 《保护文学和艺术作品伯尔尼公约：1971 年巴黎文本指南》，刘波林译，中国人民大学出版社 2002 年版，第 13 页。

保护期等方面来看,《伯尔尼公约》基本上是按照欧洲大陆法系,特别是法国法的思想建立的。

根据《伯尔尼公约》第3条的规定,保护的国民有以下几种情况:

1.具有成员国国民身份的作者,无论其作品是否出版,都受保护。这也被称为“国籍标准”或者“人身标准”。

2.非成员国国民的作者,其作品首次在成员国出版或者同时出版的,适用公约保护。这也被称为“作品国籍标准”或者“地点标准”。

3.非成员国国民而在成员国有惯常居所的作者,视为该成员国国民。

4.即使不符合上述三种情况,但是电影制片人总部或者惯常居所位于成员国的,受公约保护。

5.即使不符合第1~3种情况,但是建造于成员国的建筑作品或者作为建筑物一部分的美术作品的作者,受公约保护。

关于主体的标准,与以下介绍的作品来源国有交叉之处,这是出于介绍不同的问题的需要。这也说明公约在保护主体、客体方面的规定是前后一致的。

(三)作品来源国

《伯尔尼公约》第5条及以后的一些条款多次提到“作品来源国”的概念。这个概念比较复杂,必须从各个角度去理解。确定作品来源国的意义在于确定作品是否予以保护,以及计算作品保护期。

1.首次在某一成员国出版的作品,该国为作品来源国,即使作者所属国不是公约成员,也是如此。例如,某国没有加入公约,但是其国民的作品首先在中国出版的,中国就是作品来源国。

2.作品在两个以上成员国同时出版的,以保护期较短的国家为作品来源国。

3.作品在非成员国和成员国同时出版的,后者为作品来源国。

4.作品在非成员国出版,但是作者是成员国国民的,该成员国是作品来源国。

5.成员国国民的作品未出版的,该成员国为作品来源国。

以上谈到的成员国国民包含具有成员国国籍或者虽不具备国籍,但是在成员国有惯常居所的两种情况。

6.电影作品的制片人总部或者惯常居所位于成员国的,该成员国为作品来源国。例如法国制片人拍摄的电影,但是制片人总部设在美国的,美国是该电影作品来源国。

7.建造在成员国的建筑物或者构成建筑物一部分的绘画或者雕塑的美术作品,该成员国为作品来源国。

与作品来源国有关的一些概念,公约也有明确的解释。关于“出版”,《伯尔尼公约》第 3 条的解释分几层意思:第一,必须经作者许可。第二,根据作品的性质,复制件的发行方式能满足公众的合理需要,其中“合理需要”包含不同的作品可能涉及不同的作品复制数量。例如,图书的复制发行量可能数以千计,甚至更多,而电影拷贝的发行数量可能只有几个,甚至一个。第三,戏剧、电影的上演,音乐的表演,文学作品的公开朗诵,作品的有线或者无线传播,美术作品的展览和建筑作品的建造不视为出版。关于“同时出版”,《伯尔尼公约》第 3 条第 4 款的解释是作品在 30 日内在两个或者两个以上国家出版。

(四)精神权利

《伯尔尼公约》第 6 条之二是关于保护作者精神权利的规定,内容分以下几个方面:

1. 作者的精神权利独立于经济权利之外,即使经济权利转让了,作者仍然保留其精神权利。

2. 作者精神权利分为“声明自己是作品的原作者”和“反对任何对其作品的有损作者声誉的歪曲、篡改或者其他更改或者损害”的权利;前者即作者身份权,后者为禁止歪曲篡改权。作者身份权的核心是“声明自己是作品的原作者”,形式是署名。署名又包括署真名、署假名、不署名。禁止歪曲篡改权的要点在于是否对作者的声誉造成损害。

3. 精神权利的保护期至少要与经济权利相同。

4. 精神权利的保护适用被要求给予保护的国家的法律。

(五)经济权利

《伯尔尼公约》规定的经济权利包括复制权、表演权、广播权、朗诵权、翻译权、改编权、摄制电影权、录音权。此外,《伯尔尼公约》第 14 条之三是关于美术作品原件和作曲人原稿在首次转让后的每一次转售,作者从中收取利益的所谓“追续权”。是否赋予作者追续权,由各成员国国内立法决定。

除表演权和广播权,公约规定的其他经济权利,与本书第三章对我国著作权法的介绍相同,不赘述。

公约规定的广播权,指无线广播和无线与有线转播,不包含有线播送的权利。因此,公约规定的广播权不能覆盖网络环境下的网播和转播行为。2020 年《著作权法》将广播延伸到有线和无线传播的行为,因此可以覆盖网络环境下的网播和转播行为(参见本书第三章“著作权的内容”的“四、传播权”的介绍)。

公约规定的表演权,因涉及网络环境下的传播,在本章“第七节《版权条约》(WCT)与《表演和录音条约》(WPPT)”的“二、详述”部分一并介绍。

(六)限制

《伯尔尼公约》关于对权利的限制规定是与公约最低保护标准一致的。公约规定的限制分为不经作者许可、不支付报酬的“合理使用”规定和不经作者许可但应支付报酬的非自愿许可制度。

在“合理使用”方面有以下几种情况:

(1)《伯尔尼公约》第2条之二第1款规定,成员国得国内立法对政治演说、法庭辩论不予以保护。

(2)该条第2款规定,为提供信息之目的,将讲课、讲演等作品,以报刊连载、无线或有线广播等方式向公众传播。

(3)作者有汇编第(1)、(2)种作品的权利。

(4)《伯尔尼公约》第9条第2款规定,成员国得国内立法准许某些特殊情况下对复制权进行限制,但是这种复制不得与作品的正常使用相冲突,也不得不合理地损害作者的合法利益。这条规定是为各国立法、司法部门而定,实践中尤其指个人为学习研究目的复制作品。

(5)《伯尔尼公约》第10条第1款规定,允许为引用目的,摘录原文,包括以报刊摘要形式从报刊上进行摘录,但应标明出处。

(6)该条第2款规定,允许在合理目的下,以讲解的方式将作品用于出版物、广播、录音或者录像,以作教学之用,但应标明出处。

(7)《伯尔尼公约》第10条之二规定,作者未明确保留复制权与广播权的,允许报刊、广播等媒体复制或者广播有关经济、政治、宗教方面的时事性文章,但应标明出处。

(8)该条第2款规定,成员国可以国内立法规定,允许为报道时事之目的,以摄影、电影、广播等方式,在符合报道目的范围内复制所报道的时事中的作品,并向公众传播。

综观公约在非自愿许可方面的规定,除附件外,只有两种例外情况:

(1)《伯尔尼公约》第11条之二第2款规定,成员国可以国内立法对作者的广播权规定限制条件,但是该条件不得损害作者的精神权利,也不得损害作者获得公平报酬的权利。这项规定也仅仅适用于作出该规定的国家。

(2)《伯尔尼公约》第13条规定,成员国可以国内立法规定,使用他人已经合法录制为录音制品的音乐作品再次制作录音制品,可以不经作者许可,但应当支付报酬。

这项规定也仅仅适用于作出该规定的国家,特别是在出口时有可能因未取得另一国许可而作为侵权制品被扣押。

（七）保护期

《伯尔尼公约》第7条是关于著作权保护期的规定。著作权保护期一般为作者终身加50年;电影作品的保护期可以自作品向公众提供起保护50年,或者自创作完成起保护50年;匿名或者假名作品的保护期自发表起保护50年,自作者身份披露后,仍按照作者终生加50年计算;摄影作品和实用艺术作品的保护期不得低于25年,自作品完成起计算。成员国可提供更长的保护期。

（八）执法

《伯尔尼公约》没有专门的执法条款,只在第16条规定,如果各成员国为某种作品提供保护,则应扣押该作品的侵权复制品,对于来自不保护该作品的国家的侵权复制品,也应扣押。扣押是一种临时措施。这条规定的真正含义是各成员国应向作者提供及时有效的司法救济。

（九）追溯保护

《伯尔尼公约》第18条还规定了所谓追溯保护原则,即新参加公约的成员国在参加公约之前并非由于保护期满的原因已经不予保护的作品,在该国参加公约后,如果作品的来源国仍然予以保护,在新参加公约的成员国应重新得到保护,直至保护期满为止。

（十）附件

自1967年以后,公约又增加了一个附件,内容是发展中国家为了教育和科研的目的,可以对发达国家的作品实行强制许可制度,即发达国家的某部作品出版后一段时间内未在发展中国家出版或者翻译出版或者脱销的,为了教育或者科研目的,该发展中国家的出版部门可向主管当局申请强制出版许可或者强制翻译许可,并向原著作权人支付合理报酬。由于发达国家对这项附件普遍不满,1971年又对原附件进行了修改。

附件的主要内容有:

1.第2条,强制翻译许可

根据该条规定,原作品(英、法、西文)出版3年,其他语言出版1年内未翻译成申请强制翻译许可的发展中国家的语言,或者在该国脱销的,为教育和科研目的,出版部门可以向该国的主管当局申请强制翻译许可。但是,必须证明该出版部门事先曾与原作品的出版社联系过,虽经请求,未获许可,或者找不到原出版社。申请人还应以挂号航空邮寄的方式将申请书的副本寄给原出版社和原出版社所在国指定的国内或者国际情报中心。该国主管当局在接到申请后,对于原文为英、法、西文的作品,须继续等待6个月,对于其他文种的作品,继续等待9个月。等待期内原著作权人许可该发展中国家出版的,主管当局应拒发强制翻译许可。经强制翻译出版的出版物应列明出处,不得出口,并应向原著作权人支付合理报酬。

2. 第3条,强制复制许可

关于强制复制许可的规定内容与强制翻译许可的大体相似,只是强制复制许可的目的仅为教育目的,普通作品自出版起5年,科技类作品自出版起3年,文艺类作品自出版起7年内,未以申请强制复制许可的发展中国家通行价格销售,才可申请强制复制许可。主管当局的等待期为3~6个月。其他条件同强制翻译许可规定的相同。

附件自生效至今,很少听说哪个发展中国家适用过,原因是附件规定的强制许可的条件复杂并苛刻得使人无法实施。我国虽然在加入公约时声明适用附件,但也从未实施过。自1994年起,我国已经放弃对附件的适用。

(十一)行政条款中的实体内容

《伯尔尼公约》第22~38条为行政条款,即程序法规定,其中有些涉及实体内容且关系重大,在此简述如下:

1.《伯尔尼公约》第30条,除以上介绍的最低保护标准的含义外,还包含凡加入该公约,除个别例外规定外,不得做任何保留的意思。

2.《伯尔尼公约》第33条规定,成员国之间发生争端的,应通过国际法院解决。该条第2款还规定,加入公约的国家也可在加入时声明不适用这条规定。我国在加入《伯尔尼公约》时,即做了这样的声明。

3.《伯尔尼公约》第37条第1款规定,公约文本以英文和法文的单一文本签署,但是,在不同语言文本的解释发生争议时,以法文本为准。

第三节 《世界版权公约》

由于《伯尔尼公约》的某些规定同美国著作权法的规定不一致,美国长期置身于《伯尔尼公约》之外。为了将美国及《泛美版权公约》中的一批国家纳入世界著作权体系中，平衡《伯尔尼公约》与《泛美版权公约》的关系，1952 年，联合国教科文组织在日内瓦缔结了可以兼顾美国法律规定的《世界版权公约》，我国大陆及台湾地区也译为《万国著作权公约》。该公约于 1971 年修订过一次，共 21 条，并有一项“附加声明”和两项议定书。

我国于 1992 年加入《世界版权公约》，加入时未签署“附加声明”和两项议定书。

与《伯尔尼公约》相比，《世界版权公约》的保护水平较低。如果 1992 年我国只打算加入《世界版权公约》，以当时的《著作权法》规定，足以覆盖该公约的规定，但是离《伯尔尼公约》和草拟中的《TRIPs 协定》的要求尚有距离。为了消除这种差距，有效实施《伯尔尼公约》和日后将生效的《TRIPs 协定》，国务院于 1992 年颁布并实施了《实施国际著作权条约的规定》。

与《世界版权公约》相比，《伯尔尼公约》规定的保护原则更为全面和具体。鉴于此，本节在介绍《世界版权公约》时，凡与《伯尔尼公约》内容相同的原则或者规定，就不重复介绍，介绍的重点是《世界版权公约》所特有的内容。

一、基本原则

《世界版权公约》的某些基本原则与《伯尔尼公约》相同，如国民待遇原则、著作权独立性原则，也有其独特的一面——非自动保护原则。以下主要介绍非自动保护原则，对于国民待遇原则和著作权独立性原则，则一带而过。

（一）国民待遇原则

《世界版权公约》第 2 条是关于国民待遇原则的规定，内容与《伯尔尼公约》基本相同，保护的主体，即国民，也适用“人身标准”和“地点标准”。

（二）非自动保护原则

与《伯尔尼公约》不同的是《世界版权公约》第 3 条的规定。根据该条规定，如果成员国按照国内法要求履行手续（例如备案、注册、通告、公证、付款或者在国内制作出版等）作为著作权保护的条件，其他国家国民的作品复制件上只要标有© 标记，并标明著作权人姓名、首次出版年份且标明的方式及位置足以引起注意的，就认为符合在该国关于必须履行手续的要求。

从这条规定可以看出：第一，公约照顾到实行注册制国家的习惯，特别是当时美国的制度；第二，公约并没有要求其他国家也必须建立注册制度，只是提出一种妥协的办法，如果在美国这种要求注册的国家主张权利，只要在复制件上加注版权标记等就行了。这就是所谓的《世界版权公约》的非自动保护原则。

在理解非自动保护原则时应注意以下几点:

1. 非自动保护原则只适用于已经出版的作品,对于未出版的作品,《世界版权公约》第3条第4款规定各成员国不得要求履行手续。

2. 版权标记应在作品首次出版时标明,如果没有标明,即使以后再版时标明,也视为无效。

3. 必须在作品的一切复制件上标明版权标记,零星的疏漏不影响效力。

非自动保护原则产生的背景是美国和很多《泛美版权公约》的成员国以前一直实行著作权登记制,即著作权的取得,以作品的注册登记为前提。《世界版权公约》既考虑到美国等国的制度,也考虑到当时《伯尔尼公约》成员国普遍实行的自动保护制度,于是采取了一种妥协的办法,即以上介绍的内容。

(三)著作权独立性原则

《世界版权公约》第2条、第4条第1款、第4条之二第2款反映了著作权独立性原则,内容与《伯尔尼公约》相近,不赘述。

二、其他实体规定

(一)客体

《世界版权公约》第1条规定,文学、科学和艺术作品(包括文学、音乐、戏剧、电影作品,以及绘画、雕刻与雕塑)是公约保护的客体。此外,在第4条第3款又提到摄影作品和实用艺术品,但是这些作品能否得到保护,取决于成员国立法。

由于《世界版权公约》主要考虑到美国的法律制度,不区分作者权与邻接权,因此,录音制品也可以理解为公约保护的客体。

公约没有提及不保护的客体。但是,联合国教科文组织前总干事在该组织1980年的一份文件中提到,公约各成员国可以通过本国立法,不保护立法、司法、行政文件,不保护纯新闻报道和公开集会上的讲演等。①

(二)主体

与《伯尔尼公约》相同,《世界版权公约》保护的主体也是成员国国民。与《伯尔尼公约》不同的是,《世界版权公约》第1条规定,文学、科学和艺术作品的作者及其他著作权人受公约保护。《世界版权公约》保护的主体除了作者,还有其他著作权人。

---

① 参见郑成思:《知识产权法教程》,法律出版社1993年版,第352页。

其他著作权人的真正含义在于雇主、委托人等没有参加创作，但是进行过投资的投资人也成为著作权保护的主体。

（三）权利

《世界版权公约》没有关于作者精神权利的规定，只有经济权利的规定。公约对经济权利的规定，不像《伯尔尼公约》规定得那样具体，只是笼统地说要“保证作者经济利益的基本权利”。从《世界版权公约》第 4 条之二第 1 款的规定看，复制、表演、广播权是成员国立法至少应考虑的最基本的权利。对于经济权利的限制，公约也仅仅以“符合本公约精神和合理程度”这种抽象字眼予以规定。由此可见，与《伯尔尼公约》相比，《世界版权公约》的规定更加松散，留给成员国国内立法的余地更大。

（四）保护期

《世界版权公约》第 4 条是关于作者经济权利保护期的规定。该规定根据不同的作品种类、不同国家的计算方式将保护期分为以下几种情况：

1. 一般作品的保护期为作者终生加 25 年。

2. 成员国在加入公约前以作品出版日计算保护期的，在加入公约后则可以保留这种制度，但是保护期不得少于作品首次出版起 25 年。

3. 成员国在加入公约前尚未以作者有生之年计算保护期的，在加入公约后可以以作品出版或者出版前登记之日计算保护期，但不得少于作品首次出版或者出版前的登记之日起 25 年。

4. 成员国在加入公约之前实行分段保护的，如初期和续展期，在加入公约之后仍可保留这种制度，但是初期保护期不得少于作品首次出版或者登记之日起 25 年。

5. 摄影作品和实用艺术作品的保护期不得少于 10 年。

（五）与《伯尔尼公约》的关系

《世界版权公约》第 17 条规定，公约不以任何方式影响《伯尔尼公约》的规定，也不影响依照《伯尔尼公约》所建立的伯尔尼联盟成员资格。此外，公约还有一项关于第 17 条的附加声明，称《伯尔尼公约》成员国和《世界版权公约》成员国希望加强相互间的关系，避免两个公约可能出现的任何冲突，等等。

《世界版权公约》的上述规定的主要目的是防止高水平保护的《伯尔尼公约》成员国大量向低水平保护的《世界版权公约》转移。根据上述规定，原来已经参加《伯尔尼公约》的成员国可以再参加《世界版权公约》，但是不得退出《伯尔尼公约》，否则，即使加入了《世界版权公约》，也得不到既是《伯尔尼公约》成员又是《世界版权公约》

成员的国家根据《世界版权公约》应赋予的保护。只有发展中国家可以例外。

(六)其他

1.《世界版权公约》第7条规定,公约对于已经永久处于公有领域的作品,不追溯保护。这与《伯尔尼公约》要求追溯保护的规定是完全不同的。

2.《世界版权公约》第20条规定:"不得对本公约持任何保留意见。"这意味着不仅实体规定,而且行政规定也不得保留。例如,成员国之间就公约的解释发生争议的,根据《世界版权公约》第15条,除非争议国家同意采取其他方法解决,只能提交国际法院解决,不容保留。

3.《世界版权公约》第5条之二至第5条之四是所谓有利于发展中国家的强制复制和强制翻译规定,内容与《伯尔尼公约》的附件相同,不赘述。

4. 在美国加入《伯尔尼公约》(1988年)之后,以及《TRIPs协定》生效后,《世界版权公约》已经基本完成其历史使命。

三、关于第17条的附加声明和两项议定书

以上在介绍《世界版权公约》与《伯尔尼公约》的关系时提到,《世界版权公约》第17条和关于第17条的附加声明规定,原来已经参加《伯尔尼公约》的成员国可以再参加《世界版权公约》,但是不得退出《伯尔尼公约》,否则,即使加入了《世界版权公约》,也得不到既是《伯尔尼公约》成员又是《世界版权公约》成员的国家根据《世界版权公约》应赋予的保护。只有发展中国家可以例外。其中第17条第2款还规定,该条的附加声明"是本公约不可分割的组成部分。在本公约上签字的此类国家也将认为是在该声明上签了字,而此类国家的批准、接受或参加、如对本公约一样,也包括该声明"。因此,我国虽然没有签署第17条的附加声明,但是仍然意味着我国一旦加入《世界版权公约》,就自动适用第17条以及该条的附加声明规定,而不能理解成由于我国没有签署该附加声明,所以就不适用该规定。

《世界版权公约》的议定书之一是关于将惯常居住在成员国的无国籍人士及流亡人士视为该国国民,并赋予公约规定的著作权保护的规定。公约的议定书之二是关于联合国、联合国所属各专门机构或者美洲国家组织首次出版的作品适用公约保护的规定。这两项议定书须经成员国签署方适用于该国。我国加入公约时未签署这两项议定书,意味着不适用其规定。

第四节　《罗马公约》

由于《伯尔尼公约》主要以欧洲大陆法为基础,只保护到作者的权利,作者以外的人或组织,如表演者、录音制作者和广播组织的权利,也就是邻接权并不涉及。因此,为解决邻接权的国际保护问题,有必要制定专门保护邻接权的国际条约。1961 年,由联合国国际劳工组织、教科文组织和世界知识产权组织共同发起,在罗马签订了《罗马公约》。《罗马公约》是"非开放性"的,即参加国必须是《伯尔尼公约》或者《世界版权公约》成员国,截至 2022 年 2 月共有 96 个成员国。

我国没有加入《罗马公约》。

以下就《罗马公约》的主要内容作简单介绍。

一、释义

与《伯尔尼公约》和《世界版权公约》不同,《罗马公约》第 3 条专门就公约使用的术语进行了解释。通过这些释义,我们也可以了解到一些著作权保护制度中常用的术语的最基本含义。例如:

1. 表演者,指演员、歌唱家、音乐家、舞蹈家和表演、歌唱、演说、朗诵、演奏或以别的方式表演文学或艺术作品的其他人员。

2. 录音制品,指任何对表演的声音和其他声音的专门录制。

3. 录音制品制作者,指首次将表演的声音或其他声音录制下来的自然人或者法人。

4. 广播,指供公众接收的声音或者图像和声音的无线电传播。

5. 转播,指一个广播组织的广播节目被另一个广播组织同时广播。

二、国民待遇原则

《罗马公约》第 2 条、第 4 ~ 6 条是关于国民待遇原则的规定。与国际著作权条约一样,《罗马公约》所说的国民待遇原则总的精神也是一成员国对其他成员国的表演者、录音制品制作者、广播电视组织的保护,要像保护本国人一样。但是,在制定具体规定的时候,却不那样简单,不能照搬《伯尔尼公约》或者《世界版权公约》采用的所谓国籍标准。

1. 国民待遇原则指被要求保护的成员国按照其国内法对本国国民的保护。《罗马公约》第 2 条规定:

(1)关于表演者,要求成员国国民的表演者的表演发生在该国境内,或者在该国境内广播,或者在该国境内首次录制。也就是说,即使表演者是某一成员国国民,但是表演不是发生在该国境内,或者未在该国境内广播,或者未在该国境内首次录制,也不是公约所说的该国国民的表演者。

(2)关于录音制品制作者,要求必须身为被要求给予保护的成员国国民,且首次在该国境内录制录音制品,或者在该国境内首次发行录音制品。

(3)关于广播组织,要求其总部设在被要求给予保护的成员国境内,且从设在该国领土上的发射台发射节目。

2.《罗马公约》第4~6条分别为三种邻接权人规定了得到国民待遇的资格,内容如下:

(1)关于表演者,只要符合下列条件之一,就具备得到国民待遇的资格:其一,表演发生在成员国;其二,表演被录制在公约保护的录音制品上;其三,表演虽未录制成录音制品,但是在受公约保护的广播节目中播出。也就是说,能够得到国民待遇的表演者不一定必须是成员国国民,只要符合上述三项条件之一,就具备资格。反之,表演者即使是成员国国民,但是不具备上述条件之一的,也不具备受保护的资格。

(2)关于录音制品制作者,只要符合下列条件之一,就具备得到国民待遇的资格:其一,录音制品制作者是成员国国民(国籍标准);其二,录音首次制作于成员国(录制标准);其三,录音制品是在成员国首次发行的(发行标准)。关于发行,《罗马公约》第5条还规定了30日内在两国以上发行的,是同时发行,视为首次发行。《罗马公约》的"发行"与《伯尔尼公约》的"出版"在英文中是同一词:"publication"。中文译成"发行"是因为《罗马公约》第3条对该词的解释是"向公众提供适当数量的录音复制品"。从这条解释看,译成"发行"更准确。

(3)关于广播组织,只要符合下列条件之一,就具备得到国民待遇的资格:其一,广播组织的总部设在成员国;其二,广播节目是由设在成员国的发射台播放的。

关于国民待遇的适用范围,《罗马公约》与《伯尔尼公约》也存在区别。前者仅以公约规定的最低保护标准为限。例如,一成员国的邻接权保护水平高于公约规定的最低标准的,该国对其他成员国邻接权人只以公约规定的标准予以保护,高出标准的部分可以不赋予其他成员国的国民。后者则在某些方面相反,除保护期等有明确规定的外,如果一成员国的保护水平高于公约的规定,根据国民待遇原则,该国还应将高出公约部分的保护赋予其他成员国国民。

三、客体

《罗马公约》保护的客体是表演者的表演,录音制品制作者制作的录音制品和广播组织发射的信号。

四、权利内容

《罗马公约》不涉及邻接权人的精神权利，只规定了经济权利。邻接权人的权利包括：

1.《罗马公约》第 7 条规定的表演者权利包括：(1)防止未经表演者许可，广播和向公众传播其表演，但是表演本身就是为广播而演出的，或者出自录音录像制品的除外；(2)防止未经表演者许可，录制其表演；(3)防止未经表演者许可，复制其表演的录音录像制品，但是录制品原版是经过其同意的，或者制作复制品的目的没有超出表演者许可的范围，或者制作复制品的行为没有超出法律允许的合理使用范围的除外。此外，《罗马公约》第 19 条还规定，一旦表演者同意将其表演录像或者录音录像，第 7 条对权利的规定就不再适用。也就是说，一旦表演者与录音录像制作者签订了合同，就以合同为准。通常合同中会依据惯例约定双方的权利和义务，以保证录音录像制作者能够顺利行使权利。

2. 录音制品制作者有权许可或者禁止直接或者间接复制其录音制品。所谓直接复制，指通过接触被复制的原件进行的复制，如以原件为母带，通过录音机复制。所谓间接复制，指不接触原件远距离的复制，如通过收音机录制广播的节目。

3. 广播组织有权许可或者禁止：(1)转播其广播的节目；(2)录制其广播的节目；(3)复制录有其广播节目的音像制品；(4)在营业场所向公众传播其播出的广播节目。行使这项权利的条件由成员国国内法规定。

五、非自动保护原则

《罗马公约》对表演者、广播组织的保护不要求履行任何手续，但是对录音制品制作者的保护，在第 11 条规定，如果某成员国国内法要求履行手续作为保护录音制品制作者、表演者或者二者的权利的条件，只要在已经发行的录音制品复制品上或者包装物上标明Ⓟ和首次发行年份与表演者及权利人姓名，且标记的方式足以使人注意到，就应当认为符合手续。这就是对录音制品保护的非自动保护原则。这种形式上的要求与《世界版权公约》对已经出版的作品的要求性质上是一样的。

六、保护期

《罗马公约》第 14 条规定了邻接权人的权利保护期。保护期至少为 20 年。保护期起始计算根据不同性质的权利人采用不同的标准：

1. 对于录音制品和录制在录音制品上的节目，从录制年份的年底计算。

2. 对于未被录制成录音制品的表演,从表演发生的年底计算。

3. 对于广播节目,从节目开始广播的年底计算。

七、权利的限制

《罗马公约》第 15 条是关于对邻接权进行合理使用限制的规定。该条还规定了 4 个适用该条的条件:

1. 私人使用。

2. 在时事报道中少量引用。

3. 广播组织为广播的目的,利用自己的设备进行暂时录制,即暂时录制的节目播出一段时间后,应消磁或者做类似处理,暂时录制的节目可以保留多长时间,由成员国国内立法决定。

4. 仅用于教学和科研之目的。

此外,成员国得国内立法对邻接权作出与对著作权同样的限制,但是,只有在不违背公约的范围内才可颁发强制许可。

《罗马公约》第 12 条规定,录音制品的复制品用于广播或者向公众传播(机械表演)的,使用者(广播组织或者进行机械表演的受益人)应当付一笔总的合理的报酬给表演者、录音制品制作者。这实际上是一种类似非自愿许可的制度。但是,该公约在第 16 条又规定,成员国可以声明不执行第 12 条的规定。

八、其他

《罗马公约》还有一些重要的规定,对于我国建立著作权制度不无益处。例如,其第 8 条规定,如果多人参加同一项表演,成员国可根据本国法律和规章,明确指出表演者须确定代表行使其权利;第 9 条规定,成员国可根据国内法律和规章,将表演者的范围扩大到表演的不是文学、艺术作品的人,如杂技、体操演员等。

关于追溯保护,《罗马公约》第 20 条规定:第一,公约不影响成员国于公约在该国生效前已经获得的权利;第二,成员国无须保护公约在该国生效前已经进行的表演、广播的节目以及录制的录音制品,即不实行追溯保护。

最后,《罗马公约》第 1 条开宗明义地指出,"本公约给予之保护将不更动也决不影响文学和艺术作品的版权保护。因此,本公约的条款不得作妨碍此种保护的解释"。这条规定点明了著作权与邻接权的关系,对于我国建立著作权保护制度也有重要的意义。

第五节　《录音制品公约》

一方面,由于《罗马公约》的"非开放性",该公约长期以来只有为数不多的参加国;另一方面,为制止国际上愈演愈烈的录音制品盗版活动,有必要建立一个专门保护录音制品制作者的公约。1971 年在日内瓦签订了《录音制品公约》。从起草到通过,历时仅一年多,说明建立该公约的紧迫性。截至 2022 年 2 月共有 80 个成员国。

我国于 1993 年加入《录音制品公约》,同年 4 月 30 日该公约在我国生效。

由于该公约保护的内容在很多方面与《罗马公约》相近,为避免重复,仅就该公约较特殊的部分简述如下:

一、国民待遇原则

《录音制品公约》第 2 条规定,受保护的录音制品制作者必须是公约成员国国民(国籍标准);第 7 条第 4 款又规定,成员国在该公约生效之前以录音制品的首次录制地为保护依据(录制标准)的,在加入公约时可声明继续采用录制标准,但是不能两种标准同时采用。显然,该公约就国民待遇问题的规定稍不同于《罗马公约》的规定。《录音制品公约》首先采用国籍标准,然后才考虑录制标准,但是不可两种标准并用。

二、非自动保护原则

《录音制品公约》第 5 条对录音制品也提出了形式要求,即标明℗,内容与《罗马公约》的非自动保护原则相同,不赘述。

三、适用的法律

《录音制品公约》第 3 条规定,成员国为执行公约可采用著作权法或者其他专门法、禁止不正当竞争法,或者刑法保护录音制品。这条规定说明根据公约的要求,不一定必须以著作权法保护录音制品。这样,即使没有著作权立法但是可以通过其他法律保护录音制品的国家,也可以加入公约。与之相关的是第 9 条,参加该公约的条件大大宽于参加《罗马公约》的条件。联合国成员国、联合国专门机构成员国、国际原子能机构成员国,或者参加国际法院规约的国家,均可参加《录音制品公约》,不以参加过任何知识产权条约为条件。总之,《录音制品公约》以各种方式表明其"开放性"。

四、权利内容

《录音制品公约》第 2 条规定了录音制品制作者的权利内容:(1)防止不经录音制品制作者许可复制其录音制品;(2)防止进口上述复制品;(3)防止发行上述复制品。

《录音制品公约》虽然只保护录音制品制作者,不涉及录像制作者,但是规定的权利范围和适用法律范围比《罗马公约》的要宽:后者只规定了禁止复制,前者除考虑到复制外,还包括进口和发行;后者作为《伯尔尼公约》的子公约,适用的法律必然是著作权法,前者则除了著作权法,还可适用其他法律;后者制定于 20 世纪 60 年代初,前者制定于 20 世纪 70 年代初,反映出 10 年时间知识产权保护发展的趋势。

五、保护期

《录音制品公约》第 4 条规定,保护期不得少于 20 年,自录制或者出版之日起计算。这一点和《罗马公约》完全一样。

六、权利的限制

《录音制品公约》第 6 条规定,成员国以著作权法或者刑法保护录音制品的,可以在国内法中制定类似于对著作权限制的规定。成员国如果制定强制许可制度,必须满足以下条件:(1)仅为教学或者科研目的而复制;(2)强制许可只在颁发许可的成员国内有效,复制品不得出口;(3)主管当局应为强制许可制定公平的付酬标准。由于公约允许适用的法律还包括反不正当竞争法和其他法律,而这些法律一般不存在对权利限制的规定,因此,第 6 条专门规定了成员国国内著作权法和刑法制定限制录音制品制作者权利的可能。关于非自愿许可,公约除规定了必须满足的三个条件外,还将许可的种类限定在强制许可,也就是说排除规定法定许可的可能。强制许可与法定许可的一大区别在于:前者要求被许可人应履行一定的法定程序,即向主管当局提出申请,出示要求许可的理由,在得到主管当局批准后才可使用(复制或者翻译)他人作品或者制品;后者在程序上则不那么严格,通常只要法律规定可以不经许可,就可直接使用。

七、其他

《录音制品公约》第 7 条规定该公约无追溯力,但是,由于美国在很多双边协议中坚持追溯保护,公约的这一条已无意义。

公约在第 7 条还提到,其赋予录音制品制作者的保护不妨碍成员国国内法和其他国际条约赋予作者、表演者、录音制品制作者和广播组织的权利。此外,公约还处多次提到保护录音制品制作者的权利,有助于提高对作者、表演者的保护。

第六节　《TRIPs 协定》

一、综述

2001 年 11 月 10 日,在卡塔尔首都多哈举行的世界贸易组织第四届部长级会议,审议并通过了《关于中华人民共和国加入的决定》和《中华人民共和国加入议定书》。2001 年 12 月 11 日,我国正式成为世界贸易组织成员。该组织的前身——关贸总协定在 1994 年 4 月 15 日正式通过了一项重要的协议——《TRIPs 协定》。该协定是第一份将知识产权纳入世界贸易范围的国际条约,对促进知识产权的发展、影响各国和地区的知识产权立法,都起到前所未有的重要作用。

关贸总协定是通过多次多边谈判才达成《TRIPs 协定》的。习惯上把每轮谈判称为回合(Round),且常以每轮谈判的开始地命名。例如,1948 年在法国安纳西举行的第二轮谈判,被称为"安纳西回合";1951 年在英国托奎举行的第三轮谈判,被称为"托奎回合"。从 1947 年的第一轮谈判到 1995 年世界贸易组织正式成立,关贸总协定前后经历了 8 轮回合谈判。几乎每轮回合都是在美国的提议和推动下开始的。

在关贸总协定的历史中,将知识产权问题提到国际贸易的谈判桌上,始于第七轮的东京回合谈判。当时美国和欧共体联合提出反假冒商品贸易的草案。但是,东京回合谈判没有就此达成协议。

1986 年,关贸总协定的新一轮谈判在乌拉圭举行,即常说的"乌拉圭回合"。瑞士等 20 个国家提出把"服务贸易"、"投资保护"和"知识产权"作为 3 个新的议题纳入谈判范围。美国代表甚至提出:"如果不将知识产权等问题作为新议题纳入,美国代表将拒绝参加第 8 轮谈判。"

1990 年年底乌拉圭回合的布鲁塞尔部长级会议上,把知识产权问题纳入关贸总协定已经基本成为定局。1991 年年底,关贸总协定总干事邓克尔提出乌拉圭回合的最后文本草案框架,其中包括已经基本定型的《TRIPs 协定》草案。1994 年 4 月 15 日,乌拉圭回合《TRIPs 协定》最终文本通过。中国当时尚未恢复在关贸总协定的合法地位,但是全面参加了乌拉圭回合谈判,并签署了乌拉圭回合最终协议文本。

关贸总协定在过渡为世界贸易组织后,根据《建立世界贸易组织协定》第 4 条,该组织设立一个总理事会,同时设立货物贸易理事会、服务贸易理事会和知识产权理事会。在《建立世界贸易组织协定》之下,共有 6 大附件,其中最大的附件是 1994 年关税与贸易总协定。附件 1C 即《TRIPs 协定》。

1995 年 12 月 22 日,世界贸易组织和世界知识产权组织缔结了一项合作协议,其中规定世界知识产权组织帮助 TRIPs 理事会审议各国和地区的知识产权法律、法规,世界贸易组织向世界知识产权组织提供各成员最新的知识产权立法信息。

《TRIPs 协定》共分 7 个部分,73 条,根据其第一部分,知识产权包括:(1)著作权与邻接权;(2)商标权;(3)地理标志权;(4)工业品外观设计权;(5)专利权;(6)集成电路布图设计权;(7)未披露的信息专有权。

可见,《TRIPs 协定》涉及广义的知识产权保护。因篇幅有限,本节仅介绍与著作权保护有关的第一部分"总则和基本原则"、第二部分第 1 节"版权和相关权利"、第三部分"知识产权的实施"和第五部分"争端的防止和解决"。

二、总则和基本原则

(一)目的

《TRIPs 协定》第一部分之前有个前序部分,其中阐明了制订该协议的立法目的。总的立法目的是减少对国际贸易的扭曲和阻碍,促进对知识产权的有效和充分保护,并保证实施知识产权的措施与程序本身不成为合法贸易的障碍。

前序还指出,为了上述目的,需要在原则、规则、纪律上建立多边体制,以处理国际假冒商品贸易问题,承认知识产权为私权,承认各国和地区强调的保护公共利益和发展与技术目的,承认最不发达国家和地区在知识产权实施方面享有高度灵活性,强调通过多边程序解决与贸易有关的知识产权争端。

(二)知识产权公约

《TRIPs 协定》第 2 条要求全体成员均应符合《保护工业产权巴黎公约》的规定,不得有损于成员之间依照《保护工业产权巴黎公约》、《伯尔尼公约》、《罗马公约》及《关于集成电路的知识产权条约》已经承担的义务。

从这一条规定可以看出《TRIPs 协定》与原有的 4 个国际知识产权条约间的关系:第一,协定的主要内容与这 4 个知识产权条约的内容相符;第二,遵守这 4 个条约是《TRIPs 协定》成员的义务。过去,有的人错误地认为,WTO 的规则我们必须严格遵守,但是对于其他国际知识产权条约,特别是我国没有加入的《罗马公约》的规定,我们就没有必要过于重视,甚至没有义务遵守。从以下的介绍可以看出,"入世"后我国虽然可以不加入《罗马公约》,但是必须遵守《罗马公约》所规定的大部分义务。

(三)国民待遇原则与最惠国待遇原则

《TRIPs 协定》第 3 条规定的国民待遇原则与原有的知识产权国际条约的基本一

致，不同之处在于《TRIPs协定》以独立关税区为加入协议的主体，而独立关税区不一定是主权国家。原有的知识产权国际条约都是以主权国家为主体的；另一区别在于对《伯尔尼公约》第6条之二和《罗马公约》第16条第1款(b)项的例外规定。

《TRIPs协定》第4条规定，“一成员对任何其他国家国民给予的任何利益、优惠、特权或豁免，应立即无条件地给予所有其他成员的国民”。这就是所谓“最惠国待遇原则”。

紧接着，该条又规定，以下几种情况不适用最惠国待遇原则：

1. 成员以前已经签订的司法协助，且并非专门限于知识产权的双边或者多边国际协议，如果产生优惠待遇，可以不适用于《TRIPs协定》的其他成员。

2. 成员根据《伯尔尼公约》和《罗马公约》的选择性条款，对某一国家的互惠性保护，且这种保护超出《TRIPs协定》的规定范围，如对作者、表演者精神权的保护，可以不适用于《TRIPs协定》的其他成员。

3. 在加入《TRIPs协定》之前，某成员已经与其他成员签订含有某种优惠保护内容的协议，在加入《TRIPs协定》后，可以不适用于其他成员。例如，某些成员在“入世”前签订了互相保护对方著作权进口权的双边协议，在“入世”后，这种保护可以不适用于其他成员。

（四）权利用尽

所谓权利用尽，主要指知识产权中的发行权延伸到哪一步终止的问题。例如，专利产品出售后，产品的发行权是否自然终止；还是只在一定区域内终止，超出发行区域后，专利权人是否仍然有权许可和禁止该产品的继续发行。尤其是著作权中的发行权，也面临同样的问题。对于这个问题，各国立法规定不尽相同。《TRIPs协定》第6条的意思是不允许成员之间在解决争端时，用本协议的规定去支持或者否定权利用尽问题，以防止产生更多的矛盾。但是，如果某成员对本成员方公民适用权利用尽原则，那么对于其他成员也适用同样原则，不允许“差别待遇”。

（五）知识产权保护与发展和公共利益的关系

《TRIPs协定》第7条规定，知识产权保护的目的在于促进技术革新、技术转让与技术传播，以有利于社会及经济福利的方式促进技术知识的创造者和使用者互利，并促进权利与义务的平衡。

《TRIPs协定》第8条规定，在与本协议规定一致的基础上，成员可采取必要措施保护公众的健康与发展，防止权利人滥用知识产权，防止其借助国际技术转让中的不合理限制贸易行为或者消极影响的行为。

这两条规定反映了知识产权保护必须与促进社会发展、维护公共利益保持平衡的基本原则,也代表了发展中国家在制定《TRIPs 协定》时的要求。从《TRIPs 协定》生效后的经历看,国际知识产权保护基本向有利于发达国家的趋势发展,发展中国家对此非常不满。在 WTO 新一轮的"多哈回合"谈判中,发展中国家已经就这两条涉及的问题同发达国家不断展开激烈的争论。

三、第 9 ~ 14 条

(一)与《伯尔尼公约》的关系

《TRIPs 协定》第 9 条规定,全体成员均应遵守《伯尔尼公约》1971 年巴黎文本,但对于该公约第 6 条之二可以不遵守。这表明:(1)除精神权利的规定外,凡《伯尔尼公约》第 1 ~ 21 条实质条款,除本协议另有规定外,自动有效。(2)如果某成员不保护作者的精神权利(如美国),而其他成员是保护精神权利的,则其他成员可以以《伯尔尼公约》的互惠原则取代国民待遇原则,即对不保护作者精神权利的成员方公民的精神权利不再适用国民待遇原则。同样的情况还有《罗马公约》第 16 条第 1 款(b)项。该条涉及对广播组织的保护。如果某个国家在加入《罗马公约》时声明不保护广播组织的权利,其他成员国可以以互惠原则代替国民待遇原则。

《TRIPs 协定》第 9 条第 2 款规定,著作权保护仅延及表达,不延及思想、程序、操作方法或者数学概念之类。这是著作权保护的基本原则。过去有种说法,"版权保护形式,不保护内容"。现在看来,这种说法不十分科学。更合理的说法应当是,著作权保护思想的表达,不保护思想本身。

(二)计算机程序和数据汇编

《TRIPs 协定》第 10 条明确规定计算机程序作为《伯尔尼公约》所指的文字作品加以保护。这意味着计算机程序的著作权保护无须履行任何手续,保护期为作者终生加 50 年。

此外,第 10 条第 2 款规定:"数据或者其他材料的汇编,无论采用机器可读形式还是其他形式,只要其内容的选择或者安排构成智力创作,即应予以保护。这类不延及数据或者材料本身的保护,不得损害数据或者材料本身已有的著作权。"这里所说的数据汇编,其实就是数据库。关于数据库保护,详见本章第七节对《版权条约》和《表演和录音条约》的介绍。

(三)出租权、限制与保护期

《TRIPs 协定》第 11 条规定了电影作品、计算机程序的出租权;第 13 条规定了限制著作权应遵守的原则。详见本章第七节对《版权条约》和《表演和录音条约》的介绍。

《TRIPs 协定》第 12 条规定，如果某作品的保护期不是按作者有生之年计算的，则自出版起保护 50 年。《TRIPs 协定》制定这样的规定，是因为《伯尔尼公约》只考虑了自然人作者的保护期，没有规定著作权属于非自然人的情况。《TRIPs 协定》的这条规定并不意味着成员可以依据该规定随意将某类作品规定为只保护 50 年，而不论其著作权属于个人还是单位。

（四）邻接权

《TRIPs 协定》第 14 条是关于邻接权保护的规定。该条规定浓缩了《罗马公约》的基本内容，因此包含的内容很多。归纳起来，有以下几点：

1. 关于表演者，《TRIPs 协定》只保护固定于录音制品的表演，也就是不包括表演者的图像，因此其保护范围窄于《罗马公约》。《TRIPs 协定》规定，表演者有许可或者禁止他人将表演固定，以及将已固定的内容加以复制的权利，有禁止他人无线广播其表演，向公众传播其表演的权利。

2. 录音制品制作者有权许可或者禁止直接或者间接复制其录音制品。

3. 广播组织有权禁止他人以无线方式重播其广播、将其广播固定、将已固定的内容复制、将电视节目向公众传播。表面上看，《TRIPs 协定》对广播组织的保护与《罗马公约》相同，但是关键在下一句规定："如果某些成员不授予广播组织上述权利，则应依照伯尔尼公约 1971 年文本，使对有关广播之内容享有版权之人，有可能制止上述行为"，因为根据这一句，缔约方可以通过保护广播电视节目中的著作权人而不保护广播组织的权利。显然，此句规定与美国版权法不保护广播电视组织权利有密切的关系。

4. 表演者和录音制品制作者的保护期为 50 年，比《罗马公约》的规定要长。广播组织的保护期为 20 年。

5. 任何成员均可在《罗马公约》允许的范围内对三项邻接权规定条件和限制。

6.《伯尔尼公约》第 18 条规定的追溯保护原则适用于表演者和录音制品制作者保护。

四、执法与争端解决机制

《TRIPs 协定》第三部分（第 41 ~ 61 条）是关于知识产权实施的程序性规定。第五部分（第 63、64 条）是关于知识产权争端的防止和解决的规定。这些条款是该协议同其他知识产权国际条约相比最具特色的部分，也是世界各国和地区高度重视该协议以及知识产权保护的根本原因。从以下四个方面简要介绍。

(一)基本义务

《TRIPs 协定》第 41 条规定了各成员在知识产权执法方面应履行的基本义务,其中包括:

1. 知识产权执法程序应行之有效,能够有效制止侵权行为,包括防止即将发生的侵权行为的救济措施。知识产权的执法措施应避免成为合法贸易的障碍,并且保障防止有关部门程序的滥用。

2. 执法程序应公平和公正,不得过于复杂,花费不得过高,不得设置不合理的时限。

3. 对一案件是非曲直的裁决,最好采用书面形式并说明理由,裁决应仅根据证据作出并及时送达当事人,当事人应有陈述的机会。

4. 对于行政部门作出的决定或者初审司法判决,当事人应有机会提交法院复审。刑事判决除外。

5. 知识产权执法程序不意味着一定要特殊于一般法律制度。不得要求为知识产权执法而另立一套制度。

著名学者郑成思在评论《TRIPs 协定》第 41 条第 5 款时举例说,1995 年美国要求我国为知识产权执法而改变中国现行司法程序,中方则主要依据《TRIPs 协定》第 41 条,最终驳回了这些要求。

(二)民事、行政和刑事程序

《TRIPs 协定》第 42 ~ 49 条、第 61 条是关于民事、行政和刑事程序的规定。

在民事程序方面,《TRIPs 协定》规定了程序的一般原则,如知识产权人享有民事诉讼的权利、向被告送达诉状等;规定了举证责任,特别是当原告已经提供足够的证据时,主要举证责任在被告,即通常所说的"举证责任倒置"原则;对诉前保全措施中的停止侵害请求、损害赔偿请求、对侵权物品的处置等做了规定;此外,还对知识产权人滥用权利,给他人造成损害的,规定了赔偿责任。

《TRIPs 协定》第 49 条是行政程序规定,仅规定了行政执法时应当遵守的原则,即"此类程序应符合与本节所列原则实质相当的原则"。

《TRIPs 协定》第 61 条是唯一一条关于刑事处罚的程序规定,但包含的内容有以下几个方面:

其一,各成员应提供刑事程序,特别是对于假冒商标和著作权盗版行为应给予刑事制裁。

其二，刑罚应具有足够的威慑作用，包括监禁、罚金，还可以包括扣押、没收、销毁侵权产品以及原料和工具。

其三，刑罚也可适用于侵犯知识产权的其他情况。

（三）临时措施与边境措施

《TRIPs 协定》第 50 条的内容为知识产权实施中的临时措施。与第 44 条的诉前行为保全相比，第 50 条主要是关于诉前财产保全和证据保全的规定，其中对申请人的义务、程序等进行了详细的规定。

《TRIPs 协定》第 51 ~ 60 条是关于边境措施的规定，对海关保护知识产权的原则、申请的程序、申请人提供担保的义务、中止放行的通知和期限、由于误扣而给他人造成损害、权利人获得信息的权利、海关依职权的行为（包括责令销毁或者处置侵权产品），以及个人行李中的少量自用物品的例外等进行了详细的规定。

（四）争端解决机制

《TRIPs 协定》第五部分（第 63、64 条）为争端的防止和解决。

其中第 63 条的标题是“透明度”，包括以下几点内容：

（1）各成员的知识产权法律、法规、法院判决、终局行政裁决均应公布。

（2）上述法律文件均应提供给 TRIPS 理事会。

（3）如果另一方成员要求提供上述信息，应予以提供。

（4）如果提供的信息含有妨碍法律执行、违反公共利益或者损害企业合法商业利益的秘密信息，则无须公布和提供。

《TRIPs 协定》第 64 条的标题是“争端解决”，内容有以下几点：

成员之间如果就知识产权问题发生争端，解决办法适用原《关税与贸易总协定》第 22 条和第 23 条的规定。《TRIPs 协定》第 64 条所说的争端，指成员之间的争端，而不是个人或者企业之间的争端。根据原《关税和贸易总协定》第 22 条和第 23 条，解决争端的程序大致如下：

（1）由总干事在发生争端的成员间进行磋商。

（2）如果 60 日内不能解决争端，任何成员都可要求成立解决争端的工作组，世界贸易组织的“争端解决委员会”在两次会议之内即应作出成立工作组的决定。

（3）工作组在 20 日内成立后与争端各方开会、调查，时间为 6 个月，特别紧急的为 3 个月，还可成立“专家审查小组”。

（4）工作组将审查报告交各方评论并交“争端解决委员会”。

（5）如果各方 60 日内无申诉，“争端解决委员会”通过该报告；如果有申诉，则在

90 日内审查申诉,并在审查后 30 日内通过申诉审查报告。

(6)“争端解决委员会”确定执行工作组报告或者申诉审查报告的“合理日期”。如果“合理日期”届满 60 日仍不执行,“争端解决委员会”将授权采取报复措施。

关贸总协定的争端解决导致的报复措施是指理事会授权一个以上成员停止对某成员原来应当承担的有关货物贸易的义务,即不再按照协定规定的关税或者条件进口该成员的有形货物,以这种手段迫使该成员修改其立法和改善其执法。这种以货物贸易报复解决知识产权争端的机制,是其他国际知识产权条约所没有的。《伯尔尼公约》对于成员国之间的争端只规定了可以通过国际法院解决,但是同时又规定,在参加该公约时可以声明不适用这条规定。因此,一个成员国如果不执行《伯尔尼公约》规定的最低保护标准,公约对其没有强制性措施。从这点讲,《TRIPs 协定》是第一部带有强制措施的国际知识产权条约。

第七节 《版权条约》(WCT)与《表演和录音条约》(WPPT)

新技术领域的智力创造为知识产权保护带来的问题也引起国际知识产权界的注意与兴趣。除美国、欧盟等发达国家对此投入研究力量外,世界知识产权组织(WIPO)也从 1989 年起就着手这方面的研究。

制定这两个条约的主要原因就是新技术的发展所带来的问题靠传统的著作权保护原则已经不能得到解决。《伯尔尼公约》和《罗马公约》的最后文本分别是 20 世纪 70 年代和 60 年代制定的。几十年来世界各国的科学技术发生了很大的变化。这些变化显然是制定或者修订《伯尔尼公约》和《罗马公约》时无法预料的。另一起因是《TRIPs 协定》的某些内容反映了当今科学技术引起的问题以及解决办法。如果《伯尔尼公约》和《罗马公约》的内容仍旧不更新,国际著作权与邻接权条约的地位将有可能由《TRIPs 协定》代替。

《版权条约》已于 2002 年 3 月 6 日生效,截至 2022 年 2 月共有 112 个成员国。《表演和录音条约》已于 2002 年 5 月 20 日生效,截至 2022 年 2 月共有 110 个成员国。我国加入这两个条约的时间是 2007 年 3 月 9 日,生效日期为同年 6 月 9 日。与我国加入的其他国际著作权条约不同,《版权条约》和《表演和录音条约》适用于中国香港特别行政区的时间是 2008 年 10 月 1 日,原因是香港自 1997 年回归后,根据香港基本法单独制定并实施版权法。我国加入这两个国际条约时,香港的版权法在个别之处与两个条约不一致。经过修订,香港版权法与两个条约的不一致之处已不存在,但适用条约的时间因此稍后。此外,我国中央政府在加入《表演和录音条约》时声明,根据该条约第15条第3款,不适用该条约第15条第1款规定。关于香港,我国政府声明,该条约第15条第1款规定不适用于表演者,但适用于录音制作者。澳门在回归后也单独制定并实施版权法。由于澳门版权法与这两个国际条约尚有不一致之处,故暂不适用这两个国际条约。

一、综述

《版权条约》共25条,其中第1~14条和第22条为实质条款,第15~21条、第23~25条为行政条款。《表演和录音条约》共33条,其中第1~23条为实质条款,第24~33条为行政条款。

《版权条约》和《表演和录音条约》的大部分实质条款还附带内容多少不一的注释。这些注释名为议定声明,实际上是所注释条款的解释和补充,其效力同条文本身的相同。

两个条约都在开头有个序言部分,除个别词句不同外,内容完全相同。序言明确指出:缔约方"承认有必要采用新的国际规则并澄清对某些现有规则的解释,以提供解决由经济、社会、文化和技术发展新形势所提出的问题的适当办法","承认信息与通信技术的发展和交汇对文学和艺术作品的创作与使用的深刻影响"。

二、详述

(一)复制权

《版权条约》关于第1条第4款的议定声明:"《伯尔尼公约》第九条所规定的复制权及其所允许的例外,完全适用于数字环境,尤其是以数字形式使用作品的情况。不言而喻,在电子媒体中以数字形式存储受保护的作品,构成《伯尔尼公约》第九条意义下的复制"。

《表演和录音条约》第7、11条和第16条的议定声明也有相同内容的规定。

首先,有必要介绍《版权条约》通过之前提供给1996年12月2日至20日WIPO外交会议讨论的草案,其中标题为"复制权的范围"第7条规定:"(1)《伯尔尼公约》第9条第(1)款中授予文学和艺术作品作者以授权复制其作品的专有权,应包括以任何方式或形式直接或间接地对其作品进行无论永久性或临时性的复制"。

在这条规定里,明确提出直接和间接、永久或临时复制也是复制形式。后来,由于发展中国家的激烈反对,特别是由于对"临时复制"概念的激烈反对,《版权条约》的正式文本取消了上述规定。

其次,从表面上看,对第 1 条第 4 款的议定声明包含两层意思:第一,数字环境,尤其是以数字形式使用作品,属于复制行为;第二,在电子媒体中以数字形式存储受保护的作品,构成复制。

最后,联系到以上介绍的《版权条约》草案中的复制权范围规定,尽管由于发展中国家的激烈反对而在《版权条约》的正式文本中删除了复制权范围的规定,但是,数字技术带来的法律问题,特别是数字技术为《伯尔尼公约》所说的复制概念带来的问题是无法回避的。而《版权条约》中的某些条款,尤其是网络传播规定的理论基础是与复制权概念密不可分的。第 1 条第 4 款注释的出现,绝非毫无意义。从其行文来看,至少隐含了"临时复制"也属于复制行为的意思。"数字环境,尤其是以数字形式使用作品"是一种高度概括的表述,既包含以有形载体记录作品的情况,也包含无形形式,如电磁波传导的方式。同样,"在电子媒体中以数字形式存储受保护的作品,构成《伯尔尼公约》第九条意义下的复制"的表述,既可以理解成以硬盘、磁盘或者光盘等介质储存作品,也可以理解成仅仅在一段时间内以计算机内存临时储存作品。因此,虽然两个条约最后没有出现"临时复制"的术语,但是,对《版权条约》第 1 条第 4 款,《表演和录音条约》第 7、11 条和第 16 条的注释以另一种方式表达了不便于直接表达的思想,至少从注释的行文上不能排除对"临时复制"概念的承认。

(二)计算机程序

《版权条约》第 4 条"计算机程序"规定,"计算机程序作为《伯尔尼公约》第二条意义下的文字作品受到保护。此种保护适用于各计算机程序,而无论其表达方式或表达形式如何"。

从该条的行文以及对该条的注释不难看出,《版权条约》的这条规定与《TRIPs 协定》第 10 条规定的内容完全一致。1971 年《伯尔尼公约》最后一次修订时计算机技术尚不普及,且该公约第 2 条在列举受保护的作品时没有提及计算机程序,《TRIPs 协定》和《版权条约》明确了计算机程序作为著作权保护的客体和作为文学艺术作品中的一类作品的问题。

(三)数据汇编(数据库)

《版权条约》第 5 条"数据汇编(数据库)"规定,"数据或其他资料的汇编,无论采用任何形式,只要由于其内容的选择或排列构成智力创作,其本身即受到保护。这种保护不延及数据或资料本身,亦不损害汇编中的数据或资料已存在的任何版权。"

《伯尔尼公约》第 2 条第 5 款规定,"文字或艺术作品的汇集本,诸如百科全书和选集,由于对其内容的选择和整理而成为智力创作品,应得到与此类作品同等的保护,而不损害作者对这种汇集本内各件作品的权利”。由此可见,《伯尔尼公约》所指的汇集本是作品的汇编(我国修改前的著作权法关于汇编作品的规定亦如此),而很多数据库则是不受著作权保护的数据汇集而成的。也就是说,如果不改动《伯尔尼公约》的上述规定,那种由不受著作权保护的数据汇集而成,但是在数据的排列和选择方面确实反映作者独创性的数据库就不能按照汇编作品得到保护。随着时间的推移,《TRIPs 协定》在传统的汇编作品概念的基础上,扩大了汇编作品的内涵。《版权条约》第 5 条的制定与通过,是对以往成功经验的肯定。根据“基础提案”的解释,该条的“措辞完全仿照《TRIPs 协定》第 10 条第 2 款关于数据库保护的规定”。

说到此,有一个看似不大却非常重要的问题值得一谈,即数据汇编和数据库之间是什么关系。提出这个问题是因为有人曾对数据汇编就是数据库提出怀疑,理由是《TRIPs 协定》第 10 条只提到“数据汇编”(compilations of data),如果数据汇编就是数据库(data base),为什么《TRIPs 协定》不提数据库,而只提数据汇编。其实,在读了《版权条约》第 5 条及其标题后,答案已经不解自明了:数据汇编与数据库是同一物,只是表述不同,就像有的人把自行车叫作脚踏车一样。再从《TRIPs 协定》第 10 条的由来以及与《伯尔尼公约》第 2 条第 5 款关于汇编作品规定的关系看,其中的逻辑关系就更明确了。从中也可以得出一个启示:看问题切不可形而上学望文生义,一定要从事物的内在关系与属性上去辩证地分析。

(四)发行权

《版权条约》第 6 条“发行权”规定:“(1)文学和艺术作品的作者应享有授权通过销售或其他所有权转让形式向公众提供其作品原件和复制品的专有权。(2)对于在作品的原件或复制品经作者授权被首次销售或其他所有权转让之后适用本条第(1)款中权利的用尽所依据的条件(如有此种条件),本条约的任何内容均不得影响缔约各方确定该条件的自由。”

《表演和录音条约》第 8 条的内容与《版权条约》第 6 条的相同。在《版权条约》规定发行权之前,《伯尔尼公约》和《TRIPs 协定》都没有关于作者发行权的专门规定,而是根据通常的理解,发行是向公众提供作品原件或者复制件的行为。

综观《版权条约》第 6 条的规定,构成发行的要件包括以下几个部分:第一,发行涉及的行为必与固定作品的载体有关,即作品原件和复制品。从广义理解,作品的原件也是对作品的复制,因此凡属于发行的行为,都与复制有关。第二,《版权条约》规定,发行指通过销售或其他所有权转让形式向公众提供作品。第三,发行权是作者的专有权利。第四,作品原件或者复制品经作者授权发行后,该原件或者复制品的发行权就用尽了,即所谓发行权用尽原则。至于发行权用尽原则涉及的地域范围,《版权条约》留给各缔约方国内法决定。

《版权条约》关于发行权的定义对著作权中的其他权利产生了重要影响:

第一,发行的方式仅限制在通过销售或其他所有权转让形式,使出租行为不再属于发行范畴,而是一种独立于发行之外的单独权利,即作品复制品发行权的用尽,并不导致出租权也随之用尽。

第二,由于存在发行权只在一国或者一个地区用尽的可能,因此当发行权在一国或者一个地区用尽后,有可能在其他国家或者地区并没有用尽。这种逻辑的结果产生了发行权下的另一子权利——进口权,即当作品原件或者复制品的发行权仅在一国或者一个地区用尽时,其他国家或者地区商业性进口该作品原件或者复制品,仍属于作者的权利。

第三,根据发行权的定义,就会发现网络上的用户终端得到或者下载的作品,并不是作品提供人提供的作品原件或者复制件,提供人提供的作品原件或者复制件在作品上网后仍被提供人占有,并未因上网而发生所有权的转移,因此也不构成发行权要求的转让所有权的要件。"基础提案"对此有一段言简意赅的说明:网络传播"不存在权利用尽问题。如果作品传播导致在接收端产生复制品,则未经许可不得将该作品再向公众传播或者发行。权利用尽仅涉及有形复制品的发行"。这段话同时也说明网络传播不构成发行行为。

(五)向公众传播的权利

《版权条约》第 8 条向公众传播的权利规定:"在不损害《伯尔尼公约》第十一条第一款第(ii)目、第十一条之二第(1)款第(i)和(ii)目、第十一条之三第(1)款第(ii)目、第十四条第(1)款第(ii)目和第十四条之二第(1)款的规定的情况下,文学和艺术作品的作者应享有专有权,以授权将其作品以有线或者无线方式向公众传播,包括将其作品向公众提供,使公众中的成员在其个人选定的地点和时间可获得这些作品。"

关于第 8 条的议定声明:"仅仅为促成或进行传播提供实物设施不致构成本条约或《伯尔尼公约》意义下的传播。并且,第八条中的任何内容均不得理解为阻止缔约方适用第十一条之二第(2)款。"

关于向公众传播的权利的起草背景,"基础提案"解释,因为《伯尔尼公约》关于表演权、广播权的规定只涉及某些作品,而计算机程序等文字作品、摄影作品、美术作品等没有被提及。"技术发展使之有可能以许多不同于传统方法的方式来提供受保护的作品。这是对那些未被《伯尔尼公约》传播权条款涵盖的类别的作品担心的根源所在。此外,对这些条款的解释可能不同。明显的是,需要对有关义务加以澄清,并需要通过扩大公开传播权的适用范围来补充《伯尔尼公约》目前提供的权利,以涵盖所有类别的作品。”

本条是完善《伯尔尼公约》贡献最大的一条，涉及两大领域：第一，《伯尔尼公约》只赋予部分作品（音乐、戏剧、电影）远程表演的权利，且远程表演的权利分散在多个条款。本条将这项权利赋予所有的作品，且集中称为“向公众传播的权利”。第二，《伯尔尼公约》只规定到单向或非交互式的传播权，本条赋予了一项新的权利“提供权”（我国《著作权法》规定的“信息网络传播权”）。①

由于本条在《版权条约》中的重要地位，本文将费些笔墨予以说明：

首先，需要厘清《伯尔尼公约》关于表演权的规定。对此有不同的观点。一种观点认为表演分为现场表演（live performance）和机械表演（mechanical performance）。还有一种观点将表演理解成直接表演（direct performance）或者公开表演（public performance）和远程表演或者向公众传播（communication to the public）。《版权条约》持第二种观点。根据《版权条约》，直接表演或者公开表演，指“演奏音乐，或者在舞台上表演作品，向公众朗诵文学作品，甚至还包括播放录有表演或者朗诵的录音制品”。这些表演不是远程表演或者向公众传播。《伯尔尼公约》第 11 条第 1 款第 1 项“公开表演和演奏其作品，包括用各种手段和方式公开表演和演奏”、第 11 条之二第 1 款第 3 项“通过扩音器或其他任何传送符号、声音或图像的类似工具向公众传播广播作品”（此处的“向公众传播”不是远程表演，而是直接表演或者公开表演，详解见下段）、第 11 条之三第 1 款第 1 项“公开朗诵其作品，包括用各种手段或方式公开朗诵”，以及第 14 条第 1 款第 2 项提到的电影作品的“公开表演”，讲的都是直接表演或者公开表演。②

《伯尔尼公约》所说的远程表演或者向公众传播，主要指广播以及有线或者无线转播（第 11 条之二第 1 款第 1 项和第 2 项）和长距离电缆传输（如有线电视）（第 11 条第 1 款第 2 项）。③

如上所述，第 11 条之二第 1 款第 3 项使用的术语“向公众传播”确实容易使人产生误解，但是此处规定的“向公众传播”不是远程表演。《版权条约》第 8 条提到的“不损害”，都是涉及远程表演的条款：第 11 条第（1）款第（ii）目涉及电缆传输（如有线电视），第 11 条之二第（1）款第（i）和（ii）目涉及无线广播以及有线或者无线转播，第 11 条之三第（1）款第（ii）目涉及远程表演，第 14 条第（1）款第（ii）目和第 14 条之

---

① 参见［德］约格·莱因伯特、西尔克·冯·莱温斯基：《WIPO 因特网条约评注》，万勇、相靖译，中国人民大学出版社 2008 年版，第 628 页。

② 同上书，第 140 页。

③ 同上书，第 142 页。

二第(1)款涉及远程表演。由于《版权条约》第8条不涉及直接表演或者公开表演,该条提到的“不损害”的条款就不包括直接表演的条款,第11条之二第3目也因此不在提及范围。关于直接表演或者公开表演,则直接适用《伯尔尼公约》的规定,因为“根据《版权条约》第1条第4款,《版权条约》应当遵守《伯尔尼公约》有关公开表演的条款”①。

其次,需要理解《伯尔尼公约》和《版权条约》以及《表演和录音条约》向公众传播的权利的性质。

根据《伯尔尼公约》,特别是以法、德为代表的著作权理论,著作权包含人身权和财产权。财产权又可分为以复制权为代表的以实体形式传播作品的权利和以表演权为代表的以非实体形式传播作品的权利两大类。两者最大的区别是前者在传播作品时须依靠所谓实体形式,即记录作品信息的物理载体,如图书、磁盘、光盘、硬盘等;后者传播作品不是靠记录作品信息的物理载体,而是通过所谓非实体形式,如声音、图像或者电磁波向公众传播作品。根据这两项权利的特征,人们又把发行、展览、出租等权利同复制权一起划为以实体形式传播作品的权利,把广播、放映、朗诵等权利同表演权一起划为以非实体形式传播作品的权利。以《德国著作权法》第15条为例,该条规定:其一,著作人有以实体形式使用其著作的专有权。其尤指:(1)复制权(第16条);(2)发行权(第17条);(3)展览权(第18条)。其二,著作人还有以非实体形式公开再现其著作的专有权(公开再现权)。其尤指:(1)朗诵、表演和放映权(第19条);(2)广播权(第20条);(3)通过音响或者图像载体再现的权利(第21条);(4)再现电台播放的权利(第22条)。

根据以上理论,在网络环境下传播作品应属于哪一类权利?是以实体形式传播作品,还是以非实体形式传播作品的权利种类?开始,各国对此没有统一的认识。1995年美国立法部门倾向于将其列入复制权范围。也有人认为它是两类权利的混合。第三种观点由欧盟提出,这项权利属于以非实体形式传播作品的权利范围。欧盟的观点得到大部分国家和WIPO的认可与采信。

综观《版权条约》第8条的内容,其包括两部分。第一部分是“《伯尔尼公约》第11条第(1)款第(ii)目、第11条之二第(1)款第(i)和(ii)目、第11条之三第(1)款第(ii)目、第14条第(1)款第(ii)目和第14条之二第(1)款的规定”。第二部分是“文学和艺术作品的作者应享有专有权,以授权将其作品以有线或者无线方式向公众传播,包括将其作品向公众提供,使公众中的成员在其个人选定的地点和时间可获得这

---

① 参见[德]约格·莱因伯特、西尔克·冯·莱温斯基:《WIPO因特网条约评注》,万勇、相靖译,中国人民大学出版社2008年版,第140页。

些作品”。

如上所述,第一部分的权利全部属于以非实体形式传播作品的权利。第二部分将传播作品的方式限定为“有线或者无线”,更直接地说明网络环境下传播作品属于以非实体形式传播作品。

至此,不难看出,向公众传播作品的权利其实就是以非实体形式传播作品的权利。向公众传播作品权是著作财产权中的上位概念,(远程表演的)表演权、广播权以及网络环境下传播作品的权利是其下位概念。

最后,回到《版权条约》第8条的全部内容:第二部分直接涉及网络环境下的行为规范,具体而言:第一,这项权利是专有权。第二,“有线或者无线方式”一定指电子环境,特别是远程传播作品。第三,“向公众传播”,指获得作品的人与提供作品的人之间是非特定关系,而不是特定关系,如通过个人之间的电子邮件传递作品,不属于向公众传播。第四,第二部分的向公众传播是所谓交互式(interactive)传播,即“使公众中的成员在其个人选定的地点和时间可获得这些作品”的方式。这种方式不同于第一部分的向公众传播。第一部分的向公众传播都是非交互式传播。《伯尔尼公约》的规定已完全覆盖非交互式传播的行为与权利,但是不涉及交互式传播的权利。因此,《版权条约》只就交互式传播制定新的规定,非交互式传播直接适用《伯尔尼公约》的规定。这样,《版权条约》第8条覆盖了数字环境下远程传播作品的任何方式:第一,交互式传播,即所谓点播(on demand transmission);第二,各种非交互式传播,如网播(webcast)、同步联播(simulcast)、同步转播(simultaneous retransmission)、流媒体(streaming)传播等。

与《版权条约》不同,《表演和录音条约》第10条和第14条为表演者和录音制品制作者规定了“可获得(录有表演的录音制品或者录音制品)的权利”。虽然这项权利也涉及数字环境,是这次两个新条约的最重要内容之一,反映了条约序言提到的信息与通信技术的发展和交汇对著作权保护产生的影响,但是与《版权条约》的“向公众传播的权利”相比,不仅名称不同,内容也有差异。其主要表现在:第一,《表演和录音条约》的规定是一条单独的规定,仅限于数字环境下对表演者和录音制作者的保护,不涉及类似著作权中的表演权、广播权、放映权等其他以非实体形式传播作品的权利。原因在于绝大部分国家的著作权法和国际条约未赋予邻接权人上述权利。第二,《表演和录音条约》规定的“可获得(录有表演的录音制品或者录音制品)的权利”,指“通过有线或无线的方式向公众提供其以录音制品录制的表演(或录音制品),使该表演(或录音制品)可为公众中的成员在其个人选定的地点和时间获得”。从中可以看出,“可获得(录有表演的录音制品或者录音制品)的权利”,仅指交互式传播表演或录音制品,不包括非交互式传播方式,即《版权条约》第8条上半段“不损害”涉及的远程表演或者向公众传播的权利。

与网络传播权有关的另一个问题是网络环境下能否对作品适用非自愿许可制度,即《伯尔尼公约》第11条之二第2款规定,对于第1款规定的广播权在保证作者获得合理报酬的前提下,可以进行限制,限制的条件“由联盟成员国的法律规定,但这些条件的效力严格限于对此作出规定的国家”。从《版权条约》对第8条和第10条的注释,以及《表演和录音条约》第16条的规定看,[①]答案好像是肯定的。

但是,根据2004年WIPO出版的《WIPO管理的版权与邻接权国际条约》,对于数字环境下的广播以及转播,是不允许适用传统环境下对广播权适用的非自愿许可限制规定的:“如果由于新技术的出现(如通过“网络广播”、“同步网播”、“流式传播”或其他任何已有或未来技术的一些变形),发生任何一种可视为被(《伯尔尼公约》)第11条之二所涵盖、遍及全球数字网络的非交互式向公众传播,鉴于它的全球影响,上述‘不得出口’但书将无疑不准许非自愿许可适用于这种传播”[②]。原因非常简单,传统环境下是在一国范围内行使广播权,只能在一国范围内适用广播权的非自愿许可限制,且“效力严格限于对此作出规定的国家”。也就是说,对广播权实行的非自愿许可限制制度,仅限于一国,“不得出口”到国外。而数字环境下的传播(包括广播以及转播)是全球性的。如果适用非自愿许可限制,根本无法做到“效力严格限于对此作出规定的国家”。因此,“将无疑不准许非自愿许可适用于这种传播”。

(六)出租权、限制与例外、技术措施和权利管理信息

《版权条约》和《表演和录音条约》限制与例外、技术措施和权利管理信息等内容的规定与《TRIPs协定》或者我国著作权法的规定相同,在此不重复介绍。

(七)关于《表演和录音条约》第15条

为节省篇幅,《表演和录音条约》的内容凡与《TRIPs协定》重复的,本章不再专门

---

① 《版权条约》第8条的议定声明为:不言而喻,仅仅为促成或进行传播提供实物设施不致构成本条约或《伯尔尼公约》意义下的传播。并且,第8条中的任何内容均不得理解为阻止缔约方适用第11条之二第(2)款。第10条的议定声明为:不言而喻,第10条的规定允许缔约各方将其国内法中依《伯尔尼公约》被认为可接受的限制与例外继续适用并适当地延伸到数字环境中。同样,这些规定应被理解为允许缔约方制定对数字网络环境适宜的新的例外与限制。另外,不言而喻,第10条第(2)款既不缩小也不扩大由《伯尔尼公约》所允许的限制与例外的可适用性范围。《表演和录音条约》第16条“限制与例外”规定:(1)缔约各方在其国内立法中,可在对表演者和录音制品制作者的保护方面规定与其国内立法中对文学和艺术作品的版权保护所规定的相同种类的限制或例外。(2)缔约各方应将对本条约所规定权利的任何限制或例外限于某些不与录音制品的正常利用相抵触、也不无理地损害表演者或录音制品制作者合法利益的特殊情况。

② 2004年《世界知识产权组织管理的版权与相关权利条约指南》,CT8.18,第165页。

介绍；凡与《版权条约》重复的，在介绍《版权条约》时一并予以介绍；属于该条约特有的，除以上专门介绍的外，还有其第15条“因广播和向公众传播获得报酬的权利”。该条规定，为商业目的发行的录音制品直接或间接地用于广播或用于对公众的任何传播，表演者和录音制品制作者应享有获得一次性合理报酬的权利。该报酬的取得和分配等应由缔约方国内法规定。任何缔约方均可在向WIPO总干事交存的通知书中，声明部分适用或者不适用上述规定。网络上传播的录音制品应被推定为商业目的而发行。

《表演和录音条约》第15条关于表演者和录音制品制作者从广播或向公众传播中获得一次性报酬的规定取决于成员国法律是否赋予表演者和录音制品制作者这项权利。我国在2007年加入《表演和录音条约》时，根据该条约第15条第3款，向WIPO总干事交存的通知书中声明，将不适用该条关于表演者和录音制品制作者从广播或向公众传播中获得一次性报酬的规定。2008年中国香港特别行政区在适用《表演和录音条约》时，中央政府也根据香港的立法状况向WIPO总干事声明香港部分适用该条规定。

2020年修改后的《著作权法》第45条规定：“将录音制品用于有线或者无线公开传播，或者通过传送声音的技术设备向公众公开播送的，应当向录音制作者支付报酬。”显然，这条规定拉近了我国法律与《表演和录音条约》第15条的距离，虽然受益人只是录音制品制作者，而不延及表演者，但仍不失为一个巨大的进步。有人将该条说成法定许可。这是不正确的。法定许可的前提必须是法律已赋予权利人一项专有权利，然后基于各种原因将专有权降低为债权，如《著作权法》赋予作者广播权，又对广播权加以限制，即所谓法定许可。而法律并未赋予录音制品制作者有线或者无线公开传播（广播）权，或者通过传送声音的技术设备向公众公开播送（表演）权，只是仅仅赋予其获得报酬要求的债权。

第八节　《视听表演北京条约》

一、背景

1996年年底WIPO通过的《表演和录音条约》虽然保护了表演者的表演和录音制品制作者的录音制品，但是当时多数成员国在保护表演者的声音方面能够达成共识，而在保护表演者的形象方面却缺乏统一认识，以致最终通过的《表演和录音条约》只规定保护表演者的声音而不涉及表演者的形象。与《罗马公约》相比，《表演和录音条约》对表演者的保护显然是不全面的。鉴于此,在《版权条约》和《表演和录音条约》通过之后,WIPO 于 1997 年 3 月成立专家委员会,立即着手制定并起草了保护表演者形象的条约——《视听表演条约》。1997 年 9 月,WIPO 召开第一次专家会议。1998 年,专家委员会被 WIPO 新设立的版权与邻接权常设委员会所代替。SCCR 于 1998 年 11 月,1999 年 5 月、11 月,2000 年 4 月共召开 4 次会议。此时《视听表演条约》的内容已基本定型,但因美欧就表演者权利的归属问题争执不下,暂时中断《视听表演条约》的讨论。此后每年 SCCR 都在议事日程中列入《视听表演条约》的讨论,但都因美欧不能就权属问题达成一致而无任何进展。直到 2011 年第 22 次 SCCR 会议欧美终于达成一致。2012 年 6 月,该条约的外交会议在北京顺利举行,得到通过,并因此被称为《视听表演北京条约》(以下简称《北京条约》),截至 2022 年 2 月,共有 43 个成员国。

二、条约内容

《北京条约》共 30 条,第 1 ~ 20 条为实质条款,第 21 ~ 30 条为行政条款,大部分内容与《表演和录音条约》相近,但也有不同。与《表演和录音条约》相近的内容介绍,本文一带而过;不同之处,本文介绍得详细些。

1. 关于与其他条约的关系,《北京条约》与《表演和录音条约》规定的原则相同,“本条约的任何内容均不得减损缔约方相互之间依照”在先加入的保护邻接权的国际条约“已承担的现有义务”,并且“不得触动或以任何方式影响对文学和艺术作品版权的保护。因此,本条约的任何内容均不得被解释为损害此种保护”(《北京条约》第 1 条,《表演和录音条约》第 1 条)。

2. 关于国民待遇,《北京条约》的规定与其他保护邻接权的国际条约的规定是不同的。《TRIPs 协定》(第 1 ~ 3 条)和《表演和录音条约》(第 3、4 条)关于表演者的国民待遇,完全适用《罗马公约》(第 2、4、5 条)的规定,即要求表演者的表演发生在成员方境内,或者在成员方境内广播,或者在成员方境内首次录制。反之,表演者即使是成员方民众,但是不具备上述条件之一的,也不具备受保护的资格(详见本章关于《罗马公约》的介绍)。

《北京条约》(第 3、4 条)保护的则是具有缔约方国籍或者在缔约方境内有惯常居所的表演者。由此不难看出,《罗马公约》、《TRIPs 协定》和《表演和录音条约》保护的表演者适用属地原则而非国籍原则,而《北京条约》则与《伯尔尼公约》相似,适用国籍原则。

3. 关于精神权利、尚未录制的表演的(广播和向公众传播,录制)权利、复制权、发行权、提供已录制表演的权利,《北京条约》(第 5 ~ 8 条、第 10 条)与《表演和录音条约》(第5~8条、第10条)规定的内容相同。

4. 关于出租权,最早规定出租权的国际知识产权条约是《TRIPs协定》第11条"至少在计算机程序和电影艺术作品方面,一成员方应给予作者及其权利继承人以授权或禁止将其拥有版权的作品原件或复制品向公众作商业性出租的权利。除非此类出租已导致了对该作品的广泛复制,而这种复制严重损害了该成员方给予作者及其权利继承人的独家复制权,否则在电影艺术作品方面一成员方可免除此项义务。在计算机程序方面,当程序本身不是出租的主要对象时,此项义务不适用于出租"和第14条第4款"第11条有关计算机程序之规定,原则上适用于录音制品制作者,适用于成员域内法所确认的录音制品的任何其他权利持有人。1994年4月15日之前,如果某成员已实施了给权利人以公平报酬的制度,则可以维持其制度不变,只要在该制度下录音制品的商业性出租不产生实质性损害权利人的专有复制权的后果"。也就是说,商业性出租是否产生实质性损害权利人的专有复制权,是缔约方是否有义务赋予电影作品和录音制品出租权的标准,也被称为"减损测试"。《版权条约》和《表演和录音条约》除个别地方进行澄清外,基本保留了《TRIPs协定》规定的内容。《北京条约》赋予表演者商业性出租录有其表演的视听制品的专有权,但是在第9条第2款规定:"除非商业性出租已导致此种录制品的广泛复制,从而严重损害表演者的专有复制权,否则缔约方被免除第(1)款规定的义务"。《TRIPs协定》、《版权条约》和《表演和录音条约》规定的"任何缔约方如在1994年4月15日已有且现仍实行的合理报酬的制度,只要(电影作品和录音制品)的商业性出租没有引起对(权利人)复制专有权的严重损害,即可保留这一制度",表明电影作品和录音制品的出租权也可以依据1994年4月15日之前就实行的合理报酬制度所代替,条件是"只要(电影作品和录音制品)的商业性出租没有引起对(权利人)复制专有权的严重损害",否则就必须赋予权利人专有复制权。而《北京条约》则规定必须赋予表演者专有出租权,1994年4月15日之前就实行的合理报酬制度也不能代替,除非录有表演者表演的视听制品的商业性出租没有引起对表演者复制专有权的严重损害。

5. 关于表演者权利的归属,表演者一旦同意将其表演录制成视听录制品,如果表演者与视听录制品制作者之间无其他约定,《北京条约》第12条提供了三种选择:第一,表演者的经济权利由录制品的制作者享有;第二,经济权利属于表演者,但应当由录制品制作者行使;第三,应当向录制品制作者转让。

6. 关于限制与例外、保护期等,《北京条约》(第13条限制与例外,第14条保护期、第15条关于技术措施的义务、第16条关于权利管理信息的义务、第17条手续、第18条保留和通知、第19条时间上的适用范围、第20条关于权利行使的条款)与《表演和录音条约》第16~23条基本相同。

第九节 《马拉喀什条约》

一、背景

2013 年 6 月,世界知识产权组织在摩洛哥的马拉喀什召开外交会议,成功缔结了《马拉喀什条约》。条约的受益人不仅包括盲人,还包括其他视力障碍者和其他阅读障碍者,其范围远大于盲人。顾名思义,本条约是保护视力障碍者的公益性国际条约,带有人道主义色彩,因此很快得到不少国家的积极响应,截至 2022 年 5 月共有 85 个成员国。我国于 2022 年 5 月加入《马拉喀什条约》。

条约允许为受益人制作和提供"无障碍格式版",指采用替代方式或形式,便于受益人使用作品,包括让受益人可以与无视力障碍者或其他印刷品阅读障碍者一样切实可行、舒适地使用作品的作品版本。大字版纸质书、电子书和有声读物均属于无障碍格式版。

条约允许将文字、符号、图像等作品制成无障碍格式版。

条约允许对复制、发行、表演、信息网络传播权加以限制,但翻译权仍适用《伯尔尼公约》的规定。

条约允许对无障碍格式版进行修改。

关于合法规避技术措施,条约采取妥协态度,在确保权利人的技术措施的同时,不妨碍受益人享受条约规定的限制与例外。

条约还规定"被授权实体",指由政府授权或承认的向视力障碍者提供服务的非营利组织。

二、重点条款

第二条　定　义

在本条约中:

(一)"作品"是指《保护文学和艺术作品伯尔尼公约》第二条第一款所指的文学和艺术作品,形式为文字、符号和(或)相关图示,不论是已出版的作品,还是以其他方式通过任何媒介公开提供的作品 ;

(二)"无障碍格式版"是指采用替代方式或形式,让受益人能够使用作品,包括让受益人能够与无视力障碍或其他印刷品阅读障碍者一样切实可行、舒适地使用作品的作品版本。无障碍格式版为受益人专用,必须尊重原作的完整性,但要适当考虑将作品制成替代性无障碍格式所需要的修改和受益人的无障碍需求；

（三）"被授权实体"是指得到政府授权或承认，以非营利方式向受益人提供教育、指导培训、适应性阅读或信息渠道的实体。被授权实体也包括其主要活动或机构义务之一是向受益人提供相同服务的政府机构或非营利组织。

被授权实体在以下方面制定并遵循自己的做法：

1. 确定其服务的人为受益人；

2. 将无障碍格式版的发行和提供限于受益人和（或）被授权实体；

3. 劝阻复制、发行和提供未授权复制件的行为；以及

4. 对作品复制件的处理保持应有注意并设置记录，同时根据第八条尊重受益人的隐私。

第三条　受益人

受益人为不论有无任何其他残疾的下列人：

（一）盲人；

（二）有视觉缺陷、知觉障碍或阅读障碍的人，无法改善到基本达到无此类缺陷或障碍者的视觉功能，因而无法以与无缺陷或无障碍者基本相同的程度阅读印刷作品；或者

（三）在其他方面因身体残疾而不能持书或翻书，或者不能集中目光或移动目光进行正常阅读的人。

第四条　关于无障碍格式版的国内法限制与例外

（一）缔约各方应在其国内版权法中规定对复制权、发行权和《世界知识产权组织版权条约》规定的向公众提供权的限制或例外，以便于向受益人提供无障碍格式版的作品。国内法规定的限制或例外应当允许将作品制成替代性无障碍格式所需要的修改。

（二）缔约各方为便于受益人获得作品，还可以规定对公开表演权的限制或例外。

第七条　关于技术措施的义务

缔约各方应在必要时采取适当措施，确保在其为制止规避有效的技术措施规定适当的法律保护和有效的法律救济时，这种法律保护不妨碍受益人享受本条约规定的限制与例外。

三、我国著作权法与条约的衔接

为了加入《马拉喀什条约》，我国《著作权法》第 24 条将原来第 22 条的"盲人"扩大为"阅读障碍者"，将"盲文出版物"扩大到"阅读障碍者能够感知的无障碍方式"。所谓"无障碍方式"，指视力障碍人士能够阅读或者感知作品的无障碍格式版，例如大

字版纸质书、电子书和有声读物等。“能够感知的无障碍方式”还意味着为制作无障碍格式版,将原来第22条规定的“文字作品”扩大到文字、符号、图像作品。

此外,还应当允许对作者的复制、发行、表演、信息网络传播权加以限制;允许对无障碍格式版进行修改。

关于合法规避技术措施的范围,2020年修改后的《著作权法》第50条规定,“不以营利为目的,以阅读障碍者能够感知的无障碍方式向其提供已经发表的作品,而该作品无法通过正常途径获取”的情形“可以避开技术措施,但不得向他人提供避开技术措施的技术、装置或者部件,不得侵犯权利人依法享有的其他权利”。

我国于2022年5月加入该条约,政府应当指定某个实体,即所谓“被授权实体”具体负责条约的实施。被授权实体的职权范围,应有明确、具体、可操作的规定。这些规定有待《著作权法》的配套法规制定完成。

第十节 《数据库条约》和《广播组织条约》

一、《数据库条约》

除了以上介绍的《版权条约》《表演和录音条约》,WIPO在制定“基础提案”的同时,还制定了《数据库条约》草案及该草案的“基础提案”。尽管《数据库条约》最后在外交会议上没有被通过,但是,保护数据库的国际条约的制定工作仍然在继续。了解《数据库条约》的内容,对于阐明本书的主题——讨论著作权与新技术的关系问题,不无益处。

如上所述,数据库如果在内容的选择或者编排上构成智力创作,可以作为汇编作品得到著作权保护。但是,对于那些不构成智力创作的数据库,则不能给予著作权保护。这些数据库如果得不到相应的法律保护,是不公平的,因为建立这些数据库,也要投入大量的人力和资金。《数据库条约》在其序言中明确指出:“缔约各方认识到数据库的建立需要大量人力、技术和财政资源的投资,但又认识到用独立涉及数据库所需费用的一小部分即可复制或者使用此类数据库,希望通过给予数据库制作者可以回收其对建立数据库所投资金的适当权利,并通过尽可能有效和一致的方式提供国际保护,而为数据库规定一种新的保护形式。”因为对于数据库保护,“著作权显然没有提供足够的保护,许多有价值的数据库并不具备受著作权保护的资格”,但是,“在所有的国家,持续的投资是数据库发展和完善的重要因素。如果不建立一个保护数据库制作者权利的稳定和统一的法律保护制度,此种投资便不会出现”。

关于《数据库条约》保护的客体，则是“任何数据库，而不论该数据库以何种形式或者媒体体现，也不论该数据库是否向公众提供”。《数据库条约》在序言部分还强调：“本条约的任何内容尤其不得以任何方式损害依照《保护文学和艺术作品伯尔尼公约》授予作者的权利。”由此可以得出结论，《数据库条约》就是一个以保护数据库投资人为主的国际公约，其客体主要是不构成汇编作品的数据库，能够构成汇编作品的数据库自然得到著作权保护。

《数据库条约》第 3 条和第 4 条分别规定了保护的客体和主体。第 3 条（权利）规定，“有资格受本条约保护的数据库制作者应有权授权或者制止对其数据库内容进行提取或者使用”。第 4 条（权利人）规定：“（1）依本条约规定的权利应归属数据库制作者。（2）依本条约规定的权利可自由转让。”虽然这两条规定了客体与主体，但是这两条规定中的某些关键概念却取决于该条约第 2 条的定义。

在权利方面，“‘提取’系指以任何方式或者形式将数据库内容的全部或者实质性部分永久或者临时地转移到另一媒体”。《数据库条约》基础提案对此解释：“‘提取’一词是‘拷贝’或者‘复制’的同义词。”“‘使用’系指以任何方式包括出售复制品、出租、联机或者其他传播形式向公众提供数据库内容的全部或者实质性部分，包括将其在公众中任何成员个人选定的时间和地点向公众提供”。根据《数据库条约》基础提案的解释，“使用是一个范围广泛的概念，涵盖将数据库或者其内容向公众提供的所有形式。使用包括有形和无形的推广和扩散，包括发行实物复制品和以有线方式或者无线方式进行播送的所有形式。使用涵盖以联机和‘局部’方式向公众提供数据库；使用包括公众中的成员按其个人选定的时间和地点使用数据库的交互式联机和按需要提供的业务；甚至包括在无须传输情况下的播映、‘回放’、演示或者以其他方式使数据库的内容（诸如 CD－ROM）能被公众感觉到。广播和电缆播送无论收费与否亦属对数据库的使用”。由此看出，《数据库条约》规定的权利内容与《著作权法》规定的内容基本相同。除精神权利、改编、翻译等演绎创作权没有涉及外，《著作权法》一般规定的复制、表演、广播，乃至最新出现的为网络传播制定的向公众传播的权利，都适用于数据库保护。

在主体方面，“‘数据库制作者’系指管理和负责对制作数据库进行重大投资的自然人或者法人”。这里所说的“‘重大投资’系指在数据库内容的收集、汇集、核对、组织或者表达方面进行任何质量上或者数量上重大的人力、财政、技术或者其他资源的投资”。为了更明确主体的概念，《数据库条约》基础提案又解释，关于主体的规定“意在排除本拟议条约的保护可能归属执行制作数据库所需任务的雇员这一可能性；显然，权利和保护应属于雇主……同样，该定义排除了可能受委托执行此种任务的分包商”。很显然，“数据库制作者”就是制作数据库的投资人。

《数据库条约》第10条也规定了“关于技术措施的义务”,内容和表述同WIPO的两个新条约基本相同。

在国民待遇原则、保护的独立性以及权利自动保护,无须履行任何手续方面,《数据库条约》的规定同国际著作权条约的规定原则上一致。只是在保护期方面,《数据库条约》规定的保护期短于一般的著作权保护期,WIPO提供了25年或者15年两种选择。

综观《数据库条约》的规定,很容易发现,虽然该条约对数据库的保护采取了所谓“特殊法”(sui generis)保护形式,但是,实质上是一种近似著作权的保护。因此,有的学者将其称为邻接权保护,这不是没有道理的。因为通常邻接权是最接近著作权的权利,其保护形式与内容也当然最接近著作权,只是不像著作权那样更具排他性,权利的范围也没有著作权那样宽。有些方面,如机械表演权、广播权,邻接权人往往至多享有获得报酬要求,而著作权人享有的是独占的所有权。此外,邻接权一般不涉及精神权利,权利人(表演者除外)可以是自然人,也可以是法人,实践中受保护的邻接权人更多的是投资人,其保护期也短于著作权的保护期。由此可见,《数据库条约》完全是按照邻接权的保护模式制定的。这一实例也向我们展示了邻接权制度在解决新技术引起的法律问题方面具有的巨大潜力。

二、《广播组织条约》

(一)背景

1996年年底通过的《表演和录音条约》是《罗马公约》的继续,众所周知,《罗马公约》保护表演者、录音制作者和广电组织的权利。由于条件不成熟,《表演和录音条约》只保护了声音的表演和录音制品,不保护广播组织的权利。但是,与制定《版权条约》和《表演和录音条约》的原因相同,信息和通信技术的迅猛发展及两项技术的交汇对广电组织的权利保护带来前所未有的挑战。原有的国际条约对此已显得力不从心。这个问题在《表演和录音条约》通过之前就已被人注意。

《表演和录音条约》通过后,1997年4月,WIPO立即启动广播组织条约的制定。1998年2月,WIPO新设立的版权与邻接权常设委员会(SCCR)召开第一次会议。2006年,在第15届会议上编拟了第一份统一案文——《保护广播组织条约草案》(SCCR/15/2)。2006年,WIPO成员国大会根据多数国家要求,决定2007年再就《保护广播组织条约草案》召开2次特别会议,1次外交会议。2007年的第2次特别会议未能就《保护广播组织条约草案》达成一致,致使外交会议未能召开。自2008年起,《保护广播组织条约草案》的修订和讨论,又回到(SCCR)议事日程。2015年形成了

《保护广播组织条约草案》(SCCR/15/2)。《广播组织条约》的案文条款历经近40次会议讨论,仍在争论中。

(二)《保护广播组织条约草案》的内容

2019年10月形成最新案文(SCCR/39/4)。第2条是关于定义的规定,其中规定,"广播"系指或以有线方式,或以无线方式,播送载有节目的信号。在计算机网络上进行的播送,即纯粹的网播不构成"广播"。仅通过计算机网络发送其载有节目的信号的实体不属于"广播组织"的定义范围 。"转播"系指原广播组织或代表其行事者以外的任何其他第三方,以任何方式播送载有节目的信号供公众接收,无论是同时播送、近同时播送或是延时播送。"近同时播送"系指以任何方式滞后播送载有节目的信号,供公众接收,但滞后的程度仅在处理时差或便于载有节目的信号进行技术播送所需的限度内。"延时播送"系指除近同时播送以外,以任何方式滞后播送载有节目的信号,供公众接收,包括以公众在其个人选定的地点和时间可以获得的方式进行的播送,即我国著作权法所说的交互式信息网络传播。

关于转播的定义,是本条约讨论中较为关键也是争议最多的定义。在近40次的讨论中,转播定义几易其稿,未能达成一致意见。转播的定义被不断地扩大,直至在转播的定义中加入了近同时播送和滞后播送的定义。这与《罗马公约》的不同体现在两个方面:一是从时间上来看,合并案文中的转播不仅是同时播送、近同时播送,滞后播送也被纳入了该定义的考虑范围;二是从范围上来讲,《罗马公约》中的转播仅指非交互式的线性播送,而该定义下的转播将范围扩展到交互式的播送。

各代表团对于"同时播送""近同时播送"纳入"转播"定义没有异议,主要的争议点在于"滞后播送",即交互式的播送能否纳入转播的定义。由于该项定义的扩张势必会带来广播组织权利体系的重要变动,SCCR决定在后续会议上对其进行进一步的审议,至今仍未达成一致。

关于广播组织的权利客体,普遍承认是广播组织播送的载有节目的信号。但对于"信号"一词的界定,长期存在争议,随着技术的发展,"信号"的范围不断扩大,涵盖了同时转播、近同时转播,排除了纯粹转播以及争议极大的交互式播送等。

关于广播组织的权利,2019年4月SCCR第38届会议案文SCCR/38/10规定了向公众转播专有权、信息网络传播专有权、转播预广播信号禁止权。其中前两项是许可性权利,第三项是禁止性权利。且针对前两项权利,SCCR/38/10提供了两个替代方案,允许缔约方通过禁止性权利进行保护或者仅对某些转播类型进行保护。此外,对于预广播信号的保护,SCCR/38/10较之前案文也增加一项条款以允许缔约方提供其他适当和有效的方式来保护预广播信号。SCCR最终参考了美国、欧盟等代表团的意见,对授予权利部分做了修订:一是采用许可专有权而非禁止权的立法模式;二是规定了“提供权”,即交互式播送的权利以供讨论;三是将“广播节目”替换为“载有节目的信号”,与前文保持了统一;四是确定了在授予权利部分纳入对预广播信号的保护。更新的案文扩展了所授权利的范围,为条约充分保护广播组织的权利提供了更大的可能性。

各方就转播等权利是否包含延时播送等问题继续展开讨论,截至目前,借鉴美国提案,采用“议定声明”和保留条款的方式,达成初步谅解,允许缔约方设定条件具体规定广播组织可以行使广播组织外的他人所拥有的版权或相关权,允许缔约方对某些转播方式进行保留。

关于限制与例外,技术保护措施和权利管理信息,《保护广播组织条约草案》与《表演和录音条约》的规定基本相同,不赘述。

(三)小结

1.《广播组织条约》创造了很多新概念,如转播,颠覆了之前的《罗马公约》《TRIPs 协定》《表演和录音条约》,不仅与作者权利,而且与保护表演者和录音(录像)制作者的邻接权体系完全不同。此外,层出不穷的新概念妨碍了人的正常思维。

2.《广播组织条约》的实质条款争议尚多,反映出国家利益、广电组织与上游权利人、新型媒体与传统广电组织的利益冲突。

3. 在此背景下如何调整我国的立场?我国著作权立法从一开始就采取保守态度。第一部《著作权法》在制定时并未考虑立即加入《伯尔尼公约》。对待国际著作权条约从来都是就低不就高。基于我国的社会、经济、法律发展水平,要有一致的著作权立法战略思想。因此,对待国际上尚争论不休的问题,不妨先观察,不急于引进。

思考题

1.《伯尔尼条约》的三大原则是什么?

2.《罗马公约》保护的邻接权有哪些?

3.《TRIPs 协定》中与版权相关的内容有哪些?

4. 世界知识产权组织《版权条约》《表演和录音条约》中与互联网及相关的内容有哪些?

5. 试述《视听表演北京条约》的主要内容。

附录

一、中华人民共和国著作权法

（1990 年 9 月 7 日第七届全国人民代表大会常务委员会第十五次会议通过　根据 2001 年 10 月 27 日第九届全国人民代表大会常务委员会第二十四次会议《关于修改〈中华人民共和国著作权法〉的决定》第一次修正　根据 2010 年 2 月 26 日第十一届全国人民代表大会常务委员会第十三次会议《关于修改〈中华人民共和国著作权法〉的决定》第二次修正　根据 2020 年 11 月 11 日第十三届全国人民代表大会常务委员会第二十三次会议《关于修改〈中华人民共和国著作权法〉的决定》第三次修正）

目　　录

第一章 总 则

第一条 为保护文学、艺术和科学作品作者的著作权,以及与著作权有关的权益,鼓励有益于社会主义精神文明、物质文明建设的作品的创作和传播,促进社会主义文化和科学事业的发展与繁荣,根据宪法制定本法。

第二条 中国公民、法人或者非法人组织的作品,不论是否发表,依照本法享有著作权。

外国人、无国籍人的作品根据其作者所属国或者经常居住地国同中国签订的协议或者共同参加的国际条约享有的著作权,受本法保护。

外国人、无国籍人的作品首先在中国境内出版的,依照本法享有著作权。

未与中国签订协议或者共同参加国际条约的国家的作者以及无国籍人的作品首次在中国参加的国际条约的成员国出版的,或者在成员国和非成员国同时出版的,受本法保护。

第三条 本法所称的作品,是指文学、艺术和科学领域内具有独创性并能以一定形式表现的智力成果,包括:

(一)文字作品;

(二)口述作品;

(三)音乐、戏剧、曲艺、舞蹈、杂技艺术作品;

(四)美术、建筑作品;

(五)摄影作品;

(六)视听作品;

(七)工程设计图、产品设计图、地图、示意图等图形作品和模型作品;

(八)计算机软件;

(九)符合作品特征的其他智力成果。

第四条 著作权人和与著作权有关的权利人行使权利,不得违反宪法和法律,不得损害公共利益。国家对作品的出版、传播依法进行监督管理。

第五条 本法不适用于:

(一)法律、法规,国家机关的决议、决定、命令和其他具有立法、行政、司法性质的文件,及其官方正式译文;

(二)单纯事实消息;

(三)历法、通用数表、通用表格和公式。

第六条 民间文学艺术作品的著作权保护办法由国务院另行规定。

第七条　国家著作权主管部门负责全国的著作权管理工作;县级以上地方主管著作权的部门负责本行政区域的著作权管理工作。

第八条　著作权人和与著作权有关的权利人可以授权著作权集体管理组织行使著作权或者与著作权有关的权利。依法设立的著作权集体管理组织是非营利法人,被授权后可以以自己的名义为著作权人和与著作权有关的权利人主张权利,并可以作为当事人进行涉及著作权或者与著作权有关的权利的诉讼、仲裁、调解活动。

著作权集体管理组织根据授权向使用者收取使用费。使用费的收取标准由著作权集体管理组织和使用者代表协商确定,协商不成的,可以向国家著作权主管部门申请裁决,对裁决不服的,可以向人民法院提起诉讼;当事人也可以直接向人民法院提起诉讼。

著作权集体管理组织应当将使用费的收取和转付、管理费的提取和使用、使用费的未分配部分等总体情况定期向社会公布,并应当建立权利信息查询系统,供权利人和使用者查询。国家著作权主管部门应当依法对著作权集体管理组织进行监督、管理。

著作权集体管理组织的设立方式、权利义务、使用费的收取和分配,以及对其监督和管理等由国务院另行规定。

第二章　著　作　权

第一节　著作权人及其权利

第九条　著作权人包括:

(一)作者;

(二)其他依照本法享有著作权的自然人、法人或者非法人组织。

第十条　著作权包括下列人身权和财产权:

(一)发表权,即决定作品是否公之于众的权利;

(二)署名权,即表明作者身份,在作品上署名的权利;

(三)修改权,即修改或者授权他人修改作品的权利;

(四)保护作品完整权,即保护作品不受歪曲、篡改的权利;

(五)复制权,即以印刷、复印、拓印、录音、录像、翻录、翻拍、数字化等方式将作品制作一份或者多份的权利;

(六)发行权,即以出售或者赠与方式向公众提供作品的原件或者复制件的权利;

(七)出租权,即有偿许可他人临时使用视听作品、计算机软件的原件或者复制件

的权利,计算机软件不是出租的主要标的的除外;

(八)展览权,即公开陈列美术作品、摄影作品的原件或者复制件的权利;

(九)表演权,即公开表演作品,以及用各种手段公开播送作品的表演的权利;

(十)放映权,即通过放映机、幻灯机等技术设备公开再现美术、摄影、视听作品等的权利;

(十一)广播权,即以有线或者无线方式公开传播或者转播作品,以及通过扩音器或者其他传送符号、声音、图像的类似工具向公众传播广播的作品的权利,但不包括本款第十二项规定的权利;

(十二)信息网络传播权,即以有线或者无线方式向公众提供,使公众可以在其选定的时间和地点获得作品的权利;

(十三)摄制权,即以摄制视听作品的方法将作品固定在载体上的权利;

(十四)改编权,即改变作品,创作出具有独创性的新作品的权利;

(十五)翻译权,即将作品从一种语言文字转换成另一种语言文字的权利;

(十六)汇编权,即将作品或者作品的片段通过选择或者编排,汇集成新作品的权利;

(十七)应当由著作权人享有的其他权利。

著作权人可以许可他人行使前款第五项至第十七项规定的权利,并依照约定或者本法有关规定获得报酬。

著作权人可以全部或者部分转让本条第一款第五项至第十七项规定的权利,并依照约定或者本法有关规定获得报酬。

第二节　著作权归属

第十一条　著作权属于作者,本法另有规定的除外。

创作作品的自然人是作者。

由法人或者非法人组织主持,代表法人或者非法人组织意志创作,并由法人或者非法人组织承担责任的作品,法人或者非法人组织视为作者。

第十二条　在作品上署名的自然人、法人或者非法人组织为作者,且该作品上存在相应权利,但有相反证明的除外。

作者等著作权人可以向国家著作权主管部门认定的登记机构办理作品登记。

与著作权有关的权利参照适用前两款规定。

第十三条　改编、翻译、注释、整理已有作品而产生的作品,其著作权由改编、翻译、注释、整理人享有,但行使著作权时不得侵犯原作品的著作权。

第十四条　两人以上合作创作的作品，著作权由合作作者共同享有。没有参加创作的人，不能成为合作作者。

合作作品的著作权由合作作者通过协商一致行使；不能协商一致，又无正当理由的，任何一方不得阻止他方行使除转让、许可他人专有使用、出质以外的其他权利，但是所得收益应当合理分配给所有合作作者。

合作作品可以分割使用的，作者对各自创作的部分可以单独享有著作权，但行使著作权时不得侵犯合作作品整体的著作权。

第十五条　汇编若干作品、作品的片段或者不构成作品的数据或者其他材料，对其内容的选择或者编排体现独创性的作品，为汇编作品，其著作权由汇编人享有，但行使著作权时，不得侵犯原作品的著作权。

第十六条　使用改编、翻译、注释、整理、汇编已有作品而产生的作品进行出版、演出和制作录音录像制品，应当取得该作品的著作权人和原作品的著作权人许可，并支付报酬。

第十七条　视听作品中的电影作品、电视剧作品的著作权由制作者享有，但编剧、导演、摄影、作词、作曲等作者享有署名权，并有权按照与制作者签订的合同获得报酬。

前款规定以外的视听作品的著作权归属由当事人约定；没有约定或者约定不明确的，由制作者享有，但作者享有署名权和获得报酬的权利。

视听作品中的剧本、音乐等可以单独使用的作品的作者有权单独行使其著作权。

第十八条　自然人为完成法人或者非法人组织工作任务所创作的作品是职务作品，除本条第二款的规定以外，著作权由作者享有，但法人或者非法人组织有权在其业务范围内优先使用。作品完成两年内，未经单位同意，作者不得许可第三人以与单位使用的相同方式使用该作品。

有下列情形之一的职务作品，作者享有署名权，著作权的其他权利由法人或者非法人组织享有，法人或者非法人组织可以给予作者奖励：

（一）主要是利用法人或者非法人组织的物质技术条件创作，并由法人或者非法人组织承担责任的工程设计图、产品设计图、地图、示意图、计算机软件等职务作品；

（二）报社、期刊社、通讯社、广播电台、电视台的工作人员创作的职务作品；

（三）法律、行政法规规定或者合同约定著作权由法人或者非法人组织享有的职务作品。

第十九条　受委托创作的作品，著作权的归属由委托人和受托人通过合同约定。合同未作明确约定或者没有订立合同的，著作权属于受托人。

第二十条　作品原件所有权的转移，不改变作品著作权的归属，但美术、摄影作品原件的展览权由原件所有人享有。

作者将未发表的美术、摄影作品的原件所有权转让给他人,受让人展览该原件不构成对作者发表权的侵犯。

第二十一条 著作权属于自然人的,自然人死亡后,其本法第十条第一款第五项至第十七项规定的权利在本法规定的保护期内,依法转移。

著作权属于法人或者非法人组织的,法人或者非法人组织变更、终止后,其本法第十条第一款第五项至第十七项规定的权利在本法规定的保护期内,由承受其权利义务的法人或者非法人组织享有;没有承受其权利义务的法人或者非法人组织的,由国家享有。

第三节 权利的保护期

第二十二条 作者的署名权、修改权、保护作品完整权的保护期不受限制。

第二十三条 自然人的作品,其发表权、本法第十条第一款第五项至第十七项规定的权利的保护期为作者终生及其死亡后五十年,截止于作者死亡后第五十年的12月31日;如果是合作作品,截止于最后死亡的作者死亡后第五十年的12月31日。

法人或者非法人组织的作品、著作权(署名权除外)由法人或者非法人组织享有的职务作品,其发表权的保护期为五十年,截止于作品创作完成后第五十年的12月31日;本法第十条第一款第五项至第十七项规定的权利的保护期为五十年,截止于作品首次发表后第五十年的12月31日,但作品自创作完成后五十年内未发表的,本法不再保护。

视听作品,其发表权的保护期为五十年,截止于作品创作完成后第五十年的12月31日;本法第十条第一款第五项至第十七项规定的权利的保护期为五十年,截止于作品首次发表后第五十年的12月31日,但作品自创作完成后五十年内未发表的,本法不再保护。

第四节 权利的限制

第二十四条 在下列情况下使用作品,可以不经著作权人许可,不向其支付报酬,但应当指明作者姓名或者名称、作品名称,并且不得影响该作品的正常使用,也不得不合理地损害著作权人的合法权益:

(一)为个人学习、研究或者欣赏,使用他人已经发表的作品;

(二)为介绍、评论某一作品或者说明某一问题,在作品中适当引用他人已经发表的作品；

（三）为报道新闻，在报纸、期刊、广播电台、电视台等媒体中不可避免地再现或者引用已经发表的作品；

（四）报纸、期刊、广播电台、电视台等媒体刊登或者播放其他报纸、期刊、广播电台、电视台等媒体已经发表的关于政治、经济、宗教问题的时事性文章，但著作权人声明不许刊登、播放的除外；

（五）报纸、期刊、广播电台、电视台等媒体刊登或者播放在公众集会上发表的讲话，但作者声明不许刊登、播放的除外；

（六）为学校课堂教学或者科学研究，翻译、改编、汇编、播放或者少量复制已经发表的作品，供教学或者科研人员使用，但不得出版发行；

（七）国家机关为执行公务在合理范围内使用已经发表的作品；

（八）图书馆、档案馆、纪念馆、博物馆、美术馆、文化馆等为陈列或者保存版本的需要，复制本馆收藏的作品；

（九）免费表演已经发表的作品，该表演未向公众收取费用，也未向表演者支付报酬，且不以营利为目的；

（十）对设置或者陈列在公共场所的艺术作品进行临摹、绘画、摄影、录像；

（十一）将中国公民、法人或者非法人组织已经发表的以国家通用语言文字创作的作品翻译成少数民族语言文字作品在国内出版发行；

（十二）以阅读障碍者能够感知的无障碍方式向其提供已经发表的作品；

（十三）法律、行政法规规定的其他情形。

前款规定适用于对与著作权有关的权利的限制。

第二十五条　为实施义务教育和国家教育规划而编写出版教科书，可以不经著作权人许可，在教科书中汇编已经发表的作品片段或者短小的文字作品、音乐作品或者单幅的美术作品、摄影作品、图形作品，但应当按照规定向著作权人支付报酬，指明作者姓名或者名称、作品名称，并且不得侵犯著作权人依照本法享有的其他权利。

前款规定适用于对与著作权有关的权利的限制。

第三章　著作权许可使用和转让合同

第二十六条　使用他人作品应当同著作权人订立许可使用合同，本法规定可以不经许可的除外。

许可使用合同包括下列主要内容：

（一）许可使用的权利种类；

(二)许可使用的权利是专有使用权或者非专有使用权;

(三)许可使用的地域范围、期间;

(四)付酬标准和办法;

(五)违约责任;

(六)双方认为需要约定的其他内容。

第二十七条 转让本法第十条第一款第五项至第十七项规定的权利,应当订立书面合同。

权利转让合同包括下列主要内容:

(一)作品的名称;

(二)转让的权利种类、地域范围;

(三)转让价金;

(四)交付转让价金的日期和方式;

(五)违约责任;

(六)双方认为需要约定的其他内容。

第二十八条 以著作权中的财产权出质的,由出质人和质权人依法办理出质登记。

第二十九条 许可使用合同和转让合同中著作权人未明确许可、转让的权利,未经著作权人同意,另一方当事人不得行使。

第三十条 使用作品的付酬标准可以由当事人约定,也可以按照国家著作权主管部门会同有关部门制定的付酬标准支付报酬。当事人约定不明确的,按照国家著作权主管部门会同有关部门制定的付酬标准支付报酬。

第三十一条 出版者、表演者、录音录像制作者、广播电台、电视台等依照本法有关规定使用他人作品的,不得侵犯作者的署名权、修改权、保护作品完整权和获得报酬的权利。

第四章 与著作权有关的权利

第一节 图书、报刊的出版

第三十二条 图书出版者出版图书应当和著作权人订立出版合同,并支付报酬。

第三十三条 图书出版者对著作权人交付出版的作品,按照合同约定享有的专有出版权受法律保护,他人不得出版该作品。

第三十四条 著作权人应当按照合同约定期限交付作品。图书出版者应当按照合同约定的出版质量、期限出版图书。

图书出版者不按照合同约定期限出版，应当依照本法第六十一条的规定承担民事责任。

图书出版者重印、再版作品的，应当通知著作权人，并支付报酬。图书脱销后，图书出版者拒绝重印、再版的，著作权人有权终止合同。

第三十五条　著作权人向报社、期刊社投稿的，自稿件发出之日起十五日内未收到报社通知决定刊登的，或者自稿件发出之日起三十日内未收到期刊社通知决定刊登的，可以将同一作品向其他报社、期刊社投稿。双方另有约定的除外。

作品刊登后，除著作权人声明不得转载、摘编的外，其他报刊可以转载或者作为文摘、资料刊登，但应当按照规定向著作权人支付报酬。

第三十六条　图书出版者经作者许可，可以对作品修改、删节。

报社、期刊社可以对作品作文字性修改、删节。对内容的修改，应当经作者许可。

第三十七条　出版者有权许可或者禁止他人使用其出版的图书、期刊的版式设计。

前款规定的权利的保护期为十年，截止于使用该版式设计的图书、期刊首次出版后第十年的12月31日。

第二节　表　　演

第三十八条　使用他人作品演出，表演者应当取得著作权人许可，并支付报酬。演出组织者组织演出，由该组织者取得著作权人许可，并支付报酬。

第三十九条　表演者对其表演享有下列权利：

（一）表明表演者身份；

（二）保护表演形象不受歪曲；

（三）许可他人从现场直播和公开传送其现场表演，并获得报酬；

（四）许可他人录音录像，并获得报酬；

（五）许可他人复制、发行、出租录有其表演的录音录像制品，并获得报酬；

（六）许可他人通过信息网络向公众传播其表演，并获得报酬。

被许可人以前款第三项至第六项规定的方式使用作品，还应当取得著作权人许可，并支付报酬。

第四十条　演员为完成本演出单位的演出任务进行的表演为职务表演，演员享有表明身份和保护表演形象不受歪曲的权利，其他权利归属由当事人约定。当事人没有约定或者约定不明确的，职务表演的权利由演出单位享有。

职务表演的权利由演员享有的,演出单位可以在其业务范围内免费使用该表演。

第四十一条 本法第三十九条第一款第一项、第二项规定的权利的保护期不受限制。

本法第三十九条第一款第三项至第六项规定的权利的保护期为五十年,截止于该表演发生后第五十年的12月31日。

第三节 录音录像

第四十二条 录音录像制作者使用他人作品制作录音录像制品,应当取得著作权人许可,并支付报酬。

录音制作者使用他人已经合法录制为录音制品的音乐作品制作录音制品,可以不经著作权人许可,但应当按照规定支付报酬;著作权人声明不许使用的不得使用。

第四十三条 录音录像制作者制作录音录像制品,应当同表演者订立合同,并支付报酬。

第四十四条 录音录像制作者对其制作的录音录像制品,享有许可他人复制、发行、出租、通过信息网络向公众传播并获得报酬的权利;权利的保护期为五十年,截止于该制品首次制作完成后第五十年的12月31日。

被许可人复制、发行、通过信息网络向公众传播录音录像制品,应当同时取得著作权人、表演者许可,并支付报酬;被许可人出租录音录像制品,还应当取得表演者许可,并支付报酬。

第四十五条 将录音制品用于有线或者无线公开传播,或者通过传送声音的技术设备向公众公开播送的,应当向录音制作者支付报酬。

第四节 广播电台、电视台播放

第四十六条 广播电台、电视台播放他人未发表的作品,应当取得著作权人许可,并支付报酬。

广播电台、电视台播放他人已发表的作品,可以不经著作权人许可,但应当按照规定支付报酬。

第四十七条 广播电台、电视台有权禁止未经其许可的下列行为:

(一)将其播放的广播、电视以有线或者无线方式转播;

(二)将其播放的广播、电视录制以及复制;

(三)将其播放的广播、电视通过信息网络向公众传播。

广播电台、电视台行使前款规定的权利，不得影响、限制或者侵害他人行使著作权或者与著作权有关的权利。

本条第一款规定的权利的保护期为五十年，截止于该广播、电视首次播放后第五十年的12月31日。

第四十八条　电视台播放他人的视听作品、录像制品，应当取得视听作品著作权人或者录像制作者许可，并支付报酬；播放他人的录像制品，还应当取得著作权人许可，并支付报酬。

第五章　著作权和与著作权有关的权利的保护

第四十九条　为保护著作权和与著作权有关的权利，权利人可以采取技术措施。

未经权利人许可，任何组织或者个人不得故意避开或者破坏技术措施，不得以避开或者破坏技术措施为目的制造、进口或者向公众提供有关装置或者部件，不得故意为他人避开或者破坏技术措施提供技术服务。但是，法律、行政法规规定可以避开的情形除外。

本法所称的技术措施，是指用于防止、限制未经权利人许可浏览、欣赏作品、表演、录音录像制品或者通过信息网络向公众提供作品、表演、录音录像制品的有效技术、装置或者部件。

第五十条　下列情形可以避开技术措施，但不得向他人提供避开技术措施的技术、装置或者部件，不得侵犯权利人依法享有的其他权利：

（一）为学校课堂教学或者科学研究，提供少量已经发表的作品，供教学或者科研人员使用，而该作品无法通过正常途径获取；

（二）不以营利为目的，以阅读障碍者能够感知的无障碍方式向其提供已经发表的作品，而该作品无法通过正常途径获取；

（三）国家机关依照行政、监察、司法程序执行公务；

（四）对计算机及其系统或者网络的安全性能进行测试；

（五）进行加密研究或者计算机软件反向工程研究。

前款规定适用于对与著作权有关的权利的限制。

第五十一条　未经权利人许可，不得进行下列行为：

（一）故意删除或者改变作品、版式设计、表演、录音录像制品或者广播、电视上的权利管理信息，但由于技术上的原因无法避免的除外；

（二）知道或者应当知道作品、版式设计、表演、录音录像制品或者广播、电视上的权利管理信息未经许可被删除或者改变，仍然向公众提供。

第五十二条 有下列侵权行为的,应当根据情况,承担停止侵害、消除影响、赔礼道歉、赔偿损失等民事责任:

(一)未经著作权人许可,发表其作品的;

(二)未经合作作者许可,将与他人合作创作的作品当作自己单独创作的作品发表的;

(三)没有参加创作,为谋取个人名利,在他人作品上署名的;

(四)歪曲、篡改他人作品的;

(五)剽窃他人作品的;

(六)未经著作权人许可,以展览、摄制视听作品的方法使用作品,或者以改编、翻译、注释等方式使用作品的,本法另有规定的除外;

(七)使用他人作品,应当支付报酬而未支付的;

(八)未经视听作品、计算机软件、录音录像制品的著作权人、表演者或者录音录像制作者许可,出租其作品或者录音录像制品的原件或者复制件的,本法另有规定的除外;

(九)未经出版者许可,使用其出版的图书、期刊的版式设计的;

(十)未经表演者许可,从现场直播或者公开传送其现场表演,或者录制其表演的;

(十一)其他侵犯著作权以及与著作权有关的权利的行为。

第五十三条 有下列侵权行为的,应当根据情况,承担本法第五十二条规定的民事责任;侵权行为同时损害公共利益的,由主管著作权的部门责令停止侵权行为,予以警告,没收违法所得,没收、无害化销毁处理侵权复制品以及主要用于制作侵权复制品的材料、工具、设备等,违法经营额五万元以上的,可以并处违法经营额一倍以上五倍以下的罚款;没有违法经营额、违法经营额难以计算或者不足五万元的,可以并处二十五万元以下的罚款;构成犯罪的,依法追究刑事责任:

(一)未经著作权人许可,复制、发行、表演、放映、广播、汇编、通过信息网络向公众传播其作品的,本法另有规定的除外;

(二)出版他人享有专有出版权的图书的;

(三)未经表演者许可,复制、发行录有其表演的录音录像制品,或者通过信息网络向公众传播其表演的,本法另有规定的除外;

(四)未经录音录像制作者许可,复制、发行、通过信息网络向公众传播其制作的录音录像制品的,本法另有规定的除外;

(五)未经许可,播放、复制或者通过信息网络向公众传播广播、电视的,本法另有规定的除外;

（六）未经著作权人或者与著作权有关的权利人许可，故意避开或者破坏技术措施的，故意制造、进口或者向他人提供主要用于避开、破坏技术措施的装置或者部件的，或者故意为他人避开或者破坏技术措施提供技术服务的，法律、行政法规另有规定的除外；

（七）未经著作权人或者与著作权有关的权利人许可，故意删除或者改变作品、版式设计、表演、录音录像制品或者广播、电视上的权利管理信息的，知道或者应当知道作品、版式设计、表演、录音录像制品或者广播、电视上的权利管理信息未经许可被删除或者改变，仍然向公众提供的，法律、行政法规另有规定的除外；

（八）制作、出售假冒他人署名的作品的。

第五十四条　侵犯著作权或者与著作权有关的权利的，侵权人应当按照权利人因此受到的实际损失或者侵权人的违法所得给予赔偿；权利人的实际损失或者侵权人的违法所得难以计算的，可以参照该权利使用费给予赔偿。对故意侵犯著作权或者与著作权有关的权利，情节严重的，可以在按照上述方法确定数额的一倍以上五倍以下给予赔偿。

权利人的实际损失、侵权人的违法所得、权利使用费难以计算的，由人民法院根据侵权行为的情节，判决给予五百元以上五百万元以下的赔偿。

赔偿数额还应当包括权利人为制止侵权行为所支付的合理开支。

人民法院为确定赔偿数额，在权利人已经尽了必要举证责任，而与侵权行为相关的账簿、资料等主要由侵权人掌握的，可以责令侵权人提供与侵权行为相关的账簿、资料等；侵权人不提供，或者提供虚假的账簿、资料等的，人民法院可以参考权利人的主张和提供的证据确定赔偿数额。

人民法院审理著作权纠纷案件，应权利人请求，对侵权复制品，除特殊情况外，责令销毁；对主要用于制造侵权复制品的材料、工具、设备等，责令销毁，且不予补偿；或者在特殊情况下，责令禁止前述材料、工具、设备等进入商业渠道，且不予补偿。

第五十五条　主管著作权的部门对涉嫌侵犯著作权和与著作权有关的权利的行为进行查处时，可以询问有关当事人，调查与涉嫌违法行为有关的情况；对当事人涉嫌违法行为的场所和物品实施现场检查；查阅、复制与涉嫌违法行为有关的合同、发票、账簿以及其他有关资料；对于涉嫌违法行为的场所和物品，可以查封或者扣押。

主管著作权的部门依法行使前款规定的职权时，当事人应当予以协助、配合，不得拒绝、阻挠。

第五十六条　著作权人或者与著作权有关的权利人有证据证明他人正在实施或者即将实施侵犯其权利、妨碍其实现权利的行为，如不及时制止将会使其合法权益受到难以弥补的损害的，可以在起诉前依法向人民法院申请采取财产保全、责令作出一定行为或者禁止作出一定行为等措施。

第五十七条 为制止侵权行为,在证据可能灭失或者以后难以取得的情况下,著作权人或者与著作权有关的权利人可以在起诉前依法向人民法院申请保全证据。

第五十八条 人民法院审理案件,对于侵犯著作权或者与著作权有关的权利的,可以没收违法所得、侵权复制品以及进行违法活动的财物。

第五十九条 复制品的出版者、制作者不能证明其出版、制作有合法授权的,复制品的发行者或者视听作品、计算机软件、录音录像制品的复制品的出租者不能证明其发行、出租的复制品有合法来源的,应当承担法律责任。

在诉讼程序中,被诉侵权人主张其不承担侵权责任的,应当提供证据证明已经取得权利人的许可,或者具有本法规定的不经权利人许可而可以使用的情形。

第六十条 著作权纠纷可以调解,也可以根据当事人达成的书面仲裁协议或者著作权合同中的仲裁条款,向仲裁机构申请仲裁。

当事人没有书面仲裁协议,也没有在著作权合同中订立仲裁条款的,可以直接向人民法院起诉。

第六十一条 当事人因不履行合同义务或者履行合同义务不符合约定而承担民事责任,以及当事人行使诉讼权利、申请保全等,适用有关法律的规定。

第六章 附 则

第六十二条 本法所称的著作权即版权。

第六十三条 本法第二条所称的出版,指作品的复制、发行。

第六十四条 计算机软件、信息网络传播权的保护办法由国务院另行规定。

第六十五条 摄影作品,其发表权、本法第十条第一款第五项至第十七项规定的权利的保护期在 2021 年 6 月 1 日前已经届满,但依据本法第二十三条第一款的规定仍在保护期内的,不再保护。

第六十六条 本法规定的著作权人和出版者、表演者、录音录像制作者、广播电台、电视台的权利,在本法施行之日尚未超过本法规定的保护期的,依照本法予以保护。

本法施行前发生的侵权或者违约行为,依照侵权或者违约行为发生时的有关规定处理。

第六十七条 本法自 1991 年 6 月 1 日起施行。

二、中华人民共和国著作权法实施条例

（2002年8月2日中华人民共和国国务院令第359号公布　根据2011年1月8日《国务院关于废止和修改部分行政法规的决定》第一次修订　根据2013年1月30日《国务院关于修改〈中华人民共和国著作权法实施条例〉的决定》第二修订）

第一条　根据《中华人民共和国著作权法》（以下简称著作权法），制定本条例。

第二条　著作权法所称作品，是指文学、艺术和科学领域内具有独创性并能以某种有形形式复制的智力成果。

第三条　著作权法所称创作，是指直接产生文学、艺术和科学作品的智力活动。

为他人创作进行组织工作，提供咨询意见、物质条件，或者进行其他辅助工作，均不视为创作。

第四条　著作权法和本条例中下列作品的含义：

（一）文字作品，是指小说、诗词、散文、论文等以文字形式表现的作品；

（二）口述作品，是指即兴的演说、授课、法庭辩论等以口头语言形式表现的作品；

（三）音乐作品，是指歌曲、交响乐等能够演唱或者演奏的带词或者不带词的作品；

（四）戏剧作品，是指话剧、歌剧、地方戏等供舞台演出的作品；

（五）曲艺作品，是指相声、快书、大鼓、评书等以说唱为主要形式表演的作品；

（六）舞蹈作品，是指通过连续的动作、姿势、表情等表现思想情感的作品；

（七）杂技艺术作品，是指杂技、魔术、马戏等通过形体动作和技巧表现的作品；

（八）美术作品，是指绘画、书法、雕塑等以线条、色彩或者其他方式构成的有审美意义的平面或者立体的造型艺术作品；

（九）建筑作品，是指以建筑物或者构筑物形式表现的有审美意义的作品；

（十）摄影作品，是指借助器械在感光材料或者其他介质上记录客观物体形象的艺术作品；

（十一）电影作品和以类似摄制电影的方法创作的作品，是指摄制在一定介质上，由一系列有伴音或者无伴音的画面组成，并且借助适当装置放映或者以其他方式传播的作品；

(十二)图形作品,是指为施工、生产绘制的工程设计图、产品设计图,以及反映地理现象、说明事物原理或者结构的地图、示意图等作品;

(十三)模型作品,是指为展示、试验或者观测等用途,根据物体的形状和结构,按照一定比例制成的立体作品。

第五条 著作权法和本条例中下列用语的含义:

(一)时事新闻,是指通过报纸、期刊、广播电台、电视台等媒体报道的单纯事实消息;

(二)录音制品,是指任何对表演的声音和其他声音的录制品;

(三)录像制品,是指电影作品和以类似摄制电影的方法创作的作品以外的任何有伴音或者无伴音的连续相关形象、图像的录制品;

(四)录音制作者,是指录音制品的首次制作人;

(五)录像制作者,是指录像制品的首次制作人;

(六)表演者,是指演员、演出单位或者其他表演文学、艺术作品的人。

第六条 著作权自作品创作完成之日起产生。

第七条 著作权法第二条第三款规定的首先在中国境内出版的外国人、无国籍人的作品,其著作权自首次出版之日起受保护。

第八条 外国人、无国籍人的作品在中国境外首先出版后,30日内在中国境内出版的,视为该作品同时在中国境内出版。

第九条 合作作品不可以分割使用的,其著作权由各合作作者共同享有,通过协商一致行使;不能协商一致,又无正当理由的,任何一方不得阻止他方行使除转让以外的其他权利,但是所得收益应当合理分配给所有合作作者。

第十条 著作权人许可他人将其作品摄制成电影作品和以类似摄制电影的方法创作的作品的,视为已同意对其作品进行必要的改动,但是这种改动不得歪曲篡改原作品。

第十一条 著作权法第十六条第一款关于职务作品的规定中的“工作任务”,是指公民在该法人或者该组织中应当履行的职责。

著作权法第十六条第二款关于职务作品的规定中的“物质技术条件”,是指该法人或者该组织为公民完成创作专门提供的资金、设备或者资料。

第十二条 职务作品完成两年内,经单位同意,作者许可第三人以与单位使用的相同方式使用作品所获报酬,由作者与单位按约定的比例分配。

作品完成两年的期限,自作者向单位交付作品之日起计算。

第十三条 作者身份不明的作品,由作品原件的所有人行使除署名权以外的著作权。作者身份确定后,由作者或者其继承人行使著作权。

第十四条　合作作者之一死亡后，其对合作作品享有的著作权法第十条第一款第五项至第十七项规定的权利无人继承又无人受遗赠的，由其他合作作者享有。

第十五条　作者死亡后，其著作权中的署名权、修改权和保护作品完整权由作者的继承人或者受遗赠人保护。

著作权无人继承又无人受遗赠的，其署名权、修改权和保护作品完整权由著作权行政管理部门保护。

第十六条　国家享有著作权的作品的使用，由国务院著作权行政管理部门管理。

第十七条　作者生前未发表的作品，如果作者未明确表示不发表，作者死亡后50年内，其发表权可由继承人或者受遗赠人行使；没有继承人又无人受遗赠的，由作品原件的所有人行使。

第十八条　作者身份不明的作品，其著作权法第十条第一款第五项至第十七项规定的权利的保护期截止于作品首次发表后第50年的12月31日。作者身份确定后，适用著作权法第二十一条的规定。

第十九条　使用他人作品的，应当指明作者姓名、作品名称；但是，当事人另有约定或者由于作品使用方式的特性无法指明的除外。

第二十条　著作权法所称已经发表的作品，是指著作权人自行或者许可他人公之于众的作品。

第二十一条　依照著作权法有关规定，使用可以不经著作权人许可的已经发表的作品的，不得影响该作品的正常使用，也不得不合理地损害著作权人的合法利益。

第二十二条　依照著作权法第二十三条、第三十三条第二款、第四十条第三款的规定使用作品的付酬标准，由国务院著作权行政管理部门会同国务院价格主管部门制定、公布。

第二十三条　使用他人作品应当同著作权人订立许可使用合同，许可使用的权利是专有使用权的，应当采取书面形式，但是报社、期刊社刊登作品除外。

第二十四条　著作权法第二十四条规定的专有使用权的内容由合同约定，合同没有约定或者约定不明的，视为被许可人有权排除包括著作权人在内的任何人以同样的方式使用作品；除合同另有约定外，被许可人许可第三人行使同一权利，必须取得著作权人的许可。

第二十五条　与著作权人订立专有许可使用合同、转让合同的，可以向著作权行政管理部门备案。

第二十六条　著作权法和本条例所称与著作权有关的权益，是指出版者对其出版的图书和期刊的版式设计享有的权利，表演者对其表演享有的权利，录音录像制作者对其制作的录音录像制品享有的权利，广播电台、电视台对其播放的广播、电视节目享有的权利。

第二十七条 出版者、表演者、录音录像制作者、广播电台、电视台行使权利，不得损害被使用作品和原作品著作权人的权利。

第二十八条 图书出版合同中约定图书出版者享有专有出版权但没有明确其具体内容的，视为图书出版者享有在合同有效期限内和在合同约定的地域范围内以同种文字的原版、修订版出版图书的专有权利。

第二十九条 著作权人寄给图书出版者的两份订单在6个月内未能得到履行，视为著作权法第三十二条所称图书脱销。

第三十条 著作权人依照著作权法第三十三条第二款声明不得转载、摘编其作品的，应当在报纸、期刊刊登该作品时附带声明。

第三十一条 著作权人依照著作权法第四十条第三款声明不得对其作品制作录音制品的，应当在该作品合法录制为录音制品时声明。

第三十二条 依照著作权法第二十三条、第三十三条第二款、第四十条第三款的规定，使用他人作品的，应当自使用该作品之日起2个月内向著作权人支付报酬。

第三十三条 外国人、无国籍人在中国境内的表演，受著作权法保护。

外国人、无国籍人根据中国参加的国际条约对其表演享有的权利，受著作权法保护。

第三十四条 外国人、无国籍人在中国境内制作、发行的录音制品，受著作权法保护。

外国人、无国籍人根据中国参加的国际条约对其制作、发行的录音制品享有的权利，受著作权法保护。

第三十五条 外国的广播电台、电视台根据中国参加的国际条约对其播放的广播、电视节目享有的权利，受著作权法保护。

第三十六条 有著作权法第四十八条所列侵权行为，同时损害社会公共利益，非法经营额5万元以上的，著作权行政管理部门可处非法经营额1倍以上5倍以下的罚款；没有非法经营额或者非法经营额5万元以下的，著作权行政管理部门根据情节轻重，可处25万元以下的罚款。

第三十七条 有著作权法第四十八条所列侵权行为，同时损害社会公共利益的，由地方人民政府著作权行政管理部门负责查处。

国务院著作权行政管理部门可以查处在全国有重大影响的侵权行为。

第三十八条 本条例自2002年9月15日起施行。1991年5月24日国务院批准、1991年5月30日国家版权局发布的《中华人民共和国著作权法实施条例》同时废止。

三、计算机软件保护条例

（2001年12月20日中华人民共和国国务院令第339号公布　根据2011年1月8日《国务院关于废止和修改部分行政法规的决定》第一次修订　根据2013年1月30日《国务院关于修改〈计算机软件保护条例〉的决定》第二次修订）

第一章　总　则

第一条　为了保护计算机软件著作权人的权益，调整计算机软件在开发、传播和使用中发生的利益关系，鼓励计算机软件的开发与应用，促进软件产业和国民经济信息化的发展，根据《中华人民共和国著作权法》，制定本条例。

第二条　本条例所称计算机软件（以下简称软件），是指计算机程序及其有关文档。

第三条　本条例下列用语的含义：

（一）计算机程序，是指为了得到某种结果而可以由计算机等具有信息处理能力的装置执行的代码化指令序列，或者可以被自动转换成代码化指令序列的符号化指令序列或者符号化语句序列。同一计算机程序的源程序和目标程序为同一作品。

（二）文档，是指用来描述程序的内容、组成、设计、功能规格、开发情况、测试结果及使用方法的文字资料和图表等，如程序设计说明书、流程图、用户手册等。

（三）软件开发者，是指实际组织开发、直接进行开发，并对开发完成的软件承担责任的法人或者其他组织；或者依靠自己具有的条件独立完成软件开发，并对软件承担责任的自然人。

（四）软件著作权人，是指依照本条例的规定，对软件享有著作权的自然人、法人或者其他组织。

第四条　受本条例保护的软件必须由开发者独立开发，并已固定在某种有形物体上。

第五条　中国公民、法人或者其他组织对其所开发的软件，不论是否发表，依照本条例享有著作权。

外国人、无国籍人的软件首先在中国境内发行的,依照本条例享有著作权。

外国人、无国籍人的软件,依照其开发者所属国或者经常居住地国同中国签订的协议或者依照中国参加的国际条约享有的著作权,受本条例保护。

第六条 本条例对软件著作权的保护不延及开发软件所用的思想、处理过程、操作方法或者数学概念等。

第七条 软件著作权人可以向国务院著作权行政管理部门认定的软件登记机构办理登记。软件登记机构发放的登记证明文件是登记事项的初步证明。

办理软件登记应当缴纳费用。软件登记的收费标准由国务院著作权行政管理部门会同国务院价格主管部门规定。

第二章 软件著作权

第八条 软件著作权人享有下列各项权利:

(一)发表权,即决定软件是否公之于众的权利;

(二)署名权,即表明开发者身份,在软件上署名的权利;

(三)修改权,即对软件进行增补、删节,或者改变指令、语句顺序的权利;

(四)复制权,即将软件制作一份或者多份的权利;

(五)发行权,即以出售或者赠与方式向公众提供软件的原件或者复制件的权利;

(六)出租权,即有偿许可他人临时使用软件的权利,但是软件不是出租的主要标的的除外;

(七)信息网络传播权,即以有线或者无线方式向公众提供软件,使公众可以在其个人选定的时间和地点获得软件的权利;

(八)翻译权,即将原软件从一种自然语言文字转换成另一种自然语言文字的权利;

(九)应当由软件著作权人享有的其他权利。

软件著作权人可以许可他人行使其软件著作权,并有权获得报酬。

软件著作权人可以全部或者部分转让其软件著作权,并有权获得报酬。

第九条 软件著作权属于软件开发者,本条例另有规定的除外。

如无相反证明,在软件上署名的自然人、法人或者其他组织为开发者。

第十条 由两个以上的自然人、法人或者其他组织合作开发的软件,其著作权的归属由合作开发者签订书面合同约定。无书面合同或者合同未作明确约定,合作开发的软件可以分割使用的,开发者对各自开发的部分可以单独享有著作权;但是,行使著作权时,不得扩展到合作开发的软件整体的著作权。合作开发的软件不能分割使用的,其著作权由各合作开发者共同享有,通过协商一致行使;不能协商一致,又无正当理由的,任何一方不得阻止他方行使除转让权以外的其他权利,但是所得收益应当合理分配给所有合作开发者。

第十一条　接受他人委托开发的软件,其著作权的归属由委托人与受托人签订书面合同约定;无书面合同或者合同未作明确约定的,其著作权由受托人享有。

第十二条　由国家机关下达任务开发的软件,著作权的归属与行使由项目任务书或者合同规定;项目任务书或者合同中未作明确规定的,软件著作权由接受任务的法人或者其他组织享有。

第十三条　自然人在法人或者其他组织中任职期间所开发的软件有下列情形之一的,该软件著作权由该法人或者其他组织享有,该法人或者其他组织可以对开发软件的自然人进行奖励:

(一)针对本职工作中明确指定的开发目标所开发的软件;

(二)开发的软件是从事本职工作活动所预见的结果或者自然的结果;

(三)主要使用了法人或者其他组织的资金、专用设备、未公开的专门信息等物质技术条件所开发并由法人或者其他组织承担责任的软件。

第十四条　软件著作权自软件开发完成之日起产生。

自然人的软件著作权,保护期为自然人终生及其死亡后 50 年,截止于自然人死亡后第 50 年的 12 月 31 日;软件是合作开发的,截止于最后死亡的自然人死亡后第 50 年的 12 月 31 日。

法人或者其他组织的软件著作权,保护期为 50 年,截止于软件首次发表后第 50 年的 12 月 31 日,但软件自开发完成之日起 50 年内未发表的,本条例不再保护。

第十五条　软件著作权属于自然人的,该自然人死亡后,在软件著作权的保护期内,软件著作权的继承人可以依照《中华人民共和国继承法》的有关规定,继承本条例第八条规定的除署名权以外的其他权利。

软件著作权属于法人或者其他组织的,法人或者其他组织变更、终止后,其著作权在本条例规定的保护期内由承受其权利义务的法人或者其他组织享有;没有承受其权利义务的法人或者其他组织的,由国家享有。

第十六条　软件的合法复制品所有人享有下列权利:

(一)根据使用的需要把该软件装入计算机等具有信息处理能力的装置内;

(二)为了防止复制品损坏而制作备份复制品,这些备份复制品不得通过任何方式提供给他人使用,并在所有人丧失该合法复制品的所有权时,负责将备份复制品销毁;

(三)为了把该软件用于实际的计算机应用环境或者改进其功能、性能而进行必要的修改;但是,除合同另有约定外,未经该软件著作权人许可,不得向任何第三方提供修改后的软件。

第十七条 为了学习和研究软件内含的设计思想和原理,通过安装、显示、传输或者存储软件等方式使用软件的,可以不经软件著作权人许可,不向其支付报酬。

第三章 软件著作权的许可使用和转让

第十八条 许可他人行使软件著作权的,应当订立许可使用合同。

许可使用合同中软件著作权人未明确许可的权利,被许可人不得行使。

第十九条 许可他人专有行使软件著作权的,当事人应当订立书面合同。

没有订立书面合同或者合同中未明确约定为专有许可的,被许可行使的权利应当视为非专有权利。

第二十条 转让软件著作权的,当事人应当订立书面合同。

第二十一条 订立许可他人专有行使软件著作权的许可合同,或者订立转让软件著作权合同,可以向国务院著作权行政管理部门认定的软件登记机构登记。

第二十二条 中国公民、法人或者其他组织向外国人许可或者转让软件著作权的,应当遵守《中华人民共和国技术进出口管理条例》的有关规定。

第四章 法律责任

第二十三条 除《中华人民共和国著作权法》或者本条例另有规定外,有下列侵权行为的,应当根据情况,承担停止侵害、消除影响、赔礼道歉、赔偿损失等民事责任:

(一)未经软件著作权人许可,发表或者登记其软件的;

(二)将他人软件作为自己的软件发表或者登记的;

(三)未经合作者许可,将与他人合作开发的软件作为自己单独完成的软件发表或者登记的;

(四)在他人软件上署名或者更改他人软件上的署名的;

(五)未经软件著作权人许可,修改、翻译其软件的;

(六)其他侵犯软件著作权的行为。

第二十四条 除《中华人民共和国著作权法》、本条例或者其他法律、行政法规另有规定外,未经软件著作权人许可,有下列侵权行为的,应当根据情况,承担停止侵害、消除影响、赔礼道歉、赔偿损失等民事责任;同时损害社会公共利益的,由著作权行政管理部门责令停止侵权行为,没收违法所得,没收、销毁侵权复制品,可以并处罚款;情节严重的,著作权行政管理部门并可以没收主要用于制作侵权复制品的材料、工具、设备等;触犯刑律的,依照刑法关于侵犯著作权罪、销售侵权复制品罪的规定,依法追究刑事责任:

(一)复制或者部分复制著作权人的软件的;

(二)向公众发行、出租、通过信息网络传播著作权人的软件的;

(三)故意避开或者破坏著作权人为保护其软件著作权而采取的技术措施的;

(四)故意删除或者改变软件权利管理电子信息的;

(五)转让或者许可他人行使著作权人的软件著作权的。

有前款第一项或者第二项行为的,可以并处每件 100 元或者货值金额 1 倍以上 5 倍以下的罚款;有前款第三项、第四项或者第五项行为的,可以并处 20 万元以下的罚款。

第二十五条　侵犯软件著作权的赔偿数额,依照《中华人民共和国著作权法》第四十九条的规定确定。

第二十六条　软件著作权人有证据证明他人正在实施或者即将实施侵犯其权利的行为,如不及时制止,将会使其合法权益受到难以弥补的损害的,可以依照《中华人民共和国著作权法》第五十条的规定,在提起诉讼前向人民法院申请采取责令停止有关行为和财产保全的措施。

第二十七条　为了制止侵权行为,在证据可能灭失或者以后难以取得的情况下,软件著作权人可以依照《中华人民共和国著作权法》第五十一条的规定,在提起诉讼前向人民法院申请保全证据。

第二十八条　软件复制品的出版者、制作者不能证明其出版、制作有合法授权的,或者软件复制品的发行者、出租者不能证明其发行、出租的复制品有合法来源的,应当承担法律责任。

第二十九条　软件开发者开发的软件,由于可供选用的表达方式有限而与已经存在的软件相似的,不构成对已经存在的软件的著作权的侵犯。

第三十条　软件的复制品持有人不知道也没有合理理由应当知道该软件是侵权复制品的,不承担赔偿责任;但是,应当停止使用、销毁该侵权复制品。如果停止使用并销毁该侵权复制品将给复制品使用人造成重大损失的,复制品使用人可以在向软件著作权人支付合理费用后继续使用。

第三十一条　软件著作权侵权纠纷可以调解。

软件著作权合同纠纷可以依据合同中的仲裁条款或者事后达成的书面仲裁协议,向仲裁机构申请仲裁。

当事人没有在合同中订立仲裁条款,事后又没有书面仲裁协议的,可以直接向人民法院提起诉讼。

第五章 附　　则

第三十二条 本条例施行前发生的侵权行为,依照侵权行为发生时的国家有关规定处理。

第三十三条 本条例自2002年1月1日起施行。1991年6月4日国务院发布的《计算机软件保护条例》同时废止。

四、著作权集体管理条例

(2004年12月28日中华人民共和国国务院令第429号分布　根据2011年1月8日《国务院关于废止和修改部分行政法规的决定》第一次修订　根据2013年12月7日《国务院关于修改部分行政法规的规定》第二次修订)

第一章 总　　则

第一条 为了规范著作权集体管理活动,便于著作权人和与著作权有关的权利人(以下简称权利人)行使权利和使用者使用作品,根据《中华人民共和国著作权法》(以下简称著作权法)制定本条例。

第二条 本条例所称著作权集体管理,是指著作权集体管理组织经权利人授权,集中行使权利人的有关权利并以自己的名义进行的下列活动:

(一)与使用者订立著作权或者与著作权有关的权利许可使用合同(以下简称许可使用合同);

(二)向使用者收取使用费;

(三)向权利人转付使用费;

(四)进行涉及著作权或者与著作权有关的权利的诉讼、仲裁等。

第三条 本条例所称著作权集体管理组织,是指为权利人的利益依法设立,根据权利人授权、对权利人的著作权或者与著作权有关的权利进行集体管理的社会团体。

著作权集体管理组织应当依照有关社会团体登记管理的行政法规和本条例的规定进行登记并开展活动。

第四条　著作权法规定的表演权、放映权、广播权、出租权、信息网络传播权、复制权等权利人自己难以有效行使的权利,可以由著作权集体管理组织进行集体管理。

第五条　国务院著作权管理部门主管全国的著作权集体管理工作。

第六条　除依照本条例规定设立的著作权集体管理组织外,任何组织和个人不得从事著作权集体管理活动。

第二章　著作权集体管理组织的设立

第七条　依法享有著作权或者与著作权有关的权利的中国公民、法人或者其他组织,可以发起设立著作权集体管理组织。

设立著作权集体管理组织,应当具备下列条件:

(一)发起设立著作权集体管理组织的权利人不少于50人;

(二)不与已经依法登记的著作权集体管理组织的业务范围交叉、重合;

(三)能在全国范围代表相关权利人的利益;

(四)有著作权集体管理组织的章程草案、使用费收取标准草案和向权利人转付使用费的办法(以下简称使用费转付办法)草案。

第八条　著作权集体管理组织章程应当载明下列事项:

(一)名称、住所;

(二)设立宗旨;

(三)业务范围;

(四)组织机构及其职权;

(五)会员大会的最低人数;

(六)理事会的职责及理事会负责人的条件和产生、罢免的程序;

(七)管理费提取、使用办法;

(八)会员加入、退出著作权集体管理组织的条件、程序;

(九)章程的修改程序;

(十)著作权集体管理组织终止的条件、程序和终止后资产的处理。

第九条　申请设立著作权集体管理组织,应当向国务院著作权管理部门提交证明符合本条例第七条规定的条件的材料。国务院著作权管理部门应当自收到材料之日起60日内,作出批准或者不予批准的决定。批准的,发给著作权集体管理许可证;不予批准的,应当说明理由。

第十条 申请人应当自国务院著作权管理部门发给著作权集体管理许可证之日起30日内,依照有关社会团体登记管理的行政法规到国务院民政部门办理登记手续。

第十一条 依法登记的著作权集体管理组织,应当自国务院民政部门发给登记证书之日起30日内,将其登记证书副本报国务院著作权管理部门备案;国务院著作权管理部门应当将报备的登记证书副本以及著作权集体管理组织章程、使用费收取标准、使用费转付办法予以公告。

第十二条 著作权集体管理组织设立分支机构,应当经国务院著作权管理部门批准,并依照有关社会团体登记管理的行政法规到国务院民政部门办理登记手续。经依法登记的,应当将分支机构的登记证书副本报国务院著作权管理部门备案,由国务院著作权管理部门予以公告。

第十三条 著作权集体管理组织应当根据下列因素制定使用费收取标准:

(一)使用作品、录音录像制品等的时间、方式和地域范围;

(二)权利的种类;

(三)订立许可使用合同和收取使用费工作的繁简程度。

第十四条 著作权集体管理组织应当根据权利人的作品或者录音录像制品等使用情况制定使用费转付办法。

第十五条 著作权集体管理组织修改章程,应当依法经国务院民政部门核准后,由国务院著作权管理部门予以公告。

第十六条 著作权集体管理组织被依法撤销登记的,自被撤销登记之日起不得再进行著作权集体管理业务活动。

第三章 著作权集体管理组织的机构

第十七条 著作权集体管理组织会员大会(以下简称会员大会)为著作权集体管理组织的权力机构。

会员大会由理事会依照本条例规定负责召集。理事会应当于会员大会召开60日以前将会议的时间、地点和拟审议事项予以公告;出席会员大会的会员,应当于会议召开30日以前报名。报名出席会员大会的会员少于章程规定的最低人数时,理事会应当将会员大会报名情况予以公告,会员可以于会议召开5日以前补充报名,并由全部报名出席会员大会的会员举行会员大会。

会员大会行使下列职权:

(一)制定和修改章程;

（二）制定和修改使用费收取标准；

（三）制定和修改使用费转付办法；

（四）选举和罢免理事；

（五）审议批准理事会的工作报告和财务报告；

（六）制定内部管理制度；

（七）决定使用费转付方案和著作权集体管理组织提取管理费的比例；

（八）决定其他重大事项。

会员大会每年召开一次；经10%以上会员或者理事会提议，可以召开临时会员大会。会员大会作出决定，应当经出席会议的会员过半数表决通过。

第十八条 著作权集体管理组织设立理事会，对会员大会负责，执行会员大会决定。理事会成员不得少于9人。

理事会任期为4年，任期届满应当进行换届选举。因特殊情况可以提前或者延期换届，但是换届延期不得超过1年。

第四章 著作权集体管理活动

第十九条 权利人可以与著作权集体管理组织以书面形式订立著作权集体管理合同，授权该组织对其依法享有的著作权或者与著作权有关的权利进行管理。权利人符合章程规定加入条件的，著作权集体管理组织应当与其订立著作权集体管理合同，不得拒绝。

权利人与著作权集体管理组织订立著作权集体管理合同并按照章程规定履行相应手续后，即成为该著作权集体管理组织的会员。

第二十条 权利人与著作权集体管理组织订立著作权集体管理合同后，不得在合同约定期限内自己行使或者许可他人行使合同约定的由著作权集体管理组织行使的权利。

第二十一条 权利人可以依照章程规定的程序，退出著作权集体管理组织，终止著作权集体管理合同。但是，著作权集体管理组织已经与他人订立许可使用合同的，该合同在期限届满前继续有效；该合同有效期内，权利人有权获得相应的使用费并可以查阅有关业务材料。

第二十二条 外国人、无国籍人可以通过与中国的著作权集体管理组织订立相互代表协议的境外同类组织，授权中国的著作权集体管理组织管理其依法在中国境内享有的著作权或者与著作权有关的权利。

前款所称相互代表协议，是指中国的著作权集体管理组织与境外的同类组织相互授权对方在其所在国家或者地区进行集体管理活动的协议。

著作权集体管理组织与境外同类组织订立的相互代表协议应当报国务院著作权管理部门备案,由国务院著作权管理部门予以公告。

第二十三条 著作权集体管理组织许可他人使用其管理的作品、录音录像制品等,应当与使用者以书面形式订立许可使用合同。

著作权集体管理组织不得与使用者订立专有许可使用合同。

使用者以合理的条件要求与著作权集体管理组织订立许可使用合同,著作权集体管理组织不得拒绝。

许可使用合同的期限不得超过2年;合同期限届满可以续订。

第二十四条 著作权集体管理组织应当建立权利信息查询系统,供权利人和使用者查询。权利信息查询系统应当包括著作权集体管理组织管理的权利种类和作品、录音录像制品等的名称、权利人姓名或者名称、授权管理的期限。

权利人和使用者对著作权集体管理组织管理的权利的信息进行咨询时,该组织应当予以答复。

第二十五条 除著作权法第二十三条、第三十三条第二款、第四十条第三款、第四十三条第二款和第四十四条规定应当支付的使用费外,著作权集体管理组织应当根据国务院著作权管理部门公告的使用费收取标准,与使用者约定收取使用费的具体数额。

第二十六条 两个或者两个以上著作权集体管理组织就同一使用方式向同一使用者收取使用费,可以事先协商确定由其中一个著作权集体管理组织统一收取。统一收取的使用费在有关著作权集体管理组织之间经协商分配。

第二十七条 使用者向著作权集体管理组织支付使用费时,应当提供其使用的作品、录音录像制品等的名称、权利人姓名或者名称和使用的方式、数量、时间等有关使用情况;许可使用合同另有约定的除外。

使用者提供的有关使用情况涉及该使用者商业秘密的,著作权集体管理组织负有保密义务。

第二十八条 著作权集体管理组织可以从收取的使用费中提取一定比例作为管理费,用于维持其正常的业务活动。

著作权集体管理组织提取管理费的比例应当随着使用费收入的增加而逐步降低。

第二十九条 著作权集体管理组织收取的使用费,在提取管理费后,应当全部转付给权利人,不得挪作他用。

著作权集体管理组织转付使用费,应当编制使用费转付记录。使用费转付记录应当载明使用费总额、管理费数额、权利人姓名或者名称、作品或者录音录像制品等的名称、有关使用情况、向各权利人转付使用费的具体数额等事项,并应当保存10年以上。

第五章　对著作权集体管理组织的监督

第三十条　著作权集体管理组织应当依法建立财务、会计制度和资产管理制度,并按照国家有关规定设置会计账簿。

第三十一条　著作权集体管理组织的资产使用和财务管理受国务院著作权管理部门和民政部门的监督。

著作权集体管理组织应当在每个会计年度结束时制作财务会计报告,委托会计师事务所依法进行审计,并公布审计结果。

第三十二条　著作权集体管理组织应当对下列事项进行记录,供权利人和使用者查阅:

(一)作品许可使用情况;

(二)使用费收取和转付情况;

(三)管理费提取和使用情况。

权利人有权查阅、复制著作权集体管理组织的财务报告、工作报告和其他业务材料;著作权集体管理组织应当提供便利。

第三十三条　权利人认为著作权集体管理组织有下列情形之一的,可以向国务院著作权管理部门检举:

(一)权利人符合章程规定的加入条件要求加入著作权集体管理组织,或者会员依照章程规定的程序要求退出著作权集体管理组织,著作权集体管理组织拒绝的;

(二)著作权集体管理组织不按照规定收取、转付使用费,或者不按照规定提取、使用管理费的;

(三)权利人要求查阅本条例第三十二条规定的记录、业务材料,著作权集体管理组织拒绝提供的。

第三十四条　使用者认为著作权集体管理组织有下列情形之一的,可以向国务院著作权管理部门检举:

(一)著作权集体管理组织违反本条例第二十三条规定拒绝与使用者订立许可使用合同的;

(二)著作权集体管理组织未根据公告的使用费收取标准约定收取使用费的具体数额的;

(三)使用者要求查阅本条例第三十二条规定的记录,著作权集体管理组织拒绝提供的。

第三十五条 权利人和使用者以外的公民、法人或者其他组织认为著作权集体管理组织有违反本条例规定的行为的,可以向国务院著作权管理部门举报。

第三十六条 国务院著作权管理部门应当自接到检举、举报之日起60日内对检举、举报事项进行调查并依法处理。

第三十七条 国务院著作权管理部门可以采取下列方式对著作权集体管理组织进行监督,并应当对监督活动作出记录:

(一)检查著作权集体管理组织的业务活动是否符合本条例及其章程的规定;

(二)核查著作权集体管理组织的会计账簿、年度预算和决算报告及其他有关业务材料;

(三)派员列席著作权集体管理组织的会员大会、理事会等重要会议。

第三十八条 著作权集体管理组织应当依法接受国务院民政部门和其他有关部门的监督。

第六章 法律责任

第三十九条 著作权集体管理组织有下列情形之一的,由国务院著作权管理部门责令限期改正:

(一)违反本条例第二十二条规定,未将与境外同类组织订立的相互代表协议报国务院著作权管理部门备案的;

(二)违反本条例第二十四条规定,未建立权利信息查询系统的;

(三)未根据公告的使用费收取标准约定收取使用费的具体数额的。

著作权集体管理组织超出业务范围管理权利人的权利的,由国务院著作权管理部门责令限期改正,其与使用者订立的许可使用合同无效;给权利人、使用者造成损害的,依法承担民事责任。

第四十条 著作权集体管理组织有下列情形之一的,由国务院著作权管理部门责令限期改正;逾期不改正的,责令会员大会或者理事会根据本条例规定的权限罢免或者解聘直接负责的主管人员:

(一)违反本条例第十九条规定拒绝与权利人订立著作权集体管理合同的,或者违反本条例第二十一条的规定拒绝会员退出该组织的要求的;

(二)违反本条例第二十三条规定,拒绝与使用者订立许可使用合同的;

(三)违反本条例第二十八条规定提取管理费的;

(四)违反本条例第二十九条规定转付使用费的;

(五)拒绝提供或者提供虚假的会计账簿、年度预算和决算报告或者其他有关业务材料的。

第四十一条　著作权集体管理组织自国务院民政部门发给登记证书之日起超过 6 个月无正当理由未开展著作权集体管理活动,或者连续中止著作权集体管理活动 6 个月以上的,由国务院著作权管理部门吊销其著作权集体管理许可证,并由国务院民政部门撤销登记。

第四十二条　著作权集体管理组织从事营利性经营活动的,由工商行政管理部门依法予以取缔,没收违法所得;构成犯罪的,依法追究刑事责任。

第四十三条　违反本条例第二十七条的规定,使用者能够提供有关使用情况而拒绝提供,或者在提供有关使用情况时弄虚作假的,由国务院著作权管理部门责令改正;著作权集体管理组织可以中止许可使用合同。

第四十四条　擅自设立著作权集体管理组织或者分支机构,或者擅自从事著作权集体管理活动的,由国务院著作权管理部门或者民政部门依照职责分工予以取缔,没收违法所得;构成犯罪的,依法追究刑事责任。

第四十五条　依照本条例规定从事著作权集体管理组织审批和监督工作的国家行政机关工作人员玩忽职守、滥用职权、徇私舞弊,构成犯罪的,依法追究刑事责任;尚不构成犯罪的,依法给予行政处分。

第七章　附　　则

第四十六条　本条例施行前已经设立的著作权集体管理组织,应当自本条例生效之日起 3 个月内,将其章程、使用费收取标准、使用费转付办法及其他有关材料报国务院著作权管理部门审核,并将其与境外同类组织订立的相互代表协议报国务院著作权管理部门备案。

第四十七条　依照著作权法第二十三条、第三十三条第二款、第四十条第三款的规定使用他人作品,未能依照《中华人民共和国著作权法实施条例》第三十二条的规定向权利人支付使用费的,应当将使用费连同邮资以及使用作品的有关情况送交管理相关权利的著作权集体管理组织,由该著作权集体管理组织将使用费转付给权利人。

负责转付使用费的著作权集体管理组织应当建立作品使用情况查询系统,供权利人、使用者查询。

负责转付使用费的著作权集体管理组织可以从其收到的使用费中提取管理费,

管理费按照会员大会决定的该集体管理组织管理费的比例减半提取。除管理费外,该著作权集体管理组织不得从其收到的使用费中提取其他任何费用。

第四十八条 本条例自2005年3月1日起施行。

五、信息网络传播权保护条例

(2006年5月18日中华人民共和国国务院令第468号分布 根据2013年1月30日《国务院关于修改〈信息网络传播权保护条例〉的决定》修订)

第一条 为保护著作权人、表演者、录音录像制作者(以下统称权利人)的信息网络传播权,鼓励有益于社会主义精神文明、物质文明建设的作品的创作和传播,根据《中华人民共和国著作权法》(以下简称著作权法),制定本条例。

第二条 权利人享有的信息网络传播权受著作权法和本条例保护。除法律、行政法规另有规定的外,任何组织或者个人将他人的作品、表演、录音录像制品通过信息网络向公众提供,应当取得权利人许可,并支付报酬。

第三条 依法禁止提供的作品、表演、录音录像制品,不受本条例保护。

权利人行使信息网络传播权,不得违反宪法和法律、行政法规,不得损害公共利益。

第四条 为了保护信息网络传播权,权利人可以采取技术措施。

任何组织或者个人不得故意避开或者破坏技术措施,不得故意制造、进口或者向公众提供主要用于避开或者破坏技术措施的装置或者部件,不得故意为他人避开或者破坏技术措施提供技术服务。但是,法律、行政法规规定可以避开的除外。

第五条 未经权利人许可,任何组织或者个人不得进行下列行为:

(一)故意删除或者改变通过信息网络向公众提供的作品、表演、录音录像制品的权利管理电子信息,但由于技术上的原因无法避免删除或者改变的除外;

(二)通过信息网络向公众提供明知或者应知未经权利人许可被删除或者改变权利管理电子信息的作品、表演、录音录像制品。

第六条 通过信息网络提供他人作品,属于下列情形的,可以不经著作权人许可,不向其支付报酬:

(一)为介绍、评论某一作品或者说明某一问题,在向公众提供的作品中适当引用已经发表的作品;

（二）为报道时事新闻，在向公众提供的作品中不可避免地再现或者引用已经发表的作品；

（三）为学校课堂教学或者科学研究，向少数教学、科研人员提供少量已经发表的作品；

（四）国家机关为执行公务，在合理范围内向公众提供已经发表的作品；

（五）将中国公民、法人或者其他组织已经发表的、以汉语言文字创作的作品翻译成的少数民族语言文字作品，向中国境内少数民族提供；

（六）不以营利为目的，以盲人能够感知的独特方式向盲人提供已经发表的文字作品；

（七）向公众提供在信息网络上已经发表的关于政治、经济问题的时事性文章；

（八）向公众提供在公众集会上发表的讲话。

第七条　图书馆、档案馆、纪念馆、博物馆、美术馆等可以不经著作权人许可，通过信息网络向本馆馆舍内服务对象提供本馆收藏的合法出版的数字作品和依法为陈列或者保存版本的需要以数字化形式复制的作品，不向其支付报酬，但不得直接或者间接获得经济利益。当事人另有约定的除外。

前款规定的为陈列或者保存版本需要以数字化形式复制的作品，应当是已经损毁或者濒临损毁、丢失或者失窃，或者其存储格式已经过时，并且在市场上无法购买或者只能以明显高于标定的价格购买的作品。

第八条　为通过信息网络实施九年制义务教育或者国家教育规划，可以不经著作权人许可，使用其已经发表作品的片断或者短小的文字作品、音乐作品或者单幅的美术作品、摄影作品制作课件，由制作课件或者依法取得课件的远程教育机构通过信息网络向注册学生提供，但应当向著作权人支付报酬。

第九条　为扶助贫困，通过信息网络向农村地区的公众免费提供中国公民、法人或者其他组织已经发表的种植养殖、防病治病、防灾减灾等与扶助贫困有关的作品和适应基本文化需求的作品，网络服务提供者应当在提供前公告拟提供的作品及其作者、拟支付报酬的标准。自公告之日起 30 日内，著作权人不同意提供的，网络服务提供者不得提供其作品；自公告之日起满 30 日，著作权人没有异议的，网络服务提供者可以提供其作品，并按照公告的标准向著作权人支付报酬。网络服务提供者提供著作权人的作品后，著作权人不同意提供的，网络服务提供者应当立即删除著作权人的作品，并按照公告的标准向著作权人支付提供作品期间的报酬。

依照前款规定提供作品的，不得直接或者间接获得经济利益。

第十条　依照本条例规定不经著作权人许可、通过信息网络向公众提供其作品的，还应当遵守下列规定：

(一)除本条例第六条第一项至第六项、第七条规定的情形外,不得提供作者事先声明不许提供的作品;

(二)指明作品的名称和作者的姓名(名称);

(三)依照本条例规定支付报酬;

(四)采取技术措施,防止本条例第七条、第八条、第九条规定的服务对象以外的其他人获得著作权人的作品,并防止本条例第七条规定的服务对象的复制行为对著作权人利益造成实质性损害;

(五)不得侵犯著作权人依法享有的其他权利。

第十一条 通过信息网络提供他人表演、录音录像制品的,应当遵守本条例第六条至第十条的规定。

第十二条 属于下列情形的,可以避开技术措施,但不得向他人提供避开技术措施的技术、装置或者部件,不得侵犯权利人依法享有的其他权利:

(一)为学校课堂教学或者科学研究,通过信息网络向少数教学、科研人员提供已经发表的作品、表演、录音录像制品,而该作品、表演、录音录像制品只能通过信息网络获取;

(二)不以营利为目的,通过信息网络以盲人能够感知的独特方式向盲人提供已经发表的文字作品,而该作品只能通过信息网络获取;

(三)国家机关依照行政、司法程序执行公务;

(四)在信息网络上对计算机及其系统或者网络的安全性能进行测试。

第十三条 著作权行政管理部门为了查处侵犯信息网络传播权的行为,可以要求网络服务提供者提供涉嫌侵权的服务对象的姓名(名称)、联系方式、网络地址等资料。

第十四条 对提供信息存储空间或者提供搜索、链接服务的网络服务提供者,权利人认为其服务所涉及的作品、表演、录音录像制品,侵犯自己的信息网络传播权或者被删除、改变了自己的权利管理电子信息的,可以向该网络服务提供者提交书面通知,要求网络服务提供者删除该作品、表演、录音录像制品,或者断开与该作品、表演、录音录像制品的链接。通知书应当包含下列内容:

(一)权利人的姓名(名称)、联系方式和地址;

(二)要求删除或者断开链接的侵权作品、表演、录音录像制品的名称和网络地址;

(三)构成侵权的初步证明材料。

权利人应当对通知书的真实性负责。

第十五条 网络服务提供者接到权利人的通知书后,应当立即删除涉嫌侵权的作品、表演、录音录像制品,或者断开与涉嫌侵权的作品、表演、录音录像制品的链接,并同时将通知书转送提供作品、表演、录音录像制品的服务对象;服务对象网络地址不明、无法转送的,应当将通知书的内容同时在信息网络上公告。

第十六条　服务对象接到网络服务提供者转送的通知书后,认为其提供的作品、表演、录音录像制品未侵犯他人权利的,可以向网络服务提供者提交书面说明,要求恢复被删除的作品、表演、录音录像制品,或者恢复与被断开的作品、表演、录音录像制品的链接。书面说明应当包含下列内容:

(一)服务对象的姓名(名称)、联系方式和地址;

(二)要求恢复的作品、表演、录音录像制品的名称和网络地址;

(三)不构成侵权的初步证明材料。

服务对象应当对书面说明的真实性负责。

第十七条　网络服务提供者接到服务对象的书面说明后,应当立即恢复被删除的作品、表演、录音录像制品,或者可以恢复与被断开的作品、表演、录音录像制品的链接,同时将服务对象的书面说明转送权利人。权利人不得再通知网络服务提供者删除该作品、表演、录音录像制品,或者断开与该作品、表演、录音录像制品的链接。

第十八条　违反本条例规定,有下列侵权行为之一的,根据情况承担停止侵害、消除影响、赔礼道歉、赔偿损失等民事责任;同时损害公共利益的,可以由著作权行政管理部门责令停止侵权行为,没收违法所得,非法经营额 5 万元以上的,可处非法经营额 1 倍以上 5 倍以下的罚款;没有非法经营额或者非法经营额 5 万元以下的,根据情节轻重,可处 25 万元以下的罚款;情节严重的,著作权行政管理部门可以没收主要用于提供网络服务的计算机等设备;构成犯罪的,依法追究刑事责任:

(一)通过信息网络擅自向公众提供他人的作品、表演、录音录像制品的;

(二)故意避开或者破坏技术措施的;

(三)故意删除或者改变通过信息网络向公众提供的作品、表演、录音录像制品的权利管理电子信息,或者通过信息网络向公众提供明知或者应知未经权利人许可而被删除或者改变权利管理电子信息的作品、表演、录音录像制品的;

(四)为扶助贫困通过信息网络向农村地区提供作品、表演、录音录像制品超过规定范围,或者未按照公告的标准支付报酬,或者在权利人不同意提供其作品、表演、录音录像制品后未立即删除的;

(五)通过信息网络提供他人的作品、表演、录音录像制品,未指明作品、表演、录音录像制品的名称或者作者、表演者、录音录像制作者的姓名(名称),或者未支付报酬,或者未依照本条例规定采取技术措施防止服务对象以外的其他人获得他人的作品、表演、录音录像制品,或者未防止服务对象的复制行为对权利人利益造成实质性损害的。

第十九条 违反本条例规定,有下列行为之一的,由著作权行政管理部门予以警告,没收违法所得,没收主要用于避开、破坏技术措施的装置或者部件;情节严重的,可以没收主要用于提供网络服务的计算机等设备;非法经营额5万元以上的,可处非法经营额1倍以上5倍以下的罚款;没有非法经营额或者非法经营额5万元以下的,根据情节轻重,可处25万元以下的罚款;构成犯罪的,依法追究刑事责任:

(一)故意制造、进口或者向他人提供主要用于避开、破坏技术措施的装置或者部件,或者故意为他人避开或者破坏技术措施提供技术服务的;

(二)通过信息网络提供他人的作品、表演、录音录像制品,获得经济利益的;

(三)为扶助贫困通过信息网络向农村地区提供作品、表演、录音录像制品,未在提供前公告作品、表演、录音录像制品的名称和作者、表演者、录音录像制作者的姓名(名称)以及报酬标准的。

第二十条 网络服务提供者根据服务对象的指令提供网络自动接入服务,或者对服务对象提供的作品、表演、录音录像制品提供自动传输服务,并具备下列条件的,不承担赔偿责任:

(一)未选择并且未改变所传输的作品、表演、录音录像制品;

(二)向指定的服务对象提供该作品、表演、录音录像制品,并防止指定的服务对象以外的其他人获得。

第二十一条 网络服务提供者为提高网络传输效率,自动存储从其他网络服务提供者获得的作品、表演、录音录像制品,根据技术安排自动向服务对象提供,并具备下列条件的,不承担赔偿责任:

(一)未改变自动存储的作品、表演、录音录像制品;

(二)不影响提供作品、表演、录音录像制品的原网络服务提供者掌握服务对象获取该作品、表演、录音录像制品的情况;

(三)在原网络服务提供者修改、删除或者屏蔽该作品、表演、录音录像制品时,根据技术安排自动予以修改、删除或者屏蔽。

第二十二条 网络服务提供者为服务对象提供信息存储空间,供服务对象通过信息网络向公众提供作品、表演、录音录像制品,并具备下列条件的,不承担赔偿责任:

(一)明确标示该信息存储空间是为服务对象所提供,并公开网络服务提供者的名称、联系人、网络地址;

(二)未改变服务对象所提供的作品、表演、录音录像制品;

(三)不知道也没有合理的理由应当知道服务对象提供的作品、表演、录音录像制品侵权；

（四）未从服务对象提供作品、表演、录音录像制品中直接获得经济利益；

（五）在接到权利人的通知书后，根据本条例规定删除权利人认为侵权的作品、表演、录音录像制品。

第二十三条　网络服务提供者为服务对象提供搜索或者链接服务，在接到权利人的通知书后，根据本条例规定断开与侵权的作品、表演、录音录像制品的链接的，不承担赔偿责任；但是，明知或者应知所链接的作品、表演、录音录像制品侵权的，应当承担共同侵权责任。

第二十四条　因权利人的通知导致网络服务提供者错误删除作品、表演、录音录像制品，或者错误断开与作品、表演、录音录像制品的链接，给服务对象造成损失的，权利人应当承担赔偿责任。

第二十五条　网络服务提供者无正当理由拒绝提供或者拖延提供涉嫌侵权的服务对象的姓名（名称）、联系方式、网络地址等资料的，由著作权行政管理部门予以警告；情节严重的，没收主要用于提供网络服务的计算机等设备。

第二十六条　本条例下列用语的含义：

信息网络传播权，是指以有线或者无线方式向公众提供作品、表演或者录音录像制品，使公众可以在其个人选定的时间和地点获得作品、表演或者录音录像制品的权利。

技术措施，是指用于防止、限制未经权利人许可浏览、欣赏作品、表演、录音录像制品的或者通过信息网络向公众提供作品、表演、录音录像制品的有效技术、装置或者部件。

权利管理电子信息，是指说明作品及其作者、表演及其表演者、录音录像制品及其制作者的信息，作品、表演、录音录像制品权利人的信息和使用条件的信息，以及表示上述信息的数字或者代码。

第二十七条　本条例自 2006 年 7 月 1 日起施行。